Jana Göbel/Wilfried Maier

VATERLAND – TOCHTERLAND

Für Erika

Jana Göbel/Wilfried Maier

VATERLAND – TOCHTERLAND

Karl Dietz Verlag Berlin

Die Deutsche Bibliothek – CIP-Einheitsaufnahme

Göbel, Jana:
Vaterland – Tochterland /
Jana Göbel/Wilfried Maier. – Berlin : Dietz, 1999

mit 31 Abbildungen der Autoren

ISBN 3-320-01975-9

Typographie: Brigitte Bachmann
Umschlag: Trialon, Berlin
Satz und Reproduktion: MediaService, Berlin
Druck und Bindearbeit: Wiener Verlag GmbH
Printed in Austria

LEBEN IN 3 D

„Dein Freund Jana hat angerufen. Er meldet sich nachher noch mal.“ Schnell lasse ich meine Handtasche auf dem Flur fallen – meinem Freund Jana würde das nie passieren, dafür ist er zu ordentlich. Mein Sohn kriegt einen Kuß, und schwupp, schon habe ich Jana an der Strippe, wir können loslegen. „Frauen“, sagt mein Mann, „Frauen. Ihr seht euch doch morgen, was gibt es da heute so lang zu erzählen?“ Ja, was? Vom ORB und vom Buch für den Dietz Verlag („Soll ich wirklich ein Vierteljahr Pause machen, nur um mit meinem Vater ein Buch zu schreiben?“ – „Na klar“.), vom Magazin und vom Solibasar. So reden Freunde – nicht Freundinnen, glaubt man gängigen Vorurteilen. Doch da sagt Jana: „Ich habe ein rotes Kleid gesehen – süß-süß-süß.“ Na bitte. Frauen. Oder? „Das wäre genau richtig für das Sommerfest der LEG.“ Der Landesentwicklungsgesellschaft Brandenburg.

Da gehen wir beide hin, stehen in zu dünnen Sommerkleidern unter großen Bäumen, genießen den Blick auf den See und bedauern alterslose Männer in ihren ewig grauen Anzügen. Gespräche schwirren, wir gabeln Nudelsalat. Arglos stellen sich die führenden Herren von der Krankenkasse dazu, schon geht es los: „Warum überlassen die Kassen das Feld der Lobby der Pharmaindustrie?“ – „Warum gründen die Kassen nicht selbständige Gesundheitszentren mit festangestellten Ärzten, so wie die Polikliniken in der DDR?“ – Jana und ich spitzen lächelnd die Argumente. Auch wenn es die Gesundheitspolitik nicht ändert: Es macht einfach Spaß, freundlich aber bestimmt Unbequemes zu sagen. Dafür liebe ich Jana: Daß sie nicht einfach alles akzeptiert, was ihr nicht gefällt. Daß sie nicht verbiestert streitet, sondern voller Charme und Energie auf ihr Ziel losgeht. Zu DDR-Zeiten kannten wir uns nicht, aber ich weiß, daß Jana immer so gewesen ist.

Weil sie mein Freund ist, bin ich sicher, daß ich gut in der DDR hätte leben können. „Drüben“, das war aus Hamburger Sicht zwar nicht das Land der Träume, aber immerhin ein gelebter Gegenentwurf, das an unserem Gymnasium gerade durchgenommene „Kommunistische Manifest“ in 3 D sozusagen. Die DDR, das war auch der abschweifende Blick auf die Deutschlandkarte, die unser aus Saßnitz stammender Geschichtslehrer immer mitbrachte: auf die schraffierte Zonengrenze, auf Deutschlands größte Insel, Rügen. Vor meinem inneren Auge wuchsen die Inselumrisse zackig in die Höhe, wurden Kreidefelsen, und oben skizzierte Caspar David Friedrich. Das ist immer noch mein Land, spürte ich da, und vielleicht wäre ich ohne dieses Gefühl nicht im Sommer 1990 an den Friedrichschen Felsen gefahren, hätte nicht das erste eigene Magazin gekauft, das ich zuvor nur bei Freunden in Dresden sah. Aber Jana, da bin ich sicher, die wäre mir sogar mit Mauer in Berlin früher oder später über den Weg gelaufen. Mit manchen Menschen ist das so.

Jetzt erzählt diese Jana zusammen mit ihrem Vater Wilfried zehn Jahre deutscher Geschichte, beginnend im Wendejahr 1989. Als Bundespräsident Herzog forderte, wir sollten uns unsere Biographien erzählen, meinte er damit Ost und West. Aber auch das Gespräch zwischen den Generationen ist wichtig – nicht alle können das Glück haben, mit der Jana-Wilfried-Familie auf der Terrasse zu sitzen, ein bißchen über gut angewachsene Stauden zu reden, aber dann eben auch über die Weltbank und den Internationalen Währungsfonds. Wo bei letzteren die Abgrenzungen sind, können wir nicht sofort klären, und als Wilfried mit dem Lexikon zurückkommt, sagt er vergnügt „Jetzt machen wir Parteilehrjahr" – er liest aus einem DDR-Lexikon vor. Wilfried Maier kann das Gestern genauso wie das Heute mit Abstand betrachten und mit einigem Humor, und das obwohl – oder weil? – es nach der Wende für ihn, der in der DDR für die Umsetzung der Preispolitik verantwortlich zeichnete, beruflich nicht gerade aufwärts ging. Tochter Jana, ganz Journalistin, teilt diesen differenzierten Blick auf das was war und ist – auch wenn die beiden nicht immer zu denselben Schlüssen kommen, aber das macht dieses Familientagebuch ja gerade so interessant. Ich wünschte, alle Eltern und Kinder würden so offen über Politik, Arbeit, die Familie und überhaupt das ganze Leben sprechen. Die Grundhaltung in diesem Buch ist geprägt von gesundem Menschenverstand und einer gewissen Bodenständigkeit – beides Dinge, die in unserer Medienwelt altmodisch scheinen. Dabei läßt dieser Blickwinkel mehr zu als bloßes Schwarz-Weiß-Denken: Früher war nicht alles schlecht, und heute ist auch nicht alles gut. „Vaterland – Tochterland" kann Diskussionen anstoßen – tragen Sie mit dazu bei.

Martina Rellin (Chefredakteurin Das Magazin)

1989

TOCHTER Der Februar ’89 beginnt mit Papas 57. Geburtstag. Ich bin rund wie ein Kreisel, denn in meinem Bauch liegt ein zusammengerollter kleiner Anton und will einfach nicht geboren werden. Der errechnete Termin ist schon überschritten, ich trinke Rotwein, der soll den Kreislauf reizen. Papas Freunde fragen, wann es losgeht, sie erzählen von ihren eigenen Enkeln, von ihren Klugheiten und von ihren Verwöhntheiten. Doch bald reden sie wieder über wichtige Dinge, über Politik. Vor zwei Wochen hatte Erich Honekker auf einer SED-Delegiertenkonferenz über die Mauer gesprochen. „Sie wird 50 und auch 100 Jahre noch bestehen bleiben“, hatte er gesagt, „wenn die dazu vorhandenen Gründe noch nicht beseitigt sind.“ Alle hatten es in der „Aktuellen Kamera“ gesehen, wie er durch seine große Brille diesen Text vom Blatt las. Nur manchmal hatte er hochgeblickt, so als wollte er seinen eigenen Worten nachlauschen. Seine Stimme war dünn und ein wenig zu hoch, der Singsang seiner Sätze machte das Zuhören schwer. Die Männer und Frauen im Saal schrieben mit, warteten die Pausen ab, die der Generalsekretär der SED zum Luftholen brauchte. Nur manchmal legten sie die Stifte beiseite, um zu applaudieren. Die Mauer sei erforderlich, „um unsere Republik vor Räubern zu schützen“, sprach Honecker weiter. Und er lobte die Arbeitsbrigaden, die die Losung „Mein Arbeitsplatz ist mein Kampfplatz für den Frieden“ für sich gewählt hätten. Und wieder einmal sprach er vom festen Vertrauen zwischen Partei, Staat und Volk.

Die Geburtstagsrunde in meinem Elternhaus am Berliner Stadtrand ist beunruhigt. Immer mehr Leute in der DDR wollen, daß sich etwas im Land verändert. Die Gäste meines Vaters, fast alle sind hochrangige Genossen aus Ministerien, Universitäten und Parteigremien, wissen nicht, wie es weitergehen soll. Einer, den ich als Kind Onkel nannte, findet es unklug, so über die Mauer zu reden, während die Zahl der Ausreiseanträge immer weiter zunimmt. „Das muß ja als eine Drohung aufgefaßt werden“, findet er. Mein Vater ärgert sich über Honecker, weil der glaubt, die Probleme unseres Landes lägen allein hinter der Grenze. „Wir können doch nicht immer alles auf den Klassenfeind schieben“, sagt er und gießt Wodka in sein Glas. Über eines aber sind sich alle einig: Die Mauer kann nicht weg. Es geht doch um die Macht, die Macht der Arbeiterklasse, die Macht des Volkes. Die Frage, ob das Volk so eine Macht überhaupt noch will, bleibt an diesem Abend besser unausgesprochen.

Ich kann das Glas mit dem Rotwein auf meinem tonnigen Bauch abstellen wie auf einem Tablett. Keine einzige Wehe bringt es zum Zittern. Der Tag geht vorbei, heute gibt es kein neues Kind.

Sohn Jakob ist jetzt ein Jahr alt und hat immer noch keine Haare. Wir sitzen im Wartezimmer der Schwangerenberatung in Friedrichshain mit ungefähr 20 anderen runden Frauen. Die werdenden Mütter haben Zeitungen vor den Bäuchen und Einkaufstaschen neben den Stühlen. Alle Plätze sind besetzt, einige Frauen warten stehend neben der Tür, und es wird lange dauern, bis wir dran sind, zwei Stunden oder mehr. Das Fenster ist trotz der Februarkälte weit aufgerissen, denn Schwangere schwitzen immer. Draußen dröhnen die Straßenbahnen vorbei, halten, fahren los, halten und fahren wieder los. Jakob langweilt sich. Er hat gerade laufen gelernt, aber alleine macht es keinen Spaß. Er will meine Hand zum Festhalten und versucht, mich vom Stuhl zu ziehen. Aber ich bin müde. Er zetert unverständliche Kleinkindersätze. 20 werdende Muttis verstehen, was Jakob will. Ich lasse es auf den Krach ankommen, weil ich mich nicht bewegen kann. Außerdem: wer lärmt, ist möglicherweise eher dran. Mein Sohn meckert und klagt immer lauter. Dann haut er mich, schließlich rutscht er zornig vor dem Sitz zusammen. Ich kann nicht mehr, denn ich erlebe diese Szene zehnmal am Tag. Alle sind froh, als wir die Tür hinter uns schließen.

Wieder einmal wird der Bauch gemessen, befühlt und behorcht, es ist alles in Ordnung. Jakob hat etwas Beschäftigung. Die zarte Schwester schreibt auf, was sie über unser neues Baby herausfindet, wie schwer es etwa ist, wie es liegt. Jakob bekommt ein Blatt Papier geschenkt und stopft es in seinen Mund. Ich will nach Hause.

An einem finsteren Februarmorgen stehen wir früh auf. Mein Sohn, mein großer Sohn muß ich ja jetzt schon sagen, hat nun einen Krippenplatz am nördlichsten Rand von Berlin. Ein dreiviertel Jahr Wartezeit und viele Behördenbesuche haben bewirkt, daß wir dankbar sind, obwohl der Weg zur Krippe 40 Minuten weit ist. Ich schneide die Rinde von den kleinen Frühstücksbroten, schäle einen Apfel und zerteile ihn in lutschbare Häppchen. Harry, der Vater, ist unter der Dusche. Er arbeitet in einem Außenhandelsbetrieb am

Alexanderplatz und bringt Jakob nun jeden Morgen mit dem Wartburg zur Krippe. Ich verstaue das Frühstück in der Brottasche mit den hellblauen Schwänen. Ein ganzer freier Tag liegt vor mir. Erst heute nachmittag werde ich Jakob mit der S-Bahn wieder abholen.

Doch am Mittag, es ist noch immer nicht richtig hell, will der kleinere Sohn geboren werden. Die nächste Telefonzelle steht einige 100 Meter entfernt vor der Kaufhalle. Ich rufe Harry im Büro an, 20 Minuten später ist er da und bringt mich ins Krankenhaus Friedrichshain. Vor zwölf Monaten erst war Jakob hier nach einem endlosen Wehenmarathon zur Welt gekommen, jetzt bin ich schon wieder da. So schnell hatten wir kein zweites Kind geplant, der Kleine war ein Rechenfehler. Wir stoppen kurz am Pförtnerhäuschen des Krankenhauses und werden durchgewunken. Als wir vor dem Flachbau parken, in dem der Kreißsaal ist, kommt wieder die Angst. Mein ganzer Körper erinnert sich an Jakobs Geburt, sie war schwere schmerzhafte Arbeit. „Ich will nicht", sage ich zu Harry, während ich mit vorsichtigen Tippelschritten zur Aufnahme schleiche. „Es ist das allerletzte Mal", verspricht er mir. Vier Stunden später ist mein Anton da: rund, rosa und rücksichtsvoll.

Es wird Frühling, überall hängen Plakate mit zukunftsfrohen Wahllosungen, in den Zeitungen steht, daß die Werktätigen sich zum 40. Jahrestag der DDR zu Sonderschichten und Planübererfüllungen verpflichten.

Ich suche Arbeit in Berlin. Die LPG, in der ich zwei Jahre lang Betriebsökonom war, liegt weit außerhalb der Stadt. Drei Stunden Fahrzeit am Tag, das geht jetzt nicht mehr. Wenn später beide Jungs in die Kinderkrippe gehen, kann ich nicht um fünf losfahren und halb sieben erst wiederkommen. Zwar würde Harry sich bestimmt um die zwei kümmern, aber ich könnte sie kaum noch sehen. Also schreibe ich auf Harrys Computer, den er von einem Handwerker als Lohn für ein Abrechnungsprogramm bekommen hatte, einen Serienbrief. Darin steht das Wichtigste über mein Leben, geboren 1962, Ausbildung als Melkerin, mein nachgeholtes Abitur, mein Studium der Agrarökonomie, die Arbeit in der LPG und natürlich die Mitgliedschaft in der SED. Das Schreiben versende ich 50 Mal in Berlin. Danach ist jeden Tag Post im Kasten. Arbeit gibt es genug, überall werden Leute gesucht, und Kinder sind kein Hindernis. Nach der Mütterberatung fahre ich manchmal gleich weiter zum

Vorstellungsgespräch. In Antons Kinderwagen ist eine Tragetasche eingebaut, an zwei Henkeln trage ich mein schlafendes Kind durch die Kaderabteilungen von Berliner Betrieben. Nach monatelangem Baby-Alltag habe ich Lust auf einen Neuanfang. Ich frage bei allen Einrichtungen nach, die mit Landwirtschaft zu tun haben, bei der Lebensmittelkontrolle, der Agrarforschung, beim Landwirtschaftsverlag, in der Molkerei.

Im Mai unterschreibe ich einen Vertrag bei der Bauernzeitung, einem sympathischen Wochenblatt mit Fachartikeln, Ratgeberteil und Witzseite. In wenigen Wochen werde ich in der Leserbriefredaktion anfangen und später vielleicht sogar Artikel über die Landwirtschaft schreiben. Das Glück ist nicht zu fassen, zu Hause gibt es teuren Rotkäppchen-Sekt. Meine Jungs sind wirklich süß, aber trotzdem werde ich allein mit der Kinderbetreuung nicht froh. Deshalb wird Harry nun mit Anton zu Hause bleiben. Seit kurzem können auch Väter das staatlich bezahlte Babyjahr nehmen. Das Gehalt läuft mit 90 Prozent weiter, bis Anton in die Krippe kommt. Für meinen stillen schmalen Mann, der sich außerhalb jeglicher Rangordnungen, Planvorgaben und Versammlungsriten bewegt, ist der Rückzug ins Heim ein Stück Befreiung. Harry hält sich, seit ich ihn kenne, an keine Arbeitszeit und keine Anzugordnung, weil all das nach seiner Meinung nicht so wichtig ist. Am liebsten sitzt er mit seinem Kumpel und Kollegen Thorsten am Computer, heckt Programme aus und ertüftelt elegante Rechenwege. Die Kollegen ziehen über seine Regelmißachtungen her. Aber weil er ein Experte ist, und weil der Generaldirektor ihn schätzt, läßt man ihm notgedrungen eine lange Leine. Zweimal im Jahr zur Leipziger Messe zaubert Harry seinem obersten Chef dafür ein neues Abrechnungs- oder Demonstrationsprogramm auf den Bildschirm des gewaltig brummenden Computers der Marke Robotron. Und sein Chef führt den Messegästen stolz die Tabellen und Diagramme vor.

Meine Studienfreundin Babette besucht uns und erzählt von ihrem Ausreiseantrag. Babette wohnt in einem kleinen Dorf im Süden. Sie spricht einen leicht anhaltinischen Dialekt, ihre Worte kommen weich und ein wenig singend. Vier Jahre haben wir zusammen in Halle Neustadt im Studentenwohnheim gelebt: neun Stockwerke, Doppelstockbetten, Kochplatte, besenfreundlicher Linoleumfußboden. Jeden Morgen sind wir mit dem Bus zum schlecht geheizten Hörsaal der Wirtschaftswissenschaftlichen Fakultät gefahren und haben uns Vorlesungen über Landwirtschaft angehört. Jetzt sitzt Babette mit Mann und Tochter auf unserem Sofa. „Wir laufen Spießruten zu Hause“, erzählt sie. „Wir dürfen beide unsere Arbeit nicht mehr machen, Andreas haben sie als Brigadier abgesetzt, er fährt jetzt Traktor. Sie behandeln uns wie Verräter. In der Aussprache fragte uns der LPG-Vorsitzende, was wir eigentlich noch wollen, ob wir nie zufrieden seien. Die Wohnung im LPG-Neubau, der Krippenplatz für die Tochter, verantwortungsvolle Aufgaben im Betrieb – ob das nichts wert sei. Dabei merken sie doch selbst, daß alles zusammenbricht und reden trotzdem immerzu von den Erfolgen, die sie zum 40. Jahrestag in diesem Herbst abrechnen werden. Es gibt keine Ersatzteile für die Maschinen, aber die schmieden großartige Fünfjahrpläne. Die Traktoren werden in der Mittagspause mit laufendem Motor auf dem Hof abgestellt, weil sie sonst nicht mehr anspringen, so kaputt ist die Technik. Für die Kartoffelsortiermaschine werden Ersatzteile in unserer Werkstatt von Hand nachgefeilt, weil sie einfach nicht lieferbar sind. Die LPG hat inzwischen einen Beschaffungsspezialisten, der lädt jeden Monat den Barkas voll mit Tomaten und Paprika aus dem LPG-Gewächshaus und fährt durch die ganze Republik, um sie gegen neue Förderbänder oder Anhängerkupplungen einzutauschen. Die Leute kommen morgens zu spät aufs Feld, einige saufen schon bevor sie sich auf die Maschine setzen, und am Jahresende bekommen sie trotzdem alle ihre Prämie. Die Pläne werden dauernd übererfüllt, aber wegen ein paar Birnen muß ich dreimal in die Kreisstadt fahren. Und wehe, wenn du was ändern willst, da machen sie gleich einen Systemkritiker aus dir und fragen nach dem Klassenstandpunkt. Die LPG ist die Macht im Ort. Wenn die Chefs dich wirklich ärgern wollen, dann spürst du das sogar beim Dorfbäcker.“

Ich schiebe ein paar Briketts in den Ofen und bin unglücklich. Obwohl es schon beinahe Sommer ist, wird es nicht recht warm. Im Radio kommen die Wahlergebnisse, sie haben sich nicht verändert, wieder haben fast 100 Prozent den Kandidaten der Nationalen Front ihre Stimme gegeben. Siehst du, sagt Babette, das meine ich. Die lügen sich um Kopf und Kragen, die halten uns für völlig blöd.

Am Abend bringe ich Babette mit ihrer Familie zum Zug. Wenige Wochen später wird sie die DDR verlassen und nach Hannover ziehen. Ich schreibe ihr Briefe, Babette wird mein erster und einziger Westkontakt. Aus ihren Zeilen springt mir das blanke Glück entgegen: „Es ist nicht einfach, man muß sich um alles selbst kümmern, aber ich fühle mich zum ersten mal wirklich für mich selbst verantwortlich.“ Ich beneide sie, nicht weil sie da drüben ist, sondern weil sie nicht mehr hier ist. Aber ich kann hier nicht weg, es gäbe ja kein Zurück. Ich brauche nur an die Internatszeit zu denken, manchmal, wenn ein Nachmittagsseminar ausfiel, war ich schnell für eine Nacht nach Berlin gefahren, jemanden Vertrauten treffen, mit den Eltern reden, mit meiner Schwester Anja in einem der Clubs abtauchen, die Szene spüren. In Halle war nur mein Ersatzleben, wie sollte ich je in einem anderen Land leben, wenn ich es nicht mal in einer anderen Stadt ausgehalten hatte? Babette und ich schreiben uns noch einige Male, irgendwann reißt die Verbindung ab.

Auch die Frau, die das Häuschen am Stadtrand bewohnt, will ausreisen. Im August besichtigen wir zum ersten Mal das Grundstück nördlich von Berlin, die Kinder sind bei meinen Eltern. Je länger die S-Bahn fährt, desto flacher wird die Stadt. Die Wohnhäuser sind schmächtiger und stehen weiter auseinander. Das Grün nimmt zu, von Station zu Station, dann die ersten Getreidefelder, sogar Kühe. Sehr schön und sehr weit weg vom Zentrum. Nein, hierher werde ich nicht ziehen, denke ich. Schon jetzt, wo wir Kino und Freunde vor der Haustür haben, ist mein Mann kaum raus zu kriegen. Wie soll das erst werden, wenn wir eine halbe Stunde fahren müssen, um etwas zu unternehmen? „Wir gucken mal“, sagt Harry zu mir, „denk einfach an die Hundehaufen in Berlin, den rußenden Schornstein vom Filterwerk vor dem Schlafzimmerfenster, die zehn müffelnden Mülltonnen hinter dem Haus, den Lärm der pausenlos vorbeiziehenden Autos. Das sind die Dinge, die deine Kinder sehen, hören und riechen, wenn sie morgens aus dem Haus kommen.“ Er hat ja recht, unsere Wohnung im Stadtbezirk Friedrichshain ist nur wenige Meter von der Frankfurter Allee entfernt, eine der zentralen Achsen in Berlin. Harry und ich, wir sind beide mit einem Garten hinter dem Haus großgeworden. Wir wollen nicht, daß unsere Kinder auf dem Hinterhof aufwachsen.

Nach 40 Minuten endet die Reise für uns an einem kümmerlichen Bahnhof, drei oder vier Menschen steigen mit uns aus, nun müssen wir noch 20 Minuten laufen. Immer am Waldrand entlang, hatte die Frau, die das Grundstück verkaufen möchte, uns am Telefon erklärt. Schließlich kommen wir in eine Sandstraße mit einem verschwenderisch tiefgelben Butterblumenrand. Dort finden wir den Garten. Die Tür unter dem Rosenbogen quietscht ein wenig beim Öffnen. Durch die Wiese führt der Steinweg an Apfelbäumen entlang bis zur Holzveranda, links Hühner, rechts Trauben roter Tomaten. Die Veranda, an der sich eine Waldrebe mit lila Propellerblüten hochrankelt, klebt an einem flachen Häuschen mit schwächelnden Fensterläden, einem Teerpappe-Dach, darauf krümmt sich ein zerklüfteter Schornstein. Vor dem Haus sonnt sich die große Hündin Dunja. Die Hausbewohnerin, eine Rentnerin in Arbeitshosen, kommt uns auf dem Gartenweg entgegen. Sie wurde hier geboren, erzählt sie. Ihr Vater hatte zu Beginn des Jahrhunderts ein tausend Quadratmeter großes Stück Wald erworben, einen Zaun drum gezogen, die Bäume gerodet, und den Garten angelegt. Das Haus entstand in den 30er Jahren, es hatte zuerst zwei Zimmer und eine Küche, „alles selber jebaut". Wenn mehr Platz gebraucht wurde, weil die Familie wuchs, holten sich die Eltern Zement und Steine, mauerten einen weiteren Raum und verbanden ihn durch eine Tür mit dem Haus. Eine Zigarette rauchend, führt sie uns durch die Räume. Nach hinten zu wird die Decke immer niedriger. Harry duckt sich, um nicht mit dem Kopf anzustoßen. Im Wohnzimmer werden wir zu einer Tasse Kaffee eingeladen. Wir sehen durch ein großes Fenster nach Süden, die Sommersonne scheint bis auf den Tisch. Die Frau nennt den Preis, einen fairen Preis, einen günstigen Preis. Haus und Garten sollen so viel kosten, wie ein neuer Wartburg. „Ich will so schnell wie möglich weg", sagt sie. „Ich weiß, das soll man nicht sagen, wenn man ein Haus verkaufen will, so was drückt den Preis. Aber ich habe das alles hier abgeschlossen. Sobald der Ausreiseantrag bewilligt ist, könntet ihr einziehen." Wir bitten um drei Tage zum Nachdenken.

Wir wollen das Haus, kratzen unser ganzes Geld zusammen, aber es reicht nicht. Unsere beiden Einkommen bringen knappe dreitausend Mark im Monat. Obwohl wir nicht verschwenderisch sind, am Monatsende bleibt nie viel übrig. Der Alltag mit Brot und Jagdwurst ist eigentlich billig, dafür kosten die schönen Dinge des Lebens doppelt und dreifach. Alle Preise sind staatlich festgelegt. Eine Runde wichtiger Leute beschließt, was lebensnotwendig ist und was nicht. Der Kopf dieser Runde ist mein Papa. Er erklärt mir, warum Antons Kinderwagen teurer ist als mein halbes Monatseinkommen: weil er eine herausnehmbare Tragetasche habe, und weil er später zum Sportwagen umgebaut werden könne. Das müsse ja nicht sein, sei also Luxus. Ich könne ja auch das einfache Modell für 200 Mark nehmen. Das stimmt. Schade nur, daß der Zweihundert-Mark-Kinderwagen Modell Grundbedarf in den 60er Jahren entworfen wurde; braun-oranges Gardinenmuster, Räder so groß wie bei einem Kinderfahrrad, wollweiße maschinegehäkelte Zierborte. Er erfülle den Grundbedarf, sagt mein Papa, und ich bin wütend weil ich finde, daß er keine Ahnung hat und daß man mit so einem Kinderwagen nicht auf die Straße gehen kann. Trotzdem gibt er mir Geld für Haus und Grundstück.

Das Wort Ungarn wird bei mir in der Redaktion nur noch ganz leise ausgesprochen. Immer mehr DDR-Urlauber marschieren im Anschluß an die Balaton-Reise über die ungarisch-österreichische Grenze, statt ordnungsgemäß an den Arbeitsplatz zurückzukehren. Das ist der erste Weg nach draußen, der an den Behörden vorbeiführt. Ungeheuerliches soll sich in der österreichischen Grenzregion abspielen. DDR-Treue und Flüchtlinge sollen sich diskutierend gegenüberstehen und einander die Fehler und Vorteile der Heimat vorbeten. Freundschaften und Lieben enden jäh an dieser Grenze, weil einer sie passiert und der andere nicht. Eine Kollegin bekommt von ihrer Tochter, die sie auf einem ungarischen Zeltplatz wähnt, eine Karte aus Wien, die Mama solle nicht böse sein. Mein Kollege Bernd gesteht, daß er vor Monaten einen Bungalow am Balaton gebucht hat, jetzt plagen ihn Zweifel, ob er tatsächlich daran festhalten soll. Nicht daß jemand denkt, er wolle rüber. Ich bin mir nicht sicher, ob mein Kollege Bernd nicht auch vor sich selbst ein bißchen Angst hat. Mir ginge es genauso.

Ich spüre immer mehr, daß meine nette Landwirtschaftszeitung auch eine Parteizeitung ist. Sie gehört zum Verlag „Neues Deutschland“, von der Sekretärin bis zum Chefredakteur sind fast alle in der Partei. An jeder Straßenecke, in jedem Gemüseladen wird mehr nachgedacht und gestritten als hier in der ideologischen Hochburg, der Heimstätte des Gedankenverfassens und -verbreitens. Wir sitzen zu zweit oder zu dritt in unseren Zimmern, machen unsere Arbeit und sind nicht in der Lage, miteinander über die Probleme zu reden. Trotz regelmäßiger Parteiversammlungen und organisierter Diskussionsrunden sind wir sprachlos. Wir sind sehr geschickt darin, Tabuthemen auszuweichen, es gibt Worte, die kriegen wir einfach nicht mehr über die Lippen, es sind Worte wie Ostmark, Mauer, Deutschland, Mangelwirtschaft, Demonstrationsfreiheit. Die Leitartikel, auch in meiner Zeitung, werden strenger, sie reduzieren immer mehr auf gut und böse, dafür oder dagegen, Freund oder Feind. Doch damit wecken sie nur Wut. Es ist, als würde man den Topf, in dem es kocht, mit dem Deckel schließen, um ein Überkochen zu verhindern.

Ich bin ständig müde, weil Jakob Zähne kriegt, und immer nachts. Dann will er spielen. Harry und ich knien abwechselnd um drei Uhr morgens im Bademantel mit ihm auf dem Fußboden und bauen mit halbgeschlossenen Augen bunte Klötzchentürme. Tags lese ich die Briefe von den Bauern. Sie gleichen manchmal den Seiten eines Brigadetagebuches: „... konnten wir unsere durchschnittliche Milchleistung in diesem Jahr auf 4.000 Liter pro Kuh steigern. Dies gelang vor allem durch eine modernisierte Futterdosierung. Besonders stolz sind wir dabei auf die Einsparungen im Kraftfutterbereich. Dieter Klaus, Tierproduktion Sowieso."

Meine Aufgabe ist es, drei Seiten Brief auf zehn Zeilen zusammenzustreichen. Jetzt im Herbst schreiben die Bauern besonders viel, erst über die Ernte, dann über das Erntefest, dann über die Erntebilanz. 20 Briefe kommen jeden Tag, einmal sind es sogar siebzig. Meine ältere Kollegin Ingrid, die ich als Genossin duze, erklärt, daß es im Sommer viel weniger sind. Damit die Leserpost-Seite trotzdem immer gut gefüllt ist, hält sich die Bauernzeitung einen kleinen Stamm ausgewählter Dorfkorrespondenten. Deren Briefe werden bevorzugt gedruckt, damit sie im Sommer, wenn die Post spärlicher wird, nicht schlapp machen. Die Dorfkorrespondenten schreiben über die Altstoffsammlung der Freiwilligen Feuerwehr, das entlaufene Pony beim Schulfest, die Kremserfahrt der Volkssolidarität, den Kartoffeleinsatz in der LPG.

Ich stelle mir vor, wie der ausgewählte Dorfkorrespondent Karl Löffler am Donnerstag auf die Briefträgerin mit der Bauernzeitung wartet. Na Karl, wieder was drin, wird sie fragen, und Karl Löffler nimmt die Zeitung und sagt keck, mal sehen Lilo. Und kaum entfaltet er das Blatt, zieht sich der Korrespondentenmagen zusammen: Der schöne Artikel über die Igelfamilie im Kälberstall ist auf acht Zeilen zusammengepfuscht. Und das war dann ich. Viele Briefe werden mit der Kürze einfach besser. Schwieriger ist der Umgang mit der zunehmenden Kritik.

Du mußt darauf achten, sagt Ingrid zu mir, daß das Wesentliche in die Zeitung kommt. Die Bauern schreiben endlose schwülstige Schachtelsätze, die gebildet klingen sollen. Hinterher beschweren sie sich, weil wir normales Deutsch daraus machen. Dann sagt sie noch, paß auf, daß nicht drei oder vier Dorffeste hintereinander kommen und nicht zuviel Kritik.

Was ist viel Kritik, was ist zu viel? Darf der Produktionsleiter einer LPG sich in der Zeitung über die eigenwilligen Verteilungsregeln für neue Saatmaschinen beklagen? Darf die Köchin einer Dorfschule öffentlich kritisieren, daß die Kartoffeln für die Schulspeisung laufend angegammelt sind? Darf ein Brigadier sich über die Schummelei bei den Ernteerträgen auslassen? Wenn die Bauern nicht mehr weiter wissen, schreiben sie an ihre Zeitung. Bodenständig wie sie sind, reisen sie zwar nicht gleich aus, doch Unruhe herrscht auch in den Dörfern. In den letzten Monaten schreiben die Landwirte häufiger und zunehmend kritisch. Oft steht am Briefende ..., aber das dürfen Sie bestimmt nicht so drucken. Und tatsächlich erscheint auf der Leserbriefseite nur ein schwacher Rest von dem politischen Wirbel, der das Land aus dem Takt bringt. Die kritischen Briefe bleiben jedoch nicht unbemerkt. Sie wandern mitsamt dem Absender in einer roten Mappe zum Chefredakteur, der reicht sie weiter an die Produktionschefin der Redaktion, und diese gibt sie unserem Parteisekretär. Was weiter mit der Post geschieht, weiß ich nicht.

Es ist Herbst. Harrys Freund und Computerkollege Thorsten ist bei uns eingezogen. Seit 14 Tagen hat er keine Wohnung mehr. Nachts schläft er auf unserem Sofa, tags arbeitet er seinen Laufzettel ab, eine Liste mit Behörden, die alle ihr Einverständnis zur Ausreise geben müssen, von der Sparkasse über die Wohnungsbaugesellschaft, die Wasserwerke, die Post bis hin zur Bibliothek. Thorstens Frau ist vor Monaten von einem Tantenbesuch im Westen nicht zurückgekommen. Mit dickem Bauch ist sie in den Westen rüber gereist, jetzt gibt es eine Tochter. Die Abende sind lang, der Weinverbrauch steigt. Thorsten sitzt auf unserem Sofa, hat Sehnsucht nach seinem unbekannten Baby und erzählt in schönstem Sächsisch Behördenanekdoten. Da geht es um Papiere, die plötzlich verschwinden, um zuständige Bearbeiterinnen, die ewig nicht aus dem Urlaub zurückkehren, um kurze Sprechzeiten und dafür um so längere Warteschlangen. Es ist nicht wirklich witzig, es ist auch nicht wirklich traurig. Aber mein Mut sinkt, weil ich weiß, daß Kumpels wie Thorsten und Babette gehen, und daß wir hier in diesem Stillstand hocken bleiben. In mir wächst eine krude Übellaunigkeit, weil alles den Bach runter geht, weil der Alltag verstopft ist mit Notlügen. Sie machen aus mir ein Wesen mit zwei Wahrheiten: der offiziellen Zeitungs- und Versammlungswahrheit und der privaten inneren Wahrheit. Es ist nicht Angst, die mich abhält, meine Wahrheit auszusprechen. Mir kann ja nichts passieren, denn ich glaube an den Sozialismus, er ist das Gute oder jedenfalls das Bessere. Doch die Versuche, zu fragen, zu zweifeln, zu verändern, haben stets mit strengen Aussprachen geendet oder noch schlimmer, mit Hohn. Bewirkt haben sie nichts.

Ich war in der neunten Klasse, als zum Republikgeburtstag auf dem Alexanderplatz ein Tumult losbrach. Ende der 70er Jahre hatte sich im befreundeten Nachbarland Polen die Solidarność gegründet, eine unabhängige Gewerkschaftsbewegung, die Kritik übte am sozialistischen Staat. Das gelobte Wort Solidarität bekam eine neue, unerwünschte Bedeutung. Am Jahrestag der DDR hatten Jugendliche es zu laut und zu oft ausgerufen, in polnisch. Die Polizei ging brutal gegen die Rufer vor, es gab Verletzte. Am darauffolgenden Montag hatten wir in der Schule Staatsbürgerunterricht. Die Lehrerin begann mit einer Leistungskontrolle, aber wir wollten über die Ereignisse vom Wochenende reden. Wir waren empört über die Volkspolizei, über die Ignoranz der Medien, die das Ganze herunterspielten. Ich forderte Aufklärung von der Lehrerin: „Sie sind doch Genossin, Sie müssen uns doch sagen können, was da passiert ist." Nicht, daß ich die Solidarność gut fand, sie stellte sich schließlich gegen den Staat. Aber mit Schlägen könne man doch niemanden überzeugen, rief ich entrüstet. „Gerade von dir hätte ich das nicht erwartet, Jana", sagte die Lehrerin offensichtlich enttäuscht. Und sie gab uns zu verstehen, daß sie nicht bereit war, über dieses Thema mit uns zu reden. Ich kassierte einen Eintrag wegen „dazwischreden" oder so ähnlich. Meine Eltern unterschrieben, und meinten, die Lehrerin habe ihren Beruf verfehlt.

Später als Lehrling habe ich mich wegen der schlechten hygienischen Bedingungen im Kuhstall aufgeregt. Die Güllekanäle waren ständig verstopft, weil seit langem ein paar Eisenschieber fehlten. Die Kuhscheiße stieg immer wieder aus dem Abfluß hoch, so daß die Tiere in ihrem eigenen Dreck lagen. Und wenn das Melkzeug runterfiel, wurde die Gülle, flupp, in die Milchleitung gesaugt, manchmal minutenlang. Ich schlug vor, die Schieber nachzubestellen oder nachzufertigen, aber nichts geschah. Ich schrieb dem Direktor einen Brief, bat um einen Termin, wieder nichts. Ich mobilisierte meine Lehrlingsbrigade, und wir stellten der Betriebsleitung ein zweiwöchiges Ultimatum für ein Gespräch, sonst würden wir streiken. Niemand redete mit uns. Am Tag des Ablaufs liefen wir in den Stall und setzten uns in Arbeitssachen auf den Gang. Die Gülle stand wieder mal mehrere Zentimeter hoch. Zuerst kam der Lehrausbilder und versuchte, uns zum Arbeiten zu überreden, dann kam der Meister und schließlich der stellvertretende Direktor. Er holte sich einzeln die Lehrlinge aus der Gruppe, und jeder, den er sich vorknöpfte, ging danach an die Arbeit. „Wollten Sie nicht nach der Lehre ihr Abitur machen, Jana?“ fragte er mich, und genau das wollte ich. „Da müssen wir Sie aber delegieren, das wissen Sie schon? Ohne unsere Befürwortung gucken die sich nicht einmal Ihre Bewerbungsunterlagen an. Und jetzt überlegen Sie sich, ob Sie hier weiter Revolutionär spielen wollen, oder ob Sie aus ihrem Leben noch was Richtiges machen.“

Im Studium war ich zur Delegiertenversammlung der FDJ geschickt worden. Etwa 500 Jugendliche saßen ein Wochenende lang zusammen und hielten so etwas wie einen kleinen Parteitag ab. Da wurde das Präsidium gewählt, wurden Rechenschaftsberichte verlesen, vorher eingereichte Diskussionbeiträge runtergeschnurrt, die alten Leitungen verabschiedet und neue gewählt, Blumensträuße getauscht. Nachdem eine blonde Studentin das Programm für das kommende Jahr vorgetragen hatte, bat der Versammlungsleiter um weitere Vorschläge. Im Raum hoben sich brav einige Hände, der Leiter rief nach und nach die einzelnen FDJler auf, sie erhoben sich, lasen etwas von einem Zettel vor, setzten sich, immer der Reihe nach, wie in einer Theaterprobe. Einer schlug vor, die Passage einzufügen: „Die FDJ-Jugendclubs der Universität sollen noch mehr zu Zentren der gesellschaftlichen Aktivität ausgebaut werden.“ Da hielt ich es nicht mehr aus. „So ein Unsinn“, rief ich dazwischen, „dieser Satz hat doch gar keinen Inhalt. Das ist doch alles Theater.“ Ich saß irgendwo im hinteren Drittel des Raumes, alle drehten sich um. Der Versammlungsleiter ergriff das Wort, ich sollte meinen Diskussionsbeitrag anmelden, wie alle, wenn ich etwas sagen wolle, und wenn jemand etwas gegen die gute Arbeit der Jugendclubs hätte, dann stimme wohl mit der Einstellung etwas nicht. Im Präsidium begann jemand zu applaudieren, der Saal fiel ein.

Es dauert noch eine Kindheit und eine Jugend lang, ehe ich mitbekam, daß trotz dieser kleinen alltäglichen Kämpfe alles so bleiben wird, wie es ist. Wenn man still ist, wird man lediglich weniger beschädigt. Dabei täte Kritik wirklich not, denn in diesem Land gelingen die einfachsten Dinge nicht mehr. Die Deutsche Reichsbahn zum Beispiel ist völlig heruntergekommen. Züge fallen aus, 20 Minuten Verspätung gelten als pünktlich, die Bahnhöfe sind verdreckt. Das Telefonnetz ist so alt, daß Ferngespräche einfach zusammenbrechen. Ich wähle in der Redaktion zehn- bis fünfzehnmal, ehe ich meine Gesprächspartner in Thüringen oder Sachsen erreiche. Wenn ich durchkomme, verschwende ich keine Zeit, denn die Leitung steht oft nur wenige Minuten. Neue Anschlüsse gibt es so gut wie nicht, weil das Netz völlig überlastet ist. Die Straßen zerbröseln, neue werden nicht gebaut. Aber das macht ja nichts, es gibt sowieso keine neuen Autos. Es gibt auch keine Baumwollwindeln zu kaufen, keine Papiertaschentücher, keine Rosen, keinen Joghurt, keine Dübel, keinen Pfefferminztee, keine Mischbatterie und keine „Wochenpost". Natürlich stimmt das so nicht, es gibt alles, aber nie genug. Nach jedem dieser einfachen Dinge muß ich mehrfach fragen, mehrmals laufen, an bestimmten Tagen zur rechten Zeit in der richtigen Schlange stehen. Jeder weiß das, jeder kennt das, aber wer es ausspricht, stellt sich gegen den Staat. Das hält die stärkste Überzeugung nicht aus.

Es ist nicht mehr Nacht und noch nicht Tag, als Thorsten zum Zug muß. Harry bringt ihn zum Bahnhof, ich bleibe zu Hause bei den Kindern. Wir haben bis zum Morgen zusammengesessen, bis zum endgültigen Abschied. Jetzt höre ich die Autos, die in drei Spuren auf der nahen Frankfurter Allee zum Stadtzentrum fahren. Ich rieche die Abgase und schließe das Fenster. In einem dieser Autos sitzt, wie an jedem Arbeitstag, mein Papa mit seiner Aktentasche auf den Knien, darauf das „Neue Deutschland". Der schweigsame Fahrer, der ihn seit Jahren zur Arbeit fährt, bremst behutsam vor jeder Ampel, damit die Zeitung nicht verrutscht. Es ist der Morgen des 9. November. Der Tag, der nun beginnt, wird alles verändern.

Für uns ist erst einmal nur neu, daß wir einen Fernseher haben, mit Fernbedienung! Norbert hat ihn uns geschenkt. Im Laden hätten wir mehr als 5.000 Mark zahlen müssen. Ich gebe Anton die Flasche. Jakob lutscht an einem Zwieback und sucht überall in der Wohnung nach Thorsten. Ich sage, daß er weg ist. Aber Jakob versteht nicht, was ich meine.

Am Abend schließen wir den Fernseher an. Ungefähr zu der Zeit, da Thorsten seine kleine Tochter das erste Mal auf dem Arm hat, läuft die Pressekonferenz mit Günter Schabowski, es ist sehr komisch, einen Politiker der DDR frei sprechen zu sehen, beim Reden seine Augen zu sehen. Ich kenne nur vom Blatt gelesene Reden, die Funktionäre scheinbar auch. Die Worte kommen zäh und mühsam, zwischen den Sätzen sind lange Denkpausen. Es geht um das Passieren der Grenze, mehr ist nicht zu verstehen. Wir sind furchtbar müde nach dem langen Abschied von Thorsten, machen den Fernseher aus und gehen ins Bett.

Die Bilder, die wir noch vor dem Frühstück in unserem neuen Fernseher sehen, sind ungeheuerlich. Die Grenze ist auf. Irgendwelche Leute sitzen auf der Mauer und schaukeln mit den Beinen, andere machen Klimmzüge am Bollwerk des Sozialismus. Soldaten schauen gelassen zu, wie ein halbes Volk die Sperrlinie passiert. Trabis stinkern mit ihren typisch blauen Zweitakter-Wolken durch Westberlin. Ein Mann heult. Ein anderer räufelt lachend seinen Pullover hoch, und wir sehen, daß er noch den Schlafanzug darunter hat. Reporter stehen stotternd mit dem Mikrofon da und suchen nach den Worten, die das Geschehen dieser Nacht beschreiben könnten. Ich starre auf den Bildschirm, ich sehe das Glück, und fühle Angst.

Ich traue mich tagelang nicht über die Grenze, ich bin damit beschäftigt mich zu schämen, und ich will nicht zu dieser Masse gehören, die breiartig durch die Grenzlöcher in den Westen quillt. Wie Verhungernde stürzen sich meine Mitmenschen auf die kleine ummauerte Halbstadt, die wie eine Glücksinsel inmitten der DDR liegt. Jede Banane, jede buntbedruckte Plastetüte und jedes Shampoo-Pröbchen ist Reichtum. Vor einem Kaufhaus werden Kugelschreiber in die Menge geworfen, an einer U-Bahn-Station gibt es kleine Kaffeepäckchen umsonst, die Banken verteilen Geld zur Begrüßung. Was für eine Welt: ein ganzer Besteckkasten für 59 Mark, eine Stiege Ananasbüchsen für 12,90 Mark, eine Busfahrt zum Hamburger Hafen mit Mittagessen und Überraschungsgeschenk für 25 Mark. Ich bin empört, unser Sozialismus geht für ganze 100 Mark über den Tisch, die Leute entscheiden mit dem Einkaufskorb, welches Land besser ist.

Aber gibt es mein Land überhaupt noch? Wer regiert es eigentlich und wie? Hier, wo bis eben noch jeder poplige Sticker am Hemd kontrolliert wurde, will sich plötzlich keiner mehr für mich zuständig fühlen. Seit einer Woche ist die Mauer auf, und ich weiß noch immer nicht, was das eigentlich für mich heißt. Das bedeutet bald 20 Prozent Arbeitslosigkeit, sagt mein wirtschaftlich gebildeter Papa. Ich finde, er sollte nicht so übertreiben. Seit langem pendelt die Rate in der Bundesrepublik um vier bis fünf Prozent. Da gab es immer diese schrecklichen Geschichten im „Neuen Deutschland“, von armen Kindern, die im Winter ohne Schuhe in die Schule müssen, von Obdachlosen, die auf dem Münchner Marienplatz den Kältetod sterben, von tausenden Analphabeten, die nicht einmal einen Einkaufszettel schreiben können. Als Kind habe ich diese Dinge geglaubt, später nicht mehr. Aber mein Papa ist eben typischer ND-Leser, und außerdem kennt er die andere, die Ausbeutergesellschaft, er ist mit ihr aufgewachsen. Ich kenne sie nur aus den Lehrbüchern weiß also bloß theoretisch, wie sie funktioniert. Leben will ich in so einer Ordnung nicht, aber ich will auch nicht mehr diesen Einheits-Sozialismus mit seinen in Parolen gemeißelten Idealen. Zum ersten Mal habe ich wieder Hoffnung auf einen anderen Sozialismus, einen der ehrlicher ist.

Ich bin mit meinen Eltern zu einer Demonstration am Lustgarten verabredet. Am 18. Oktober ließ sich Honecker von seinen Funktionen als SED-Generalsekretär und Staatsratsvorsitzender entbinden. Sein Nachfolger in der Partei ist Egon Krenz, ehemaliger FDJ-Vorsitzender und ewiger Kronprinz. Er wird heute seine Pläne für unser aufgeplatztes Land vortragen. Es ist eiskalt, aber noch liegt kein Schnee. Die Straßen um den Alexanderplatz sind leergefegt, ganz Ostberlin ist im Westen. Das Licht der Peitschenmasten wird von den leeren Wegplatten zurückgeworfen. Die Gaststätten sind verwaist, die wenigen Gäste sind wahrscheinlich Westberliner, die aus ihren überfüllten Straßen hierher geflüchtet sind. Frierend laufe ich zum Lustgarten. Ich höre Musik, und als ich das Lied erkenne, friere ich noch mehr. Diese Lieder, wie können sie nur diese Lieder spielen. Sie haben einfach ihre ausgeleierten Tonbänder vom 7. Oktober, vom Republikgeburtstag herausgekramt, diese gejodelte Chorversion von „Auf, auf zum Kampf, zum Kampf ...“, und ich ahne, mit der Erneuerung, das wird nichts.

Meine Eltern stehen wartend am Rand der Veranstaltung. Auch mein zwei Jahre älterer Bruder André, der mich vor kurzem wegen meiner Westkontakte zu Babette kritisierte, ist da. Anja, meine jüngere Schwester ist nicht da, sie hat mit der SED sowieso nichts am Hut. Der Platz füllt sich, es kommen viele. Papa hoffte eigentlich darauf, daß Modrow mehr Einfluß gewinnt. Aber der wird erst später Regierungschef werden, und noch etwas später, im Dezember, wird Gregor Gysi Parteivorsitzender sein. Jetzt steht Krenz da vorn. „Immer noch besser als Honecker", finden meine Eltern, „immerhin gibt es jetzt Bewegung." Krenz steht mit einem großen Lächeln oben auf dem Podest, inmitten der verunsicherten Politikerriege und redet von der Vorhut der Arbeiterklasse und von der führenden Rolle der Partei. Partei, das heißt immer SED. Zwar gibt es auch liberale und christliche Parteien in der DDR, doch die SED hat laut Gesetz das Sagen. Krenz findet, das müsse so bleiben und bekundet lediglich Dialogbereitschaft.

Es sind die gleichen alten Formeln, es sind dieselben alten phantasielosen Männer. Geändert hat sich das Publikum. Es besteht aus Genossen, die ihre DDR zwar behalten, aber verändern wollen, so wie ich. Die Partei hat sich in den letzten Jahren so ignorant aufgespielt, sie muß froh sein, wenn sie noch jemand anguckt. Statt dessen redet Krenz von der Alleinherrschaft seiner Partei und tut so, als sehe er die Plakate nicht, auf denen „Arbeiter ins ZK" steht. Unter uns Zuhörern fängt es an zu grummeln. Für so einen Unsinn brauchen wir nicht hier in der Kälte zu stehen. Vergessen ist die Parteidisziplin, aufhören, rufen welche, die Partei auflösen, brüllen andere. Neu anfangen, tönt es von hinten. Eine neue Parteiführung, höre ich, und merke, das bin ich selbst. Komisch, daß meine Stimme so hoch ist, wenn sie laut wird, beinahe piepsig. Es ist nicht wirklich befreiend, das Innerste auf diese Art wahrzunehmen. Es ist beklemmend. Ich überlege, wann ich das letzte Mal etwas laut gesagt habe, das mir wichtig war und schätze, es ist lange her.

Diese Art der Auseinandersetzung, dieses Rumschreien gefällt mir nicht. Eigentlich müßte man sich zusammensetzen und alle Ideen auf den Tisch packen, um sich schließlich für das Beste zu entscheiden. Aber wer würde an so einem Tisch mit sitzen dürfen, ich vielleicht? Oder meine Eltern? Diese Männer da vorn würden schon dafür sorgen, daß sie unter sich bleiben, und was die für Ideen haben, das weiß ich: alles anhalten, die Kontrolle wiedererlangen, dem Volk ein paar Zugeständnisse machen. Die muß man einfach anbrüllen.

Krenz lächelt, und ich sehe zur Seite auf meinen Papa. Er hat diesen harten Blick, diesen undurchdringlichen Prinzipienblick. Der ist immer da, wenn er grundsätzlich fühlt, was richtig ist, aber konkret keine Lösung weiß. Krenz verspricht uns einen Sonderparteitag, er hat Schwierigkeiten, seine Sätze durch den Tumult zu bringen. Und was er da sagt, erstaunt ihn offensichtlich selbst. Alle gucken auf ihn und erwarten, daß er Vordenker, Entscheider, eben ein Macher ist. Erschöpft schmeißt er uns diesen Happen hin, damit wir Ruhe geben, damit er Zeit gewinnt. Für meine Eltern, die diese Partei als unerschütterliche Macht mit festen Rhythmen und Plänen kennen – dem Feind keine Schwäche zeigen – ist der angekündigte Sonderparteitag schon ein erstes Zeichen von Bewegung. Sie hoffen, daß die Parteiführung das Richtige tun wird. Und sie werden sich wieder einmischen, vor ein paar Wochen haben sie schon einmal einen Brief an Krenz geschrieben mit Vorschlägen für Veränderungen. Ich beneide sie um ihre Kraft und sehe, daß ihr Glaube viel stärker ist als meiner. Ich möchte wie sie ein Ziel haben, für das es sich zu streiten lohnt. In diesem politischen Chaos sind alle Strömungen durcheinander geraten. Da gibt es die bockige Kirche, in der sich stets alles sammelt, was gegen den Staat stänkert. Ich bin aber in meinem Innersten nicht gegen diesen Staat. Da ist das oppositionelle „Neue Forum", das die Wahlen als Fälschung bezeichnet, geheime Treffen abhält und Flugblätter an die Laternen pinnt. Die Bewegung ist mir sympathisch, aber ich trau mich nicht, da hinzugehen. Da sind die Künstler, die über das Hierbleiben und Verändern singen und diskutieren, die mich wach machen und mich nach dem Konzert alleine lassen mit meiner ganzen großen Unruhe. Meine umherirrenden Gefühle und Gedanken finden einfach kein Haus, aber eines weiß ich, das geistige Haus meiner Eltern, das mir offensteht, das kann es nicht mehr sein.

Die Warschauer Straße endet an einer Wand. Ich bin oft auf diese Wand zugefahren, um dann nach links in Richtung Treptow oder nach rechts zum Alex abzubiegen. Jetzt hat diese Wand ein unordentliches Loch. Es wurde eilig reingehackt, rostrote Eisendrähte ragen aus dem groben Beton. An den Seiten sind Bauarbeiter dabei, dem eiförmigen Durchbruch ein halbwegs akzeptables Format zu verleihen, immerhin handelt es sich hier um einen Grenzübergang zwischen zwei Staaten. Harry und ich streben inmitten eines dichten

Menschenstroms auf dieses Loch zu. Wir heben die blauen Personalausweise mit dem runden Emblem hoch und schieben die Kinderwagen durch. Ein Preßlufthammer lärmt und nimmt dem Augenblick etwas von seiner Erhabenheit. Es ist seltsam, von einem Land in ein anderes zu reisen, ohne überhaupt die Straße zu verlassen. Ich sehe ein wenig enttäuscht auf die gleichen roten und gelben Mietshäuser, das gleichc buckelige Kopfsteinpflaster, die bekannten Granitplatten auf den Gehwegen. Sogar die Polizeiuniformen sehen fast genauso aus wie bei uns. Es ist deutlich zu sehen, daß das alles noch zu meiner Stadt dazugehört. Wir schieben unsere beiden Kinderwagen durch Kreuzberg und suchen nach Dingen, die anders sind. Es gibt große Werbetafeln an Häusern und Zäunen, es gibt Uhren, die gehen, und saubere Papierkörbe. In den Straßen sind mehr Läden, und in den Schaufenstern sind viel mehr Waren ausgelegt. Vor den Läden gibt es Stände mit Obst oder Blumen, und überhaupt sieht es aus, als gäbe es hier mehr Farben. Sogar die Autos sind bunter, sie machen weniger Krach und stinken nicht so. Dafür sind es mehr. Es ist sogar in Nebenstraßen schwierig, mit dem Kinderwagen die Straßenseite zu wechseln, auf beiden Seiten sind die Fußwege von endlosen Autoreihen flankiert. Von den Westberlinern ist wenig zu sehen, ganz Kreuzberg ist in der Hand der Ostler. Vor den Banken und Sparkassen stehen 100 Meter lange Menschenschlangen, denn jeder DDR-Bürger bekommt 100 D-Mark Begrüßungsgeld, eine Großzügigkeit aus der Zeit, da die Grenze weniger durchlässig war. Wir finden eine kleine versteckte Post, in der es nicht so voll ist und stellen uns nach dem Geld an. Der Schalterraum ist voller Menschen, die Schlangen ringeln sich mal links herum, mal rechts herum. Die Stimmung ist heiter, es geht zügig voran. Als wir nach einer Stunde dran sind, reichen wir unsere Ausweise durch, heben zum Beweis unsere Kinder auf den Postschalter und bekommen 400 Westmark. Umgerechnet sind das fast 3.000 Mark, aber wer will das wissen. An der nächsten Ecke kaufen wir unseren ersten Döner. Als der Türke am Stand unseren Hundertmarkschein sieht, winkt er höflich ab. „Laß ma", sagt er, und „Guten Appetit". Jakob hat Schwierigkeiten, die langen Krautstücke in seinen kleinen Mund zu fädeln, Anton lutscht die Sesamkörner vom Fladenbrot. Wir parken die Kinderwagen an einem kleinen Spielplatz, und Jakob reitet auf einer Holzente. Unter den Spielgeräten gibt es keinen Sand, nur eine Gummimatte, damit die Hunde nicht hinkacken. Ich nutze die Spielzeit, um eine Drogerie zu besichtigen, wo ich doch jetzt Geld habe. Strumpfhosen, Lippenstifte, Windeln, Zahnbürsten, Haarklemmen, ich finde alles schön, kaufe aber nichts. Ich gehe zurück zum Spielplatz und während ich meinem Sohn beim Wippen zusehe, besucht Harry einen kleinen Computerladen, nur mal gucken. Dann ist Antons Windel naß, und wir müssen zurück. Wenige Tage später ziehen wir raus aus Berlin in den kleinen Vorort. Die Rosen über dem Gartentürchen sind längst erfroren, die schwarze Hündin Dunja ist nach einem Tierarztbesuch nicht wieder gesehen worden, und die Bewohnerin des Hauses, die uns vor wenigen Wochen hier empfangen hatte, ist nach ihrer Ausreise in ein Westberliner Übergangslager gezogen, weil sie noch keine eigene Wohnung hat. Es sind zu viele auf einmal fortgegangen, drüben wurden Container aufgestellt, und die Westdeutschen sammeln Kleidungsstücke für die vielen Ankömmlinge. Alle stieben in die Welt hinaus, und wir verkriechen uns in einem kleinen Häuschen auf eigener Scholle.

Meine Schwester Anja hat nach weniger als einem Jahr ihr Studium geschmissen. Sie wollte Werbeökonomin werden. Nach jahrelanger Arbeit als Schriftsetzerin in einer Druckerei holte Anja sich eines Tages die Unterlagen für den schwierigen Eingangstest und bestand natürlich die Prüfung. Sie ist eigentlich eine Künstlerin, begabt und frei im Kopf. Anja lief mit großen Papiermappen herum, besuchte Seminare, fotografierte Efeu und schmiedeeiserne Zäune, mischte lichte Farben und zog mit einer Feder feine Linien auf gelbem Zeichenkarton. Dann traf sie Holger, die große Liebe, den Mann, der sofort ganz da war, der nie zögerte, der immer alles richtig machte. Wie ein Baum stand er plötzlich in ihrem Leben, schlug seine Wurzeln in ihren Alltag und stellte sie unter seinen absoluten und gnadenlosen Schutz. Sie hatte immer geglaubt, sie könne keine Kinder haben, aber sie war auf der Stelle schwanger. Holger wollte von ihr das bekommen, wovon er geträumt hatte: die perfekte Frau und das perfekte Kind, mit ihm vereint in einer perfekten Liebe, einer Traumfamilie. Nur ein paar Unartigkeiten mußten noch wegkorrigiert werden, nur ein paar. Es ging natürlich schief. Anja, die Künstlerin, eignete sich nicht zum Umformen, genauer gesagt, mit Anfang 20 eignete sie sich noch nicht einmal für Kompromisse. Das Kind, ein blondes Mädchen mit spitzer Nase, wurde in einer Herbstnacht geboren. Es heißt Hanna und lebt nun mit Anja in einer kleinen Wohnung in der Stadtmitte. Statt Papa lernte es zuerst Opa sagen. Die Eltern helfen Anja, über den Kummer hinwegzukommen. Sie holen Hanna oft zu sich nach Hause, damit Anja abends auch mal weggehen kann. Unser Bruder André geht mit zum Scheidungstermin und wartet vor der Tür, bis alles vorbei ist. Dann schleppt er Anja in irgendein Café und bestellt ihr einen Schnaps.

Nach dem Babyjahr hätte Anja weiter studieren können, doch wenige Tage vor Hannas erstem Geburtstag fällt die Mauer. Ein paar Freunde gründen die Ost-Ausgabe der „taz“, der linksalternativen Tageszeitung. Einer fragt, ob sie mitmacht. Seitdem arbeitet sie in der Anzeigenredaktion einer wirklich neuen Zeitung. Das Studium kann warten, jetzt wird sowieso alles anders. Man könnte eines Tages sogar in London studieren statt in Schöneweide.

Die Ost-„taz“ ist ein wildes Blatt voller Schreibfehler. Die Überschriften sind dreist und doppelsinnig, die Artikel sind so ungelenk wie erfrischend. Ich finde diese Zeitung zum Verlieben, aus ihren Zeilen springt ein frecher Geist, die Sätze leuchten vor Gefühl. Haß und Freude und Angst, das alles ist in dieser „taz“ erlaubt. Das ist wirkliches Schreiben, das heißt es also, sich auszudrücken. Ich beneide Anja um ihren neuen Arbeitsplatz und frage mich, wozu ich so lange studiert habe.

Ich will schreiben, sage ich trotzig. Der Chefredakteur sieht mich an, als hätte ich ihn gegen sein Schienbein getreten. Neulinge haben erst einmal Leserbriefe zu beantworten und sonst gar nichts, damit sie begreifen, für wen wir diese Zeitung machen. Ich bin ganz neu bei der Zeitung, und mit 27 Jahren gelte ich bei der gemeinsam ergrauten Belegschaft als ausgesprochen jugendlich. Erschwerend kommt hinzu, daß ich keinen Schimmer vom Journalismus habe.

Der Chefredakteur blickt aus dem Fenster, als würde es seine Gedanken stören, wenn er in mein Gesicht sähe. Er ist ein strenger alter Herr mit weißem Haar, und selbst im Sitzen ist nicht zu übersehen, wie groß er ist. Er weiß, wie man eine gute Zeitung macht. Seine kleine Mannschaft besteht aus handverlesenen Leuten, die sich selbst für Edelfedern halten. Der Chef läßt ihnen genug Spielraum. Jeder darf von sich glauben, daß ohne ihn alles zusammenbricht. Dem Blatt tut das gut, denn alle arbeiten freiwillig viel.

Der Chefredakteur dreht sich wieder zu mir und sagt gutmütig: „Ich finde, du solltest es probieren.“ Ich bin nicht sicher, ob er mir wirklich einen ordentlichen Artikel zutraut oder ob es ihm einfach wurscht ist. Vorige Woche hat die Belegschaft einer Tageszeitung ihren Chefredakteur einfach abgewählt. Bei einem anderen Blatt mußte der Abteilungsleiter für Politik überraschend in den Urlaub. Auch bei uns in der Redaktion ist in wenigen Tagen Belegschaftsversammlung, wir werden demokratisch über den Verbleib des Chefredakteurs abstimmen. In dieser Situation macht er sich wahrscheinlich mehr Sorgen um seine Zukunft als um meine.

VATER

Wien, die freundliche Stadt an der Donau, erwartet mich im Herbst 1989.

Jetzt ist es Spätsommer, der allmähliche Farbwechsel der Birnen in meinem Garten – vom dunklen Grün zum hellen Gelb – läßt die Erntezeit erahnen. Am raschesten werden die von Maden befallenen Früchte reif. Aber die faulen auch schneller. Die Natur ist ein Wunder. Darin der Mensch eines unter vielen. Oder ist der Mensch etwas Besonderes?

Warum denke ich an meine Mutter, diese übermäßig bescheidene, ein bißchen ungeschickte, liebevolle und liebebedürftige Frau? Im Aussehen kann meine Tochter Jana, das Erbe ihrer Großmutter nicht leugnen. Nur selbstbewußter ist Jana, gebildeter, unbequemer, unruhiger. Meine Mutter sprach zu Hause, in unserem kleinen, sudetendeutschen Dorf, oft von Wien mit einem Hauch von Anspruch und Wehmut. Sie war nie in dieser Stadt, der man Freundlichkeit und Gemüt zuschreibt. In ihrer Kindheit gehörte das von Deutschen besiedelte Sudetenland zur österreich-ungarischen Monarchie, ebenso wie Böhmen, Mähren, Kroatien, Serbien. Wien war für sie die Sehnsucht – der Kaiser das Idol. Die Monarchie war 1918 zerfallen, die Sieger hatten sich die Filetstücke geteilt, die Kleinen bekamen die Brosamen. Das Sudetenland wurde der Tschechoslowakei zugeschlagen, mit Prag als Hauptstadt. Aber für die in meinem Dorf wohnenden Deutschen blieb Wien eben Wien, rangierte noch vor Prag. Das hörte ich aus der Stimme und las ich aus der Mimik meiner Mutter wenn sie von ihrer Kleinheit sprach. Da schönte sich in ihrer Erinnerung selbst die Strenge ihres ansonsten gütigen Vaters, der zur Strafe die kleine Resi auf einem mit Erbsen gefüllten Beutelchen knien ließ. Nun sollte ich, dem die Mutter von der Stadt ihrer Sehnsüchte erzählt hatte, selbst Wien erleben. Vor Monaten hatten meine Frau Erika und ich diese Reise geplant, den Antrag eingereicht und dann gehofft. Würde man uns zusammen fahren lassen? Im September 1989 kam die Bestätigung. Fünf Tage für viertausend Mark der DDR pro Person. Wir haben lange überlegt, ob wir dafür unser Erspartes einsetzen sollen. Es ist eigentümlich. Trotz der zwei guten Gehälter haben wir nicht viel Geld auf dem Konto. Dabei leben wir nicht großspurig. Aber die drei Kinder, die schon keine Kinder mehr sind, erfordern Geld. Der Unterhalt des Hauses, die vielen von uns gepflegten Freundschaften kosten einiges. Die Kleidung für Erika und mich ist nicht billig, denn die von mir festgelegten Exquisitpreise muß ich auch bezahlen.

Wir fliegen von Berlin-Schönefeld nach Wien-Schwechat. Dort erwarten wir mit Spannung die Highlights – die Alpen, Salzburg, den Wolfgangsee, den Stefansdom, das Hundertwasserhaus, die Weinstuben in Grinzing, den Wiener Opernplatz, die Fiaker und – na klar – die Österreicher. Alles ist so wie erwartet, wenn auch die Alpen trotz der Septembersonne meist nur hinter Dunstschleiern zu ahnen sind. Das Zuhause begleitet uns, oder besser verfolgt uns, auch in Österreich. Was wir sonst nur in kleinen Nachrichten im „Neuen Deutschland" lesen und in groß aufgemachten Bildern im Westfernsehen präsentiert bekommen, sehen meine Frau Erika und ich nun in Realität. Auf der Busfahrt in Richtung Linz – immer wieder Trabant, Wartburg, Moskwitsch, Lada und Skoda – mit DDR-Kennzeichen. Autobahnraststellen, wo Frauen und Männer vom Maltheser-Hilfsdienst für Verpflegung und Medikamente sorgen. Meist junge Leute, braungebrannt, hinter heruntergekurbelten Fenstern. An der Antenne symbolträchtig weiße Streifen, aus Gardinen, Windeln oder Gaze gefertigt, sie symbolisieren den Willen, die DDR zu verlassen. Oft mit ein, zwei Kindern, ganz selten ältere Menschen. Viele kommen vom Balaton oder vom Schwarzen Meer, haben dort noch Sonne genossen. Ihre Autos sind mit Zelt, Luftmatratzen, und Hausrat so vollgepackt, daß für den Fahrer nur ein kleines Guckloch in der Rückscheibe bleibt. Die zum Standard gehörende bunt umhäkelte Rolle Toilettenpapier fehlt, für sie ist auf der Ablage kein Platz mehr.

Sie fahren nicht in die DDR zurück, nutzen die offene Grenze zwischen Ungarn und Österreich, um wegzugehen. Ich frage mich, was die Menschen bewegt, das Zuhause zurückzulassen, mit Sack und Pack „abzuhaun". Familienbande und Freundschaften werden aufgegeben – wissend?

Von Frau Schulz, der Verkäuferin beim Bäcker Jarisch, die seit Jahren meine Schrippen-Bestellung für den Samstagmorgen aufnimmt, wird man mir nach meiner Rückkehr aus Österreich sagen, sie sei im Westen. Und der Frau Schulz – wird ihr der freundliche Herr Maier fehlen? Warum verlassen Menschen über Menschen die DDR, wo sie das Brot nach wie vor für 90 Pfennige bekommen, billige Wohnungen, einen sicheren Arbeitsplatz, gute Bildungsmöglichkeiten für ihre Kinder haben? Die Fragen quälen mich, denn dieses Land DDR ist mein Land, für das ich mich bewußt entschieden habe, für das ich gerne und viel arbeite – in dem ich zwar manches ändern möchte, das ich aber trotz immer deutlicher erkennbarer Defizite nicht gegen die Bundesrepublik eintauschen würde. Daß in den vergangenen vier Jahrzehnten drei Millionen Menschen diesem Land den Rücken kehrten und ich eben hautnah miterlebe, wie weitere Hunderttausende unterwegs sind, erkläre ich mir vor allem aus der wirtschaftlichen Überlegenheit der Bundesrepublik. Meine eigenen Kindheitserlebnisse spielen dabei eine Rolle. Ich erinnere mich, wie 1938 meine Eltern in unserem kleinen sudetendeutschen Dorf erwartungsvoll der Rede Hitlers nach dem Einmarsch der Faschisten in Österreich lauschten. Ich war dabei, als die Sudetendeutschen „Heim ins Reich" riefen, heim in das wohlhabendere Deutschland, und wie mein Vater, der später sicher zu Recht sagte, er sei nie für Hitler gewesen, den deutschen Soldaten beim Einzug in unser Dorf seinen ganzen Vorrat an Wiener Würstchen spendierte. Wenn also heute, 1989, in Leipzig die Menschen auf der Straße rufen, WIR SIND DAS VOLK, und morgen der Ruf umschlägt in WIR SIND EIN VOLK, dann wird die längst verschollene Kindheitserinnerung wieder wach. Der Schluß liegt nahe, daß für viele, die sich hier auf den Weg machen, vor allem die D-Mark, die vollen Geschäfte, ein besseres Auto locken.

An unserem letzten Nachmittag in Österreich laufen wir durch Wien. Bevor wir uns in ein Café setzen, wollen wir kleine Mitbringsel für die Kinder kaufen. Das Taschengeld ist knapp, 100 Schilling – etwa 14 Westmark pro Tag, da sieht es schlecht aus mit Shopping.

Aber das macht nichts, denn Essen, Schlafen und Eintrittspreise sind bezahlt. Für die kleinen Dinge „zwischendurch“ reichen die ersparten Schillinge.

Mit unseren fünfeinhalb und sechs Jahrzehnten Erdendasein fühlen wir uns ein bißchen in die Zeit unserer jungen Ehe zurückversetzt. Damals sind wir fast täglich die drei Kilometer zur Arbeit zu Fuß gegangen, um die 20 Pfennige für die Straßenbahn zu sparen. Auch hier in Wien schauen wir uns die Preisschilder genau an, zählen das Hartgeld in der Hand und rechnen. Schließlich fällt die Wahl auf die kleinen Plastik-Nuckelflaschen – für die Enkel. Bei unseren drei Kindern André, Jana und Anja purzeln die Babys nur so. Der Jüngste ist Anton, Janas Zweiter. Er hat ganz dunkle große Augen. Mit ihnen verfolgt er die kleine Welt um sich herum, so, als würde er in ihr lesen. Danach schläft er lange und fest, um das Gesehene und Gehörte zu verdauen. So wie Josi, Hanna, Jakob und Till wird sich Anton über die hübsche und praktische Nuckelflasche freuen. Die Flasche hat einen Schraubverschluß. Wenn das Baby satt ist, kann man einen Deckel aufsetzen und das Ganze in die Tasche stecken. Erika sucht verschiedene Muster aus, damit sie, wenn sonntags die Enkel mit ihren Eltern bei uns einfliegen, zwischen all den vielen Windeln, Töpfen, Lätzchen und Fläschchen nicht verwechselt werden. Danach genießen wir Wien unter dem Sonnenschirm eines Cafés. Die Einkäufe auf dem Tisch, bleibt kaum Platz für den Wiener Kaffee. Die Kellnerin, eine kräftige Frau mittleren Alters, fragt, wie alt das Enkel sei. Fünf, antwortet Erika, und stößt bei ihr mit Blick auf die Babyflaschen auf Unverständnis. Fünf Enkel haben wir zu Hause, interpretiere ich. „Was für ein Segen“, schwärmt die Kellnerin zwischen ihren raschen Handhabungen.

Der Alltag hat uns wieder – die Reise nach Wien ist schnell vergessen, verdrängt. Überall brodelt es. Wo Menschen zusammen treffen, wird heftig debattiert – in meiner Parteigruppe im Preisamt, am Freitag in der Sauna, beim Bäcker, bei Geburtstagen. In unserer Sportgruppe, wo ansonsten mit jeder Minute gegeizt wird, vergeht mindestens eine halbe Stunde, bevor das Basketballtraining beginnen kann. Jeder sagt, so geht es nicht weiter und wartet auf politische Entscheidungen.

Zu dieser Zeit bin ich oft in Leipzig, der Stadt der Montags-Demos. Trotz der politischen Verunsicherung geht das normale Leben weiter. Die Hersteller der Modebranche kommen Anfang Oktober mit ihren Mustern nach Leipzig zur Binnenhandelsmesse in das Ringmessehaus, um mit den Handelsunternehmen Verträge über die Frühjahr-Sommer-Kollektion 1990 abzuschließen – ganz normale Verträge über Stoffqualitäten, Muster, Größen, Farben, Ausstattung, Liefermengen und Liefertermine für die Anzüge, die 1990 in den HO-Läden, im Konsumkaufhaus oder beim Herrenausstatter Krüger auf der Stange hängen und in den Regalen liegen sollen. Das Kombinat Schuhe mit Sitz in Weißenfels, die Oberbekleidungswerke aus Berlin und Lößnitz, die Kombinate für Lederwaren und Baumwolle unterbreiten ihre Preisvorschläge. Meine Aufgabe als Vertreter des Staates – genauer des Amtes für Preise beim Ministerrat der DDR – ist, die Preise für Anzüge, Mäntel, Krawatten, Hosen, Blusen, Pullover, Schuhe, Gürtel, Anoraks, Bettwäsche, Hemden zu bestätigen. Ich sitze am Beratungstisch, neben mir die Fachleute – Vertreter von Textilbetrieben und Schuhproduzenten, die Leute vom Handel, Experten des Preisamtes, Vertreter des Finanzministeriums. Die zu all diesen Erzeugnissen gehörenden Papiere enthalten Kostenkalkulationen, Vergleichspreise, Designergutachten, Qualitätszertifikate, Zustimmung und Einsprüche der Händler und Produzenten. Ein bißchen ist es wie auf dem Markt. Der Hersteller will hohe Preise, der Händler niedrige. Der Preis wird am Ende vom Staat, sprich Amt für Preise, sprich Wilfried Maier, nach vorgegebenen Grundsätzen festgelegt. Alles wird beraten, exakt protokolliert.

Seit einer Stunde reden wir über einen Turnschuh. Er hat Luftpolster in der Sohle, Reflektoren an den Seiten – wirklich ein neues Erzeugnis. „Sehen Sie mal“, und der Mann des Herstellerbetriebes hält mir den Schuh vors Gesicht, „herrliches Leder, aus Frankreich importiert, ein riesiger Aufwand für das Steppen, das Garn ist aus der BRD, Lizenzgebühren müssen wir zahlen. Dieser Schuh kostet in der BRD mindestens 150 Mark.“ Als leidenschaftlicher Jogger möchte ich zu den beantragten 190 Mark nicken. Zugleich: bei den DDR-Löhnen sind 190 Mark sehr viel Geld. Aber jede Mark weniger als 190 Mark müßte der Staat zuzahlen. Bei wirklich neuen Erzeugnissen, wie diesen Jogging-Schuhen, sehen das die Preisgrundsätze nicht vor. 190 Mark werden bestätigt. Der Staat verdient daran keinen Pfennig, und die Käufer werden trotzdem schimpfen.

Preise sind in der DDR eine hochpolitische Angelegenheit. Die Zusage der SED, für die Waren des Grundbedarfs stabile Preise zu sichern, muß praktikabel gemacht werden. Hinter der Preispolitik in der DDR steckt eine menschenfreundliche Philosophie. Nur leider wird nichts öffentlich gemacht. Dabei regt das Thema Preise die Leute auf. Reden und Schreiben könnte vieles erklären, die Regierung nimmt an, diese Preispolitik spräche für sich selbst. Niemand von uns ahnt in diesen Oktobertagen des Jahres 1989, daß die in Leipzig vertraglich vereinbarten, mit Preisen versehenen Textilien und Schuhe, über die wir uns die Köpfe heiß reden, im Sommer 1990 nicht mehr in den Geschäften zu finden sein werden. Die große Politik wird alle Verträge, so auch die von mir bestätigten Preise, über den Haufen werfen. Der VEB Herrenmode Berlin wird auf seinen Anzügen sitzenbleiben, weil auf den Stangen Westanzüge hängen. Statt der Joggingschuhe für 190 Mark aus Pößneck werden die Leute nach Adidas, Nike und Reebok verlangen.

Nur wenige 100 Meter sind es zu dem Ort, wo in Leipzig für Freiheit und Demokratie demonstriert wird. Die Mauern der Messehäuser sind dick, sie lassen den Protest nicht an mein Ohr. Liegt es nur an den Mauern? Im Regelfall fahre ich abends wieder nach Berlin zurück. Werner Plüquett, der stille, zuverlässige und pünktliche Kraftfahrer, hatte den ganzen Tag Zeit, sich in Leipzig umzusehen. Wir sind beide gleichaltrig und duzen uns. Seit 20 Jahren kutschiert er Leute vom Preisamt durch die Gegend. Die vielen Überstunden veranlaßten seine erste Frau, ihn zu verlassen. Er spricht nicht darüber, aber mit der neuen Frau hat er ein Glück gefunden, was ihn altes Leid vergessen läßt. Seit einiger Zeit klagt er über Schmerzen im Bein, eine Folge des Berufs. Werners ruhiges Wesen überdeckt sein kritisches Denken zu den Dingen dieser Welt, auch zur DDR. Er erzählt nicht von seinen heutigen Erlebnissen in Leipzig. Vielleicht glaubt er, ich will es nicht wissen? Von den Vorgängen um die Thomas-Kirche erzählen mir Kollegen, die mehrere Tage in Leipzig bleiben. Georg, mein Mitarbeiter, ist beeindruckt von dem Selbstbewußtsein, mit dem die Teilnehmer agieren. Er fragt mich, wohin das führen soll. „Die haben keinen Haß, Wilfried, die wollen etwas ändern. Man darf doch nicht tun als wäre nichts und einfach zur Tagesordnung übergehen. Wir müssen hinhören und mit ihnen reden." Ich wiegle seine Sorgen ab. Darauf er: „Das sind nicht die, die schon weg sind, sondern die wollen hierbleiben, SED-Mitglieder sind auch darunter."

Ich höre zu. Den Ausweg sehe ich in der Ersetzung Honeckers, was ich aber nur unter Freunden, mit manchem Kollegen und in

Familie Göbel. Die Eltern Harry und Jana, die Kinder Jakob und Anton. 1990 und 1995

Göbels Laube mausert sich zum Haus. 1990 und 1995

meiner Familie ausspreche. Meine Arbeit, die von Müller, Meier, Lehmann, Schulze Tag für Tag zu zahlenden Preise für Brot, Wohnung und Kindergartenplatz, sind eine wichtige Säule in Honeckers politischem Konzept. Er hält an den niedrigen Mieten und an den niedrigen Preisen für alle Waren des Alltags fest. „Stabile Preise gehören zum Wesen des Sozialismus", wiederholt er. Die hohen Subventionen bluten den Staat aus. Mit den geschaffenen Gütern wird verschwenderisch umgegangen. Brot wird verfüttert, Energie zum Fenster rausgeblasen und die alten Häuser verfallen. Das Interesse der Menschen an Leistung wird immer geringer, weil der DDR-Bürger viele Waren und Leistungen für einen Bruchteil dessen kaufen kann, was sie wirklich kosten. Reformideen in der Schublade, warte ich auf Veränderungen der Politik. Ich trage wenig dazu bei, sondern spekuliere auf die natürliche Lösung.

Der Arbeitsalltag hat nicht weniger Streß als bisher – im Gegenteil, immer weniger gelingt es, die Lücken zu schließen.

Sobald etwas Ruhe eintritt und selbst inmitten großer Belastungen kreisen die Gedanken um die gleichen Fragen: Was haben wir falsch gemacht? Warum gehen die Leute, vor allem die Jungen? Welchen Anteil habe ich durch meine eigene bisherige Arbeit? Wo liegen die Fehler? Gibt es Lösungen und wenn ja, welche? Die Gedanken laufen durcheinander, gegeneinander, sind nicht zu entwirren. Ich versuche, zu einem Urteil und einer persönlichen Bilanz zu kommen, bemühe mich, die materiellen Lebensbedingungen in West und Ost objektiv abzuwägen, und schreibe das, ordentlich wie ich bin, auf weißes Papier:

Na klar – ein VW Golf ist schöner als ein Wartburg.

Vor allem, dort bekommt ein Auto, wer Geld hat und muß nicht 13 Jahre warten. Aber jetzt gibt es den neuen Wartburg, bald den Trabant mit Viertaktmotor und modernerer Karosserie. Mit der Zeit gibt es auch in der DDR bessere Autos, und die Wartezeiten werden kürzer.

Ja, die Bundesbürger können in aller Welt Urlaub machen. Natürlich kann nur reisen wer Geld hat; man bedenke die vielen Arbeitslosen und Sozialhilfeempfänger, die da außen vor bleiben. Und doch – wo die Westdeutschen mit ihrer D-Mark hinkommen, sind sie die Größten. Aus eigenem Erleben weiß ich, daß in Budapest und in Balatonföldvar der Deutsche mit der D-Mark angesehener ist als ich, der Bürger aus dem Bruderland.

Ich denke, ein Urlaub auf Rügen, in Oberwiesental, in Tabarz, im Riesengebirge, in Bulgarien, in der Tatra oder im Kaukasus sind doch auch ein Erlebnis. Muß man, weil man nicht nach Frankreich, Spanien oder Italien reisen kann, das Land für immer verlassen? Auch nach meiner Reise durch Österreich empfinde ich nicht anders. Selbst wenn das Wetter schöner und der Blick auf die Alpen besser gewesen wäre.

Man weiß von vielen Westverwandten, daß sie ein eigenes Häuschen haben. Auch Leute, die vor der Mauer, vor 1961 rüber sind, können sich längst ein Haus leisten. Die Bank gibt ihnen Kredite, und sie zahlen dann ab. Die Zwänge von Zins und Kredit stimulieren fleißige Arbeit, und das ist gut so. Aber bei uns werden doch auch jedes Jahr hunderttausend Wohnungen neu gebaut. Anfang der 90er Jahre wird jede DDR-Familie eine Wohnung mit Bad und IWC haben, bei 100 Mark Miete. Das ist doch was. Freilich ist ein eigenes Haus was tolles, aber in der BRD kann sich das auch nicht jeder leisten.

Man weiß aus Briefen, daß der Mann am Band im Westen dreitausend Mark verdient, wo er bei uns nur tausend Mark erhält. Die dreitausend Mark sind Bruttolohn, auf die Hand bekommt er vielleicht zweitausend. An Miete zahlt er in der BRD 800 Mark, der DDR-Bürger 100 Mark, lediglich drei Prozent des Familieneinkommens. Denk an das billige Brot, an die acht Pfennig pro Kilometer Eisenbahn, an die niedrigen Eintrittspreise für Kino, Theater und Museum, an die Schulspeisung und die 20 Pfennig für die Straßenbahn. Alle Überlegungen führen letztlich dahin, daß die dreitausend D-Mark weniger als dreitausend DDR-Mark und die tausend DDR-Mark mehr als tausend D-Mark wert sind.

In diesem Moment gestehe ich mir nicht ein, daß der materielle Standard des normalen DDR-Bürgers deutlich niedriger als der des normalen Bundesbürgers ist. Der Rückstand ist in den letzten Jahren größer geworden, und ich kann nicht absehen, wann sich das ändert. Nicht zu reden von ständigen Versorgungslücken, von Papiertaschentüchern bis zum Zement und Wartezeiten, die bei Möbeln mehrere Monate und beim Auto sogar 13 Jahre betragen.

Wir reden und reden. Ich versuche, die zunehmende Bereitschaft zum Verlassen der DDR zu verstehen. In Wahrheit denke ich aber nur drumherum und möchte Andersdenkenden ihre Gedanken ausreden. Vielleicht sind schon meine Fragen falsch? Was sind letztendlich die Ursachen, weshalb immer mehr Bürger die DDR, in der es die Losung „ALLES MIT DEM VOLK, ALLES FÜR DAS VOLK“ gibt, nicht mögen?

Als Vertreter des Preisamtes bin ich Mitglied einer Arbeitsgruppe der Regierung, die Angebotslücken in den Geschäften verhindern soll. Meistens befassen wir uns aber mit der Beseitigung schon bestehender Mängel. Zunehmend beschränkt sich unsere Arbeit auf flicken. Die Menschen haben Geld, für das die Waren in den Geschäften nicht ausreichen. Heute fehlen Kinderhosen, morgen Damentampons, übermorgen Bandnudeln. Der in mehr als 10 Jahren entstandene Nachfrageüberhang macht Einzelentscheidungen unwirksam. Ich möchte hinter die Stirn des Leiters dieseses Gremiums, nach seinem Vorsitzenden Klopfer-Gruppe genannt, schauen, der den Auftrag erteilt, Ersatzteile für PKW entsprechend dem Bedarf in die Geschäfte zu bringen. Ich erlebe ihn so, Montag für Montag, pünktlich 14 Uhr, schon seit 1981. Gründlich vorbereitet, sachlich, aufmerksam. Ein Beamter im guten Sinn. Er weiß, daß auch nach dieser protokollierten Festlegung der Trabi-Fahrer monatelang nach der Bremsleuchte, der Gelenkwelle, der Batterie, dem Türgriff und der Zündkerze laufen muß. In drei, vier, fünf Monaten wird er erneut die gleiche Entscheidung treffen.

Die Mitglieder der Arbeitsgruppe des Ministerrates zur Versorgung der Bevölkerung haben dicke Stapel Papier vor sich liegen. Der Beauftragte des Handelsministers fordert die Lieferrückstände an Papiertaschentüchern, Farbfernsehern, Schlafzimmermöbeln und Kaffeemaschinen zu beseitigen. Die Vertreter der Hersteller begründen, warum sie nicht genügend Kühlschränke liefern können, warum bei Wohnzimmermöbeln ausgerechnet Stühle fehlen. Man nimmt zu Protokoll, bis wann die Ware in den Geschäften sein wird. Ich frage jene, die diesen Auftrag erhalten, nicht nach ihrer Meinung, wissend, daß die Bedingungen für Lösungen der Probleme nicht vorhanden sind.

Nicht, daß in der DDR eine allgemeine Notlage herrscht. Ostberlin hat eine gleich gute Ausstattung mit Ärzten wie Westberlin; ein Arzt betreut in „Berlin, Hauptstadt der DDR“ 229 Einwohner, in Westberlin 223 Einwohner. Fast alle DDR-Haushalte haben einen Kühlschrank, einen Fernseher, eine Waschmaschine, aber nur die

Hälfte von ihnen ein Auto. Der DDR-Bürger verzehrt jedes Jahr 100 Kilo Fleisch und Wurst, 15 Kilo Butter, 300 Eier, 150 Kilo Kartoffeln und 100 Liter Milch, aber nur 15 Kilo Bananen und Apfelsinen. Mit Blick auf die Rivalität mit der BRD ist das Angebot in den Läden zum Wettlauf zwischen Hase und Igel geworden.

In meinem Notizbuch halte ich fest:

21. August: Der Ministerrat hat den Import von zwei Millionen Packungen Kaffefiltertüten beschlossen und stellt dafür 950.000 Westmark zur Verfügung.

28. August: Beim Angebot von Damenbinden gibt es keine Probleme. Slipeinlagen werden 200 Millionen Stück produziert. Aber es fehlen 100 Millionen Tampons; dazu sind Importe notwendig.

4. September: Für den dringendsten Bedarf sind 15 medizinische Badewannen zu importieren.

10. September: Der Bezirk Schwerin hat für zehn Millionen Eier keine Einsatzmöglichkeiten. Der Bezirk Karl-Marx-Stadt meldet den Verderb von Pflaumen und Pfirsichen. Selbst der Überfluß wird zum Problem.

2. Oktober: Der Kauf von Fahrrädern wird für die Bürger zunehmend schwierig. Die japanischen Videorecorder sind ständig ausverkauft; vor den Geschäften stehen lange Schlangen.

Es gibt zu viel fette Schweine, und die Nachfrage nach Filet und Salami wird nicht befriedigt, auch wegen der Preise. Ein Kilo Kalbsschnitzel kostet in der BRD um die 30 Mark, in der DDR lediglich 13 Mark. Aber dafür bekommt man Kalbsschnitzel bei uns nicht zu kaufen, es sei denn man kennt einen Fleischer.

9. Oktober: 150.000 Schlafanzüge für Kinder müssen zusätzlich importiert werden.

23. Oktober: Die Betriebe der Fleischverarbeitung erhalten weitere Arbeits-Handschuhe, Messer und Stähle. Eine Schweißanlage für Windelhosen wird im Ausland gekauft.

Auch im eigenen Haus, dem staatlichen Amt für Preise, spitzen sich die Widersprüche zu. Für mich und meine Kollegen steht außer Zweifel, daß in jedem Staat und zu jeder Zeit die Preise ein politisch empfindlicher Bereich sind. Schon vor 200 Jahren, bei der Französischen Revolution, brachten Verteuerungen der Lebensmittel die Pariser Arbeiter auf die Straße, und lösten damit die riesigen Umwälzungen im Europa des neunzehnten Jahrhunderts aus. Im Juni 1953 war die Erhöhung der Preise einer der Anlässe politischer Unruhen in der DDR.

Die staatlichen Zuschüsse für die niedrigen Preise, von der Nähnadel bis zum Kinderschuh, sind über die Jahre ins unermeßliche gestiegen. Mit 65 Milliarden Mark verschlingen sie ein Viertel aller Ausgaben des Staatshaushaltes und beschneiden die Möglichkeit, Geld sinnvoll in die Zukunft des Landes zu investieren.

Die niedrigen Mieten haben zur Folge, daß den staatlichen, genossenschaftlichen und privaten Hausbesitzern das Geld für Aufbau, Erhalt und Rekonstruktion der Innenstädte fehlt; in Berlin verfallen die Hackeschen Höfe, der Prenzlauer Berg und das alte Köpenick. Bei 100 Mark Miete lohnt es sich nicht, in eine kleinere Wohnung zuziehen, wenn die Kinder aus dem Haus sind. Die niedrigen Mieten vermögen nicht auszugleichen, daß junge Familien nur sehr schwer und erst nach Jahren eine Wohnung bekommen.

Löhne und Gehälter sind niedrig, dafür erhalten die Beschäftigten unabhängig von der Leistung anonyme Zuweisungen in Gestalt der Preissubventionen. Wer die meisten subventionierten Güter verbraucht, kommt am besten weg. Zum Spiegelbild der stabilen Preise gehören die 250 Mark für 1 Paar Exquisit-Schuhe, 4.000 Mark für den Fernseher und 14.000 Mark für den Trabant. Vorschläge, dies zu verändern, wurden von der politischen Führung noch vor wenigen Monaten, im Mai 1989, zurückgewiesen.

In meinen Notizen finde ich die Aussage Erich Honeckers:

„Ich habe in diesem Material vom Preisamt über Preisveränderungen alles durchgestrichen. Wenn ein neues Boot mit neuen Eigenschaften gebaut wird, dann kann man einen neuen Preis machen. Das ist der einzige Weg der Preispolitik gegenüber der Bevölkerung." An den Minister und Leiter des Preisamtes Walter Halbritter gerichtet kommentierte Honecker seine Position mit den Worten, „ich lasse mir doch nicht von dir meine gute Politik kaputtmachen".

In der FDJ-Zeitung „Junge Welt" vom 9. Oktober 1989 lese ich:

„... Freitagabend Unter den Linden antworteten hunderttausend FDJler mit ihrem Fackelzug: Wir bleiben den Idealen des Sozialismus treu! Es lebe unsere Republik!"

Es ist, als würde die Stromspannung systematisch erhöht, bald brennt die Sicherung durch.

Am 18. Oktober wird Honecker abgelöst, in die Protokollsprache übersetzt lautete das, Genosse Erich Honecker bittet, ihn aus gesundheitlichen Gründen von seinen Funktionen zu entbinden. Das Zentralkomitee wählte Egon Krenz zum Generalsekretär des ZK der SED.

Zu den Papieren, die ich zwölf Monate später, am ersten Arbeitstag nach der Deutschen Einheit und meinem letzten Arbeitstag, in den Kofferraum meines Lada packen werde, gehören die „Vorschläge auf dem Gebiet der Verbraucherpreise und der Subventionspolitik“, an Egon Krenz gerichtet, datiert vom 2. November 1989, 43. Exemplar, 38 Blatt. Das war das erste Mal seit fast 20 Jahren, daß die politische Führung von uns eine Analyse und Vorschläge für Veränderungen der Preispolitik verlangt hatte.

Unser Anliegen war, die notwendigen Preiserhöhungen über Löhne, Renten, Stipendien und durch Preissenkungen zu kompensieren. Die billigen Fahrpreise und die niedrigen Mieten blieben nach unseren Vorschlägen aus sozialen und Umweltgründen bestehen. Leistungen für Bildung, Erziehung, medizinische und kulturelle Betreuung sollten weiterhin kostengünstig oder kostenlos sein. Dieses Dokument ist ein Stück meines Lebenswerkes. Über viele Jahre gewachsen, stets von der Politik verworfen.

Manfred von Ardenne, einer der letzten deutschen Universalgelehrten, der Professor mit dem berühmten Institut auf dem „Weißen Hirsch“ in Dresden, überschreibt am 19. Oktober 1989 einen Artikel in der Zeitung „Junge Welt“ mit den Worten „Die Zeit ist reif für Reformen – für kleine Kurskorrekturen ist es zu spät“. Ich begriff zu diesem Zeitpunkt nicht, wie sehr er recht hat.

Auf der Arbeit werden Dinge ausgesprochen und verändert, die man bislang kaum denken sollte. Der Außenhandelsminister erwirkt die Entscheidung der Regierung Modrow, die Sonderstellung von Dr. Schalck-Golodkowski zu beseitigen. Bescheiden als Staatssekretär im Ministerium für Außenhandel tituliert, besaß Dr. Schalck weitreichende Kompetenzen; sie überstiegen die Vollmachten vieler Minister, selbst die des Ministerpräsidenten. Sein großer Handlungsspielraum begründete sich in dem Bemühen der DDR, das gegen sie gerichtete Embargo der kapitalistischen Industrieländer zu durchlöchern, moderne Technik und strategisch wichtige Rohstoffe zu besorgen, vielfach um jeden Preis.

Meine Berührungen mit dem „Bereich KoKo“ bezogen sich auf die Bestimmung der Preise für die aus Hongkong importierten

Jeans, die Preisfestlegung für japanische Videorecorder oder die Preise für importierte Kinderhosen. Ach ja, und in den letzten zwei bis drei Jahren bekam ich halbjährlich den Quelle-Katalog von meiner Partnerin bei Schalck, vertraulich, versteht sich. Zur Information für Vergleiche mit den in der BRD geltenden Preisen – nicht zum Einkaufen!

Am 10. November fordert der Finanzminister von mir Vorschläge zur Preiserhöhung für Kinderbekleidung. Bei 20 Mark für einen Kleinstkindanorak und 30 Mark für ein Paar Kinderschuhe kaufen Touristen aus Ost und West die Sachen weg, stecken die DDR-Subventionen ein, und die eigenen Leute schimpfen, weil sie nichts bekommen. Der Abkauf durch polnische Bürger organisiert sich und erreicht Ausmaße des regulären Außenhandels.

Am 13. November erwartet der neue Ministerpräsident Hans Modrow unter den Bedingungen der offenen Grenze ein Konzept für neue Preise für Bekleidung und Nahrungsmittel, mit einem Ausgleich durch höhere Einkünfte für die Bürger. Es sei anzunehmen, daß die Preisfragen in den nächsten ein-zwei Jahren ein Schwerpunkt der neuen Regierung sind.

Am 14. November, nach vielen Jahren des Schweigens, wird im SED-Politbüro unser strategisches Konzept beraten. Krenz bezeichnet die Fragen der Konsumgüterpreise als die größte Zeitbombe, die gegenwärtig in der DDR tickt. Ich bin gehalten, strengste Geheimhaltung zu wahren, um Gerüchte und daraus resultierende Unruhen zu vermeiden.

Die Arbeit schlägt über mir zusammen. Erst nach Wochen und Monaten finde ich die innere Ruhe, über die politischen Konsequenzen der Maueröffnung nachzudenken, Wünsche und Gefühle der Menschen dieser Zeit zu werten.

Der 22. November beschert mir mit Uta Nickel eine neue Ministerin. Sie legte fest, daß Kollege Maier weiterhin für Konsumgüterpreise und Subventionspolitik verantwortlich bleibt.

Unter dem 24. November notiere ich mir, die Zeilen schräg, damit sie sich von dem übrigen unterscheiden:

schwere Wochen und Tage, innenpolitisch ringen wir darum, daß man mit der SED überhaupt noch redet; außenpolitisch zwei Prozesse

– *Freude über Reisemöglichkeiten*
– *ökonomisches Ausbluten*

Wir möchten ein neues Wirtschaftssystem gestalten, gezwungen sind wir zu administrativen Maßnahmen. Manchmal bin ich müde, deprimiert. Wo finde ich meine Kraft?

... aus Leuten, die selbst die Hoffnung aufgegeben haben?

... aus Leuten, die immer ganz scharf waren und nun als erste das Handtuch schmeißen?

... aus den persönlichen Bedrohungen? aus dem Glauben, daß wir den Sozialismus besser als bisher machen können?

28. November: Die Reform der Konsumgüterpreise soll Gegenstand eines Volksentscheids sein.

2. Dezember: Im November 1989 verließen mehr als hunderttausend DDR-Bürger das Land in Richtung Westen.

In der „Jungen Welt" lese ich am 3. Dezember einen ganzseitigen Artikel mit dem Titel „Aschermittwoch".

„Wenn das so weitergeht, läßt sich der Tag berechnen, an dem die Republik funktionsunfähig geworden sein wird: die Innenstädte kaputt, die Infrastruktur ein durchlöchertes Geflecht; keine Ärzte mehr und Krankenschwestern, keine Postboten und keine Kraftwerksarbeiter, keine Pflasterer, Tischler, Bauern, Verkäufer, Transporteure, nur noch Rentner und Verwaltungsbeamte, die nichts mehr zu verwalten haben, und ein verlorener Haufen von Geheimpolizisten, und ein paar Künstler, die auf ein neues Publikum warten." Verfasser dieser Zeilen ist der bekannte und in der DDR diskriminierte Autor von „Kreuzfahrer von heute" und „Der Fall Glasenapp". Warum komme ich selbst nicht zu dieser Erkenntnis? Ich bin doch Ökonom, zu nüchternem Rechnen erzogen!

Vielleicht bin ich optimistischer als Stefan Heym, oder habe ich nur mehr Illusionen? Viele Jahre hatte ich, und mit mir Freunde und Kollegen, auf die Nach-Honecker-Zeit gehofft, um eine reformierte, will sagen demokratischere und effektivere DDR, zu schaffen. Nun ist sie da, diese Zeit. Das Hoffen war wohl mehr Rechtfertigung für eigenes Stillhalten. Und wieder hoffe ich, daß es uns jetzt gelingen möge, eine DDR mit ihren Idealen zu erhalten. Meine politischen Überzeugungen spielen da eine Rolle; ich vermag sie nicht so eingängig in Worte zu fassen wie der vitale, greise Stefan Heym:

„Manchmal scheint es, als säßen da in Bonn oder Frankfurt im stillen Büro einer Denkfabrik ein paar Kerle, die nach genauem Kalkül, mal lockerer, mal fester, an der Schlinge ziehen, die dem

Esel um den Hals liegt, wobei sie dem Tier Finanzhilfe, Know-how, Managerial Help, Joint venture und was noch vor die Nase halten, um das Bündel dann um so höher schnellen zu lassen: Aber erst müßt ihr dies tun und jenes ändern und das uns garantieren; bis das arme Vieh, bepackt und geplagt, in die Knie geht und es vorzieht, sich schlachten zu lassen!"

Die FDJ-Zeitung „Junge Welt" publiziert am 7. Dezember den von mir verfaßten Artikel: „Preis- & Subventionsreform – Was bleibt?" Ich schlage Preiserhöhungen für Strom, Gas Wasser, Heizöl und Briketts vor. Bei Kinderbekleidung sollen die Preiserhöhungen mit Ausgleichszahlungen für Familien mit Kindern verknüpft werden. Für Schuhe und Haushaltswäsche schlage ich Preiserhöhungen, für Damenstrumpfhosen, Obertrikotagen und Raumtextilien Preissenkungen vor. Die Preise für Nahrungsgüter und die Gaststättenpreise seien zu erhöhen und für Fernseher, Kühlschränke, Haushaltsporzellan und Kosmetika zu senken. Zur Disposition standen die viel zu niedrigen Preise für Bungalows, Baustoffe, die zehntausend Artikel Heimwerkerbedarf. Das Preiskonzept sah vor, daß Bildung, Kultur, gesundheitliche und soziale Betreuung auch künftig kostenlos oder kostengünstig bleiben.

Meinen Artikel werde ich 7 Jahre später wieder ausgraben und feststellen daß er sich gut liest. Er beinhaltet eine solide Analyse, was nicht schwer ist, weil ihm zehn und mehr Jahre analytischer und konzeptioneller Arbeit des Preisamtes zugrunde liegen. Die Grundkonturen einer Preisreform werden sichtbar; die politischen, ökonomischen und sozialen Konsequenzen nicht ausgeklammert. Einen Denkfehler hat mein Konzept vom Dezember 1989 allerdings – es geht von einem Überleben der DDR aus. Die von Stefan Heym schon erahnte Schlachtbank kommt mir nicht in den Sinn.

Weihnachten 1989 – seit Wochen zum ersten Mal tauchen mein Sohn André, meine Töchter Jana und Anja und meine Enkel Josefine, Hanna, Till, Jakob und Anton wieder vor meinem geistigen Auge auf. Wir feiern Heiligabend. Mein Kopf ist voll von Arbeitsproblemen. Aber belastend ist weniger der Arbeitsumfang als vielmehr die Unlösbarkeit der Aufgaben. Über die Anspannungen der letzten Zeit hatte ich meine Familie aus den Augen verloren.

Eigentlich muß ich mir um meine Kinder keine Sorgen machen. Jana ist Journalistin beim Bauern-Verlag, André hat Arbeit als Jurist im Außenhandelsunternehmen und Anja studiert an einer Werbe-Fachschule.

Bei Maiers gibt es diesmal zu Weihnachten keinen Hasen. In den vergangenen Jahren bekam ich oftmals Mitte Dezember einen Hasen. Wildbret muß abhängen; es soll dann getrost streng riechen. Bei ausreichenden Kältegraden tat es das stets am Birnbaum bei uns im Garten, hoch genug, damit die Katzen nicht heran kommen. Ich habe den Hasen dann zwei, drei Tage vor Heiligabend abgezogen, ausgenommen und zurechtgemacht, was ich als Feinkostverkäufer gelernt hatte. Vor meinen Kindern tat ich das stets mit gewichtiger Mine, etwa „seht, was euer Vater alles kann".

Respekt haben mir meine Kinder Anja, Jana und André allemal gezollt, zumindest als sie noch kleiner waren. Eierkuchen wären ihnen am 1. Weihnachtsfeiertag sicher lieber gewesen. Aber sie waren nett mit mir und haben das nicht kundgetan.

Der – fast – alljährliche Hase stammte von meinem Chef. Er war passionierter Jäger. In dem südlich von Eisenhüttenstadt gelegenen Schlaubetal besaß er eine Jagdhütte. So wie ich ihn kenne, waren ihm wichtiger als das Schießen das Alleinsein wie auch die Geselligkeit, die mit der Jagd verbunden sind. Er mochte freundschaftliche Unterhaltungen und liebte das Reden über Nebensächlichkeiten, ein Ausgleich für seine Fähigkeit, strategisch zu denken und zu handeln. Bei großen Anspannungen – so wenn wir an der Endfassung von Reformvorschlägen für die Konsumgüterpreise arbeiteten – sprach er wenig, standen ihm die Haare leicht zu Berge und er paffte an seiner Zigarre. Zur Entspannung erzählte er Geschichten von der Jagd. 19 Jahre hatte er vergeblich versucht, mich als Jäger zu gewinnen. So war ich alljährlich auf den Hasen von Walter Halbritter angewiesen.

Weihnachten 1989 blieb der Hase aus!

1990

TOCHTER Das Neue an meiner Cousine ist, daß ich sie sehen kann. Kristin, das sagen alle in der Familie, sei mir ähnlich. Unsere Kinderfotos sind austauschbar: weißblonde Federhaare über hellgrauen Augen, dieselbe anfällige Papierhaut und etwas zu große Schneidezähne. Wir sind beide mittlere Kinder, auch das schafft Gleichheit.

Sie war noch Schülerin, als ihre Mutter sich scheiden ließ und mit den drei Kindern nach Westberlin zog, ein paar S-Bahn-Stationen weiter. Damit verschwand sie aus meinem Leben, denn zwischen uns war die Mauer. Was hinter ihr begann, war eine Phantasie-Mischung aus Intershop, Ausbeutung und Udo Lindenberg. Wer dorthin gegangen war, der war für immer weg, abgehauen, eine neutralere Sprachversion gab es nicht. Der bekam keine Post, der wurde nicht angerufen, der war wie tot. Natürlich lebten Verbindungen über die Mauer hinweg, an ihr vorbei. Aber nicht für uns. Wir dürfen keine Westkontakte haben, wegen Papa, hieß es zu Hause, und ich akzeptierte diesen Umstand.

In der Regierungsstadt Berlin gab es jede Menge Ministerien, Militär und Staatssicherheit. Das Verbot von Westkontakten war nichts Besonderes, es betraf viele Funktionärskinder. In der Schule verglichen wir die Geheimhaltungsgrade unserer Väter, und dabei konnte ich ordentlich mithalten. Mein Vater muß mit dem Dienstwagen abgeholt werden, sagte ich so bescheiden wie möglich, weil seine Akten so geheim sind. Er muß dienstlich den Spiegel lesen und die Westnachrichten sehen, damit er weiß, was der Gegner über uns sagt. Doch das eine, das Wichtigste, war mir verboten zu sagen: Er hat eine Pistole, und er muß sogar damit schießen üben.

Wer so wichtig ist, das war ganz klar, der hat an das ganze Land zu denken, selbst wenn er die Verwandtschaft an den Feind verliert.

An einem winterlichen Sonnabend vormittag setzen Harry und ich die Jungs in den Wartburg und reisen nach Zehlendorf zu Kristin. Es gibt inzwischen 26 Grenzübergänge in der Stadt. Leute, die seit Jahrzehnten nebeneinander wohnen, sehen sich jetzt zum ersten Mal, sehen ihre Straße erstmals ganz. Die Brüche zwischen beiden Teilen der Stadt sind während unserer Fahrt deutlich sichtbar. In

Westberlin sind plötzlich die Häuser sauberer verputzt, das Auto klappert weniger, weil die Straße kaum Schlaglöcher hat. An den großen Kreuzungen quirlen bei jeder Rotphase Zeitungsverkäufer zwischen die Autos. Sie ziehen Blätter mit faustgroßen Überschriften aus ihren Umhängetaschen und halten sie vor die Windschutzscheiben. Wir sehen Werbeplakate, größer als alle Transparente in der DDR je gewesen sind und zahlreicher. Ein Bus mit Gespenstern drauf wirbt für Schaulandt – ein Vergnügungspark, eine Jeansmarke, eine Reiseagentur? Manche Häuser sind mit Farbe bespravt. Überall kleben Zettel und Plakate.

Wir haben einen genialen Stadtplan, er ist so ähnlich gefaltet wie ein Spickzettel und paßt immer auf meine Knie. Ich blättere mich auf der Bornholmer Straße westwärts. Die neueröffneten Grenzübergänge sind rot markiert. Wo die Mauer noch steht, verläuft ein rosarot schraffierter Streifen. Obwohl wir den Stadtplan erst vor einer Woche gekauft haben, muß ich schon wieder zwei weitere Übergänge reinmalen. Alle paar Tage meldet das Radio neue Durchbrüche.

Kristin wohnt mit ihrem Mann und dem Baby Nico in einer lauten Zehlendorfer Straße. Zwischen halbhohen hundertjährigen Herrschaftshäusern hocken flache Tankstellen und gläserne Supermärkte mit leuchtend roten Fleischpreisen an den Fenstern. Am Ende der Straße stehen zurückgesetzt zwei Neubauten, hier muß es sein. Harry parkt den Wartburg in einer Seitenstraße, Jakob purzelt mit seinen kurzen Beinen auf den Gehweg, und ich nehme Anton, das Fliegengewicht, auf den Arm. Zu viert laufen wir auf Kristins Haus zu, ich bin verlegen, noch bevor wir klingeln. Kristin war neun oder zehn, als ich sie das letzte Mal sah, in den gemeinsamen Ferien bei der Oma in Artern. In meiner Erinnerung ist sie ein alberner kleiner Floh, ein Mädchen mit sehr kurzen Shorts, einer zu großen Strickjacke und blauen Flecken an den Schienbeinen. Die dünnen Haare fliehen vom Kopf, so daß man keine Frisur erkennen kann. Ich trage Kristin Huckepack über den Hof der Großeltern, ohne Angst klemmt sie auf meinem Rücken, und ihre Hände auf meinen Schultern sind ziemlich klein.

In der Tür steht eine Frau, dunkelblondes halblanges glattes Haar, Jeans, langer Pullover. Das Gesicht ist dünn und ohne Schminke, in den Mundwinkeln sitzt der Anfang eines Lächelns. Wir umarmen uns zögerlich. Sie hatte mir nicht gefehlt in den letzten 15 Jahren, aber jetzt gefällt es mir, sie zu sehen. Monate mußten nach der Maueröffnung vergehen, ehe ich mich traute, hier anzurufen. Ich, die Ostverwandte von drüben, die jahrelang nichts von sich hören ließ und nun auf Westbesuch kommt, als sei nichts gewesen. Mir ist klar, aus ihrer Sicht konnte es nur zwei Möglichkeiten für eine Erklärung geben. Entweder ich war jahrelang feige, oder ich fand das Kontaktverbot richtig. Tatsächlich fand ich es einfach bloß normal.

Bei Kristin ziehen wir alle die Schuhe aus, sie hat einen beigen Teppich. Die Wohnung ist winzig. Es gibt einen Wohnraum mit Kochecke und ein Kinderzimmer, das zur Hälfte von einem Gitterbett eingenommen wird. Kristin und ihr Mann, der auch aus dem Osten kam, sind beide Studenten. Sie schlafen im Wohnzimmer auf dem ausziehbaren Sofa, zum Essen wird ein Wandtisch ausgeklappt. In eine Flurecke ist ein Arbeitstisch gezimmert. Die Wohnung kostet mehrere 100 Mark, Kristin findet das günstig. Wir nicht.

Auf dem beigen Fußboden sitzt der kleine Sohn meiner Cousine zwischen seinem Spielzeug. Anton erklimmt mühsam ein rotes Laufauto und gibt es bis zu unserem Abschied nicht mehr frei. Jakob hat Hunger und futtert voller Hingabe den griffigen Rührkuchen. Er ist ein bißchen fett geworden, unser großer Sohn. Trotz seiner Fülle ist er flink, aber vor allem ist er neugierig. Diese Eigenschaft führt dazu, daß wir bei unserem ersten Westbesuch wechselweise damit beschäftigt sind, Jakob irgendwo zu entfernen: von der dritten Ebene des Bücherregals, aus der großen Zeitungskiste im Flur, von der Tastatur des Computers und natürlich aus dem geliebten Kühlschrank. Sollte unser Kind sich an einem der Einrichtungsgegenstände vergreifen, wir könnten nichts in dieser Wohnung ersetzen. Nicht nur, daß wir nicht die nötige Währung im Portemonnaie haben, die Studentenwohnung ist vollgestellt mit hochwertigen Konsumgütern wie Farbfernseher, Hifi-Anlage, CD-Player, Videorecorder, Microwelle, schnurlosem Telefon, Computer, Waschvollautomat, Babyphone. Für diese Studenteneinrichtung hätten wir beide fünf Jahre am Stück arbeiten müssen, allerdings ohne zu essen und zu trinken. Bei unserer Berliner Wohnung war alles umgedreht: Sie war dreimal so groß, kostete 70 Mark im Monat, aber wir hatten nicht viel drin.

Am späten Nachmittag lösen wir Anton von diesem roten Auto und fahren nach Hause zurück. Zum Reden sind wir nicht gekommen, dafür bin ich Jakob, dem Quirl, sogar dankbar. Die Fragen, die wir einander stellen werden, passen nicht zwischen zwei Tassen Kaffee und drei Kleinkinder.

In Erich Honeckers Niere sitzt ein Tumor, und der soll raus. Honekker wird in die Berliner Charité gebracht, das ist die berühmteste Klinik im ganzen Land. Hier gibt es die teuerste Technik, die besten Ärzte, die allerneuesten Heilmethoden. Die Wartezeiten für Diagnose und Behandlung sind deshalb lang, sehr lang. Bisher hatte der alte Staatsmann einen eigenen Arzt in der Spezialklinik Berlin-Buch. Das sogenannte Regierungskrankenhaus, eingezäunt und versteckt im Wald, wurde einst für hohe Staatsbedienstete und auch für deren Familien eingerichtet, vielleicht, um sie enger an den Apparat zu binden. Auch meine Geschwister und ich haben als Kinder die bevorzugte Behandlung im Regierungskrankenhaus genossen. Polizisten bewachten es, und ich hatte einen Ausweis mit Paßbild, den mußte ich herzeigen. Dann öffnete sich die Tür mit einem tiefen Summen. Im Regierungskrankenhaus waren die Warteräume leer, und die Ärzte hatten mehr Zeit. Als ich wegen einer Mandeloperation dort liegen mußte, teilte ich ein freundliches Zweibettzimmer mit einem anderen Funktionärskind, die Schwestern verwöhnten uns, und es war immer Besuchszeit. Mit der Volljährigkeit endete diese Sonderbehandlung, und ich lernte die überfüllten Warteflure kennen, die dauernd wechselnden Hausärzte in der Poliklinik, die patzigen Sprechstundenhilfen. Ich lernte die schmuddelige Frau Doktor Schmidt kennen, die in mir, ich weiß nicht warum, eine Simulantin, sah. Ihren Kittel trug sie stets offen wie einen Mantel, ihr Atem roch nach vielen Zigaretten. Frau Doktor Schmidt war eine Meisterin der Zwei-Minuten-Diagnose. Wenn sie mich nach mehr als einer Stunde Wartezeit in ihren Behandlungsraum rief, fing sie mich einen Meter hinter der Tür ab, befahl mir, den Pullover hochzuziehen und schon huschte sie mit dem Stethoskop über meine Haut. „Na das bißchen Husten legt sich, dafür brauchen Sie nicht ins Bett“, stellte sie fest. Und noch ehe ich antworten konnte, hatte ich den trockenen Holzspatel im Hals. „Fieber?“, fragte sie beiläufig, ich nickte und nannte, noch mit einem wattigen Gefühl auf der Zunge, die Temperatur. Sie guckte mich an wie meine Mutter, wenn ich als Kind die warme Milch nicht trinken wollte. In ihrem Blick lag diese Mischung aus Zweifel und Vorwurf. „Übermorgen sehe ich Sie wieder“, sagte sie drohend, und während ich den Krankenschein entgegennahm und rätselte, wie ich in eineinhalb Tagen genesen soll, sehnte ich mich nach der Freundlichkeit im Regierungskrankenhaus zurück.

Ich sitze in meiner Küche am Fenster und bewundere den gefrorenen Februar-Garten. Im Ofen brennt ein helles Feuer. Anton rutscht fröhlich plappernd auf seinem Windelhintern über das Linoleum, und im Radio kommt eine Straßenumfrage: Was denken die Leute, soll mit Erich Honecker passieren. Ich wüßte zu gerne, wie der Patient Erich Honecker nun behandelt wird. Die Vorstellung, er müßte in die Sprechstunde bei Frau Doktor Schmidt, gefällt mir. Die im Radio befragten Passanten haben ähnliche Gedanken. Er soll in Dresden eine Zweiraumwohnung zugewiesen bekommen, sagt eine Frau. Da kann er wenigstens kein Westfernsehen gucken, ergänzt eine andere. Ab nach Marzahn ins Altenheim, brummt eine junge männliche Stimme. Der soll erst mal richtig arbeiten wie wir, mit diesen hohen Planzahlen, aber ohne Material. Und ein Mann meint, der soll mal mit Margot von der Mindestrente leben und Trabi fahren. Mir wird klar, daß Honnecker eigentlich nie wirklich in der DDR gelebt hat. In wenigen Wochen sind Wahlen, Honeckers Partei, die inzwischen in PDS umbenannte SED, wird ihre Regierungsverantwortung verlieren.

„Wer jetzt geht, der hat es nicht ernstgemeint mit den linken Idealen!“ Der Parteisekretär, ein fahriger alter Herr, der sich andauernd den kaum noch vorhandenen Haarkranz glättet, guckt mich an, als hätte ich Bonbons geklaut. Ich bin heute schon die vierte, die austritt. Und ich fühle mich schlecht dabei. Es ärgert mich, daß Beruf und Gesinnung so dicht beieinander sind, daß die Parteizugehörigkeit wie ein Beleg für Rechtschaffenheit betrachtet wird. Dabei wollte ich am Anfang genau deswegen mitmachen, gleich mit achtzehn. Wenn ich erst einmal dazugehöre, dachte ich, ist meine Kritik nicht bloß Meckerei, sondern sie gilt als Sorge. Dann weiß jeder, ich stelle nicht gleich das ganze System in Frage, wenn ich über die Fehler rede, die ich sehe.

Mein Papa, der von mir sagt, ich sei mit einem viereckigen Kopf geboren, mit dem ich überall anstoße, hätte mich warnen müssen. Er hätte wissen können, daß die strengen Rituale innerhalb der Partei mich beschädigen würden, hätte mich aufklären können über die eifrigen Hüter des Bestehenden. Er hätte zumindest andeuten müssen, wie schwer es sein würde, etwas zu verändern. Er, der gesehen hatte, wie ich als Schülerin beim gemeinschaftlichen Parteitag-Ansehen vor dem Fernseher zu heulen anfing, weil die bestellten Thälmann-Pioniere vor Erich Honecker strammstanden und ihre Liebe zum Vaterland wie ein auswendig gelerntes Kochrezept aufsagten, er hätte wissen müssen, daß ich es nicht ertragen würde, „die gute Sache“ einem Rollenspiel zu opfern. Oder hatte mein Papa mir etwa zugetraut, daß ich an diesen Dingen rütteln könnte, daß ich mit meinem viereckigen Kopf hier und da eine Wand einreißen könnte? Vielleicht hoffte er, daß ich etwas von ihm fortsetzen und weitertragen könnte. Ich war ja nicht alleine. Da gab es den Lehrlingsausbilder Hesse, wehender Kittel, Haare bis auf die Schulter, Genosse. Der stritt mit um eine bessere Futterqualität, bis der Direktor des Betriebes den Unterkiefer vorschob und den nervenden Hesse seine Gütekontrollen machen ließ. Da gab es im Studium den weißhaarigen Professor Gampe, der vor Jahren von der Akademie der Landwirtschaftswissenschaften geflogen war, weil er sich gegen die verordnete Trennung von Tier- und Pflanzenproduktionsbetrieben gewehrt hatte. Man hatte ihn zurück in die Produktion geschickt, damit er sich besinne. Er baute einen Musterbetrieb auf und Mitte der achtziger, als die DDR-Führung den alten Fehler einsah, bekam er eine eigene Sektion in Halle. Der war auch Genosse.

Und hier in der Zeitungsredaktion gibt es meine Kollegin Doris, eine schwarzhaarige Schönheit mit verrückten Schuhen. Die sitzt in der Parteiversammlung wie eine pfiffige Hexe und übersetzt die Floskeln, die auf den Tisch fallen, in normales Deutsch. In ihrer Gegenwart genieren sich die geübtesten Parteiredner, weil sie und alle anderen merken, wie leer vorgelesenen Sätze sind. Das ist komisch und zugleich traurig, weil es alles so dürftig macht.

Hat mein Vater diese schleichende Aushöhlung seiner Ursprungsidee nicht wahrgenommen? War es wie bei einer alten Liebe, bei der man sich in faden Momenten an das erste große Glück erinnert und deswegen nicht loskommt? Oder war es mehr wie bei einer alten Ehe, die man wegen einer Krise nicht leichtfertig aufgeben mag? Etwas von seiner roten Liebe hatte er auch uns, seinen Kindern mitgegeben. Sie reproduzierte in uns immer wieder diese Sehnsucht nach einem gerechten Arbeiterstaat. Und trotz fortschreitender Desillusionierung wollte auch ich nicht wahrhaben, daß es so wie wir es machen, nicht funktioniert.

Wilfried Maier in seinem Arbeitszimmer im Amt für Preise. Herbst 1989

Wilfried und Erika Maier auf Urlaubsreise 1992

Gedanken von Prof. Dr. Wilfried Maier, Ministerium der Finanzen und Preise

Preis- & Subventionsreform!

Ökonomisch repräsentieren die heutigen Verbraucherpreise in Größenordnungen nicht mehr jenen Aufwand, den die Gesellschaft für die Bereitstellung der Waren hat. Für große Sortimente liegen die Preise unter dem Aufwand, in weiteren Bereichen darüber.

Folgen: Verschwendung und Uneffektivität

Die Folge solcher Preise sind Verbrauchsstrukturen, die zur Verschwendung, zum Abfluß von Nationaleinkommen an ausländische Käufer, bis hin zu uneffektiven Produktionsstrukturen führen.

Zweifelsfrei hat die lange Zeit praktizierte Politik stabiler Verbraucherpreise für Waren des Grundbedarfs, für Mieten, Tarife und Dienstleistungen ein hohes Maß an sozialer Sicherheit für den Bürger der DDR geschaffen. Immerhin sind es 60 Prozent der Waren, die bei uns seit Jahren zu stabilen Verbraucherpreisen verkauft werden — auch, wenn das manch einer nicht wahrhaben will. Aber diese niedrigen — zu niedrigen — Preise für den Grundbedarf haben zunehmend das Leistungsprinzip eingeengt. Nicht der partizipiert am meisten am Produkt der Gesellschaft, der viel und gut arbeitet, sondern derjenige, welcher am meisten subventionierte Waren kauft. Zumal der Käufer für hochwertige Konsumgüter nicht nur deren Aufwand, sondern darüber hinausgehende Staatseinnahmen bezahlen muß. Damit ist diese Preispolitik zunehmend an Grenzen gestoßen. Die negativen sozialen Wirkungen überwiegen heute.

Der Anteil der Waren und Leistungen zu stabilen Preisen wird immer geringer. Waren es vor zehn Jahren noch 75 bis 80 Prozent vom gesamten Warenfonds, so sind es heute nur noch 60 Prozent. Gleichzeitig hat der Anteil der Waren mit höheren Preisen zugenommen.

Die Folge dieser Entwicklung war, daß Denken und Diskussionen von den hohen Preisen, von Preiserhöhungen geprägt waren und nicht von dem Sockel mit stabilen, niedrigen Preisen.

Sinn niedriger Preise hat sich ins Gegenteil verkehrt

Die niedrigen, stabilen Preise für das Brot, die Butter, die Busfahrt und die Mieten finden bei den heutigen Generationen mit ihren Einkommen und Lebensgewohnheiten keinerlei Anerkennung mehr. Der politische Sinn einer solchen Preispolitik hat sich zunehmend erfüllt und ins Gegenteil verkehrt. Deshalb ist eine Reformierung des bestehenden Preisgefüges erforderlich. Eingeordnet in ein Netz sozialer Maßnahmen, wie Gesundheit, Bildung, Erziehung, Urlaub, Lohn und Gehalt, Altersversorgung, werden Arbeiten geleistet, damit die Preise stärker dem Wert angenähert werden. Das heißt Erhöhung der Preise für viele Warengruppen und Leistungen, die heute hohe Subventionen beinhalten. Das heißt Senkung von Preisen für Waren, deren Preise sehr hohe Staatseinnahmen beinhalten. Dabei ist für Lösungsvorschläge wichtig zu wissen, daß das Volumen der mit Konsumgütern realisierten produktgebundenen Abgaben wesentlich geringer ist als die Gesamtsumme der 51 Milliarden Mark Subventionen. Dies gegen die Erwartungshaltung, man könne Preiserhöhungen beliebig durch Preissenkungen kompensieren.

In wirtschaftlich stabilen Ländern rechnet man mit einem Preisindex der Verbraucherpreise (bei Wegfall aller direkten und indirekten Subventionen — d. Red.) von zwei oder fünf Prozent. Bei der Veränderung der Verbraucherpreise in der DDR geht es um zehn bis 100 Prozent bei Kinderbekleidung, um fünf bis 150 Prozent bei Nahrungsgütern. Das sind gewaltige Dimensionen. Die sozialistische Prämisse, keine dieser Preisveränderungen zu Lasten des Volkes zu machen, fordert entsprechende Lösungen, an denen gearbeitet wird.

Was bleibt?

Niemand will niedrige Preise bei leeren Regalen

Bei Kindererzeugnissen bedarf es Analysen und Berechnungen, die zu Aussagen führen, ob der Ausgleichbetrag einheitlich oder nach Alter der Kinder differenziert werden muß. Ich persönlich bin gegen eine Differenzierung, weil soziale Wirkungen in solcher Präzision nicht berechenbar sind.

Bei den Mieten sind materielle Voraussetzungen erforderlich, die die reale Machbarkeit der sozialen und ökonomischen Zielsetzung sichern. Irgendwo wird es immer konkret, wenn Bürger bisher Telefon hatten, ältere Bürger Parterre wohnen wollen oder bisher eine Wohnung im Grünen hatten.

Bei der Verteuerung der Preise für Nahrungsgüter und Lebensmittel sind die Konsequenzen für niedrigeren Verbrauch und in der Folge geringerer Produktion und höherer Qualitäten zu planen.

Bei einer Reduzierung der Preise für elektro-akustische Geräte, wie Farbfernseher, müssen die höheren Bedarfsmengen in der Produktion ihren Niederschlag finden. Die materiellen Voraussetzungen müssen geschaffen werden, denn niemand will niedrige Preise bei leeren Regalen.

Tiefe Einschnitte innerhalb kurzer Zeiträume nötig

In dargestellten Problemen widerspiegeln sich die Versäumnisse von Jahren und Jahrzehnten. Die Politik stabiler Verbraucherpreise, eingeordnet in die Gesellschaftsutopie von der sozialistischen Menschengemeinschaft, zeigt ihre Wirkungen. Was sich in einer kontinuierlich entwickelnden Wirtschaft als permanenter Ausgleichsprozeß vollzieht, muß nunmehr in vergleichsweise kurzen Zeiträumen mit tiefen Einschnitten gelöst werden. Das gilt besonders für den Zusammenhang von Höhe des Preises, Umfang der Nachfrage, Menge der Produktion.

Deshalb ist die zweifellos notwendige Reformierung der Preise nur machbar im engen Zusammenwirken mit der bewußten Entwicklung der materiellen Prozesse, mit der Planung auf volkswirtschaftlicher Ebene, im Kombinat, Territorium und Betrieb.

Der Umfang der Preismaßnahmen mit vollem Ausgleichsbetrag hat objektive Grenzen im Leistungsprinzip. Je höher der erforderliche Ausgleichsbetrag neben Lohn und Gehalt, um so mehr wird das dem Arbeitseinkommen zugrunde liegende Leistungsprinzip eingeschränkt. Deshalb ist es erforderlich, die Ausgleichsbeträge zum frühest möglichen Zeitpunkt in die Entlohnung zu integrieren. Und – schließlich, es muß die Korrespondenz der Preismaßnahmen zu den Valuta-Kursen beachtet werden.

Der Staat DDR äußert sich zu den wachsenden Problemen auf dem Gebiet der Preise. „Junge Welt", 7. Dezember 1989

„Jetzt gehen die Anpasser und Mitläufer“, sagt der Parteisekretär. „Die Partei hat einen neuen Namen, sie kann sich verändern“, sagt er. „Sie braucht jetzt junge Leute, nicht so Alte wie mich. Du gehst im falschen Moment“, sagt er. Das stimmt, denke ich. Ich hätte früher gehen müssen, viel früher. Aber ich hatte es nicht gewagt. Mit einem Austritt wäre ich zur Gegnerin geworden. Die Partei hätte mich ihre Macht spüren lassen, ich verlasse sie erst jetzt, weil sie mir nun nichts mehr anhaben kann.

Anton ist bald eineinhalb Jahre und will nicht laufen. Die Ärztin hebt ihn auf die Pritsche und befühlt seine Beine. Sie sind dünn. Man spürt mit dem Daumen genau die zarten Kinderknochen, sagt sie, es ist als wären da keine Muskeln. Wir machen uns Sorgen, Harry nimmt Anton auf seinen Schoß, als wolle er nicht, daß die Ärztin so etwas über sein Kind sagt. Du mußt mehr essen, sagt Frau Doktor zu Anton. Zu Hause probieren wir wiederholt verschiedene Rezepte, um weitere Lieblingsspeisen unseres Kindes herauszufinden, aber es bleibt beim bewährten Kartoffelbrei mit kleinen mundgerechten Fleischbällchen. Der Orthopäde, den wir auf Anraten der Ärztin besuchen, tastet Antons Gelenke ab und schickt uns zum Röntgen. Ich fahre mit meinem Sohn zum Krankenhaus, wir müssen durch einen Kellergang voller Wäscheberge und finden die Röntgenabteilung am Ende eines Flures. Die Wände sind vergilbt und speckig, eine surrende Neonlampe verteilt blasses Licht, an der Wand stehen vier dunkelbraune Plastestühle. Es riecht nach Bohnerwachs, und ich will nicht, daß Anton über den speckigen Boden robbt. Er steht am Stuhl angelehnt, die Beine gegrätscht wie ein Fohlen, die Hände auf der Stuhlkante. Wir beide wissen, wenn er losläßt, fällt er um. Dann werden wir aufgerufen. Ich ziehe Anton aus, und er wird auf eine Liege gebunden. Die Schwester nimmt mich mit in den Vorraum. Durch die Glasscheibe sehe ich mein nacktes angeschnalltes Kind und bin erschüttert. Obwohl ich weiß, daß das alles sein muß, kann ich mich nicht beherrschen und heule. Die Schwester streicht über meinen Arm und sagt, das geht vielen so, es liegt an der Hilflosigkeit.

Wahrscheinlich ist Ihr Sohn ein Spätentwickler, meint der Arzt und hält das Röntgenbild hoch. Darauf ist alles so, wie es sein soll. Die Knochenröhren sind etwas länger als bei anderen Kindern in diesem Alter, aber das hat nichts zu sagen. Du mußt mehr essen, sagt auch dieser Arzt zu Anton. Dann sieht er mich an und meint, sollte er im nächsten Vierteljahr nicht laufen lernen, müßten Sie die Muskulatur untersuchen lassen. Solange gehen Sie mit ihm zur Gymnastik. Ich nicke und überlege, wie ich das anstellen soll.

Ich schreibe Reportagen. Mit einem Fotografen reise ich durch die DDR und frage die Menschen aus. Ich will so viel von ihnen wissen, viel mehr als ich jemals aufschreiben kann, viel mehr als die Zeitung drucken kann. Die Leben der Leute sind das Interessanteste, was es gibt. Die Ereignisse werfen sich wie von selbst auf den Notizblock, sobald man die Redaktion verläßt. Es fällt kaum auf, daß ich Neujournalistin bin, denn irgendwie stehen sowieso alle am Anfang. Ich übe, die richtigen Fragen zu stellen. Die Leute üben, frei und ohne politische Zwänge zu sprechen. Zuerst reden sie gestelzt und kontrolliert. Die Worte sind schon im Kopf für die Zeitung zurechtformuliert. Dann wird es leichter, aus dem Frage-Antwort-Spiel entsteht ein Gespräch. Am Ende erfahre ich, die fremde Reporterin, mehr als Kollegen oder Freunde im Dorf. Es ist, als hätten die Leute seit Jahren nur darauf gewartet, daß jemand vorbeikommt und ihnen zuhört. Sie fragen, ob ich „von hier" bin, und dann erzählen sie ihr ganzes Leben, als müßten sie erklären, wie es dazu kommen konnte, daß jetzt alles so ist, wie es ist. Sie merken, daß etwas Wichtiges jetzt zu Ende geht, und ich bin diejenige, die es für sie aufheben soll.

Da ist zum Beispiel dieser verrückte LPG-Vorsitzende Mai. Der träumt vom ökologischen Landbau auf 1.000 Hektar mecklenburgischem Acker. Das Getreide verkaufen wir in Bioläden, schwärmt er, mit den Kartoffeln werden wir edle Hotelketten im Westen versorgen. Doch dann fällt ihm wieder seine Belegschaft ein, ein Haufen irritierter Bauern, die im letzten Herbst noch mit der Giftspritze über die Felder zogen. „Wenn die Ökologie hören, dann denken sie, das ist eine Krankheit." Und in den Augen des euphorischen Herrn Mai hockt die Angst vor seiner eigenen Mannschaft.

Da ist die Lehrlingsausbilderin auf einem Gut bei Magdeburg, kurze blonde Haare, Gummistiefel, Regenjacke. „Bisher konnten immer alle Lehrlinge im Betrieb übernommen werden", sagt sie, „diesmal wird daraus nichts." Und während die halbwüchsigen Jungs mit ihren Mopeds durch den Schlamm auf dem Betriebshof brettern, rechnet sie mir vor: „Wir haben hier zwölf Arbeitskräfte pro 100 Hektar Land, drüben haben sie im Schnitt drei. Von vier Leuten, das können Sie sich an den Fingern abzählen, werden drei entlassen. Da haben meine Lehrlinge nicht die geringste Chance, nach der Lehre übernommen zu werden."

Da ist der Altstoffhändler Hutter in Thüringen. Wir treffen ihn zu Hause in seinen ausgewaschenen Arbeitssachen. Er spricht kaum noch, sagt die Frau, seine Sammelstelle ist geschlossen. Aus 30 Dörfern hatte er Gläser, Papier und Plaste auf- und weiterverkauft an den SERO-Hof in der Kreisstadt, die Annahmestelle für Sekundärrohstoffe. Dort wird er aber nichts mehr los, das Pfandsystem ist zusammengebrochen. „Manchmal kommen noch welche mit Flaschen oder Papier, ich schick' sie weg, was soll ich mit dem Müll", sagt er. Wir fahren durch die Dörfer zurück, vor den Gartentoren stapeln sich Kisten und Pakete, aus denen der Abfall quillt. Leere Joghurtbecher von Danone, zerknautschte Coca-Cola-Büchsen, Waschmittelkartons von Ariel, vollgestopft mit knallbunten Illustrierten. Eine Warenschwemme ist vom Westen über uns gekommen.

Auch der ostdeutsche Zeitungsmarkt leidet unter der Flut von Westblättern. Es gibt Tageszeitungen von jeder nur möglichen politischen Farbe mit richtigen Kommentaren, Computerzeitschriften so dick wie Bücher und horrend teuer, unzählbar viele Frauenmagazine mit Stilberatung, Psychotest und Kreativteil, peppige Fachmagazine für Angler, Weltreisende, Bauleute und natürlich auch für Landwirte. In unserer Redaktion ist Krisensitzung. Jeden Tag kündigen 10 bis 20 Leser die Bauernzeitung. Ich sehe noch die Leserbriefe vor mir „... habe ich nach neun Jahren Wartezeit endlich ein Abo der Bauerzeitung ergattern können. Bisher mußte ich immer meine Tante im Nachbardorf besuchen, um sie zu lesen. Leider wollte sie aber das Kreuzworträtsel immer selbst ausfüllen." Jetzt soll diese begehrte Zeitung nicht mehr gut genug sein. Was sind wir von unseren Lesern und deren Treue enttäuscht.

Nach der Arbeit gehe ich selbst zum Zeitungskiosk am Ostbahnhof und kaufe mir für irrsinnig viele Ostmark eine Burda-Moden, wegen der Schnittmuster. Ich nähe viel und gern, für Harry, die Kinder und mich. Aber es war immer schwierig, Stoff und gute Schnittmuster zu bekommen. Die „Sibylle", mein altes Lieblingsblatt, für das ich Monat für Monat sämtliche Zeitungskioske abgeklappert hatte, enthielt nicht nur tolle Schnitte, sondern auch gute

Artikel und einen Kulturteil. Jetzt hängt sie gut sichtbar im Fenster, aber zu spät, ich will sie nicht. Überhaupt habe ich die ganzen blassen Produkte „made in GDR“ herzlich satt, die verklebten Apfelsaftflaschen mit den verrutschten Etiketten, das Fünf-Mark-Einheitsdeo mit dem seifigen Geruch, die gemusterten Chemiefaserpullover, die sich beim Ausziehen knisternd entladen, den VEB-Joghurt, der in der Einkaufstasche so oft kaputt ging, weil wieder Verpackungsmaterial eingespart wurde. Und erst recht habe ich diese Exquisitläden über, in denen mich zugepuderte Edelverkäuferinnen mit hochgezogenem Mundwinkel bedienen, wo ich für einen Lippenstift und ein Rouge königliche 120 Mark hinlege und dennoch wie ein armes Würstchen abgefertigt werde.

Die Westprodukte sind da. Es ist Sommer und am Alexanderplatz kann ich Cornetto-Eis für fünf Ostmark erwerben. Was heißt ich kann, ich muß, denn noch nie hat ein Eis so sehr nach Eis geschmeckt. Für Anton kaufen wir zu einem abenteuerlichen Umtauschkurs von 1:6 Wegwerfwindeln mit Klettverschlüssen. Er ist in der Schlußphase seines Babydaseins und braucht sie nur noch nachts. Wir waschen keine Stink-Windeln mehr, das ist auch ein Stück Freiheit.

Harry bringt winzige Metallkästchen und Kabel mit nach Hause. Sie sind in Noppenfolie gewickelt und in wiederverschließbaren Tütchen verpackt, dazu gibt es große Faltblätter mit hauchdünn gezeichneten Schaltplänen und englischen Gebrauchsanweisungen. Unser Wohnzimmertisch gerät zum Altar, auf dem die neuerworbenen Kleinteile ausgebreitet und angebetet werden. Geradezu liebevoll betrachtet Harry diese technischen Teilchen, mit Vorsicht dreht er sie in seiner Hand, mit der anderen scheucht er Jakob und Anton von der Tischkante, die beiden würden gern mitbasteln. Harry zieht ein Set zarter Schraubenzieher aus seiner Jackentasche. Er zeigt uns den kleinsten, ein blauschimmerndes Stiftchen, nicht viel größer, als eine Haarspange, mit einer Spitze, beinahe so fein wie ein Bienenstachel. Dann holt er den Computer von seinem Schreibtisch am Fenster und schraubt ihn auf, um ihm die neuerworbenen Teile zu implantieren.

Harrys Computer, ein 16 Bit-Rechner wird aufgerüstet und bekommt mehr Speicherplatz. Der Westen hat wunderbare Dinge, und das nicht nur im High-Tech-Bereich. Auch bei den einfachen Sachen ist er weit überlegen. Als ich die zweite Reise-Nuckelflasche kaufe, die erste hatten meine Eltern vor einem Jahr aus Österreich mitgebracht, werde ich wütend. Warum gab es diese einfachen Dinge bei uns nicht. Warum hatten wir keinen Klebestreifen, der wirklich klebte, keine schönen Taschenkalender mit richtig Platz zum Schreiben, keine Zahnbürsten mit so kleinen Bürstenköpfen? Warum gab es so selten einfache Rauhfasertapete, warum schmeckte die Schokolade nicht, warum sah der Tee aus, wie zusammengekehrt? Warum gab es keine primitiven Knoblauchpressen, und warum mußte man einem Fahrradschlauch nachjagen, als wäre er ein wertvolles Sammelobjekt? Es kann doch nicht immer alles ein Rohstoffproblem gewesen sein.

Papa sagt, ich soll nicht so naiv tun. „Du bist doch hier großgeworden und hast in der Schule Heimatkunde gehabt. Da weißt du doch, daß hier weit und breit keine Rohstoffe sind, daß Baumwolle, Kakao und Erdöl teuer eingetauscht wurden." Aber eigentlich wissen wir beide, daß das jahrelange Nichtvorhandensein von Knoblauchpressen auf die Dauer nicht mit fehlenden Eisenerzvorkommen zu begründen ist. Im Angesicht der Warenflut aus dem Westen wird mir die ganze Schäbigkeit unserer Produkte bewußt. Und Honeckers Gerede vom Weltniveau auf der Leipziger Messe ist mir im nachhinein noch peinlich.

In meiner Kaufhalle in Friedrichshain gibt es seit Tagen einen abgeteilten Bereich. Stellwände, gespannte Seile mit Schildchen halten die Käufer zurück. Anton paßt mühelos unter der Absperrung hindurch. Er wirft den Oberkörper nach vorn, die Beine stolpern hinterher. Es sieht ein bißchen so aus, als würde er laufen, aber ein bißchen mehr sieht es aus, als ob er nach vorne fällt. Eine Verkäuferin fängt Anton ab und bringt ihn zurück. Denn hinter der Absperrung stehen neue Regale mit den guten Sachen aus dem Westen. Kaum haben die Handwerker ein weiteres Brett eingezogen, kommen neue Paletten mit Büchsen, Tüten, Schachteln herbeigerollt. Ein endloser Warenstrom ergießt sich über die DDR, und ich ahne, was für eine Potenz der Westen hat. Ohne Anstrengung versorgt er einfach mal über Nacht ein 17 Millionen-Land mit, und keiner muß deswegen auf etwas verzichten. Umgedreht wäre das nie möglich gewesen. Ganz Deutschland wäre wahrscheinlich verhungert, hätten wir aus unserer Ostproduktion den Westen mitversorgen müssen.

Noch sind alle Waren mit Tüchern verdeckt, nur die Umrisse sind zu sehen. In wenigen Tagen werden sie enthüllt. Dann kommt das große D vor die Mark, und das dicke Geschäft im Osten kann beginnen.

In Harrys Firma geschehen eigenartige Dinge. Ein Mann mit einem Geldkoffer wird im Fahrstuhl festgenommen. Er wollte mehrere Millionen Mark beiseite schaffen, hieß es. Die Presse spekuliert, ob es sich in dem Fall um Stasi-Gelder, Parteivermögen oder um Diebstahl handelt. Vielleicht, mutmaßen einige, wollte er aber auch den Betrieb retten. Der Außenhandelsbetrieb Elektrotechnik Import-Export schrumpft sich gesund, heißt es zukunftsfroh. Ganze Abteilungen werden aufgelöst. Auch die Computerexperten sind überflüssig. Harry geht auf Kurzarbeit null. Die Bezeichnung ist absurd, denn entweder man arbeitet oder man arbeitet nicht. Eine Beschäftigung mit einer Arbeitsdauer von null Stunden ist in Wahrheit keine. Die nächste Betriebsversammlung heißt Belegschaftsversammlung. Da nennt man die Arbeiter und Angestellten jetzt Arbeitnehmer, eine für mich völlig verrückte Bezeichnung. Wer arbeitet, gibt seine Arbeitskraft, so Marx, der kann unmöglich ein Arbeitnehmer sein. Doch in Zeiten knapper Jobs heißt man eben denjenigen Arbeitgeber, der Arbeit zu vergeben hat. Auf der Versammlung werden umfangreiche Entlassungen bekanntgegeben, Harry ist noch nicht dabei. In dem Haus am Alexanderplatz werden schnell ganze Etagen frei. Bald wird eine neue Behörde einziehen: die Treuhand. Vor dem Eingang des Hauses stehen dann jeden Tag Leute mit Transparenten.

Mein Land ist weg, es wurde mit einem Vertrag abgeschafft, der sich Einigungsvertrag nennt. Für den Staat, dessen Bürgerin ich seit dem 3. Oktober bin, habe ich kein Gefühl. Ich bin zu Hause geblieben, als alle in die Fremde gingen. Jetzt ist die Fremde zu mir gekommen. In der Zeitung kann ich lesen, was mich als Ostfrau von einer Westfrau unterscheidet: Ich bin blaß, schlecht frisiert und häuslich. Ich habe zeitig Kinder bekommen, um sie gleich in die Kinderkrippe abzuschieben. Ich kann kein Englisch, dafür habe ich statistisch mehr Spaß am Sex. Ich habe auch mehr Freunde und berühre sie häufiger. Ich bin angepaßt, bescheiden, einsichtig, arbeitsam. Ich fahre schlecht Auto. Ich brauche immer jemanden, der mir genau sagt, was ich tun muß. Mein Ostmann kommt in der Zeitung noch schlechter weg. Er riecht unangenehm, trägt die falschen Socken und hat keine Manieren. Dafür hilft er mehr im Haushalt und bei der Kindererziehung. Er ernährt sich fettreich und hat kein Selbstbewußtsein. Er benutzt keine Hilfsmittel beim Sex.

Ich fahre mit meiner Freundin Kati nach Westberlin, um mir auf dem Kudamm die Westmänner anzusehen. Sie tragen lange weiche Mäntel und schmale Brillen. Ihre Haare sind im Nacken kurzgeschnitten, und sie machen große Schritte. Wenn wir dicht an ihnen vorbeigehen, duften sie nach Parfüm. Ihre Schuhe sind geputzt, ihre Autos teuer. Niemals, sagt Kati, würde ich so einen makellosen Mann in meine Wohnung in Prenzlauer Berg lassen. Ich würde mich unvollkommen und klein fühlen. Und ich glaube, ich würde mich wegen meiner selbstgebauten Regale schämen, auf die ich bisher immer stolz war.

Den ersten Westmann bringt eines Tages meine Schwester Anja mit nach Hause. Sie begegnete ihm im Kulturressort der „taz". Die Ostausgabe der Zeitung ist längst wieder eingestellt worden, die Redaktionen wurden im Westberliner Stammhaus zusammengelegt. Wenn Anja jetzt zur Arbeit geht, muß sie die alte Grenze am Checkpoint Charly überqueren, den Ausweis braucht sie nicht mehr hochzuhalten. Das Kontrollhäuschen ist leer, die Grenzanlagen werden abgebaut.

Die Redaktion sitzt in einem alten Haus, nur wenige Meter hinter der Mauer. Die hohen Räume gehen alle ineinander über, es gibt kaum geschlossene Türen. Auf den Schreibtischen versinken teure Computer in Aktenbergen und Zeitungsstapeln. Büropflanzen fehlen, dafür gibt es jede Menge Aschenbecher und herrenlose Kaffeepötte. Die Journalisten sind alle jünger als meine Kollegen in der Bauernzeitung. Selbst diejenigen, die nach genauerem hinsehen doch über 40 sind, sehen mit Jeans und Schlabberhemden jugendlich aus. Aus diesem Chaos, von dem man nicht glauben kann, daß es jeden Tag eine Zeitung hervorbringt, aus diesem kreativen Durcheinander jedenfalls, kommt Tommi. Er wird der neue Freund meiner Schwester, ein Musikjournalist mit Pferdeschwanz und schwarzer Woody-Allan-Brille. Er hat ein buntes zerknittertes T-Shirt an, weiß alles über Musik, sogar über DDR-Bands. Er ist weich und auf eine angenehme Art schlampig. Und er hat nichts gemeinsam mit den Kudamm-Männern.

Dafür sieht mein Bruder beim nächsten Familientreffen nicht mehr wie ein Ostmann aus. Mit neuer Brille und neuem Jackett ist er mir ein bißchen fremd. Die Sachen stehen ihm gut, und man sieht, er fühlt sich wohl darin. Anja sagt he, he zu ihm, und ich weiß nicht so richtig, ob es anerkennend oder spöttisch gemeint ist. André ist Anwalt und hatte bisher wie Harry in einem Außenhandelsbetrieb gearbeitet. In der DDR hatte der Staat das Außenhandelsmonopol. Jetzt knüpfen die Produzenten ihre Kontakte selbst, die Import-Export-Zentralen werden nicht mehr gebraucht. Mein Bruder macht sich selbständig und eröffnet zusammen mit seiner Frau Ulrike eine Kanzlei. An den Abenden pauken die beiden das neue Recht, oft wenden sie das neu gelernte schon anderntags an. Für viele Bereiche gibt es zudem Übergangsregeln, manche gelten befristet, mache unter bestimmten Umständen. Für die zwei Kinder bleibt erst einmal wenig Zeit.

Der Herbst ist da, und die ganze Familie sitzt, wie fast jeden Sonnabend, bei den Eltern auf der Veranda. Anjas Tochter Hanna hippelt auf Tommis Knien und hat einen schönen Schnupfen. Tommi zieht ein Taschentuch hervor und tupft damit über die wundrote Nasenspitze. Hanna ist einen Moment lang entrüstet, bis Tommi wieder mit dem Knie wackelt.

Unsere Familie ist groß, so groß, daß nicht alle auf einmal an den Tisch passen. Deshalb essen zuerst die fünf Kinder: unsere beiden Jungs, Sohn und Tochter von meinem Bruder André und Anjas Tochter Hanna. Es gibt Eierkuchen von Opa. Anton balanciert einen vollgeladenen Eßlöffel mit Zucker und Zimt quer über den Tisch, daß es nur so rieselt. Mein Neffe Till hält mit beiden Händen eine große Saftflasche über sein Glas und versucht das Glas zu treffen. Nein, es soll ihm keiner helfen, er kann das alleine. Seine blonde Schwester Josi hangelt ihren dritten Eierkuchen auf den Teller hinüber. Zugleich entzündet sich zwischen Jakob und Hanna eine bewegte Auseinandersetzung um die Apfelmuskelle. Nach dem ersten Essendurchgang schaben wir die Kruste aus Zimt, Saft, Teig und Mus vom Tisch. Die Kinder werden wie immer mit einem Märchenfilm milde gestimmt. In der Veranda wird inzwischen eine neue Tischdecke aufgelegt. Wir freuen uns auf Mamas Sahnegulasch mit tschechischen Knödeln. Wir Erwachsenen sind acht: meine Eltern, mein großer Bruder André mit Frau Ulrike, Anja mit ihrem neuen Tommi, dazwischen Harry und ich. Von meinem angestammten Platz sehe ich die blattlosen Birnbäume, der Rasen darunter ist sauber geharkt. Ein Rest Sonne macht den Garten hellgelb, doch wenn statt Mamas feurigen Geranientöpfen schon das Vogelhäuschen auf der Terassenbrüstung steht, kann selbst das wärmste Licht nicht darüber hinwegtäuschen, daß der Winter naht. Ich hebe einen duftenden Knödel auf den Teller und meine Mama erzählt von ihrer Hochschule. Es ist eine gigantische Einrichtung. Fast 1.000 Studenten haben sie jedes Jahr mit einem Wirtschaftsdiplom in der Tasche verlassen und sind in die volkseigenen Betriebe ausgeschwärmt. Sie wurden Abteilungsleiter, Handelsvertreter, Generaldirektoren.

In fünf Jahren lernten sie nicht nur Russisch, sondern auch Betriebswirtschaft und Buchhaltung. Die Absolventen hatten einerseits einen guten Ruf, weil sie viel konnten. Andererseits waren sie in der ganzen Republik als 150prozentig verschrien, die Hochschule für Ökonomie hatte sie zu echten Klassenkämpfern ausgebildet. Kein Wunder, nach fünf Jahren Marx-Studium will keiner mehr den Kapitalismus. Eine Gesellschaft, in der ein paar Reiche alle Gewinne einstreichen, um damit immer nur noch mehr Gewinne zu machen, die ist schon theoretisch einfach unappetitlich. Und da ein praktisches Studium unmöglich war, es bloß zwei Ordnungen zur Auswahl gab, blieb als logische Lösung nur der Sozialismus, der eines Tages in den Kommunismus münden würde. Die Wissenschaft vom Sozialismus – sie ist das Fachgebiet meiner Mama. 30 lange Jahre hat sie sich bemüht, diese Wissenschaft zu ergründen und zu lehren. Sie ist Professorin geworden und hat Bücher geschrieben, mit Definitionen, Thesen und Beweisen, eben mit allem, was eine Wissenschaft ausmacht. Sie hielt Vorlesungen, erklärte Tabellen und Diagramme, die ein brummender Polylux an die Wand leuchtete und ersann kluge Argumente, die den Riß zwischen der Wissenschaft und der Wirklichkeit des Sozialismus kitten sollten. Doch dieser Riß wurde immer größer. Und jetzt stellt sich raus, der Sozialismus ist unwissenschaftlich, ein Phantom, ein Traum.

Für die Frage, warum sie ihn so lange geträumt hat, ist keine Zeit. Die Hochschule soll geschlossen werden. Mama war auf drei Versammlungen in dieser Woche, und jedesmal ging es ums Überleben. Nachts sitzt sie über neuen Konzepten. Tags telefoniert sie Westberliner Professoren hinterher, deren Artikel sie aus der Fachpresse kennt. In ihre Vorlesungen holt sie Wissenschaftler von der Freien Universität. „Ich kann doch den Studenten jetzt nicht mit meinem Sozialismus kommen. Die wollen was über die Marktwirtschaft hören, damit sie mit ihrem Abschluß überhaupt eine Chance haben.“ Die Schüssel mit den Knödeln ist alle, Anja probiert versonnen mit dem Finger von der Sauce. Mein Vater schaut still auf sein schmutziges Besteck.

Noch einmal fliegen die Träume hoch, aus der Hochschule, bei der meine Mutter arbeitet, könnte eine Europäische Wirtschaftsschule werden, ein Zentrum für gesellschaftliche Zukunftskonzepte, in dem Ost und West Erfahrungen austauschen. Wirtschaftsexperten aus Rußland und Frankreich, aus Deutschland und Ungarn würden zusammenkommen und forschen, was schief gelaufen ist am Sozialismus, was man aus den Fehlern lernt, was sein Versagen für die Marktwirtschaft bedeutet, ob die sich dadurch auch verändern müßte. Meine Mutter hat schon wieder tausend Ideen. Sie kann nicht aufgeben, nicht einmal jetzt, nach der schlimmsten Niederlage ihres Lebens. Ihr bleibt keine Zeit zum Grübeln, zum Zurückblicken. Sie will nicht abgewickelt werden, also kämpft sie. Aber wer braucht in Zeiten, wo ganze Textilfabriken, Bergwerke und Molkereien aushauchen, schon eine Professorin für sozialistische Planwirtschaft?

Das Centrum-Warenhaus am Alexanderplatz heißt jetzt Kaufhof. In den Fenstern hängt, viel zu früh, schon die Weihnachtsdekoration. Ich suche eine Reisetasche, denn ich fahre in den Westen. Sie soll schön groß sein und einen Tragegurt haben. Die Verkäuferin stellt mich vor ein Regal, das ist zehn Meter breit und reicht bis an die Decke. Da ich mich nicht entscheiden kann, nehme ich blau, denn es geht nach München, zur Deutschen Journalistenschule. Dort will ich meinen Beruf richtig erlernen. Was ich bis jetzt gemacht habe, war halb selbst gelernt, halb bei anderen abgeguckt. Die Kollegen in der Bauernzeitung haben mir viel gezeigt. Doch jetzt ist die Stimmung in der Redaktion schlecht. Auf der Belegschaftsversammlung werden Entlassungen angekündigt. Zwei westdeutsche Verlage interessieren sich für das Blatt und möglicherweise auch für die Immobilie nahe der Friedrichstraße. Doch vor der Übernahme erwarten sie, daß die Zahl der Redakteure reduziert wird. Die erste Auslese soll unser alter Chefredakteur erledigen. Plötzlich arbeiten alle doppelt so viel, und es wird schwer, Artikel unterzubringen. Es ist wichtiger als je zuvor, einen guten Eindruck zu machen. Ich sehe, wie sich meine Kollegen beim Mittagessen in der Kantine dezent um die Plätze neben dem Chefredakteur balgen. Der berühmte Weg vom Ich zum Wir war lang und nicht wirklich erfolgreich. Dagegen erscheint der Rückweg vom Wir zum Ich wie ein Katzensprung.

Aus einem der interessierten Westverlage kommt ein ernster Herr und erklärt uns, wie eine richtige Zeitung gemacht wird: „Die Redaktion ist nur noch so etwas wie eine Verwaltung. Hier werden in Zukunft lediglich die Artikel in Auftrag gegeben und am Ende redigiert und auf den Seiten zusammengestellt. Das Schreiben und Fotografieren können freie Journalisten und Fotografen erledigen, sonst rechnet sich das Ganze nicht." „Es gibt so gut wie keine freien Journalisten", wendet eine Kollegin ein. „Das ändert sich", erklärt der Mann gutwillig. „Es wird bald genug freie Journalisten geben." Vor Schreck kommt keiner auf die Idee, daß man vielleicht nicht alles genauso machen muß, wie es der Mann aus dem Westen uns erklärt. Noch bevor die Redakteure etwas Eigenes ausprobieren können, ist schon wieder jemand da, der sagt, was zu tun ist.

Mein Abschlußgespräch mit dem Chefredakteur ist kurz. Er ist über jeden froh, der freiwillig geht.

Meine erste Begegnung in München ist ein Fahrkartenkontrolleur. Ich bin an dem Zahlsystem der Münchner U-Bahn gescheitert. Zwar habe ich den richtigen Fahrschein, doch er ist falsch entwertet. Der Schein besteht aus lauter kleinen vorperforierten Querstreifen. Je weiter man fährt, desto mehr Streifen sind vor dem Lochen abzuknicken. Der Kontrolleur fragt freundlich nach meinem Ausweis. Als er das blaue Dokument mit dem Emblem erkennt, wird er noch netter, als täte es ihm leid, mich erwischt zu haben. Dann erklärt er mir, was ich verkehrt gemacht habe und wie ich es das nächste Mal richtig machen müßte. Ein U-Bahn-Waggon voller Bayern sieht dieser Nachhilfestunde zu. Ich bin hochgradig beschämt, hatte ich doch vor Fahrtantritt minutenlang die ausführliche Erklärung im Schaukasten studiert, um das System zu durchschauen. Was soll das hier werden, wenn ich schon zu doof bin, einen Fahrschein zu lösen.

Mein Zimmer nahe dem Goetheplatz kostet 550 Mark im Monat. Es umfaßt keine 15 Quadratmeter und ist mit einer Matratze, einer Stehlampe und einem Gartentisch ausgestattet. Es gibt keine Gardine, keinen Teppich, keinen Stuhl. In der Ecke steht ein kleiner Ofen, der Kohleeimer daneben ist leer. Ich gehe die vier Treppen hinab in den Keller, wir haben November. Die Wohnung gehört den Medizinstudenten Beate und Oliver. Beate ist eine kräftige junge Frau mit breiten Schultern und einer sportlichen Hüfte. Sie führt einen entschlossenen Kampf gegen ihren Bauch. Ihr Ziel ist es, einen

Wollpullover in die Jeans stecken zu können, ohne daß es unter dem Gürtel eine Beule gibt. Für dieses Ziel macht sie regelmäßige Fastenkuren, bei denen sie pro Tag ein trockenes Brötchen mit etwas Salz ißt und dazu Leitungswasser trinkt. Oliver fragt mich, ob es stimmt, daß man im Osten so scharf auf gebrauchte Autos ist. Er habe noch einen alten Opel übrig, ob er den für dreitausend Mark noch loswerden würde? Ich sage, „ich weiß es nicht", und Oliver erklärt mir lieber das System der Telefongeldabrechnung. Ich notiere den Anfangs-Zählerstand in ein Heft und schreibe das Datum und meinen Namen dazu. Dann kann ich telefonieren: „Schau hier, das Kabel ist extra lang, da kannst du sogar das Telefon mit aufs Zimmer nehmen", sagt Oliver. Wenn ich aufgelegt habe, muß ich den End-Zählerstand eintragen. Am Monatsende wird abgerechnet, ganz einfach. Ich nehme das Telefon mit in mein Zimmer, setze mich, mit dem Rücken an der Wand, auf die Matratze und wähle eine lange Nummer. Die 0037 ist die Einwahl aus dem Ausland in die DDR. Es folgt eine vierstellige Vorwahl für das Ortsnetz. Dann erst wähle ich unsere Telefonnummer, kurz vor meiner Abreise war der neue Telefonanschluß wie ein Wunder über uns gekommen. Ich brauche jetzt nichts so sehr wie Harrys Stimme. Doch die wenigen heruntergekommenen Leitungen in den Osten sind immer besetzt.

VATER Das neue Jahr setzt zum Flug an. Mir ist, als habe es kein Silvester gegeben. Ich tauche wieder in die Arbeit ein. Es sind die gleichen Probleme wie im zu Ende gegangenen Jahr, nur in anderer Aufmachung.

Die Preise für Kinderbekleidung – sollen sie erhöht werden oder nicht? Brot, Fleisch und Butter – wer verantwortet die Verteuerung all dessen, was der Mensch zum tagtäglichem Leben braucht? Wer gibt seinen Namen her? Die Finanzministerin Uta Nickel? Ministerpräsident Modrow? Der Runde Tisch?

Alles wirbelt durcheinander, aber das Handeln wird mehr und mehr durch die nach dem Mauerfall in Deutschland entstandene Lage bestimmt, in ihr wird der Wind aus dem Westen zunehmend bestimmender. Am 15. Januar werden durch Beschluß des Ministerrates nun doch die Preise für Kinderbekleidung erhöht. Damit soll der spekulative Abkauf durch Ausländer verhindert werden. Die Familien erhalten mehr Kindergeld. Blumen, die es erstmals wieder in solcher Auswahl gibt, werden teurer – die Regierung Modrow hält es für unsinnig, weiterhin die niedrigen Blumenpreise zu subventionieren. Wegen der verteuerten Kinderanoraks und Kinderhosen geht eine breite Bewegung durch die Bevölkerung. Wir erhalten tausende Eingaben: „Wie kann man nur – gerade die Kinder!"

Alte und Junge, Leute aller politischen und sozialen Couleur, schimpfen seit Jahren über den teueren Farbfernseher, die Exquisit-Preise und den Trabant-Preis, das gehört fast zum Ritual. Aber daß Kindersachen teurer werden, widerspricht für den gelernten DDR-Bürger allem geltenden Verständnis. Die Regierung hat die Verantwortung für diesen sozialen Eingriff übernommen. Hans Modrow wird danach erklären, daß er solche Schnellschüsse auf dem Preisgebiet bis auf weiteres nicht wieder machen möchte.

Im Januar 1990 weist die DDR-Statistik Arbeitslose aus – das erste Mal nach vier Jahrzehnten. Neunzigtausend für den Monat Januar – noch rechnet man nicht in Millionen.

Unter dem 4. Januar notiere ich eine Festlegung der Regierung, wonach es keine Wanderfahnen und Ehrentitel mehr gibt. Aber vier Jahrzehnte währende Traditionen lassen sich nicht so leicht tilgen. Die Würdigung guter Arbeit ist ein Wesenszug der DDR. Sicher ist mit den Auszeichnungen viel Formalismus und Erstarrung verbunden, aber die Ehrung guter Arbeit hat hält sich beharrlich. So finde ich mich noch im April 1990 in einer Bildunterschrift der Betriebszeitung des VEB Herrenbekleidung Fortschritt Berlin: Kollege Horst Uhlemann, Leiter der Abteilung Preise, konnte aus den Händen des Stellvertreters des Ministers für Finanzen und Preise, Professor Dr. Wilfried Maier (rechts), die Medaille für verdiente Mitarbeiter der Finanzwirtschaft in Gold entgegennehmen.

Horst Uhlemann ist ein gestandener Preisbearbeiter. Nahe der sechzig, im Gegensatz zu mir noch volles schwarzes Haar, leicht gewellt. Seiner Kleidung ist nicht anzusehen, daß er die Preise für mehrere Millionen Mark Anzüge, Jacketts, Westen und Hosen zu verantworten hat. Später, im geeinten Deutschland, würde man von einem Mann in dieser Position sicher ein standesgemäßeres Outfit einfordern.

Über Jahrzehnte verantwortete er die Umsetzung der DDR-Preispolitik in die konkreten Preise von Anzügen, Hosen, Sakkos,

Westen und Mänteln nach Material, Verarbeitung, Qualitäten, Größen und Ausstattung. Als Preismann des Unternehmens befand er sich immer zwischen mehreren Stühlen. Im Amtsdeutsch nannte man das doppelt unterstellt – nämlich seinem Generaldirektor und dem Amt für Preise. Dem Generaldirektor sollte der Preismann helfen, den Plan zu erfüllen – mit möglichst hohen Preisen. Dem Preisamt war er für die Einhaltung stabiler Preise verantwortlich, was der Planerfüllung entgegenstand. Dazwischen bewegte sich der umgängliche Mensch Horst Uhlemann, der exakte Rechner und zuverlässige Partner. Er war nicht in der SED, was für Leute solcher Ebenen selten war.

Neben der Notiz über die Uhlemann-Ehrung lese ich in der Betriebszeitung des im Berliner Stadtbezirk Weißensee gelegenen Kombinates den Artikel „Mit Mut und Optimismus an die Überleitung der Bekleidungsindustrie in die Marktwirtschaft". Er stammt aus der Feder des Generaldirektors. Dr. Kempf widerspricht der Ansicht eines westdeutschen Textilunternehmers, wonach sich die DDR-Textilindustrie in einer dramatischen Situation befände. Die DDR-Betriebe seien sehr wohl in der Lage, rasch weltmarktfähige Erzeugnisse zu entwickeln; damit sei bereits begonnen worden. Arbeitsintensität und Arbeitsdisziplin müßten auf europäisches Niveau gebracht werden. Die Verwaltungskosten werde man senken. Um die Betriebe auf marktwirtschaftliche Bedingungen einzustellen, brauche man westliche Partnerunternehmen, mit denen die DDR-Betriebe zu beiderseitigem Vorteil kooperieren können. Und: „Die Bekleidungsbetriebe der DDR brauchen in der Übergangsperiode von ein bis zwei Jahren staatlichen Schutz. Es ist effektiver, die Betriebe zu sanieren und damit Arbeitsplätze zu sichern, als Arbeitslosenunterstützung zu zahlen."

Die Zukunft wird zeigen: Dr. Kempf bedenkt im April 1990 nicht die Haltungen und Handlungen der westdeutschen Textilindustrie und die unausweichlichen Folgen der Währungsunion. Die Rechnung wird in den folgenden Jahren teuer bezahlt werden müssen – mit dem fast vollständigen Zusammenbruch der ostdeutschen Textilindustrie und der Arbeitslosigkeit Zehntausender ZuschneiderInnen, NäherInnen, StepperInnen, DesignerInnen und BüglerInnen.

Im Frühjahr 1990 werden Grundkoordinaten der bisherigen Preispolitik in Frage gestellt. Noch 12 Monate zuvor galt der von der

SED beschlossene Grundsatz, „... es bleibt bei den stabilen, niedrigen Mieten“. Die Mieten betragen in der DDR 90 Pfennig bis 1 Mark 25 Mark pro Quadratmeter. Das ist der Mietpreis, wie er bereits vor dem Zweiten Weltkrieg in Deutschland bestand.

Für den DDR-Bürger gehören die niedrigen Mieten zum Normalen. Wer die ändert, greift tief in soziale Besitzstände ein. In diesem Bewußtsein erhalte ich im Januar 1990 den Auftrag, Vorschläge für eine Mietreform auszuarbeiten.

Die „Berliner Zeitung“ überschreibt am 17. Januar 1990 ein Interview mit mir:

„Keine Mietänderung ohne ein Bürgervotum – falsche Information westlicher Journalisten.

In der gestrigen Abendschau des SFB wurde vermeldet, daß in der DDR Mietpreiserhöhungen auf 7 bis 14 Mark je Quadratmeter bevorstehen. Viele Berliner riefen uns daraufhin an. Empörung machte sich breit, Rentner drohten mit Selbstmord.“

Und ich werde mit folgenden Aussagen zitiert:

„Solche Festlegungen gibt es nicht. Natürlich denken wir darüber nach, wie die stark subventionierten Mieten verändert werden können. Voraussetzung für Mietpreisänderungen wäre das Votum der Bürger. In den nächsten Tagen werden wir unsere Vorstellungen publizieren. Es gibt keine Festlegung unseres Ministeriums und der gegenwärtigen Regierung, die Mieten zu erhöhen. Natürlich kann ich nicht für eine künftige Regierung nach dem 6. Mai sprechen.“
Die ausgearbeiteten Vorschläge für eine Mietreform werden in den letzten Monaten des Staates DDR nicht mehr entschieden.

Mein Geburtstag fällt am 2. Februar 1990 aus. Auf Arbeit habe ich sonst immer einen ausgegeben – belegte Brötchen, Bier, Weinbrand, Selters. Die Geburtstage bei Wilfried Maier waren nicht unbeliebt. Meine Sekretärin Helga, im Amt für Preise wegen ihrer Qualifikation und Zuverlässigkeit geachtet, hatte daran großen Anteil. Viele, mit denen ich im Preisamt zusammen gearbeitet habe, schauten an meinem Geburtstag vorbei oder ließen sich nieder. Aber wir leben in der DDR des Jahres 1990! Mein früherer Chef, Walter Halbritter, der sich zu meinem Geburtstag immer auf eine Stunde einrichtete, arbeitet seit November als Staatssekretär bei Ministerpräsident Modrow. Ihm steht nicht der Kopf nach einem Umtrunk. Der Stuhl für meinen langjährigen Arbeitspartner und Freund Paul Liehmann vom

Ministerium für Leichtindustrie bleibt leer. Er ist im Auftrag der Modrow-Regierung mit der Reformierung der Wirtschaft und dem Aufbau der Treuhandanstalt befaßt, so daß er in der Hektik dieser Tage und Wochen gar nicht in der Lage ist, an meinen Geburtstag auch nur zu denken. Mein Studienkollege Walter Siegert, der als Staatssekretär schon zu DDR-Zeiten und jetzt wieder Fels in der Brandung wechselnder Finanzminister ist, hat nur Zeit für eine kurze Umarmung. In diesem brodelnden Topf des Februar 1990 hat niemand Muße zu feiern.

Abends, zu Hause, die Kinder und die uns über Jahrzehnte begleitenden Freunde sind da. Aber es will keine rechte Stimmung aufkommen. Alles dreht sich um die Politik, und darin eingeschlossen das eigene Schicksal. Das Hoffen auf den Erhalt der DDR existiert noch, wenn auch nur vage. Natürlich eine andere DDR, demokratisch, die Wirtschaft innovativ, den echten politischen Dialog pflegend, weltoffen, einen anderen Sozialismus, aber eben eine sozialistische Gesellschaft. Niemand glaubt, daß es sie bald nicht mehr geben wird.

„Die bewährte Politik stabiler Verbraucherpreise für Waren des Grundbedarfs ist fortzuführen", gestern noch Regierungspolitik, ist jetzt, im Frühjahr 1990 von immer mehr und immer größer werdenden Fragezeichen versehen.

Ich befasse mich erneut mit Preisänderungen für alles, was man sich denken kann. Der Preis für eine normale Glühbirne müßte von 1,20 Mark auf 2,50 Mark steigen, eine Kochplatte von 67 auf 140 Mark, ein Kilo Rinderfilet von 13,20 auf 33,70 Mark, eine Kombizange von 3,10 auf 11,20 Mark, dann brauchte der Staat nichts mehr zuzuschießen. Die Kaffeepreise müßten gesenkt werden, aber dadurch würden dem Staat 1,4 Milliarden Mark Einnahmen verlorengehen.

Der Ministerrat genehmigt die Zulassung von 14 McDonalds-Filialen; vier sollen auf Basis D-Mark und zehn auf Basis Mark der DDR wirtschaften. Noch ein Jahr zuvor wäre das als streng geheimes Projekt von Dr. Schalck vorbereitet worden, hätte der Absegnung des Generalsekretärs Honecker und erst danach eines Beschlusses des Politbüros des ZK der SED bedurft. Nun wird das kurzerhand entschieden.

Streiks nehmen zu. Bombendrohungen nehmen zu. Die Leute haben Sorgen um den sozialen Bestand, vor allem Rentner. Immer öfter werden Rechtsradikale aktiv, schlagen Andersdenkende oder Andersaussehende zusammen.

Im Mai kann niemand mehr eine Antwort geben, wo in der DDR noch staatliche Preise gelten und wo nicht. DDR-Bürger verlangen von der Regierung Garantien für stabile Preise für Brot, Mieten, Energie, Verkehrstarife und andere existenznotwendige Erzeugnisse und Leistungen. Aber diese DDR ist nicht mehr in der Lage, die niedrigen Mieten oder die Busfahrt für 20 Pfennig zu sichern.

Die Mehrzahl der Betriebe kann ihre Produkte nicht mehr verkaufen und hat Mühe, Löhne und Gehälter zu zahlen, geschweige denn, die gesetzlichen Zahlungen an den Staatshaushalt zu leisten. Die Kombinate sind dabei, sich aufzulösen und über Ausgründungen als GmbHs Überlebenschancen zu schaffen.

Die Währungsunion wird vorbereitet. Noch kenne ich nicht die Koordinaten. Wie wird die DDR-Mark gegen die D-Mark getauscht? Welche Beträge der DDR-Mark können umgetauscht werden, gibt es Beschränkungen? Wie soll das funktionieren, wenn ab 1. Juli den Leuten anstelle von Heinrich Mann und Wilhelm Pieck dann Carl Friedrich Gauß und Clara Schumann aus dem Geldbeutel entgegen schauen?

Meine Frau Erika und ich haben uns in jungen Jahren ausführlich mit Währungstheorien und Wirtschaftsgeschichte befaßt. Wir wissen, daß Volkswirtschaften mit unterschiedlicher Produktivität nicht über Nacht zu einem Währungsgebiet werden können, weil sonst der Schwächere daran kaputt geht. Der Kurs zwischen den Währungen, das ist wie die Schleuse im Fluß, der unterschiedliche Ebenen durchfließt. Öffnet man die Schleuse, überschwemmen die Fluten das tiefer liegende Land. Es sei denn, man schützt das Land durch Dämme vor den Fluten. Das gilt auch für den Handel zwischen der produktiveren Bundesrepublik Deutschland und der weniger produktiven Deutschen Demokratischen Republik. Das haben wir uns bei den alten Wirtschaftsphilosophen Ricardo und Marx und bei dem neueren Gunther Kohlmey erlesen. Als das Saarland 1957 von Frankreich zur Bundesrepublik kam, forderte der CDU-Wirtschaftsminister Professor Ludwig Erhard, der später von 1963 bis 1966 Bundeskanzler war, eben aus diesen Gründen eine mehrjährige Übergangszeit. Auch die europäische Währungsunion ist seit langem im Gespräch und wird in vielen Schritten vorbereitet. Die

Einführung der DM zum 1. Juli 1990 ohne Schutz der ostdeutschen Wirtschaft hätte den ökonomischen Ruin eines Großteils von Industrie, Landwirtschaft und Handel auf dem Territorium der DDR zur Folge.

Das weiß jeder einigermaßen gebildete Ökonom. Das wissen auch die Bundesregierung und die Regierung de Maizière.

Der Präsident der Bundesbank der Bundesrepublik Deutschland, Karl Otto Pöhl, hat Warnungen ausgesprochen. Im Februar 1990 bezeichnet er die Einführung der D-Mark als „phantastische Idee". Für die DDR bedeute die Abgabe der geld- und währungspolitischen Souveränität die Aufgabe des Selbstbestimmungsrechtes. Als er von der Idee einer raschen Währungsunion erfuhr, habe er die Hände über dem Kopf zusammengeschlagen. Noch vier Wochen vor der Währungsunion äußert er Bedenken; weder die Betriebe noch die Menschen in der DDR seien auf den harten Wettbewerb vorbereitet. Aber er tut schließlich, was die Regierung von ihm verlangt.

Herr Pöhl erledigt wider seine Bedenken seine Hausaufgaben. Später im März 1991 wird er feststellen, daß die Einführung der D-Mark zum 1. Juli 1990 die Ökonomie der ehemaligen DDR in eine Katastrophenlandschaft verwandelt hat. Es gereicht ihm zur Ehre, daß er zum 31. Juli 1991 als Präsident der Deutschen Bundesbank zurücktrat.

Mit Blick auf die Preispolitik in der DDR kann ich eine gleiche Haltung für mich nicht in Anspruch nehmen.

Ein Artikel des Schriftstellers Stefan Heym aus der Zeitung „Junge Welt" fällt mir in die Hand, der schon am 4. Dezember 1989, wenige Wochen nach der Öffnung der Mauer, unter der Überschrift „Und wieviel Zeit bleibt uns?" schrieb:

„Die Regierung, die eine provisorische ist, lebt von einer Demonstration zur anderen und reagiert meist nur, statt eigene Gedanken zu zeigen; und die neuen Gruppen, die ihre Sprecher vorschikken zu den versammelten Massen, sie ahnen, fürchte ich, nur wenig von dem auch ihnen drohenden Schicksal. Wenn alles so weiter schleift wie bisher, wenn auf dem Gebiet, das wirklich zählt, bei Wirtschaft und Währung, sich nicht entscheidendes ändert, wird der Tag kommen, da die Arbeiter der Versprechungen müde sein werden und die Betriebe verlassen und sagen: Mag der Nächstbeste den Krempel übernehmen. Wer dieser Nächstbeste wäre, ist hinreichend klar. Und dann würde die DDR nicht nur verkauft werden, sondern verschenkt. Die Uhr läuft."

Für mich sind die drei bis vier Monate vor der Währungsunion voller innerer Widersprüche. Daß ich meist 15 und mehr Stunden arbeite und auch in den wenigen Ruhestunden keine Ruhe einziehen will, daß ich meine Familie nur wie hinter einem Schleier wahrnehme, weil der Arbeitsalltag das Persönliche verdrängt, ist dabei das kleinste Problem. Im Grunde ist es hilfreich, die Gedanken zu verdrängen und mit einem Übermaß an Arbeit vorläufig zuzuschütten. Bleibt aber die Frage, ob ich nicht noch immer – oder schon wieder – Dinge tue, die mein Gewissen nicht tragen kann. Lange schon wußte ich, daß die Politik der stabilen Verbraucherpreise so nicht mehr zu verantworten ist. Zwar hatte ich an Konzepten zur Veränderungen gearbeitet, trotzdem wie bisher weiter gemacht. Sicher weiß ich, daß die Währungsunion die Betriebe in Ostdeutschland ruinieren wird – und auch hier bin ich dabei, die Handelsbestände zu erfassen, Subventionen abzubauen, an Regelungen des Übergangs zur DM mitzuarbeiten.

8. März – Internationaler Frauentag. Bevor ich auf Arbeit fahre, schreibe ich mit schneller Hand meiner Frau einen Zettel:

Meine liebe Erika!

Frauentag 1990. Denk mal ein Jahr weiter, an den 8. März 1991. Das Vorstellungsvermögen reicht nicht aus, um einigermaßen klare Konturen zu bekommen, was dann mit uns und unserer Umwelt sein wird. Vor einem Jahr hätten wir auch das Heute als abwegig betrachtet.

Mein Schatz, aber mit Dir ist mir der 8. März und alle nachfolgenden denkbar, nur mit Dir. Alles andere machen wir dann schon. Dein Wilfried.

Am 26. März 1990 notiere ich GEHEIM:

Währungsunion – es wird an Maßnahmen für den „Tag X" gearbeitet. Was jetzt über die Währungsunion gesagt wird, sind alles Spekulationen. Es gibt bisher keine Entscheidungen zum Umtauschsatz. Für die Preismaßnahmen zum „Tag X" ist ein Szenarium zu erarbeiten.

10. Mai. In Vorbereitung auf den „Tag X" ist noch offen, welche Sozialleistungen bleiben – Schulspeisung, Kindergeld, Babyjahr,

Betriebsessen, Kinderlager, Ferienheime, Betriebspolikliniken. Die Bürger verlangen von der Regierung, daß klar gesagt wird, für welche Waren und Leistungen mit der Währungsunion die Preise stabil bleiben und wo sie freigegeben werden.

Am 14. Mai nehme ich an einer Beratung mit dem Finanzminister der Bundesrepublik Deutschland, Theo Waigel, teil. Mein Auftrag ist, mit Blick auf den „Tag X" Stand und Vorschläge für den Subventionsabbau bei Wohnungen, Energie und Verkehr vorzubereiten.

In der zu Ende gehenden DDR passieren die vielfältigsten Dinge: wahllos erfolgen Preissenkungen für schwer verkäufliche Waren; das massenhafte Einfließen von Westwaren macht die DDR-Produkte unverkäuflich, der Staat bekommt keine Steuern mehr. Für privatärztliche Niederlassungen werden steuerliche Regelungen geschaffen. Der Handel beginnt, uneffektive Läden zu schließen. In Görlitz werden Farbfernseher von 6.250 auf 1.400 Mark, Kasettenrecorder von 1.700 auf 250 und Uhren von 100 auf 8 Mark gesenkt. Wenn die Kaffeepreise von 10 Mark für ein viertel Pfund nicht gesenkt werden, müssen die drei DDR-Kaffeebetriebe schließen, weil die Bürger auf die billigere Jacobs Krönung warten. Für Kaffee, Gewürze, Strumpfhosen, Markenjeans, Schirme, Wein, Sekt, Kosmetik werden Preissenkungen vorbereitet. 33.800 Anträge auf Arbeitslosenunterstützung wurden gestellt. In der ČSSR werden von DDR-Bürgern drei bis sechs DDR-Mark pro Liter Benzin verlangt; wir können dagegen nichts machen. Der Handel macht Ausverkäufe und räumt seine Lager, um für die Westwaren Platz zu machen. Die Betriebe der Mikroelektronik in Dresden, Jena, Erfurt, Gera, Berlin wollen von neunzigtausend Beschäftigten sechzigtausend entlassen. Die DDR-Molkereien werden Butter und Käse nicht mehr los; die Leute wollen Butter und Käse von Westfirmen kaufen, darauf stellen sich die Händler ein. Molkereien bezahlen den Bauern für die Milch nicht mehr die bisher gültigen Preise, weil sie sich schon auf die in Westdeutschland gültigen Preise einrichten. Die Käserei Pasewalk kann den Bauern 3.200 Tonnen Milch nicht abnehmen sie werden vernichtet. Von 400 Tonnen produziertem Käse werden nur noch 75 Tonnen verkauft. 150.000 Tonnen Molke werden verkippt. Die Schlachtbetriebe zahlen den Bauern so niedrige Preise, daß die LPGen ruiniert werden. Die Tabakbauern im Schwedter Gebiet finden keine Käufer mehr. Ende Mai wird aus Erfurt, Dresden, Schwerin, Neubrandenburg und Frankfurt ein Abnahmestopp für aus DDR-Produktion stammendes Fleisch, für Fleischwaren, Milchprodukte, Kleidung und Schuhe gemeldet.

Als Ministerium für Finanzen und Preise verweisen wir auf die Gültigkeit der gesetzlichen Preise. Wir wissen, daß das Augenauswischerei ist, denn niemand hält sich daran. Der Staat DDR hat nicht mehr die Kraft, eigene Festlegungen durchzusetzen. Unser Hinweis auf die gesetzlichen Preise ist aber die Grundlage dafür, daß Produzenten und Händler für ihre Verluste aus Preissenkungen vom Staat keine Mittel einfordern können.

Betriebsleiter und Hauptbuchhalter bewahren sich noch immer Illusionen über den Fortgang der Dinge. Der Glaube an die Macht des Planes haucht nur schwer sein Leben aus. Verantwortliche für die Industrie erklären gegenüber der Regierung: „Das mindeste, was man verlangen muß ist, daß mit diesen niedrigen Preisen der Handel dann auch die neuen DDR-Produkte abnimmt.“ Aber diese Forderung ist Illusion, denn der Händler weiß, daß ihm diese DDR-Produkte niemand mehr abkauft. Die Forderung der Hersteller besitzt eine Wirkung, als wäre sie nicht ausgesprochen. Tage vor der D-Mark mehren sich die Fälle, daß Betriebe keine Löhne mehr zahlen können.

Das Ministerium für Finanzen und Preise der DDR wird bereits nach dem Muster des Bundesfinanzministeriums in Bonn umstrukturiert. Unser Ministerium wird eine Art Heimat für die Übergangslösungen bis zum Zusammenschluß beider deutscher Staaten. Neue Namen tauchen auf; die maßgebenden Leute sprechen schon nicht mehr Suhler, Rostocker, Dresdener oder Bautzener Dialekt, sondern klingen mehr nach Köln, Trier, Wetzlar, Landshut und Lübeck.

Am 11. Juni 1990 werde ich aus meiner Tätigkeit als Stellvertreter des Ministers für Finanzen und Preise abberufen und als Leiter der Unterabteilung I-B eingesetzt: „Der Arbeitnehmer erhält für die vereinbarte Arbeitsaufgabe entsprechend Arbeitsvereinbarung vom 9. Mai 1985 2.200 Mark der DDR/750 Mark der DDR Dienstaufwandsentschädigung. Der Arbeitnehmer erhält einen Grundurlaub von 20 Tagen, einen Zusatzurlaub von 5 Tagen, einen Treueurlaub von drei Tagen.“ So wie ich meine Schriftzüge auf den Arbeitsvertrag setze, weiß ich bereits, daß er Makulatur ist. Ich habe zu diesem Arbeitgeber kein Treueempfinden, und meine Treue ist auch nicht gefragt.

Für die Monate Juni und Juli gilt eine Urlaubssperre.

Mit dem 30. Juni hat die DDR ihre sowieso nur noch hindümpelnde Eigenständigkeit von Berlin nach Bonn verlagert. Viele der bisherigen Querelen sind damit abgegessen, vieles ist in dem großen Strom der starken „Deutschen Mark“ ans Ufer gespült; Preisreformen sind gegenstandslos geworden. Der Warenstrom von West nach Ost hat freie Bahn. Auch ich werde ein Jahr später meinen russischen Lada gegen einen japanischen Honda tauschen. Der gegenläufige Warenstrom von Ost nach West engt sich auf schmale Rinnsale ein.

Die Möbelhersteller in Suhl, Barchfeld, Berlin und Zeulenroda lieferten viele Jahre ihre Couchgarnituren, Tische und Sessel an die großen westdeutschen Möbelketten. Die Zwänge, D-Mark zu erwirtschaften, machten sie den Händlern in Preis und Lieferkonditionen attraktiv. Nun, am 1. Juli 1990, müssen die Hersteller von Möbeln, Schuhen und Textilien Lohn und Material in DM kalkulieren, von Stund an können sie mit den Billiganbietern aus Fernost nicht mehr Schritt halten, machen bankrott – wie vorauszusehen. Die Verträge werden storniert. So geht es auch jenen, die Fleisch, Anzüge, Gardinen, Plauener Spitze und Kaffeegeschirr verkaufen wollen. Auch ich kaufe Butter aus Oldenburg, Bier aus Dortmund, Käse aus Bayern, weil gleiches aus Brandenburg, Berlin und Sangerhausen nicht mehr im Regal ist. Das neue Geld hat alle bestehenden kommerziellen Stränge gekappt. Das Herz des Ökonomen schmerzt.

Wie die heilenden Sonnen des Südens erreichen uns die Zeilen von Anja, unserer Jüngsten – aus Frankreich. Egon Krenz und François Mitterrand hatten die Einladung von Tausend jungen Leuten aus der DDR nach Frankreich vereinbart. Anja, von der Öffnung zur Welt begeistert, ging in Berlin zum französichen Kulturinstitut, sagte, sie möchte gern eine von den Tausend sein, und hatte Erfolg. Dafür versorgen wir für zwei Wochen ihre zweijährige Tochter Hanna.

Liebe dicke Hanna, und Ihr beiden auch! Ich hab's geschafft, ich sitze in Paris in einem Straßencafé, gegenüber dem Bahnhof, von dem ich in 2 Stunden weiter muß. Ich habe 'ne Menge netter Leute getroffen, man müßte alles aufschreiben. Und: Ich bin aus diesem verdammten Land „DDR" raus. Zwei Wochen Karenzzeit.

Küsse, Küsse, Küsse.

Zwei Tage danach:

Hallo, Ihr Süßen. Ein klitzekleines Nest, direkt am Meer. Die Pontons auf der Karte, die von den Nazis gegen die Alliierten gebaut wurden, haben wir direkt vor der Nase, bei Ebbe stehen sie frei. Inzwischen ist auch der Rest der Leute hier eingetrudelt, ich bin mit 25 die Älteste; mal was ganz Neues. Wie geht's dem verrückten Land? Seid ganz lieb gegrüßt.

Zwei Tage danach an Hanna:

Mein liebes kleines Baby! Deiner Mutter gehts gut. Viel Wind + Regen hier, aber auch viel Schlaf. Ich habe Dein Foto als Lesezeichen in mein Buch gelegt – da läßt sich besser an Dich denken. An Dich, und die beiden, die noch drauf sind. Ich danke Euch, daß Ihr mir die Tage hier ermöglicht.

Ganz lieb – Anja.

Am gleichen Tag an ihre Schwester Jana:

Hallo, Jana! Die Franzosen haben eben Lebensstil. Gemächliche, verspielte Schönheit. Gönnt Euch was und fahrt in dieses schöne Land. Mir geht's gut, obwohl vor Sehnsucht und Angst um die Heimat halb zerfressen.

Auch Jana, die mit ihren 28 zielstrebig an Wunschberuf und Berufung als Journalistin bastelt, atmet zunehmend in den Dimensionen der größer gewordenen Welt. Wer könnte leugnen, daß dem die Währungsunion DDR-BRD förderlich ist. Geld ist eben nicht nur etwas, womit man die Wurst am Currystand und das Brot beim Bäcker bezahlt. Geld vermag Wohlstand und Elend, Bildung und Dummheit, Glück und Unglück, Wohlbefinden und Beklemmung zu vermitteln. Für Jana sind es Chancen, die sie in Form einer Ausbildung an der Münchner Journalistenschule wahrnimmt:

8. November '90. Hallo, Ihr lieben Eltern!

Hier meldet sich München. Der Start war ordentlich, die Anforderungen sind auszuhalten, die Leute sind lieb. In der Schule geht es friedlich zu und, was mich freut, ohne jede Hektik. Manchmal glaube ich, der Streß war eine DDR-Erfindung, aber wahrscheinlich ist der Streß hier nur ein anderer.

Beeindruckend ist für mich das Selbstbewußtsein der Jugendli-

chen, diese strenge Höflichkeits-Unkultur, die mir in meinen Lernjahren manches mal Schwierigkeiten gemacht hat, ist hier weniger offensichtlich.

Allmählich zeigt die deutsche Wiedervereinigung mir, dem Systemnahen, Flagge. Der Finanzminister der DDR schreibt mit Datum 28. September 1990 an die Mitarbeiter: Der Bundesfinanzminister Dr. Waigel hat entschieden, daß alle Mitarbeiterinnen und Mitarbeiter des Ministeriums der Finanzen bis zum 31. Oktober 1990 ... weiter beschäftigt werden. Nach dem 31. Oktober 1990 ruht das Arbeitsverhältnis der Mitarbeiter, die bis dahin nicht für eine Weiterbeschäftigung ausgewählt worden sind.

Die Treue währte nur kurze Zeit. Am Vormittag des 2. Oktober 1990 läßt mir das Finanzministerium, sozusagen aus Anlaß der deutschen Wiedervereinigung, von Heinz Steinberg, dem vormaligen Kraftfahrer des Preisamtes und nunmehrigen Hausboten, mitteilen, ich könne nach Hause gehen. Unter dem nachfolgenden Briefkopf des Bundesministers der Finanzen heißt es, das bisherige Arbeitsverhältnis könne leider nach dem 31. Oktober 1990 nicht weitergeführt werden, er bitte dafür um Verständnis. Meine Zweifel an einer Weiterbeschäftigung finden so ihr Ende.

Ich rufe meine Frau Erika zu Hause an und vereinbare mit ihr, daß ich jetzt unseren Lada holen werde, um einzupacken, was sich an Persönlichem in den Jahren meiner Arbeit im Amt für Preise und in den Monaten beim Finanzministerium angesammelt und nicht in Papierkorb oder Abfall seinen Platz gefunden hat: Eine Strickjacke, zwei Krawatten, Terminkalender, ein Stapel roter A-4-Hefte für streng vertrauliche Notizen, deren Vertraulichkeit bereits niemand mehr interessiert, ein kleiner Karton mit Fotos von Freunden, mit denen ich 1975 an der Parteihochschule in Moskau studiert habe, das SED-Mitgliedsbuch, den Sozialversicherungsausweis, Beitragshefte für die Deutsch-Sowjetische-Freundschaft und die Gewerkschaft, Urkunden, die ich im Laufe der Jahre für gute Arbeit bekam, einen Stein, den ich mir drei Jahre zuvor aus der Wüste Gobi mitgebracht hatte, einen Leguan aus Kuba, die Schlafdecke und ein Kissen, wenn es manchmal spät wurde. Dazu über zehn Jahre entstandene Vorschläge für Reformen der DDR-Preispolitik, noch an Erich Honecker gerichtet mit dem Vermerk, „diese Information hast nur Du“; durch die im Juni 1990 vollzogene Währungsreform waren sie hinfällig geworden. So beladen, verlasse ich das Haus, fahre die Leipziger Straße entlang, am Alex vorbei, über den Strausberger Platz, durch die Karl-Marx-Allee, durch den Tunnel in Friedrichsfelde, vorbei am neu errichteten Gebäude der Berliner Staatssicherheit, von dem ich immer meinte, dessen Pförtnerhaus würde reichen, um das Amt für Preise unterzubringen, und komme nach Hause. Es muß wohl so gewesen sein, denn die VS-Bücher, die Kalender und die Reformvorschläge befinden sich in unserem Keller, als ich Jahre später Unterlagen für ein Forschungsprojekt suche. An die Fahrt selbst erinnere ich mich nicht – das Bewußtsein hat sie gelöscht.

Auch für Erika beginnen die beruflichen Wechselbäder. Am 11. April 1990 hatte man ihr noch eine Urkunde überreicht: „Aus Anlaß Ihrer 30jährigen Tätigkeit an der Hochschule für Ökonomie sprechen wir Ihnen für die geleistete Arbeit zum Wohle unserer Deutschen Demokratischen Republik Dank und Anerkennung aus. Der Rektor / Prof. Dr. Rolf Sieber". Am 1. September tritt sie das Amt des „Direktors des Instituts für Allgemeine Wirtschaftstheorie" der Hochschule für Ökonomie an. Ein Versuch, mit Wissenschaftlern des bisherigen Instituts für Politische Ökonomie Forschung und Lehre zu reformieren und für das einheitliche Deutschland kompatibel zu machen. Hoffnungen, Hoffnungen.

Am 10. September wird sie als Mitglied des Beirats für Wirtschaftswissenschaften abberufen:

Der Brief an Erika und die anderen Ratsmitglieder war die letzte Aktivität des Wissenschaftlers Professor Dr. Kluge – danach war er arbeitslos, aufgefangen im sozialen Netz der Warteschleife.

Erika und ich wissen noch nicht, was uns die Zukunft bringen wird. Ich bin niedergeschlagen und deprimiert. Jahre später wird mir Erika von ihren Sorgen sprechen, die sie ein Jahr lang um mich hatte. Mir geht es wie dem Leistungssportler, der nicht abtrainiert hat. Nun, da ich morgens nicht mehr aufstehen muß, sondern 8 Stunden am Tag an meinem häuslichen Schreibtisch sitzen kann, fallen alle in den vergangenen Monaten verdrängten Gedanken über mich her und rauben mir den Schlaf. 40 Jahre meines Lebens in und für dieses Land ziehen an mir vorbei. Gut – schlecht? Richtig – falsch? Alt – neu? Ich – die anderen? Fragen über Fragen. Abends sitze ich manchmal noch über der 2. Seite meiner Zeitung. Gespräche in der Familie, im Freundeskreis bleiben im Nebel hängen, weil ich noch viel zu bedenken habe und deshalb einfach wegtauche.

Versuche, neu Fuß zu fassen, mißlingen. Mit Datum 30. Oktober 1990 antwortet mir eine MBA Consulting München, bei der ich mich als Mitarbeiter für Marktanalysen beworben hatte, daß sie mich leider nicht bei der Auswahl berücksichtigen konnte. „Wir sind sicher, daß Sie entsprechend Ihrer Qualifikation eine neue Tätigkeit finden werden. Dabei wünschen wir Ihnen viel Erfolg." Antwortschreiben gleichen Inhalts stapeln sich. Wer will auch einen Professor einstellen.

Ich will aber noch nicht nichts tun. Ich will nicht aufs Altenteil, reduziert auf Hecken schneiden, Vogelhäuschen basteln und Auto pflegen. Ich will nicht zum Opa werden, der nur noch die Wünsche seiner Enkel erfüllt. Ich will nicht daß sich die Gespräche mit Freunden auf Urlaub, Rente, Auto, auf Preisvergleiche zwischen Aldi, Metro, Kaiser und Lidl, Quelle und Neckermann reduzieren.

Vor Weihnachten fahren wir für 199 DM pro Person gemeinsam mit unseren besten Freunden, Claus und Undine Nitzsche, für 10 Tage nach Spanien. Die Busfahrt ist anstrengend, aber die vielen klingenden Namen auf dem Weg durch die alte Bundesrepublik, durch Frankreich, das noch warme Mittelmeer und Barcelona wecken neue Lebensgeister. Die Welt ist groß geworden! Als wir heimkehren, liegt Schnee in Berlin. Nachbarn haben das Radio im Bus angestellt. Eine Veranstaltung aus der Aula der Hochschule für Ökonomie wird live übertragen. Der zuständige Staatssekretär Kremendahl, späterer Bürgermeister von Wuppertal, verliest den Beschluß des Magi-Senats über die endgültige Schließung der Hochschule für Ökonomie. Es trifft uns nicht unvorbereitet, und vielleicht ist es gut, daß nun auch für Erika und Undine die Ungewißheit vorbei ist.

1991

TOCHTER Die Nachrichtenagenturen spielen verrückt, im Minutenabstand füllt sich der Monitor mit roten Schlagzeilen. Rot bedeutet Eilmeldung. Der Ministerpräsident von Baden-Württemberg, Lothar Späth, war auf Kosten des Elektronikunternehmens SEL auf der Yacht „Something Cool" durch die Ägais gesegelt, Kosten rund 90.000 Mark. Zudem hatte sich der lebensfrohe Erfolgspolitiker von der Industrie angeblich seinen Wahlkampf mit finanzieren lassen, Daimler-Benz und Bosch werden in diesem Zusammenhang genannt. Jetzt muß er gehen, auf einer Klausurtagung der CDU hat er seinen Rücktritt bekanntgegeben. Bewirkt haben das Journalisten, sie haben irgendwo ein heraushängendes Fädchen der Segelstory entdeckt und an diesem Ende gezogen, bis die Summe der Vorwürfe den Ministerpräsidenten stürzte. In der DDR wäre ein Journalist weder so nah an die Politiker herangekommen, noch hätte er in der Zeitung darüber schreiben dürfen. Ich bewundere die Kraft der Presse und erlebe sie als Korrektiv. Wir sollen einen Kommentar über Späth schreiben. Die Zeitung, an der wir arbeiten, wird nie erscheinen, wir sind nicht in der Redaktion sondern in der Journalistenschule.

Es sei wohl kein Zufall, schreiben viele, daß der mächtige Späth seinen Stuhl räumen müsse. Die wirtschaftlichen Erfolge des energischen Mannes und sein wachsender Einfluß hätten vielleicht die Kreise der noch Mächtigeren in Bonn gestört. Späth gelte ja bekanntlich als Kritiker von Kanzler Kohl und zunehmend sogar als dessen Konkurrent. Ein jeder habe gewußt, daß der Aufschwung im baden-württembergischen Ländle auch durch die guten und bis ins Persönliche reichenden Kontakte des Politikers zustande gekommen sei. Das plötzliche, öffentlich zur Schau gestellte Entsetzen über die Nähe von Politik und Wirtschaft sei also scheinheilig.

Ich staune. Die Mehrheit in meiner Klasse kann sich durchaus vorstellen, daß ein gewählter Politiker einfach von oben aus dem Weg geräumt wird, daß es über ihn möglicherweise eine Schmuddelakte gibt, die aus dem Schubfach gezogen wird, wenn der Mann stört. Die Affären von Späth, so ist zu lesen, liegen zum Teil Jahre zurück. Warum wurden die laufenden Gefälligkeiten die ganze Zeit geduldet.

Auf meine Frage nach dem Zustand der Demokratie heißt es, hier sei es doch immer noch besser um sie bestellt als in der DDR. „Immer noch besser als in der DDR“, das ist der Satz, mit dem man ab jetzt einfach jede Kritik erwidern kann.

Ich bin als einzige echt „Ost“ in der Klasse, das verpflichtet. Was ich mache und was ich sage, ist aus Mangel an weiteren Vergleichspersonen erst einmal typisch „Ost“. Meine Art zu sprechen, zu argumentieren, mich zu kleiden, Zeitung zu lesen, zu essen – in all meinen Alltagshandlungen steckt ein Stück DDR, das nur die anderen wahrnehmen können. Ich sage zum Beispiel „Fakt ist“ oder „schau“ für prima, ich sage wieder einmal ADN statt dpa, und zack, schon bin ich erkannt. Mir passieren ständig Dinge, die ich für unauffällig und normal halte, die es aber allen anderen ermöglichen, mich auf der Stelle als Ostler in der Menge auszumachen. Aber ich will nicht immerzu und überall Repräsentantin für 16 Millionen ehemalige DDR-Bürger bleiben. Meine Eingewöhnung in das neue System ist fast so etwas wie ein erklärtes Klassenziel. Ich erfahre von meinen Mitschülern, daß Möhren nun Karotten sind, daß ich sehr gut bei Aldi einkaufen kann, es aber nicht jedem erzählen muß. Der ADAC ist nicht einfach ein netter Reparatur-Service auf der Autobahn, sondern ein hochpolitischer Vertreter der starken Auto-Lobby. Thunfisch soll ich möglichst nicht essen, weil mit den Fangnetzen die niedlichen Delphine getötet werden. Wenn ich schwanger bin, darf ich es auf Arbeit erst einmal keinem erzählen, weil man mich dann schnell entlassen könnte. Mövenpick macht nicht nur das beste Eis, sondern auch die beste Konfitüre. Kurz nach den Wahlen steigen immer die Steuern und Abgaben. Auch bei einem leichten Autounfall muß ich unbedingt die Polizei holen. Die Texte in den Urlaubskatalogen enthalten verschlüsselte Botschaften, die in Wirklichkeit etwas anderes bedeuten als da steht. In der Zeitung brauche ich nur die Überschriften zu lesen. Ich bin Journalistin und kein Journalist. Mein Kollektiv heißt jetzt Team.

Wir sind ein gutes Team. Die anderen wollen mir helfen, mich zurechtzufinden. Das geht natürlich manchmal schief. Die Vorstellungen davon, wie weit entwickelt und wie gebildet die DDR war, sind seltsam. Als Kay mir die Funktion der Enter-Taste mit „Ausführen“ erklären will, muß ich ihm gestehen, daß ich seit drei Jahren zu Hause am PC schreibe. Mir muß auch keiner sagen, wer Ludwig Erhard war, das hatte ich irgendwann in der Schule. Ich weiß, daß das Kürzel RWF nichts anderes bedeutet als Rainer Werner Fassbinder, und ich kann besser als die meisten den Begriff Profit definieren, obwohl es so etwas im Sozialismus gar nicht gab. Was ich weiß und was ich nicht weiß, das ist für die anderen einfach nicht zu ermessen. Eben hatte ich noch mit den Kenntnissen der griechischen Mythologie geglänzt, im nächsten Moment gucke ich dumm, weil ich nicht weiß, was die Rocky Horror Picture Show ist.

Mein Lebensweg ist sehr gerade, das fällt auf: Schule mit 16 abgeschlossen, Melker-Beruf mit 18, Abitur mit 19, Wirtschaftsdiplom mit 23, dann arbeiten in der LPG, Kinder kriegen, heiraten, arbeiten bei der Zeitung. „Das hört sich schrecklich an“, sagt Uwe aus Westberlin, „du mußt doch mal was ausprobieren können, deine Neigungen entdecken, Fehler machen und sie korrigieren dürfen.“ Es stimmt, meine Vita ist auf dem Papier ohne Ecken und Kanten. Nur ich allein weiß, daß der Alltag weniger glatt verlief, als eine halbe Seite voller Daten weismacht. Die Lebensläufe der anderen sind viel länger. Da gibt es die vier Semester Germanistik und die zwei Semester Kunstgeschichte, den Seminarbesuch „Grafisch gestalten am PC“, das dreimonatige Praktikum beim Stadt-Kurier, den Sprachkurs in Italien, das Intensivtraining für „Kreatives Schreiben“, die redaktionelle Mitarbeit bei der Uni-Zeitung, eine Studienrundreise durch die Staaten. Ich wäre auch gern durch die Staaten gereist oder hätte Italienisch gelernt. Den Computerlehrgang, das Poetenseminar, die politische Schulung habe ich auch besucht. Nie wäre ich auf die Idee gekommen, meinen Schreibmaschinenlehrgang, die beiden Englischkurse, oder etwa den Studentensommer in Kasachstan in meinem Lebenslauf unterzubringen. Vielleicht sollte ich das in Zukunft tun, dann ist auch der Text länger, und mein Leben sieht nach mehr aus.

Ich sitze im Zug nach Hause, Jakob wird drei und Anton zwei. Zwischen den beiden Geburtstagen liegen nur elf Tage, deshalb wollen wir am Wochenende eine gemeinsame Kinderparty feiern. Es ist Nacht, ich bin allein im Abteil und habe Sehnsucht. Drei Monate bin ich jetzt in München, um einen Beruf zu lernen, den ich vorher schon ganz passabel ausgeübt habe. Das Schreiben hat seine Regeln, und die können einem manchmal den Spaß verderben. In der Ich-Form schreibt man nicht, es sei denn man ist berühmt. Lange Sätze soll man nicht benutzen, weil der Leser sonst am Ende nicht mehr weiß, was am Anfang stand und die Geduld verliert. In politischen Leitartikeln verwendet man normalerweise keine wörtliche Rede. Überschriften in seriösen Zeitungen sollen nicht mit einem Fragezeichen enden. Die Vermischung von Meinung und Bericht ist unprofessionell. Ich verlerne, einfach so drauflos zu schreiben. Der Schulleiter sagt, das ist nur am Anfang so. Später würden wir diese Regeln gar nicht mehr bemerken.

Die Landschaft hinter der Fensterscheibe des Zuges ist schwarz. Die Dunkelheit wirft mein weichgezeichnetes Spiegelbild zurück, es ist jünger und glatter als ich in Wirklichkeit bin. Ab und an bringt ein gelberleuchteter Bahnhof etwas Licht in die Schwärze. Oder eine Stadt hebt die Nacht gar für Minuten auf. Die Sehnsucht beginnt weh zu tun. Wie konnte ich nur so lange weggehen.

Es ist 7.10 Uhr in der Frühe. Die kleine Station empfängt mich ganz in weiß. Auf den Köpfen der Laternen sitzen Schneemützen, und in den Lichtkegeln treiben Millionen Flocken. Auf dem Bahnsteig warten die Berlin-Pendler, die zur Arbeit müssen. Ich bin die ganze Nacht gefahren und will nur noch nach Hause. Oben auf der Brücke stehen zwei winzig kleine Menschen und ein großer. Es ist vier Wochen her, daß ich sie gesehen habe. Die kleinen Jungs haben rote Nasen, sie leuchten wie Lämpchen unter den dicken Mützenrändern. Es ist nicht so einfach, die vermummten Kindergesichter beim Küssen zu treffen, vor Aufregung ist alles in Bewegung. „Sie wollten nicht mehr schlafen“, sagt Harry und nimmt meine Reisetasche. Endlich bin ich da. Unser Häuschen hockt wie ein frierender Hase im verschneiten Garten. Aus dem Schornstein pufft grauer Qualm, und drinnen ist es schön warm. Beim Frühstück fällt Antons Honig-Stulle zwei mal runter, und Jakob stürzt bei der Beschreibung eines neuen Sandmännchen-Fahrzeuges fast von der Stuhlkante. Er kniet immer beim Essen, damit er an seine Tasse heranreicht.

Harry faßt die Neuigkeiten zusammen. Er hat eine Stelle angeboten bekommen, ein kleines Westberliner Software-Unternehmen ist interessiert. Im Kindergarten sind die Gebühren gestiegen. Bei dem Lada, den Harry beim Ausverkauf seines Betriebes billig kaufte, ist die Heizung kaputt. Harrys Mutter aus Thüringen könnte ihr genossenschaftlich verwaltetes Häuschen kaufen, will aber nicht. In unserem Ortszentrum bauen sie jetzt zwei Autohäuser. Das Kulturhaus ist geschlossen worden. Im Kinderzimmer hat es durchgeregnet, genau auf Antons Bett. Meine Eltern kommen morgen zu Besuch. Nach diesem Berg an Nachrichten planen wir den Kindergeburtstag mit zehn

Kindern, zwei Torten und mehreren Durchgängen Topfschlagen. Harry sieht kaputt aus, seine Augenringe machen ihn alt, und er müßte mal wieder zum Friseur. Ich frage ihn, wie er zurechtkommt und ob die Kinder ihn zu sehr strapazieren. Er sagt, es geht schon, und ich mache mir trotzdem Sorgen. Es ist ja nicht mehr lange, sagen wir beide erleichtert. Ich bin sicher, er meint es ernster. Du bist wirklich toll, sage ich zu ihm. Harry nickt einfach, weil es stimmt.

Meine Eltern haben ein neues Auto. Als sie vorsichtig die vereiste Dorfstraße heraufgeholpert kommen, steht Anton verzückt am Fenster. Mit seinen zwei Jahren kennt er fast alle Automarken und kann sie beinahe fehlerfrei aussprechen. Wir finden das unnormal, aber sein Opa teilt diese Begeisterung für schnelle Fahrzeuge. Anton zieht die Stiefel an, der Reißverschluß klemmt, egal. Denn Opa hat einen silbernen Honda, mit fünf Gängen, automatischen Fensterhebern, getönten Scheiben. Auf dem Tacho steht eine sehr große Zahl, und innen drin riecht alles neu. Ein Opa, der so ein Auto hat, ist der Größte.

Wir fahren eine kleine Proberunde. Anton und Jakob dürfen beide vorne auf den Beifahrersitz, aber sie können nicht einmal über das Handschuhfach hinwegsehen. Dennoch thronen sie wie Prinzen in einer goldenen Kutsche: aufrecht und ernst. Daß dieser Mittelklassewagen für uns alle etwas Besonderes ist, hat auch mit der verrückten Preispolitik der DDR zu tun. Autos waren eben Luxus, sie kosteten abartig viel und waren auch noch schwer zu haben. Wir halten wieder vor unserer Einfahrt, Anton und Jakob wollen nicht aussteigen.

Was tut ein Preismacher eigentlich, will ich beim Kaffee wissen, wenn er keine Preise mehr macht? Er liest weiter jeden Morgen sein „Neues Deutschland“, höre ich. Er kann sich mehr Zeit für die Einkäufe nehmen. Er bekommt eine feste Aufgabe im Haushalt, in diesem Fall Staubsaugen. Das Haus wird erneuert, zuerst das Dach, später der Putz. Drinnen renovieren die beiden nach und nach Flur, Küche, Bad, Schlafzimmer, Arbeitszimmer, Gästezimmer. Alles wird selbst gemacht, und so vergeht die Zeit mit sinnvollen Dingen. Mein Vater hat seine Anzüge ganz hinten in den Schrank gehängt. Jetzt trägt er Kordhosen und Pullover. Wie ein Großvater sieht er trotzdem nicht aus, eher wie ein Professor im Ruhestand, und das ist er ja auch. Er hält sich mit Laufen, Radfahren und Basketball fit und achtet darauf, daß er keinen Bauch bekommt. Trotzdem machen wir uns Sorgen, er vergißt viel in der letzten Zeit, verwechselt Personen und bringt Zeiträume durcheinander. Manchmal merke ich mitten im Gespräch, daß er nicht zuhört, daß er woanders ist mit seinen Gedanken.

Vielleicht denkt er darüber nach, in welcher Farbe er das Bad streicht oder wie er im Frühjahr den Garten umgestaltet. Oder er überlegt, was er außerdem in den nächsten 30 Jahre mit sich anstellt. Seit Ewigkeiten kenne ich ihn im weißen Hemd, Maßanzug, mit dezenter Krawatte. Ich kenne ihn so lange in dieser Dienstkleidung, daß die Krawatten erst schmal, dann breit und später wieder schmal wurden. Er ist, seit ich auf der Welt bin, ein wichtiger Mann, der plant, entscheidet und bestimmt. In seinem Umfeld gibt es immer Beschlußvorlagen, Aktennotizen und schöne Kugelschreiber. Einige Male habe ich ihn im Haus der Ministerien in der Leipziger Straße abgeholt. Ich bekam von einem Polizisten einen Passierschein, die Sekretärin Frau Szeponik holte mich vom Eingang, und wir fuhren mit dem Paternoster nach oben. Auf dem langen Weg bogen wir mehrmals ab, durchliefen gerade Flure mit zahllosen numerierten Türen. Ich wartete im Vorzimmer, bis mehrere Männer aus dem Büro meines Vaters kamen, dann konnte ich hinein. Das Büro war sehr hoch. Links gab es eine Fensterfront, die zum größten Teil durch lange Vorhänge verdeckt war. Auf der rechten Seite waren Wandschränke, sie hatten große gepanzerte Türen mit Metallgriffen. Der Schreibtisch meines Vaters stand im hinteren Teil des Raumes in Fensternähe, er wirkte trotz der Aktenberge und der Unterschriftenmappen aufgeräumt. Davor gab es den Beratungstisch mit mehreren Stühlen drum herum. Darauf lag der bunt bestickte Folklore-Tischläufer aus Bulgarien.

Mein Vater holte sein Jackett aus dem Schrank und sagte seiner Sekretärin im Vorzimmer Bescheid, daß er einen Termin verschieben müsse oder an wen sie diesen Brief adressieren müsse.

Papas Arbeitstag hatte immer zehn Stunden, oft mehr. Meist kam er spät abends nach Hause, manchmal war er mehrere Tage unterwegs. Die Sonnabend Vormittage brachte er stets in seinem Arbeitszimmer mit irgendwelchen Akten zu. Um uns Kinder kümmerte sich Mama, sie sah sich die Hausaufgaben an, schlichtete unsere Streits und sagte „räumt euer Zimmer auf!" Mein Vater tauchte in der Woche so gut wie nicht auf. Seine Freizeit war, soweit ich mich zurück erinnern kann, für uns als Familie kaum erwähnenswert. Jetzt muß er diese Freizeit zu einem Lebensinhalt aufblasen.

„München im Schock. Es war mehr als Mord!“ Das ist meine Überschrift zum Fall Sedlmayr. Der Volksschauspieler, beliebter Darsteller der gemütlichen bayerische Biertrinkerseele und bekannt als Bühnen-Liebhaber fescher Maderln im Dirndl, ist auf mysteriöse Weise umgekommen. Nach seinem Tod stellt sich heraus, daß er wohl schwul war, die Bayern sind deswegen völlig fertig. Wir lernen Boulevardzeitungen zu gestalten. Mit Schere und Kleister basteln wir Seiten zusammen, die vor allem aus großen Buchstaben und schlechten Fotos bestehen. Ich schneide den Kopf des Schauspielers aus, er ist so stark vergrößert, daß seine Nase aus lauter einzelnen Pixeln besteht. Das Foto gefällt mir, weil die Lider des Volksschauspielers halb geschlossen sind, und ich finde, daß das schon ein bißchen tot aussieht. Den Kopf montiere ich auf ein anderes Foto vom Tatort. Es gibt bei diesen Zeitungen keinerlei Tabus, alles ist erlaubt. Im Zweifelsfalle wäre etwas mehr Blut und Fleisch besser als zu wenig. Nur das Wort schwul sollte besser nicht in die Überschrift, das könnte die bayerische Volksseele verletzen. Da schreiben wir dann doch lieber homosexuell, das klingt medizinisch. „Er kannte seinen Mörder“, hatte mein Banknachbar getitelt. „Überall roch es nach Blut“, lautet eine andere Überschrift. Wir sind sehr stolz auf unsere Einfälle. Keiner von uns will später bei einer Boulevardzeitung arbeiten. Trotzdem, nie wieder werden wir so schöne Überschriften machen dürfen. Der Dozent erklärt, wie ein Tageblatt aussehen muß, damit es im Kiosk gut verkauft wird. Es gibt Forschungen über das Sehverhalten von Zeitungslesern. Bevor sie auch nur den ersten Buchstaben lesen, tasten ihre Blicke in wilden Zacken über die ganze Seite, wobei ein bestimmter Punkt seitlich über der Mitte am stärksten wahrgenommen wird. Ein erfahrener Zeitungsmacher wird dort das beste Foto oder die wichtigste Überschrift plazieren. Die Überschrift muß so groß sein, daß die Passanten sie im Vorbeigehen auf einen Blick erfassen können, aber vor allem muß sie gut sein. Viele Redaktionen beschäftigen Überschriften-Macher. Sie müssen die Gabe haben, einen Abend im voraus das Volksgefühl für den nächsten Tag zu erahnen, ob es sich um eine Fußball-Niederlage handelt, um das Liebesleid einer Prinzessin oder die angedrohte Steuererhöhung. „Jetzt müssen wir alle für die Einheit bezahlen“, lese ich eines Morgens fett und groß auf einer dieser Zeitungen. Sie hängt im Fenster jenes Kiosks, an dem ich vor Monaten den Münchner Stadtplan gekauft hatte. Stimmt, denke ich und verstehe den Erfolg der Boulevardpresse ein wenig: So hat es noch keiner ausgesprochen.

Was darf denn eine deutsche Einheit kosten? Was ist sie wert? Ich will nicht, daß jemand für mich mit bezahlt. Ich bin doch nicht plötzlich teurer als vorher. Ich esse nicht mehr als vorher, wohne nicht komfortabler, und kaufe nicht mehr ein als zuvor. Ich habe noch nicht einmal einen neuen Ausweis.

Ich sitze auf meiner Schulbank, der Dozent plagt sich und uns mit dem Begriff Tendenzschutz im Journalismus. Er bedeutet, daß ein Journalist nicht gegen die Ausrichtung einer Zeitung schreiben darf. Wenn er also bei einem konservativen Blatt arbeitet, wird vorausgesetzt, daß er keine revolutionären Artikel abgibt. Und wer bei einer Gewerkschaftszeitung beschäftigt ist, sollte nicht pausenlos die Meinung der Arbeitgeber widergeben. Sinn des Tendenzschutzes ist, daß jeder Leser sich sein Blatt aussuchen kann. Der Unsinn ist, daß jeder Leser immer schön seine eigenen Vorurteile wieder bestätigt bekommt. Ein Autor, der permanent gegen die Tendenz seiner Zeitung verstößt, kann sogar entlassen werden, lernen wir. Folgerichtig kommt der Dozent bei diesem Thema auch auf den Journalismus in der DDR zu sprechen. In der Klasse wird es stiller, die meisten Dozenten wissen nicht, daß ich von drüben bin, sehen kann man es ja nicht. Immer scheinen alle darauf zu warten, daß der oder die da vorn vielleicht ein dreistes Vorurteil von sich gibt oder einen Zonen-Witz losläßt. Aber auch diesmal wird wieder nichts daraus. Der Dozent sagt, daß in der DDR der Tendenzschutz sozusagen staatsweit galt. Das dumme dabei war bloß, daß die Tendenz bei allen Blättern gleich war, weder der Journalist noch der Leser hatten eine Chance, zu einer anders ausgerichteten Zeitung zu wechseln. Die meisten Journalisten hätten sich damit abgefunden, manche haben es nicht ausgehalten. Die neuen Zeitungen, die mit der Wende entstanden seien, hätten ja gezeigt, daß das Bedürfnis nach dem freien Wort nicht auszulöschen sei. Sie hätten auch bewirkt, daß viele Journalisten im Osten ihre eigene Sprache wiedergefunden hätten.

In der Pause komme ich nicht dazu, mein Frühstück auszupakken. Barbara, die keine Autorität anerkennt, die stets ihre Meinung sagt und immer um die Wahrheit kämpft, ausgerechnet Barbara hat mich gleich nach der Stunde gefragt, wie ich es eigentlich bei der Zeitung ausgehalten habe, das war ja wohl eine Parteizeitung. Zwei andere kommen dazu, sie haben die gleiche Frage. Habe ich mich angepaßt oder war ich im Widerstand? War ich nun gut oder böse? Wo soll ich anfangen. Soll ich erzählen von meinem Glück, als ich die Stelle bei der Bauernzeitung bekam? Soll ich erzählen, daß ich vor der Wende gar nichts geschrieben habe – noch mal Glück gehabt. Bin ich damit freigesprochen? Soll ich erzählen, wie viele Leute noch 1990 meine Artikel kontrolliert und einfach geändert haben, weil da noch die Gleichen in der Redaktion waren und weil die das immer so gemacht haben. Soll ich etwa sagen, daß ich meinen Reportagen von Zimmer zu Zimmer hinterhergelaufen bin, um mich gegen diese Änderungen zu wehren. Soll ich denn erzählen, daß ich zwei dieser Änderungen hinnahm, weil ich dadurch wenigstens die dritte rückgängig machen konnte. Hat es Sinn zu erklären, daß ich wahrscheinlich irgendwann aufgehört hätte, mich mit dem Ressortchef, der Produktionsleiterin, dem Chefredakteur um drei Sätze zu streiten. Ich sage: Früher glaubte ich immer, ich habe widerstanden und mich viel getraut. Heute glaube ich, daß ich doch schon angepaßt war. Aber heute ist es auch viel leichter, weil ich etwas Abstand habe. Den Alltag mit den vielen kleinen eingebauten Kontrollen, mit Wandzeitung, Rechenschaftsbericht, Kundgebung, Parteitagslosung und Politinformation, den vergesse ich immer mehr. Und deshalb vergesse ich auch oder kann zumindest immer schwerer erklären, warum ich vieles normal fand, was ich jetzt schon nicht mehr begreife.

München ist eine gemütliche Stadt, sie bekommt mehr Licht als andere Orte. Selbst jetzt, noch vor dem Frühlingsbeginn sind die Straßen und Plätze schon heller. Das macht die Leute hier freundlich und entspannt. Schon morgens im Berufsverkehr hat man das Gefühl, die Münchner haben alle zu Ende geschlafen, hatten ausreichend Zeit für ein gutes Frühstück und freuen sich auf ihren Arbeitstag. Die Frauen sehen nicht so struppig aus wie die Berlinerinnen, sie sind sorgfältiger geschminkt und duften. Die Männer machen in der U-Bahn Platz, wenn man an ihnen vorbei muß und bringen sogar morgens schon ein Lächeln zustande. Überhaupt fängt der Tag hier später und gelassener an, als ich es gewohnt bin. Während zu Hause der Wecker vor sechs klingelte, weil um sieben die Arbeit anfing, kann ich jetzt bis kurz vor acht ausschlafen und muß erst neun Uhr in der Schule sein. Während Harry also zu Hause den Ofen heizt, die Kinder auf die Töpfe setzt, ihnen Frühstück macht, sie anzieht und zur Kita fährt, kann ich mich hier noch einmal umdrehen. Für mich sind das kurähnliche Verhältnisse. Aber nun geht diese Zeit zu Ende.

Harry holt mich mit dem Lada ab. Die Kinder sind bei meinen Eltern, und wir verbringen drei Tage in München, gehen ins Kino, spazieren an der Isar entlang, ich zeige ihm die Journalistenschule, das Stadtcafé, in dem ich oft saß. Es ist ewig her, daß wir beide nur für uns Zeit hatten, wir müssen fast ein bißchen üben, wieder miteinander zu reden. Wenn man sich kaum sieht und dann bei jedem Gespräch der Nachwuchs mitdiskutiert, reduzieren sich die Themen schnell auf die schlichte Organisation des Alltags. Harry hat die Arbeit bei der Softwarefirma bekommen. Der Chef ist ein junger Mann Mitte zwanzig, er heißt Frank. Frank fing vor ein paar Jahren mit einem kleinen Bastelladen für Computerteile im Berliner Stadtteil Wedding an. Später half er den Kunden, ihre Programme auszuwählen, sie zu installieren und an die individuellen Bedürfnisse anzupassen. Inzwischen betreut er mehrere Firmen, liefert ihnen speziell zugeschnittene Systemlösungen und aktualisiert sie auf Wunsch. Der Laden wurde zu klein, vor kurzem mietete er eine Büroetage an, stellte eine Sekretärin ein und zwei weitere Programmierer. Einer davon ist Harry. Harry fährt nun wieder jeden Tag zur Arbeit und hat ein festes Einkommen von viertausend Mark.

Wir fahren mit 120 Stundenkilometern auf der rechten Autobahnspur in Richtung Berlin und hoffen, daß der Wagen bis nach Hause durchhält. Das Tempo, das auf der Überholspur gefahren wird, ist mörderisch. Wenn wir mal an einem Trabi vorbei wollen, trauen wir uns kaum, nach links auszuscheren. Dennoch lassen wir irgendwann Bayern hinter uns.

Ich bin nicht sicher, ob ich in dieses Jammerland, das mal DDR hieß, und jetzt Ex-DDR genannt wird, ob ich dorthin zurück will. Soll ich jetzt mein Brot damit verdienen, frage ich Harry, das Leid anderer Leute zu beschreiben? Die Berichte im Wirtschaftsteil der „Süddeutschen Zeitung" zeugen davon, daß es kein Glück und keine Freude mehr im Osten gibt. Sie handeln von Entlassungen, von Verarmung und von großer Hilflosigkeit. Das Wort marode taucht so häufig auf, daß ich mir schwöre, es in meinem ganzen Journalistenleben nie mehr zu benutzen. Auf den Zeitungsfotos sind finster blickende Demonstranten, volle Flure im Arbeitsamt, leere Fabrikhallen. Nein, ich bin nicht sehr neugierig auf zu Hause.

Harry lacht mich aus. „Was die Wessis da schreiben“, sagt er, „das ist eben, was sie sehen wollen. Sie gucken sich hier einen Tag lang um und kratzen jede Träne zusammen, die sie kriegen können. Wenn ein Reporter einen lachenden Ossi sieht, denkt er doch, er hat was verkehrt gemacht. Auf keinen Fall kann er das im Bericht erwähnen. Bei dem Ärger, den wir hier zur Zeit haben, sind wir praktisch zum öffentlichen Traurigsein verurteilt. Das Gemeine ist aber, wenn einer erst den Jammerbericht schreibt, und uns dann im Kommentar zwei Seiten weiter als Jammerossis beschimpft.“

Mein zu Hause hat jetzt einen neuen Namen. Es heißt Brandenburg, so wie ganz früher schon einmal. Das hört sich nach Gutsherren an, nach großen Ländereien, nach Reichen und Armen. Brandenburg, das war bisher eine Seite in meinem Geschichtsbuch gewesen, das war Vergangenheit. Nach dem Krieg wurde Brandenburg in kleinere Bezirke aufgeteilt. Nun, wo die DDR weg ist, werden die Bezirke wieder zusammengeführt. Doch die Strukturen werden nicht neu aufgebaut, sie werden kopiert. Vieles wird genauso gemacht, wie im Westen. Die Menschen hier gestalten ihr Land nicht selbst, es gibt keine Experimente. Sie hatten Helmut, Helmut gerufen. Und es kamen erfahrene Beamte und Politiker von drüben angereist, um die Schaltstellen zu übernehmen. Sie brachten ihre Gesetzbücher mit, ihre fertigen Computerprogramme aus den Verwaltungen, ihre Mitarbeiter und Freunde. Im Landratsamt, in den Gerichten, in den Zeitungen, in den Kliniken, sogar in der Sparkasse sind die Chefs Fremde. Sie räumen auf mit der Vergangenheit, schreiben Finanzpläne, vergeben Aufträge, entlassen Leute und stellen Leute ein. Sie sagen, was richtig ist und was falsch war. Weil sie ihr eigenes fertiges System mitgebracht haben, sind sie auch die einzigen, die es beherrschen und anwenden können. Die Einheimischen müssen erst lernen, sich in dieser importierten Struktur zurechtzufinden. Noch ehe sie irgend etwas mitgestalten können, geschweige denn in ihre eigenen Hände nehmen können, sind die wichtigsten Entscheidungen gefallen, Verträge unterschrieben, Posten besetzt. Die fremdgesteuerte Erneuerung bewirkt, daß selbst wohlmeinende Westhelfer hier bald auf Mißtrauen und Ablehnung stoßen.

Ich streiche meine Hauswand, und Jakob hilft mir dabei. Er taucht den Pinsel bis zur Stielmitte in die Farbe. Triefend und tropfend marschiert er dann vom Farbtopf zu seiner Malerstelle, eine weiße Kleckerspur ziert seinen Weg. Mit hocherhobenem Arm ditscht er den Pinsel gegen den Putz. Die Farbe rinnt ihm in den rechten Ärmel. Er starrt den Pinsel an wie einen Geist, weiße Flatschen regnen auf seine Schuhe. Ich steige von der Leiter und trockne seine Hände mit einem Tuch, dann machen wir zusammen fünf schöne weiße Striche und beenden hiermit den Malertag. Ich lüge ein großes Lob für die Hilfe und hoffe, daß mein Kind von der Arbeit müde genug ist für einen Mittagsschlaf. Dann, nehme ich mir vor, werde ich die Wand zu Ende streichen.

Die Farbe vertuscht kaum den traurigen Zustand unseres Häuschens. Wir müßten fünf Öfen heizen, um es im Winter warm zu haben, doch wir schaffen nur zweieinhalb: im Wohnzimmer, in der Küche, und alle zwei Tage feuern wir den Badeofen. In der Schlafkammer hatten wir im Winter Minusgrade, am Morgen war der Atem weiß, und am Fenster glitzerten hübsche Eisblumen. Wir experimentierten mit Wärmedecken, Heizkissen und Wärmflasche, wir schliefen mit Wollstrümpfen und manchmal auch in Pullovern. Weil nur das Wohnzimmer richtig warm wird, findet das Familienleben dort statt, essen, arbeiten, spielen. Auf dem Teppich stehen tagelang wackelige Kunstwerke aus Bausteinen, umstellt von Indianer- und Cowboy-Formationen, eingekreist von 80 Matchbox-Autos. Wir steigen mit vollbeladenem Tablett drüber und kurven mit dem Staubsauger drumherum. Wenn wir auf Abriß bestehen, gibt es Wutausbrüche oder Kummertränen, und wer will dazwischen schon wählen müssen. Ich träume davon, Säcke voller Teddys und Autos illegal aus dem Haus zu schaffen und sie im Garten zu vergraben. Aber zum Glück kommt jetzt die warme Zeit, ein Teil unseres Lebens wird sich nun im Garten abspielen.

Der Garten ist sagenhafte 1.000 Quadratmeter groß. Eigentlich wollte ich bloß etwas Platz für einen Liegestuhl und Petersilie. Überall wachsen Sachen, von denen ich nicht weiß, wie sie heißen, und ob man sie vielleicht essen kann. Mit meinen landwirtschaftlichen Kenntnissen könnte ich einen kleinen Agrarbetrieb mit Fruchtfolge, Humusbilanz und Düngebedarfsanalyse betreiben. Aber was bitte ist eine Lilie? Ich frage meinen Nachbarn Kalle, und Kalle geht mit mir durch den Garten. „Das hier ist eine Taglilie", sagt er und befühlt dabei die schmalen Blätter einer hellgrünen Pflanze. „Mehrjährig. Die blüht im Frühsommer, gelb oder orange, wird so ein Meter hoch und braucht viel Sonne. Die hier müßte mal wieder verjüngt werden, sonst wird sie blühfaul." Ich sage aha und finde es klasse, daß Pflanzen jünger werden können. Wie das geht, finde ich schon noch heraus. Wir gehen weiter und finden Schwertlilien. Die langen spitzen Blätter stechen wie Messer in die Luft. „Schwertlilien", sagt Kalle, „heißen eigentlich Iris. Diese hier blüht in allen Farben außer rot. Die geht so bis über's Knie. Kommt auch jedes Jahr wieder und vermehrt sich über Rhizome." Ich sage wissend mmmh, und Kalle marschiert suchend weiter. Am Zaun findet er mehrere einzelne Stengel mit Blättern, die wie kleine Sterne vom Stiel weg zeigen: „Diese Lilie heißt einfach nur Lilie, ist aber eine Knolle und keine Staude. Ist eine anspruchslose Pflanze und kann auch im Schatten stehen. Die Höhe ist so bei 70 bis 80 Zentimeter, immer schön gießen, sonst kriegt sie schwarze Flecken." Ich bin deprimiert und will eine Wiese. Am Gartenrand hebe ich ein Viereck aus und setze Lilien, Rosen, Astern und einen Johannisbeerstrauch hinein. Dazu kommen ganz viele andere grüne Büschel, bei denen ich vermute, daß sie eine Blume oder so etwas werden könnten. So entsteht mein erstes Beet. Den restlichen Garten graben wir um, versenken einen alten Traktorreifen als Buddelkastenrand, stellen eine Schaukel in die Mitte und sähen Gras drum herum. Schließlich kaufen wir einen Rasenmäher und zwei Liegestühle.

Ich fahre mit dem Lada zum Sender Freies Berlin. Die Initialen auf dem silbrig glänzenden Hochhaus sind schon von der Stadtautobahn aus zu sehen. Dort werde ich, als Abschluß der Journalistenausbildung, ein Praktikum machen. Ich stelle mich beim Politmagazin „Kontraste" vor. Die Sendung habe ich vielleicht zwei- oder dreimal gesehen, immer spielte die Bürgerbewegung in der DDR eine Rolle. Da gab es Interviews mit Künstlern und Dissidenten, die über die Unterdrückung im Osten berichteten. Alles war sehr geheimnisvoll, sehr konspirativ. Tonbandaufnahmen wurden abgespielt, verzerrte Stimmen beschrieben die Repressalien der Stasi. Namen und Identitäten wurden zum Teil unkenntlich gemacht. Ansonsten weiß ich nicht viel über „Kontraste" und das Fernsehen überhaupt, weil ich bis zur Wende gar keinen Fernseher hatte. Als ich mit 16 zu Hause auszog, kannte ich nur Filme, die „Aktuelle Kamera" und den „Kessel Buntes". Magazinsendungen interessierten mich noch nicht. In der Lehre, beim Abi und beim Studium lebte ich in Internaten. Da standen die Fernseher immer im Gemeinschaftsraum. Das DDR-Programm war dröge, und rüber schalten durfte man nicht, also bin ich beinahe fernsehlos erwachsen geworden. Der erste kam dann '89 von Thorsten, der in den Westen ging.

Der Chefredakteur des SFB Fernsehens, ein korrekter älterer Herr mit aufrechter Körperhaltung, empfängt mich in seinem Büro hoch oben über der Stadt. Mit einer Hand in der Hosentasche wirkt er ruhig, aber nicht entspannt. Einen Schritt weit kommt er mir zur Tür entgegen, ich fühle mich, als wäre ich erwartet worden. Der Mann, den sogar ich trotz meiner geringen TV-Erfahrung aus dem Fernsehen kenne, sieht mich freundlich an und gibt mir die Hand. Er weiß, daß wir das im Osten so machen. Wir setzen uns an einen kleinen Tisch, es gibt Kaffee, dann soll ich ein bißchen von mir erzählen, über mein Leben und Aufwachsen in der DDR. Ich sitze wieder einmal als Ost-Exemplar hier, wenn man eines kennt, kennt man alle. Bei der Stelle mit der Partei nickt der Chef wissend, als hätte er damit gerechnet, als hätte er ein Merkmal für einen typischen ostdeutschen Lebenslauf an mir entdeckt. Dann lächelt er mir aufmunternd zu, als wollte er sagen: Ist nicht so schlimm. Die Stelle mit den Kindern ist, glaube ich, wieder so ein Merkmal. „Ich bewundere die Frauen aus der DDR", sagt er und die hohe Stirn bekommt tiefe Bedeutungsfalten, „sie waren in meinen Augen immer die Tapfersten. Ich habe mich oft gefragt, wie schaffen sie das, Arbeit und Familie." Der Mann, den ich aus dem Fernsehen kenne, stützt die Ellenbogen auf, verschränkt die Finger ineinander. Er sieht mich an wie ein Arzt, der sich Sorgen um mich macht, aber sehr gute Heilungschancen sieht. Hier sitzt das typisches DDR-Kind, vom Staat erzogen, vom Sozialismus geprägt. „Sie werden bei mir alle Freiheiten haben", sagt er und ich spüre, daß er das ehrlich meint, „probieren Sie sich aus, nutzen Sie die Zeit."

Harry muß sich in der neuen Firma beweisen. Er arbeitet viel, sitzt auch abends noch oft vor dem Computer oder wälzt dicke Fachzeitungen. Unser ganzes Geld fließt in die Dinge, die wir für unsere Arbeit brauchen, Harry kauft sich seinen ersten richtigen Computer, einen 386er IBM, und baut ihn im Wohnzimmer auf. Er hat an der Rückwand des Zimmers ein paar Bohlen angebracht, das sind unsere Schreibplätze. Ich bekomme den alten Schneider-Computer für meine Journalistentexte. Harry kauft einen Nadeldrucker und ein

Modem. Ich bekomme ein Fax und ein Diktiergerät. Schließlich leisten wir uns ein neues Auto, einen Opel Corsa. Er hat Rollgurte und lenkt sich ganz leicht, Harry fährt mit ihm nun zur Arbeit.

Ich befürchte, daß sich Harry mit seinen Ostkenntnissen in dem neuen Betrieb nicht behaupten kann. Schließlich war man im Westen viel weiter auf diesem Gebiet. Doch Frank, sein Chef, ist begeistert von Harrys Programmen. Er kommt uns zu Hause besuchen, rollt mit seinem weißen Mercedes über unsere Pfützenstraße und hält vor unserem alten Hüttenhaus. Er bringt Überraschungseier für die Kinder mit und gesteht mir, im Westen würde auch nur mit Wasser gekocht. Die wenigsten Programmierer hätten diesen Beruf wirklich studiert, viele hätten sich, genau wie Harry, das meiste selbst beigebracht. An den Wochenenden kommt Frank nun oft, unsere Familie gefällt ihm, sagt er immer wieder. Dann schlägt er vor, mit uns gemeinsam hier ein neues Haus zu bauen. Wir hätten das Grundstück, er hätte das Geld für das Haus. Er schwärmt von einem neuen weißen Bad, hellen zentralbeheizten Räumen, großen Kinderzimmern und richtigen Arbeitsplätzen für Harry und mich. Wir schweben ein Stück mit auf dieser Wolke, doch dann macht Frank einen Fehler. „Den Garten müßten wir wahrscheinlich quer teilen", sagt er und deutet mit einer Armbewegung die Linie an, „so daß zu jedem Eingang ein eigenes Stück gehört." Es ist, als hätte mich jemand mit dem Hammer geweckt. Wir sagen, wir wollten es uns überlegen und grübeln wochenlang, wie wir aus der Sache wieder herauskommen, ohne daß Harry seine Stelle verliert. Irgendwann sagt Harry auf Arbeit, daß das mit dem Neubau nichts wird. Entlassen wird er nicht, doch bald kommt die Firma ins Straucheln, die Miete für das elegante Büro ist zu hoch, die Mitarbeiter bekommen ihr Geld nicht pünktlich, große Auftraggeber ziehen sich zurück. Und Harry holt sich einen Termin beim Arbeitsgericht, um die letzten beiden Löhne einzuklagen. Schließlich meldet er sich arbeitslos.

VATER Im großen wie im kleinen überschlagen sich die Ereignisse. Nichts ist mehr wie vorher. Jana, unsere Mittlere, nutzt die neuen Chancen im vereinten Deutschland. Anja, ihre drei Jahre jüngere Schwester, genießt das schöne Paris. Mein

Bruder Herwig gibt mir Schuld an den Verdrießlichkeiten seines Lebens. Welchen Anteil habe ich an Mißbildungen und am Untergang der DDR? Wie rein ist mein Gewissen gegenüber Freunden und Kollegen? Über alledem liegt wie eine verschlissene Decke die eigene Nutzlosigkeit.

Gunther Kohlmey offenbare ich vieles von meinem Innersten. Er ist mir väterlicher Freund. So empfinde ich ihn trotz meiner eigenen 58 Jahre.

Lieber Gunther! Das Jahr ist zu Ende. Was für ein Jahr. Vor zwei-drei Jahren sagte mein Kollege Gerhard Pfütze, hoffentlich muß mein Enkel nicht eines Tages in die Illegalität. Natürlich haben wir solche Äußerungen mit einem Lächeln abgetan. Sie waren ja nicht dazu angetan, Optimismus zu verbreiten und nicht geeignet, bei der Selbstverleugnung der Wirklichkeit zu helfen. Aber für uns als Ökonomen war es fast auf das Jahr berechenbar, wann dieses Land DDR nicht mehr existenzfähig sein wird.

Es gibt jetzt Leute, die sich zum Widerstandskämpfer oder zum Märtyrer hochstilisieren. Auch mir will manch einer einreden, ich hätte doch mit meinen Vorschlägen zur Veränderung der Preispolitik, die immer wieder abgelehnt wurden, gegen den Stachel gelöckt. Das sind jene, die gern ein solches Boot fänden, um sich mit hinein zu setzen. Leider ist es nicht die Wahrheit. Der Preisminister Walter Halbritter hat solche Vorschläge für Reformen gemacht, ich war an der Ausarbeitung beteiligt. Aber was habe ich denn getan, als sie abgelehnt wurden? Bin ich aufgetreten und habe erklärt, daß ich meinen Posten abgebe? Nein. Lamentiert habe ich, um danach wieder durch die Lande zu reisen und den Leuten die Richtigkeit der beschlossenen Preispolitik zu erläutern. Wie bei den Preisen war es auf vielen Gebieten, deshalb war der Ruin programmiert.

Vor meinen Kindern und auch vor Dir kann ich nicht den Helden spielen, sondern muß mein Lebenswerk richtig bewerten. Auch wenn nicht die Chance für einen Neubeginn besteht, möchte ich mit mir selbst ins reine kommen. Erika und ich meinen, daß Du für Dich eine andere Wertung vornehmen kannst. Deine Ideen und Vorschläge waren unbequem. Als Konsequenz wurdest Du 1969 vom Außenhandelsminister als Vorsitzender des „Wissenschaftlichen Rates für Außenhandel" von einem auf den anderen Tag entlassen. Darüber ist auch unser beider, schon fertiges Buchprojekt über Theorien der Außenhandelspreise gescheitert.

Lieber Gunther, Erika ist nun ab 1. Januar in der Warteschleife, ich schon seit Oktober. Künftige Generationen werden fragen: Warteschleife, was ist das? Sie werden in keinem Lexikon finden, daß dies auf dem Weg zur deutschen Einheit ein Verfahren war, politisch Mißliebige loszuwerden und die DDR zu delegitimieren. Auf eine elegante Art und Weise und höflich formuliert. In der Warteschleife ist die Unendlichkeit des Wartens programmiert. Wenn wir nüchtern sind, müssen wir zugeben, daß etwas anderes nicht zu erwarten war. Es würde all dem widersprechen, was wir an Grundmaximen gelernt und gelehrt haben. Unter Freunden sagt man heutzutage oft, wer anderes erwartet, hat im Parteilehrjahr nicht aufgepaßt. So werden wir uns also für das Jahr 1991 neu einrichten. Wir sind dabei, ein paar Sachen anzuschieben, die uns vielleicht Nützlichkeit, Beschäftigung und Geld bringen. Aber das versuchen ja viele aus unseren Garnituren. Einige unserer Projekte laufen, aber alle ohne Ergebnis. Ein modernes Telefon haben wir gekauft, ein FAX-Gerät, einen Kopierer, schöne Visitenkarten, Briefbögen. Aber das ist auch alles.

Dir und Gerda für das neue Jahr viel Glück und Optimismus, für uns – keine Selbstaufgabe. Wilfried

Die Aufbrüche der Jahre seit der Wende in allen Bereichen des Lebens machen auch vor der Familie nicht halt. Von meinem neun Jahre jüngeren Bruder Herwig, der in diesem Jahr 50 wird, erfahre ich schlimme Vorwürfe. Mißliebigkeiten, die ich über Jahrzehnte dem Altersunterschied, den verschiedenen Charakteren, den persönlichen Eigenschaften und Fähigkeiten und natürlich den unterschiedlichen Lebens-Zufällen zurechnete, erhalten plötzlich politische Dimension.

Ich, der „Mittlere" und er, der „Kleine", hatten, seit wir erwachsen waren, kein sehr enges Verhältnis zueinander. Die Beziehung zum „Großen" von uns dreien schied für mich aus, weil er als Lehrer in einem Dorf nahe Wetzlar im Westen lebte. Daß wir beide, Erika und ich, Professor waren, daß ich ein Auto mit Kraftfahrer verfügbar hatte, schien mir zu keinem Zeitpunkt ein Grund von Konflikten in der Familie zu sein. Aber ich hatte mich geirrt. Die Wende brachte es an den Tag. Mein Bruder Herwig schrieb mir 1991:

Lieber Wilfried, ich kann nicht umhin, Dir nach dem heutigen Telefongespräch zu schreiben. Dich zu beschweren, daß ich mich zum diesjährigen Weihnachtsfest nicht genügend um unsere 84jährige Mutter kümmere, ist eine Dreistigkeit. Vielleicht geruhst Du Dich zu erinnern, wer sich in den zurückliegenden Jahren um die Eltern gekümmert hat. In dieser Zeit seid Ihr zu Vorzugsbedingungen zweimal im Jahr in Ministerratsheimen zur Erholung gewesen, während ich meinen Urlaub scheibchenweise in Artern verlebte. Zu den Feiertagen hat sich keiner von Euch bei den Eltern sehen gelassen, da habt Ihr lieber komfortabel woanders gefeiert. Mir braucht keiner Ratschläge zu geben, wie ich mich um Mutti kümmern soll. Große Worte habe ich genug gehört. Wenn mein Oldtimer nicht zwei platte Reifen hätte, wäre ich übrigens noch öfter im Altersheim bei Mutti gewesen. Da ich jedoch meine Arbeit sehr ernst nehme, einen Vierzehn-Stunden-Tag habe und kein Großverdiener wie Herr Honecker bin, kann ich das Auto nicht reparieren lassen. Hier gibt es zwischen uns keine Vergleichsmöglichkeiten.

Es geht mir sehr gut. Am 7. November bin ich aus der Partei ausgetreten. Herwig

Das Verhältnis ist schon lange angespannt. Als wir 1945 ausgesiedelt wurden, war ich 13 und er noch keine vier Jahre alt. Danach sind wir beide eigene Wege gegangen. Ich begann im Herbst 1946 die Kaufmannslehre und kam nur an den Wochenenden zu meiner Familie. Auf dem Weg zum Mann zu werden, lagen meine Interessen zunehmend in der Kreisstadt Sangerhausen und kaum in dem vier Kilometer entfernten Dorf Öberröblingen. In den Jahren nach 1954, da mein Bruder Herwig in Sangerhausen die Oberschule besuchte, war ich bereits nach Gotha zum Studium übersiedelt. Mit dem Abitur in der Tasche, bewarb sich Herwig für das Studium der Außenwirtschaft in Berlin, an Erikas und meiner Hochschule für Ökonomie. Nunmehr waren die äußeren Bedingungen für ein lebendiges, brüderliches Verhältnis wie geschaffen. Herwig war Student an jener Einrichtung, an der Erika und ich als Lehrer wirkten. Internat und unsere Wohnung lagen im Berliner Ortsteil Karlshorst. Würde es heute nutzen Ursachen dafür zu suchen, daß unser Verhältnis nicht viel mehr als ein „normales“ blieb? Und Schuld? Schuld ist keiner von uns beiden. Die Wende schrumpft den schmalen Pfad der familiären Bindung zu einem Drahtseilakt. Herwigs persönliche Vorbehalte werden nach der Wende mit politischen Vorwürfen drapiert, eingebunden in die Sorge um unser beider alte Mutter. Wir beide finden nicht mehr zueinander. Mir fällt es schwer, mit solchen Spannungen zu leben, und ich leide darunter. Ich bin nicht konfliktfähig. So schreibt ihm an meiner Stelle Erika einen Brief:

Lieber Herwig, Dein Brief mit den bösen Zeilen klingt wie Abrechnung und Absage. Wilfried wollte mit Dir nur absprechen, wie wir das am Heiligabend und zu Weihnachten mit Mama machen. Wir sind davon ausgegangen, daß wir unserer Mutter mit der Übersiedlung in das Altersheim in Berlin das ersetzen müssen, was ihr in Artern durch die Nachbarn, Bekannte und durch ihre Schwester Christl gegeben wurde. Daraus resultiert unser Vorschlag, daß wir sie am Heiligabend zu uns holen und Du überlegen müßtest, wann sie zu Dir kommt. Sie sollte bei uns, bei Dir, ein zu Hause finden. Ich weiß, sie kommt gerne und freut sich, wenn wir sie abholen. Wir werden das jedenfalls auch in Zukunft so halten; es ist aber kein Grund, daß Ihr zwei Brüder Euch deshalb entzweit. Eure Mutter hat in Ihrem Leben so viel gelitten und so wenig Liebe erfahren, daß wir sie jetzt, in ihrem Alter und dem Alleinsein, nicht mit dem Kummer eines solchen Streites beladen dürfen. Vielleicht ist Dein Vorwurf der ungenügenden Fürsorge für die Eltern in früheren Jahren berechtigt. Wer könnte überhaupt von sich behaupten, er hätte sich genug um die älter werdende Mutter, den älter werdenden Vater gekümmert. Ja, das ist ein schwacher Punkt in unserem Leben.

Es berührt die Frage, ob man überhaupt richtig gelebt und seine Kraft für das Richtige eingesetzt hat. Auch unsere Familie wird oder könnte klagen, daß meine und Wilfrieds Zeit für Anja, André und Jana, für Ulrike und Harry, für Anton, Jakob, Hanna, Till und Josi zu gering ist. Gar nicht zu reden von unser beider eigenen Interessen und Neigungen – Theater, Kino, Ausstellungen, Haus, Keller und Garten –, die wir beiseite schoben, weil wir der Arbeit Priorität gaben. Vielleicht kannst Du uns doch in Rechnung stellen, daß neben unserer Arbeit das Wunderschöne der Familie immer mit viel Kraft verbunden war und noch heute ist, so daß unser Leben meistens bis an den Rand des physisch und psychisch möglichen ausgelastet war. Ich will nicht Deine Zustimmung einfordern, aber es ist schon so, daß wir mit dem kleiner werden unserer eigenen Familie die Kraft nicht für unsere egoistischen Wünsche genutzt, sondern eben gerade für unsere Oma Resi verwendet haben. Ich fände es fair, wenn Du das akzeptierst.

In ihrer Liebe wünscht sie sich auf ihre alten Tage nichts mehr, als daß sich ihre Söhne – das, was ihr vom Leben geblieben ist – verstehen. Denk mal nach. Erika

Bei meinem Bruder erlangen die gesellschaftlichen Umwälzungen drastische persönliche Dimensionen. In mir sieht er dabei keinen Partner. Er identifiziert mich und DDR, womit er recht hat. Er empfindet beides als Ursache seiner Lebensprobleme und nährt daraus seine Abneigung. Oder Neid? Oder Haß?

Ratlos macht er in einem Brief seinem bisherigen Umfeld Vorwürfe und sucht Hilfe bei seiner Cousine Brigitte:

Liebe Brigitte, es wäre das Allerschlimmste, was mir jetzt passieren könnte, daß ich jetzt, wo ich schon einsam genug bin, diejenigen verärgere, die mir immer gut gesonnen waren und Brücken gebaut haben. Ich denke an die Bemühungen, die Verbindungen zur alten Heimat aufrechtzuerhalten. Ich hatte diese natürliche menschliche Haltung nicht und kann sie nur damit begründen, daß ich in diesem Mief von DDR-Außenhandel beschäftigt war und dort besonders parteifanatische Regeln galten. Ich habe mir eingebildet und eingeredet, daß man sich für ein sinnvolles Leben, für die Familie einen geachteten Beruf und Existenz schaffen muß. Das war im Außenhandel mit seiner Abgrenzung von den westlichen Ländern schizophren. Ich bin daran gescheitert, daß ich den Ausstieg aus dem Außenhandel nicht vollzogen habe. Deinen Haß auf den Kommunismus verstehe ich. Ich habe geglaubt, man kann sich mit ihm arrangieren und sein kleines privates Glück errichten. Für mich ist jetzt fast alles kaputt. Ab 30. 8. 90 werde ich arbeitslos sein. Der RGW existiert nur noch auf dem Papier, und damit gibt es für mich keine Beschäftigung mehr. Meine Ökonomieausbildung reicht für die Marktwirtschaft nicht aus. Mit 50 sind die Chancen für eine erfolgreiche Umschulung gering, und ich habe mich deshalb entschlossen, eine Ausbildung als Krankenpfleger zu beginnen. Ich mache mir da wenig Illusionen, aber denke mir, daß mir die Caritas nach der jahrelangen menschenverachtenden Kommandowirtschaft Lebenssinn schaffen kann. Versuche, in einem Marktforschungsinstitut in der BRD unterzukommen, waren ohne Erfolg. Von Erika und Wilfried weiß ich nicht, wie es ihnen geht. Schreib mal wieder. Herwig

Waren es solche Gefühle, die meinen Bruder immer elender werden ließen? Er hatte sich von der Wende auch das Ende seiner persönlichen Unzufriedenheit erhofft, aber nicht gefunden. Ich unterstelle, daß es ihm unbewußt geholfen hätte, wenn sein Bruder Wilfried, der dem nun von Herwig gehaßten DDR-Regime so nahe stand, von der Zeitenwende stärker getroffen wird. Er war enttäuscht von dem Neuen, von dem er glaubte, es würde ihn in seinem Kummer mit offenen Armen empfangen, wenn er dort wäre, ginge es ihm besser. Aber die Dinge waren nicht so – alles hatte seine Widerhaken. Mag er festgestellt haben, daß Ursachen seiner Unzufriedenheit auch bei ihm selbst lagen, Dinge, die auch die andere Gesellschaft nicht lösen konnte? Beruflich hatte Herwig nach der Wende vieles versucht, aber nichts klappte. Das Ende der DDR, von dem er sich so vieles erhofft hatte, brachte ihm das berufliche Aus. Im Unternehmen, in Berlin-Grünau mit dem Export und Import von Landmaschinen befaßt, hatte er eine Arbeit wie auf ihn zugeschnitten – auch wenn er das selbst im nachhinein anders sieht. Er konnte im RGW-Bereich reisen und hat viel – zumindest von diesem Teil der Welt – gesehen. Nach dem Ende dieser Arbeit vermochte er keine Wurzeln mehr zu schlagen. Alle Versuche waren ohne Erfolg. Illusionen wurden aufgebaut und sind wie Luftballons geplatzt. Er wollte zu seinem Bruder ins Hessische ziehen, dort in ein Kloster aufgenommen werden und beliebige Arbeit leisten. Davon riet ihm mein Bruder ab. Nun will er nach Westberlin in die Nähe seiner Tochter Kristin, dort Liebe empfangen und geben. Daraus wird nichts, *weil es nicht geht.* Sogar auf eine Zeitungsannonce für „lukrative Erschließungsarbeiten in Mittelamerika“ reagiert er ernsthaft.

Es ist ein Glück für mich, daß wenigstens zu unseren Kindern ein gutes Verhältnis besteht; alle sechs haben Arbeit. Jana an der Sprossenleiter zur Journalistin, Harry, ihr Mann, als Spezialist bei einem Softwareunternehmen. Anja arbeitet als Korrektorin bei der „taz“. Sie ist bis über beide Ohren verliebt. Wir wünschen ihr die Liebe, denn ihre erste Ehe hauchte nach nur zwei Jahren, nach viel Leid für Anja, das Leben aus. Ihr neuer Geliebter, Thomas, aus Neunkirchen bei Nürnberg stammend, ist bei dieser Zeitung und schreibt über das Berliner alternative Kulturleben. Ulrike, Andrés Frau, hat sich im Prenzlauer Berg als Notarin niedergelassen. Sie hat dafür Mut und Selbstbewußtsein aufgebracht und tut viel, um sich das bundesdeutsche Recht anzueignen. André ist als Jurist mit der Abwicklung seines Außenhandelsunternehmens befaßt.

Heiligabend waren alle zusammen, wir, die Großeltern, Kinder und Schwiegerkinder und die fünf Enkel, alle zwischen drei und fünf Jahren.

Janas Briefe atmen neues Leben, wenn sie im Januar 1991 aus München schreibt:

In vier Tagen fahre ich das letzte Mal übers Wochenende von München nach Berlin, in drei Wochen holt mich Harry heim. Ich hoffe, er läßt sich von mir in der Stadt an der Isar zum Stadtbummel, Kinobesuch und Cafébesuch verleiten. Schön wäre, wenn er selbst Lust auf Abwechslung bekäme – in seiner ersten Jugend war er auch jeden Freitag im Med-Club von der Berliner Charité. Es ist schon eine wundersame Ehe mit ihm, aber er ist der Beste in dieser Männerwelt. Die meisten Knaben in meinem Umkreis kommen mir kindisch und unernst vor. Sicherlich war Harry genau der, den ich unbewußt gesucht habe. Wenn er nur ein klitzekleines bißchen aufmerksamer wäre – er hat mir noch nicht eine einzige Karte nach München geschrieben. Und ich? Harry verbittet sich meine Kommandiererei, die ich diplomatisch als Anfragen zu tarnen versuche. Habe ich das von Dir, Mama, die ihre meist ausgereifte Meinung auch gerne als Frage oder mit „wir"' kaschiert? Ich bin ein ewig unzufriedener Mensch, deshalb muß ich auch Schreiber werden; da kann ich sticheln, meckern, loben und urteilen. Ich muß das sogar, ist das nicht herrlich? Mit meiner Schreiberei komme ich gut klar, das ist ein feiner Job. Aber ich sehe schon die Probleme auf mich zukommen. Zu DDR-Zeiten durften wir keine kleine Kritik gucken lassen, und jetzt findet sich nichts mehr zum loben. Ich kann mir noch nicht vorstellen, wie das werden soll.

Meine Zeitung in Berlin ist ein richtiger verzankter Trauerladen. Hoffentlich wird sie bald von einem steinreichen Wessi aufgekauft, der mal ordentlich auf den Putz haut, bevor die Auflage unter die hunderttausend fällt. Aus Angst um den Job traut sich keiner mehr, die Klappe aufzumachen. Aus der Truppe verschwindet einer nach dem anderen. Vielleicht könnt Ihr froh sein, daß Ihr das nicht mehr miterleben müßt, dieses Gerangel, dieses „auf die Brust schlagen", dieses Füße lecken und hinterm Rücken reden. Ich grüße Euch ganz lieb – Jana.

Das sind Briefe, die mir Freude machen, ganz anders als so manches, was ich jetzt aus dem Briefkasten angele. So macht mir der Finanzminister, bis vor einem halben Jahr noch mein Brotherr, jetzt ein lukratives Angebot:

Der Bundesminister der Finanzen *Berlin den 25. März 1991*
Außenstelle Berlin.

Sehr geehrter Herr Professor Maier!
Die Oberfinanzdirektion Berlin sucht unter anderem für die Steuerverwaltung, Sachbearbeiter, Schreibkräfte, Boten, Datenerfasser.
Bewerbungen sind an folgende Adresse zu richten ...:

Nein, ich richte nicht. Dafür quäle ich mich in einem Vierteljahreslehrgang „Einstieg in die EDV und Bürokommunikation".

Der Mann da vorn will mir partout beibringen, wie ein Computer funktioniert, die ganze Genesis. Ich verstehe nichts. Im Unterricht strenge ich mich an. Mein T-Shirt wird unter den Achseln feucht. Zu Hause lese ich alles nach. Vergeblich. Doch das Zertifikat des Lehrgangs bescheinigt mir:

Einführung in die modernen Informationstechniken	Punkte 95	Note 1
Vertiefung der EDV-Kenntnisse	Punkte 95	Note 1

Das Zertifikat lügt. Ich weiß, die Bildungsfirma muß Erfolge melden, andernfalls bekommt sie keine Fördermittel mehr. Aber mir hilft das nichts. Da könnte man mich auch zum Kosmonauten umschulen wollen.

Natürlich nutze auch ich für meine Schreibarbeiten einen Computer, so technikfeindlich bin ich nicht. Er steht auf meinem Schreibtisch. Dieser Raum war früher Andrés Zimmer, eine Vorhängekette erinnert noch immer daran. André, fünf Jahre älter als Anja, mit vielen Chancen bei den Susannes, Heidis, Marinas und Antjes, hatte sich der schwesterlichen Neugier nur durch eine Vorhängekette an seiner Zimmertür erwehren können. Sie hat alle Renovierungsaktionen des Zimmers überstanden. Absichten, nach Andrés Weggang die Kette abzubauen, habe ich stets widerstanden. Andrés Kindern, vielleicht auch den anderen, werde ich in einigen Jahren mit verschwörerischer Stimme von diesem Fossil erzählen.

Anjas Zimmer, das sie zusammen mit ihrer größeren Schwester Jana bewohnte, lag gleich daneben. Mit ihr haben wir in ihrer beginnenden Jugend eine komplizierte Zeit durchlebt. Sie war früh flügge. Dazu die drei Jahre ältere Schwester, der ältere Bruder. Anja ist mit 17 hier ausgezogen. Davor liegt die Zeit, da wir ihre abendlichen und nächtlichen Ausflüge kraft elterlicher Autorität beschränken wollten, allerdings mit immer weniger Erfolg. In ihrer Not drohte meine Frau mit der Jugendhilfe. Das tat Anja mit einer lässigen Bemerkung ab: Das machst du sowieso nicht. Du als Hochschullehrerin, unser Vater beim Preisamt, da traut ihr euch doch nicht mit mir zur Jugendhilfe zu gehen, das wäre euch viel zu peinlich.

Erika, in der Familie immer die Hauptlast tragend, ging hier in Marzahn zur Jugendhilfe, ließ sich beraten. Eine aufmerksame Frau, fünfundzwanzig, vielleicht 30 Jahre jung, modisch gekleidet, modern im Denken, keine Oma-Frisur, hatte Ohren zum Zuhören und einen Kopf zum Überlegen. „Ja," meinte Sie, „wenn es so ist, dann kommen Sie doch mal mit Ihrer Tochter zu mir – wenn Sie wollen." Erika wollte, und Anja war ob der neuen Lage verblüfft. Das Gespräch fand statt, die Beraterin sagte zu Anja, ihre Mutter hat recht. Ihre Eltern können von ihnen verlangen, zu wissen wo Sie sich aufhalten und daß sie abends zu einer christlichen Zeit zu Hause sind. Das müssen Eltern sogar. Anja druckste herum, war nicht überzeugt daß man sie zwingen könne, ihr Leben nach dem Willen anderer einzurichten, und äußerte das auch. So setzte die Jugendberaterin noch einen drauf: Wenn sie sich nicht daran halte, dann werde man sie, falls die Eltern das befürworten, in ein Heim für schwererziehbare Jugendliche einweisen. Die selbstbewußte Anja reagierte, das machen sie sowieso nicht – das ist doch nur für Messerstecher. „Sie irren sich – das machen wir", sprach die junge Frau von der anderen Seite des Tisches. Kompromisse sind ausgehandelt worden. Das Kind wurde danach zwar nicht lammfromm, aber das Zusammenleben war wieder erträglich.

Ein halbes Jahr später erzählte uns Anja, daß sie gestern bei der Frau vom Jugendamt war, um ihr einen Blumenstrauß auf den Schreibtisch zu legen. Inzwischen hat Anja geheiratet, ist glückliche Mutter, hatte handgreiflichen Streit mit ihrem ersten Mann, ist geschieden, ist neu verliebt. So schreibe ich ihr zum Jahreswechsel 1991:

Hallo Anja! Ich habe die Rolläden am Wohnzimmerfenster herunter gelassen. Du weißt ja, zu DDR-Zeiten konnten sie oben bleiben, aber jetzt ... Mutti sitzt in ihrem geliebten Sessel, ich auf dem kleineren Sofa. Sie blättert im „DM-Magazin“ mit Hinweisen, wie man sein Geld am besten anlegt. Eigentlich ist es kurios. Wenn ich an die soziale Absicherung denke, so hat uns dies die vergangenen 20 bis 30 Jahre nicht beschäftigt; das sieht heute ganz anders aus. Außerdem – wo sollten wir denn etwas zum Anlegen hernehmen? Die für uns beide real existierende Arbeitslosigkeit ist etwas, womit wir nie gerechnet haben, das wäre uns gar nicht eingefallen. Nun aber ist es so.

Wir registrieren mit Trauer Deine Spannungen mit Deinem Bruder André. Aber was soll man machen. Selbst bei Verhältnissen der Freundschaft geht nicht immer alles glatt. Warum sollte zwischen Bruder und Schwester immer eitel Freude herrschen? Wenn sich Eltern einmischen, wird es meist noch schlimmer. Mutti weiß das von ihrer Großmutter. Die hat ihren beiden verheirateten Töchtern immer ausgeplaudert, was die eine über die andere erzählt hat. Natürlich unter dem Siegel der Verschwiegenheit. Die beiden Schwestern seien sich erst nach dem Tod der Oma wieder näher gekommen.

Für uns ist das wichtigste, wie Du mit Deiner kleinen Hanna von Deinen neuen, potentiellen West-Schwiegereltern aufgenommen worden bist. Für eine gutsituierte Familie in Franken ist das nicht so einfach. Du, geschieden, mit Kind, nichts im Geldbeutel, aus dem Osten, SED-Eltern. Der Schwiegervater von echtem Siemens-Geblüt. Schön wäre, wenn lebendige Harmonie Euer Zusammensein prägte. Eine so schöne Dreieinigkeit wie Hanna/Thomas/Anja ist dafür ein Pfand. Habe ich das schön gesagt?

Jana und Mutti haben über Weihnachten meine Mutter, die Arterner Oma, aus dem Altersheim zu uns geholt. Es geht ihr wirklich nicht gut. 85 Jahre schweren Lebens hinterlassen ihre Spuren. Mit Rückblick auf ihre Ehe sagte sie oft zu mir oder zu Erika, „ich hätte mir manchmal das Leben genommen“. Sie redet von ihrem 75. Geburtstag, an dem mein Vater meine Mutter aus der Wohnung wies. Am Morgen habe er ihr eine Bonbonniere und ein Nachthemd geschenkt. Später warf er meiner Mutter vor, mit ihrer im Nachbarort wohnenden Schwester Christl telefoniert zu haben, obwohl er es ihr doch verboten habe. Dafür sperrte er sie aus.

Jana pflegt einen prima Draht zu ihrer alten, schmächtigen, bescheidenen Oma, die für jede Streicheleinheit dankbar ist. Sie hat sich ganz lieb um sie gekümmert. Ich müßte mir davon eine Scheibe abschneiden, aber ich bin nicht gut im Äußern von Gefühlen, wahrscheinlich ererbt von meinen Vätern.

Morgen früh geht Mutti in die Hochschule, das letzte Mal nach 30 Jahren. Uns überkommen Zorn und Machtlosigkeit. Anja, wir grüßen Dich ganz lieb. Wir möchten, daß unser Verhältnis so bleibt, das täte unserer Seele gut, auch wenn Du nicht gerade zu den Fleißigsten beim Geschirrabwaschen gehörst.

Wann können wir Deinen Thomas bei uns begrüßen? V+M

Die Hochschule für Ökonomie spielt in meinem und Erikas Leben eine große Rolle. Beide haben wir Finanzwissenschaften studiert – ich mit der Spezialisierung Betriebsökonomie, Erika mit dem Schwerpunkt Geld- und Kredittheorie. Die Ursachen für die Wahl der Spezialisierungsrichtungen lag in beider Vergangenheit.

Die Ökonomie der Produktionsbetriebe weckte mein Interesse. Der Reichtum der Gesellschaft wird in der Produktion geschaffen, darunter konnte ich mir etwas vorstellen! Und so suchte ich später als Student Betriebswirtschaft als Studienrichtung.

Erika hatte bei der Deutschen Notenbank in Dresden den Beruf des Bankkaufmanns gelernt.

Die neugebackene Bankkauffrau ohne Abitur Erika Proft wurde 1954 von ihrem Lehrlingsausbilder Wolfried Stoll, der dreieinhalb Jahrzehnte später maßgeblich an der Überführung der DDR-Staatsbank in die Deutsche Bundesbank beteiligt sein wird, für ein wirtschaftswissenschaftliches Studium vorgeschlagen. Ihre Eltern hatten weder die Ambitionen noch das Geld für solchen Schritt. Als das Studium schließlich ernsthaft in Rede stand – für die 17jährige Erika bedurfte es der Zustimmung der Eltern –, untermauerte der Vater seinen Standpunkt: Ich bin gegen ein Studium. Das Mädl könnte endlich Geld verdienen. Ich sehe schon kommen – sie zieht nach Berlin, studiert, lernt so einen Willi kennen, verliebt sich, heiratet, kriegt ein Kind, bleibt zu Hause und alles war umsonst. Sie soll mal lieber in Dresden bleiben und ordentlich arbeiten.

Aber die Mutter war dafür, und Erika mit Selbstbewußtsein ausgestattet.

Erikas Vater behielt mit seinen skeptischen Vorhersagen zum Teil recht. Seine Tochter lernte in Berlin einen Willi kennen – die Willis hießen Peter, Rolf ... und dann Wilfried. Sie heiratete mich. Sie bekam ein Kind – André. Ihr Vater konnte nicht voraussehen, daß es noch eine Jana und eine Anja dazu geben würde. Mit Anja in Erikas Bauch waren wir auf Suche nach einem Bademantel für den Moment, wenn es so weit ist, begegneten auf dem Alexanderplatz unserem früheren Studienkollegen Walter Siegert, der sich mit Blick auf Erika an mich wandte und meinte „ja, ja, Wilfried, fleißig aber unaufmerksam".

Die Dresdner väterliche Prognose irrte auch in der Vorhersage, daß die Tochter dann, wenn ein Kind da ist, zu Hause bliebe und alles sei umsonst gewesen. Dem Irrtum des Vaters lagen die Erfahrungen des eigenen Lebens zugrunde. Er hatte nicht berücksichtigt, daß für diese neue Frauengeneration in der DDR berufliche Arbeit und Qualifizierung und Familie mit Kindern kein Gegensatz mehr waren.

Nun wird diese Hochschule, die ein wichtiges Stück unseres Lebens war, an der wir gemeinsam studiert und viele Jahre gearbeitet haben, geschlossen.

Im Sommer 1991 verkaufe ich unseren Lada, Flaggschiff der sowjetischen PKW-Industrie, eine ehemalige Fiat-Lizenz. Vor fünf Jahren bezahlte ich 25.000 DDR-Mark. Jetzt erwarte ich dafür vier-, maximal fünftausend D-Mark, aber ich bekomme sechstausend. Wenn es dem Esel zu wohl wird, geht er auf's Eis tanzen. Mein Sportsfreund Dieter vertritt ein Finanzunternehmen. Beim Joggen erzählt er mir sein Angebot. 33 1/3-Prozent Jahreszins, zahlbar in Monatsraten, bietet er mir. Mit dem Mehrerlös beim Lada will ich mein Glück probieren. Bei 1.500 Mark macht das jeden Monat über 40 Mark. Und prompt stecke ich alle vier Wochen 40 Mark, die mir Dieter vor Beginn der Sports gegen Quittung übergibt in die Taschen meines Jogginganzuges. Jedesmal deponiere ich in eine kleine, hölzerne Zigarillo-Schachtel zwei grüne Scheine, rechtshälftig die lockige, von 1797 bis 1848 lebende Anette von Droste-Hülshoff. Fünf, sechs, sieben, acht Scheine, zehn Scheine. Das zweite Mal schon tausche ich fünf 20-Mark-Scheine in einen 100-Mark-Schein. Wieder bekomme ich 40 Mark von Dieter, dann setzt es mal aus. Der Transfer aus der Schweiz habe nicht so recht geklappt, sagt mir Dieter unter Berufung auf seine Chefs. Noch einmal bekomme ich 40 Mark. Und dann war es zu Ende.

Mein Sohn André, nun schon Rechtsanwalt, versucht gegen die Firma zu klagen; sie ist aber nicht auffindbar. Zumindest die Anwaltskosten mußte ich nicht auch noch bezahlen.

In unserem Bemühen um das Nützlichsein, ums Gebrauchtwerden, flog Erika mit ihrer Assistentin Petra nach Brüssel. Sie versuchten, Möglichkeiten für den Erhalt von Aufträgen zu erschließen. Ich bewundere meine Frau ob ihres Optimismus. Sie zerrt an dem Karren, der da Beschäftigung für uns beide heißt. Aber der Karren steckt tief im Schlamm, vor ihm liegen Bremsklötze, und er läßt sich nicht bewegen.

Während sie weg ist, werde ich für vier Tage Babysitter bei Anjas kleiner, zweijähriger Hanna.

Das gibt mir reichlich Zeit für stumme Zwiesprache mit meiner Frau:

Meine liebe Erika, mein Schatz! Ich hörte deine Stimme am Telefon, am Anrufbeantworter, und bin traurig, daß ich nicht da bin wo du dich befindest. So ein Mist.

Hanna ist im Bett – mit Fläschchen. „Licht anlassen", hat sie gesagt – also bleibt es an. Vorher habe ich sie gebadet. Ich glaubte, die Wanne würde für sie ein Vergnügen sein. Aber nichts dergleichen – sie hat lediglich ohne nennenswerten Widerstand die ritualen Waschungen über sich ergehen lassen. Halb zehn. Das Kind schläft ruhig. Mich läßt die Furcht nicht los, daß ihr etwas passieren könnte.

Freitag. Du läßt mich hier im reinsten Streß zurück. Als ich munter wurde, sah es in Hannas Zimmer aus wie bei Hempels unterm Sofa. Wir frühstücken zusammen – was man bei dem Kind so frühstücken nennt! Unterwegs zur Krippe sangen wir im Auto fröhliche Lieder. Eigentlich wollte ich dein Geburtstagsgeschenk erstmals im Westen besorgen. Statt dessen hole ich Hanna zeitiger vom Kindergarten ab. Sie hat doch wenige Stunden vor dir Geburtstag.

Hanna empfing mich im Kindergarten freundlich-freudig. Tante Gabi, die sie sehr liebt, bereitet ihr einen schönen Tag. Die Kinder haben gesungen, es gab Geburtstagskerzen.. Unterwegs im Auto hat sie mich mit fröhlichen Kinderliedern erneut unterhalten. So stimuliert, kaufte ich ihr eine Banane, die sie im Auto aß. Unseren Kindern hätten wir nie erlaubt, in unserem Moskwitsch, Trabant oder Lada derlei zu essen. Außerdem – woher hätten wir zu DDR-Zeiten die Bananen nehmen sollen?

Heute wirst du fünfundfünfzig. Das ist kein Alter. Deine Freundin Galja aus Moskau rief an, um mir zu gratulieren – weil ich eine Frau wie dich habe. Waren wir schon einmal an deinem Geburtstag nicht beisammen? Ja, 1974, als ich für ein Jahr in Moskau war und du mit den Kindern allein zurechtkommen mußtest. Dein Vater, lebte er noch, würde über seine Tochter staunen. Unser Sohn André im Alter von 15, Jana 13 und Anja 10. Mit deiner Last am Institut. Jede Woche die große Vorlesung vor hunderten Studenten. Ich weiß, daß dir Forschungsarbeit mehr liegt als die Lehre. Dein Hang zur Akribie macht dir den Vortrag schwer, die lange Nacht vor der Vorlesung brauchst du, um dich geistig aufzurüsten. Erinnerst du dich, daß du dann im Sommer 1975, nach meiner Heimkehr, viele Wochen richtig krank wurdest? Bis zum Ziel hast du durchgestanden, dann war die Luft raus. Beide haben wir Pech, daß du in diesem Augenblick nicht hier bist, ich möchte dich streicheln und dir ganz leise etwas ins Ohr sagen. Immer werde ich dich ob deiner großen Leistung bewundern. Du darfst mich erinnern, wenn ich es jemals vergesse.

Mein Schatz, ich umarme dich. Ich bewundere deine Stärke, deine Nachsicht und deine Ansprüche an das Leben. Ich habe Sehnsucht nach dir – die kleine Hanna steht neben mir, sie ist mein Zeuge. Ich habe Angst vor der Einsamkeit ohne dich. Es wäre schlimm, wenn du dereinst eher gingest als ich. Ich warte auf dich.

Der Flug nach Brüssel hat nichts gebracht, trotzdem haben wir jetzt einen Auftrag, der ein paar Monate Arbeit und Geld bringt – eine Marktanalyse für PKWs in der Region Berlin. Die Arbeit ist umfangreich. Janas Mann, unser Schwiegersohn Harry erarbeitet die Software und leistet die laufende Betreuung. Das bringt für Jana zusätzliche Belastungen. Sie muß anstelle von Harry mit Jakobs Halsschmerzen zum Doktor, den Lada zur Durchsicht bringen, die Stromrechnung bezahlen, für Anton Schuhe kaufen, die Waschmaschine farb- und sortengerecht füttern, anstellen und leeren. Für alle vier Göbels ist das eine achtens- und dankenswerte Leistung. Erika und ich wissen das. Ich glaube, Jana tut das auch für ihren Vater, damit er aus seiner Lethargie aufwacht.

Damit bekommen auch „unsere Studenten“ die Chance, etwas Geld zu verdienen. Es zieht Leben ein in die Bude. Mindestens zu einer Mahlzeit sind wir immer sechs oder acht Leute am Tisch. Viele 100 Autohändler sind zu analysieren. Da wir keine spezielle Genehmigung für Erhebungen haben, vollzieht sich alles ein bißchen schwierig. Aber die Beteiligten sind selbstbewußt und sachkundig, sie waren selbst an der Analysekonzeption beteiligt. Das läßt auch Klippen umschiffen. Kompliziert war es bei einem Mercedes-Händler am Kurfürstendammm, als unsere Jungs an die Informationen über vorgegebene Kaufabsichten gelangen wollten.

Der Verkäufer, nach dem ersten Beschnuppern skeptisch: „Haben Sie die Absicht, einen Wagen zu kaufen?“ „Na ja, ja ...“ „Aber Sie können sich doch diese Preisklasse nicht leisten.“ „Wir natürlich nicht, wir machen das für unseren Vater.“

„Na“, sprach der Händler, „dann schicken Sie mal ihren Vater vorbei“, und beendete so den Besuch der zwei jungen Männer.

1992

TOCHTER Thorsten ist wieder da, zurück aus dem Westen. Seine kleine Tochter spielt in unserem Buddelkasten. Sie hat ein kurzes weißes Kleid an, ihre Knie sind voller Sand. Jakob und Anton pendeln je mit einer Gießkanne ausgerüstet zwischen der Regentonne und dem Buddelkasten hin und her. Der gelbe Sand verwandelt sich in Modder, und Thorsten fragt, ob wir notfalls Wechselsachen für sein Kind hätten. Wir sitzen am Gartentisch, keiner hat Lust, das Mittagsgeschirr abzuräumen. Es ist heiß, und die Wespen wollen auch Apfelsaft. Wir sind zu träge, um sie zu verscheuchen. Also sehen wir zu, wie sie sich nacheinander im Saft ertränken. Thorsten zündet sich eine Karo an, „deswegen bin ich zurückgekommen", sagt er in schönstem Sächsisch und hält Harry triumphierend die kleine schwarz-weiß karierte Schachtel unter die Nase. Der verzieht bloß das Gesicht. Die filterlose Zigarette hatte den Ruf, mit ihrem Gestank Ungeziefer zu vertreiben. Das Zeug nimmt einem die Luft, die Tabakkrümel fusseln wie Sauerkraut zwischen den Zähnen, und hinterher stinkt die Kleidung wie versengte Haare. Doch für echte Karo-Raucher kann es nichts anderes geben, Thorsten ist ein echter Karo-Raucher, seit ich ihn kenne. Er hat kein Glück gefunden im weiten Westen, die Arbeit war okay, die Wohnung ging so, der Verdienst hat sogar für ein neues Auto gereicht. Aber Berlin bleibt Berlin, hier ist die Szene und die Schrammelband, mit der Thorsten alle paar Wochen in irgendeinem Club aufgetreten war, das Honorar wurde in Freibier ausgezahlt. Die Band hatte vor vier Jahren bei unserer Hochzeit im Garten gespielt, und Thorstens dicker Kontrabaß konnte Pirouetten drehen wie ein Ballettmädchen.

Es ist Abend, der übervolle Aschenbecher zeigt nach 23 Uhr. Unsere Kinder sind lange im Bett, Thorstens Tochter ist auf dem Sofa eingeschlafen.

Im Wohnzimmer kickt Thorsten den Kronkorken von einer weiteren Flasche, es scheint später zu werden. Wir holen uns ein Stück Salami aus dem Kühlschrank und schneiden ein paar Scheiben ab. Ohne Brot schmeckt sie eben doch am besten. Dann erzählt Thorsten, was damals vor seiner Ausreise wirklich passiert ist. Sie seien zu ihm gekommen und hätten ihm ein Angebot gemacht: Entweder er helfe ein bißchen mit, oder er werde sein noch ungeborenes Kind nicht zu sehen bekommen. Er habe sich für das Kind entschieden. Wir wundern uns nicht sehr, Thorsten hatte damals genug Zeichen gegeben, hatte manchmal von Männern erzählt, die sich mit ihm zum Reden trafen. „Die besorgen mir Fachzeitungen von drüben und dann quatschen wir über Politik“, und damit war halbwegs klar, was das für Männer waren. Als Thorsten damals anfing, von diesen Männern zu reden, dachten wir, der will entweder angeben oder er kann einfach seine Klappe nicht halten. Aber dann merkten wir, der will einfach, daß wir Bescheid wissen. Harry fragt, ob er über uns geredet hat, „nichts Wichtiges“ lautet die Antwort.

Thorsten wird wieder bei uns wohnen, „bloß bis ich in Berlin eine Wohnung für uns gefunden habe“. Ich überlege, ob wir genug Bier im Haus haben.

Die Themenkonferenz in der Kontraste-Redaktion beginnt pünktlich. Etwa zehn Autoren bieten ihre Vorschläge für die nächste Sendung an. Die Journalisten sitzen in einer Runde. Rechts und links neben dem Platz des Chefs sind die Abstände ein wenig größer, so daß der Kreis eine Spitze bekommt, ein kleines Präsidium. Jetzt geht es ans Geschichten verkaufen. Der Chef hört aufmerksam die Angebote, er wird entscheiden, ob die Story gut genug ist: In der Nähe eines Kernkraftwerkes im Norden häufen sich Leukämieerkrankungen. Vermieter in Berlin kassieren hohe Schmiergelder bei der Vergabe von Wohnungen. In einem ostdeutschen Dorf werden die Bauern beim Verkauf ihrer Äcker betrogen. Und dann kommen die Stasi-Themen: Es gibt noch unerkannte Stasi-Mitarbeiter bei der Polizei, Stasi-Nutten hatten in den DDR-Edelhotels die Westmänner ausgehorcht, die Stasi hatte Terroristen ausgebildet.

Es ist die Zeit der Stasi-Enthüllungen. Jede Woche wird eine neue Person enttarnt. Heerscharen von Journalisten wühlen sich durch Aktenberge, entschlüsseln komische Decknamen, setzen Politiker, Juristen, Ärzte und Künstler matt. Geheime Treffen, die zehn oder 20 Jahre zurückliegen, werden rekonstruiert. In den Archiven der Staatssicherheit liegen tonnenweise Gedächtnisprotokolle der Spitzel, die bei Vorlesungen, Familienfeiern, Punkkonzerten oder Betriebsausflügen mitgeschrieben haben. Die Veröffentlichung einer verblaßten Unterschrift beendet so manche Karriere von einen Tag auf den anderen. Angesehene Wissenschaftler entpuppen sich als Lauscher, geliebte Schriftsteller erweisen sich als Verräter, mutige Köpfe aus der Bürgerbewegung stehen plötzlich als Spitzel da. Die neuen Idole brechen reihenweise weg, „ach der also auch“, denke ich lustlos, wenn Namen wie Stolpe, Brie, Gysi, Gundermann oder Müller mit der Stasi in Verbindung gebracht werden, alles Köpfe des Umbruchs und des Aufbruchs; streitlustige Querdenker. In mancher aufrührerischen Diskussionsrunde müssen mehr Spitzel gesessen haben als Aufrührer.

Es ist selten Zeit, nach dem Warum zu fragen, keine Zeit für Begründung, Differenzierung oder Beschreibung der Umstände. Es ist ja nicht einmal Zeit, die Irrtümer zu korrigieren, die falschen Verdächtigungen. Eine Empörung jagt die nächste, bis ich zu müde bin, mich wieder und wieder zu empören. Der Dreckhaufen wird immer größer, er beschmutzt nicht bloß Personen, er beschmutzt die Vergangenheit, auch meine, obwohl ich nie mit der Stasi zu tun hatte. Es ist schlimmer, als ich aushalten kann. Ich will nicht aus einem Land kommen, das nur aus Spitzeln und Lügnern bestand. Ich will nicht, daß die DDR als historischer Misthaufen verendet. Ich will, daß das endlich aufhört. Aber das tut es nicht, noch lange nicht.

Ich werde nicht gefragt, ob ich Berichte über die Stasi machen könnte, ich bin noch zu neu und als Praktikantin bin ich mehr Beobachterin denn Macherin. Aber ich frage mich, ob ich als Journalistin solche Stasi-Berichte machen will. Eigentlich möchte ich sie noch nicht einmal im Fernsehen anschauen. Ich fühle mich unwohl, weil all die Westjournalisten das Thema Stasi viel wichtiger finden als ich. Ich fühle mich unwohl, weil Westler das machen müssen, wozu ich nicht in der Lage bin. Mein Kopf weiß genau, das muß jetzt sein, auch wenn es weh tut. Das Unwohlsein aber kommt aus meinem Bauch. Einer der unerbittlichsten Stasiverfolger in der Redaktion ist aber nicht aus dem Westen, sondern aus der DDR. Er kam einige Zeit vor dem Mauerfall in den Westen. Er spürt meine innere Abwehr und erzählt mir von der anderen DDR, in der Kritiker verfolgt, verhört, erniedrigt und eingesperrt wurden. Er selbst hat das hinter sich. Jetzt will er wenigstens, daß diejenigen, die ihn damals bespitzelt haben, keine wichtigen Ämter behalten oder bekommen. Aber obwohl der Mann mit seiner persönlichen Geschichte lebendig vor mir steht, und obwohl ich genau weiß, daß der jetzt die ernste Wahrheit sagt: Ich kann das alles noch nicht glauben.

Ich bin jetzt 30, was soll ich bloß tun. Als ich 16 wurde, habe ich nachts geheult aus Angst vor dem Altern. Ich habe mir fremde Frauen auf der Straße angesehen und gedacht, wie halten sie es bloß aus, so alt zu sein. Wie können sie bloß so ungeniert mit diesen Gesichtern umhergehen: die Haut so grob, die Lippen wirken als hätte jemand ein wenig Luft heraus gelassen, die Brauen sind dünn und federig, und auf der Stirn erkennt man schon, wo bald Falten sein werden. Was soll ich tun, grübelte ich damals, wenn es bei mir so weit ist. Ich kann mir doch kein Tuch vor das Gesicht machen. Jetzt ist es soweit, es kam nicht ganz so schlimm, ich hänge mir kein Tuch vor das Gesicht, aber ich leide. Manchmal.

Ich konnte ja nicht ahnen, daß die äußerlichen Veränderungen nicht das schlimmste sind. Jedenfalls war ich schlecht darauf vorbereitet, daß ich immer weniger über mein Leben bestimmen kann, daß da immer mehr Dinge festgelegt sind, von mir selbst festgelegt sind. Früher dachte ich, wenn ein Mann mir nicht mehr paßt, nehme ich einen anderen. Wenn ein Ort mich langweilt, ziehe ich einfach weg. Wenn meine Arbeit mich nicht mehr reizt, fange ich etwas Neues an. Natürlich kann ich alles in meinem Leben umschmeißen, aber einige Dinge sind beinahe unumstößlich, wie Pfeiler, die ich in mein Leben gerammt habe. Sie dienen mir, um mich festzuhalten, aber sie halten mich auch gefangen: die lange Liebe, ein fast erfüllter Berufstraum, Anton auf der Schaukel im Garten. Der Kreis, in dem ich mich bewege, wird enger. Und wenn ich doch mal eine kleine Säule kippen will, dann denke ich länger darüber nach als früher, wäge das Für und Wider ab, bedenke die Folgen. Daran erkenne ich, daß ich jetzt älter bin, und darunter leide ich auch. Manchmal.

Harry ist bei Siemens in Westberlin zu einer Schulung. Das Arbeitsamt hat ihn vermittelt, er lernt Programmieren, von der Pieke auf. Vieles ist Wiederholung, doch er will den Abschluß, um sich wieder zu bewerben. Manchmal ist er besser als die Dozenten, das fällt auf. Er wird gefragt, ob er nicht in einer Softwarefirma anfangen könnte und bricht den Lehrgang ab. Wieder beginnt er in einer kleinen Bude in Westberlin, Vorstellungsgespräch, Probezeit, Einarbeitungszeit. Das Gehalt ist noch höher als beim letzten Mal.

Wir brauchen ein neues Haus, möglichst bevor unser altes zusammenfällt. Erst im Frühling ist Harry auf das Dach geklettert, um es zu reparieren. Aber der Regen ist wieder durchgekommen, leider auf Antons Bett. An windigen Tagen pfeift das Haus ganze Lieder, weil es so viele Ritzen hat. Der Fußboden in der Küche biegt sich durch, um die weiche Diele neben dem Herd machen wir seit Monaten einen Bogen. Die Schlafkammer wird nicht einmal im Sommer trocken, die Matratzen haben Stockflecken. Wir müssen etwas tun. Im Osten hätte ich auf jedes Bauvorhaben mit Scheidungsabsichten reagiert. Wer in der DDR ein Haus baute, der riskierte seine Ehe, da konnte man sich auch gleich trennen. Dabei fehlte es nur an zwei Dingen: an Handwerkern und an Material. Meine Erfahrungen mit dem Handwerkerwesen waren prägend. In meiner Einraumwohnung im Friedrichshain hatte ich in einem einzigen Winter einen verstopften Schornstein, eine eingefrorene Wasserleitung und totalen Stromausfall – alles zur gleichen Zeit. Der Schornsteinfeger, dem ich zwei Wochen lang nachstellte, argwöhnte, ich könne nicht richtig heizen. Als ich ihm von den bläulichen Dämpfen erzählte, die aus meinem Ofen quollen, ließ er sich detailgetreu beschreiben, wie ich die Briketts in das Feuerloch lege, wo ich den Kohleanzünder plaziere und wieviel Grad „etwa!" die Ofentür aufbleibt. Erst nachdem ich diese Prüfung bestanden hatte, bekam ich einen Termin, in drei Wochen. Es wurde ein nach innen eingestürzter Schornstein diagnostiziert, der Rauch konnte nicht abziehen, er konnte mich bestenfalls vergiften. Bis der Schaden behoben war, vergingen noch einmal zwei Wochen. Die Wohnungsverwaltung riet mir, in dieser Zeit das Fenster immer aufzulassen oder nicht mehr zu heizen. Einen Elektroheizer konnte ich nicht benutzen, ich hatte keinen Strom. Und draußen waren minus 20 Grad.

Ich hätte in der DDR-Zeit niemals irgend etwas gebaut, und auf gar keinen Fall ein Haus. Jetzt ist das anders. Jeden Tag stehen traumhafte Anzeigen in unserer Heimatzeitung: „Sie wollen ein Haus? Wir bauen es Ihnen." Ich telefoniere mit vielen Firmen, sie schicken uns hübsche Zeichnungen und Vorverträge. Auf meinem Tisch füllt sich ein Karton mit den schönsten Einfamilienhäusern. Wir vergleichen Preise, beugen uns über Grundrisse und schreiben mit dem Bleistift „Arbeitszimmer" oder „Kinderzimmer" hinein. An einem Mittwoch nachmittag haben wir das erste ernsthafte Haus-Verkaufsgespräch in der Richard-Sorge-Straße in Ostberlin. Es ist ein heißer Tag, die Frauen tragen kurze Röcke und Sandalen, in den Frontscheiben der Autos liegen buntbedruckte Sonnenschutzplanen, vor einem Gemüseladen gären „Frische Erdbeeren" in der Hitze. Auf beiden Seiten der alten Pflasterstraße recken sich Mietshäuser nach der Sonne. In den 60er Jahren hatten die Fassaden eine Schicht hellen Rauhputz erhalten, die Zeit färbte sie schwarz. Mit Hilfe der vorhandenen lesbaren Hausnummern rekonstruieren wir das Zählsystem und gelangen so zu dem gesuchten Eingang. Das Rollo der Tür ist halb heruntergelassen, wir kriechen durch die verkleinerte Tür und stoßen drinnen auf ein Lager für Elektroheizkörper. Es riecht nach neuer Auslegware, feuchten Wänden und Instant-Kaffee. Ein junger blonder Mann begrüßt uns fröhlich, als sollte es in die Ferien gehen. Seine Haut ist goldbraun, so daß man fast eine Gelbsucht vermuten möchte. Er trägt ein weißes Oberhemd mit aufgekrempelten Ärmeln, auf dem braungebrannten Brustansatz glitzert eine dünne goldene Kette. „Kaffee?", fragt er charmant und dreht dabei eine Hand in der Luft. Es ist diese Geste, die mich immer an das Einschrauben einer Glühbirne erinnert. Das wirkt weniger förmlich und zugleich sehr aktiv. Wir setzen uns in die Schwingsessel-Sitzgruppe und betrachten die Großkopien gezeichneter Einfamilienhäuser an den Wänden. „Sie haben schon eines unserer Objekte favorisiert?" fragt er und breitet die Skizzen zwischen den Kaffeetassen aus. „Wenn Sie unsicher sind – wir haben hier leider noch keine Referenzbauten –, lade ich Sie zur Besichtigung unserer Musterhäuser nach Westdeutschland ein." Wir hören, daß die Häuser dort entworfen und als Bausätze vorproduziert werden. Ein Transporter bringt die Teile in den Osten, wo sie von mitgebrachten Fachleuten zusammengesetzt werden. „Ich bin der Generalvertreter für Ostdeutschland", erklärt der junge Mann, „also ihr konkreter Partner vor Ort." Wir haben viele Fragen an den konkreten Partner, über die Bauzeit, den Grundriß, das Baumaterial, den Preis. „Also die Wärmeisolation ist super, erfüllt die europäische Norm. Und wenn sie mich fragen, ich würde eine Elektroheizung empfehlen, kein Dreck, keine Rohre. Falls es ein Zimmer mehr sein soll, hier können wir problemlos eine Wand integrieren, kostet bißchen extra. Aber wenn Sie erst einmal in unser Zentrallager fahren und dort die Fliesen, Türklinken, Teppichböden und Tapeten aussuchen, glauben Sie mir, das ist der schönste Moment", erklärt uns der junge Mann mit glücklichen Augen. Harry fragt noch einmal nach dem genauen Preis, auch wenn das die Begeisterung des Verkäufers bremst. „Es kommen natürlich noch ein paar Kosten dazu", erklärt er uns mit einer Selbstverständlichkeit, als würden wir jedes Jahr ein Haus errichten: „Erschließung und so." Was noch, wollen wir wissen. Der junge Mann quält sich sehr. Wir erfahren, daß der Architekt bezahlt werden muß, der Notar, der Vermesser, der Bodenprüfer. Dazu kommt noch die Mehrwertsteuer, die von der Bank geforderte Lebensversicherung, das Fundament, die Treppe, Wasser und Strom für die Baustelle, Gebühren für Bauamt und Grundbuchamt. Innerhalb weniger Minuten hat sich der schöne Preis aus der Zeitungsanzeige ungefähr verdoppelt. „Wir könnten Ihnen eine Finanzierung besorgen“, schlägt der Generalvertreter für Ostdeutschland mutig vor, „mit zwei Kindern kommen sie doch sicher in den Genuß einer Förderung, ich schicke ihnen einen guten Vermögensberater vorbei.“ Harry ergänzt: „Kostet bißchen extra, stimmt's?“ Ich bin noch immer schockiert von der Bausumme, die eben genannt wurde und sehe mich mit zwei hungrigen Kindern an der Hand durch die Kaufhalle schleichen. Im Einkaufswagen liegt etwas Margarine und ein halbes Brot. Abends sitzen wir in unserem kalten Haus und trinken Tee ohne Zucker. Nein, ich will ein Haus, aber dieser Preis bringt uns an den Rand des Ruins.

Harry stupst unter dem Tisch an mein Knie, wir schwingen uns aus der Schwingsessel-Gruppe und fahren nach Hause. Bald darauf kommt der angekündigte unabhängige Vermögensberater. Er rechnet auf seinem Laptop natürlich aus, daß wir es schaffen können: „Ein paar Einschränkungen müssen sie schon in Kauf nehmen.“ Die Rechnung geht nur auf, wenn Harry seine neue Stelle auf Lebenszeit behält und ich als Journalistin immer Aufträge habe. Was aber passiert, wenn das Auto kaputt geht, wenn die Gemeinde unsere Straße asphaltiert und die Anwohner zur Kasse bittet, wenn Antons Beinkrankheit tatsächlich eine Behinderung ist, so daß einer von uns nicht mehr voll arbeiten kann? Wir lehnen dankend ab.

Der Kameramann wartet am Pommes-Stand neben dem S-Bahnhof Frankfurter Allee und raucht. In der rechten Hand hält er wie eine Einkaufstasche die Kamera. Das Rotlicht ist mit Lenkerband verklebt, niemand soll sehen, daß gedreht wird. Ich stehe nur wenige Meter entfernt und bin über ein verstecktes Funkmikrofon mit der Kamera verbunden. Nichts geschieht. Die Kamera nimmt alltägliche Straßenszenen auf, Leute laufen nach ihrer Bahn, eine Frau kauft eine Zeitung, am Blumenstand fallen Geldstücke auf den Boden, Vietnamesen halten den Passanten Zigarettenstangen entgegen. Ein Käufer kommt und fragt, ob Marlboro da sind, die Kamera dreht sich unauffällig in diese Richtung ein, ich schlendere mit dem versteckten Mikrofon in der Tasche nah an das Verkaufsgespräch. Der Mann fragt nach dem Preis, holt einen Schein aus der Tasche und kauft die ganze Stange. Das Geld wechselt in die Hand des Vietnamesen. Das Bild wird etwas verwackelt sein, der Ton ein wenig dumpf, aber wir haben es. Plötzlich beginnt die Razzia. In wenigen Sekunden ist der Bahnhofsvorplatz umstellt von Zollbeamten in Zivil. Ein Vietnamese wird in Handschellen abgeführt, wir haben das Einklicken an den Gelenken in Großaufnahme. Ein anderer wehrt sich strampelnd gegen die Festnahme, seine Jacke rutscht nach oben, das erschrockene Gesicht des kleinen Mannes ist kurz im Bild, er wird zu Boden gedrückt, und wieder klicken die Handschellen.

Wir drehen einen Fernsehbeitrag über den illegalen Zigarettenhandel. Die Vietnamesen mit ihren großen Tüten stehen an jeder belebten Ecke Berlins. Auf den Zigarettenschachteln, die sie den Vorüberlaufenden stumm hinhalten, fehlt das staatliche Siegel, sie sind illegal aus Polen eingeschleust. Viele Raucher kaufen gern bei den Vietnamesen, weil unverzollte Zigaretten billiger sind. Die Fidjis, wie sie jetzt oft genannt werden, standen jahrelang neben den deutschen Kollegen am Fließband und haben die Fünfjahrpläne in Chemiewerken, Konservenfabriken und Textilbetrieben mit erfüllt und übererfüllt. Gleich nach der Wende flogen sie raus. Geht nach Hause, hieß es zum Abschied.

„Ich will in dem Film sehen, wie sie gefaßt werden", hatte der Chef der Videofirma heute morgen gesagt, als wir mit der Kamera loszogen. Nach meinem Praktikum bei dem Politmagazin „Kontraste" habe ich als freie Reporterin in einer privaten Produktionsfirma angefangen, Fernsehbeiträge zu machen. Die Firma wurde von Ostredakteuren, Kameraleuten und Cuttern gegründet, die sich mit der Auflösung des DDR-Fernsehens selbständig gemacht haben. Sie lebt vor allem von einer wöchentlichen Wirtschaftssendung, die sie für den SFB produziert. Hier mache ich meine ersten Fernsehbeiträge. Der Chef, ein kleiner aufgeregter Mann mit blitzender Brille, braucht Erfolge. Die werden an der Quote gemessen. Nach jeder Sendung schreibt er die Prozentzahl groß und für alle Mitarbeiter sichtbar an den Wandkalender. An dieser Zahl können die Kollegen die Stimmung des Chefs schon ablesen, bevor sie ihm selbst begegnen. Letzte Woche gab es einen Einbruch um zwei Prozent, eine Katastrophe. Jetzt grübelt er wieder, was nicht gestimmt hat an seiner Sendung: War die Geschichte über die Behinderten beim Ar-

Hochzeit in Berlin.
Harry und Jana Göbel
1988

Waldspaziergang.
10 Jahre später

Wilfried Maier. Am Rednerpult 1989 und zu Hause 1996

beitsamt zu lang oder zu pessimistisch? Wenn die Quote nicht stimmt, könnte die Sendung an eine andere Firma gehen.

Ich sitze mit dem Drehteam in einem Wachhäuschen auf der Zollbrücke in Frankfurt/Oder. Der Kameramann hockt mir gegenüber auf der Tischkante und raucht. Wir warten seit Stunden auf einen großen Zigarettenfund, wir warten auf das Auto, das bis obenhin mit Schmuggelzigaretten vollgestopft ist. „Der Chef stellt sich das so einfach vor“, sagt der Kameramann und krümelt die Asche ab. Wir sind müde. Nach der Razzia heute morgen sind wir gleich nach Frankfurt gefahren und haben in den Lagerräumen des Zolls gedreht. Hier werden die aufgegriffenen Schmuggelzigaretten gesammelt, bevor sie in den Schredder kommen. Dann waren wir kurz auf der polnischen Seite, ein Zöllner hatte uns den Tip gegeben, daß die Lastwagen mit der Schmuggelware dort immer an einem bestimmten Platz stehen. Auch davon haben wir Bilder gemacht und versucht, mit den Fahrern zu reden. Jetzt ist es später Nachmittag, und wir haben seit Stunden nichts gegessen. Durch ein kleines Fenster kann ich die Grenzabfertigung sehen. Der Kontrolleur mit dem Schnauzbart nimmt gerade einen weinroten PKW auseinander. Er klopft den Tank ab, drückt mit den Händen auf den Sitzen herum, hält einen Spiegel unter den Fahrzeugboden, schraubt die Innenverkleidung ab und vergißt auch nicht, das Reserverad zu schütteln. Wieder nichts. „Ich gehe in die Fußgängerpassage eine Pizza holen“, sage ich zu dem Kameramann, „in 20 Minuten bin ich zurück.“ Natürlich wird er drehen, sobald sich hier etwas tut. Wenn sich endlich ein Schmuggler erbarmt und sich erwischen läßt, wird es vielleicht nur ein Vierzehn-Stunden-Tag. Immerhin müssen wir zurück nach Berlin, und morgen früh um neun beginnt der zweite Drehtag für diese Geschichte, mit Politikerinterviews, Straßenumfragen und einer Stellungnahme der Tabakhändler. Mit dreimal Pizza im Pappkarton komme ich zurück zur Zollbrücke. Die Kontrolleure haben 30 Stangen Zigaretten in einem Kleinwagen entdeckt. Der Kameramann dreht den Packen so, daß es nach möglichst viel aussieht, aber es ist nicht das, was wir brauchen. Wir essen die lauwarme Pizza und rufen beim Chef an. „Könnt ihr nicht noch ein bißchen warten? Vielleicht passiert noch was“, sagt er. Und: „Bitte!“ sagt er. „Wenn ihr jetzt wegfahrt, und die ziehen da zehn Minuten später den dicken Fisch an Land, dann steht es morgen in der Zeitung und wir haben es nicht.“ Der Chef hatte von ganzen

Konvois gelesen, die in den Nächten mit rasender Geschwindigkeit die Schranken der Grenze durchbrechen. Und er weiß von riesigen Säcken voller Zigaretten, die in der Dunkelheit über das Brückengeländer von Polen nach Deutschland abgeseilt werden. „Das passiert andauernd“, ruft er durch das Telefon, und ich weiß, daß er die Bilder schon vor sich auf dem Schneidetisch sieht. Ade Vierzehn-Stunden-Tag. Wir haben bis nach Mitternacht ausgehalten, zwei illegale Grenzgänger wurden geschnappt und in einer Zelle untergebracht, aber die Zigarettenschmuggler hatten in dieser Nacht wohl frei. Mißmutig fahren wir über die Autobahn nach Hause. Ich schlafe auf dem Rücksitz ein und wache kurz vor Berlin wieder auf. Als ich später mit meinem Auto die Landstraße entlang nach Hause rolle, fallen mir immer wieder die Augen zu. Am Ende ist der Film sechs Minuten lang, und ich habe sechs sehr lange Tage für ihn gebraucht. Recherchieren, Drehen, Schneiden, Texten, Sprechen – alles für ein paar Minuten Flimmern: Ich stelle fest, daß Fernsehmachen nicht besonders effektiv ist. Auch für mich ist es nicht besonders effektiv, mein Stundenverdienst liegt unter 15 Mark. Zum Glück hat Harry eine richtige Arbeit.

Meine Oma wird sterben. Sie liegt in dem Krankenhaus, in dem ich vor 30 Jahren geboren wurde, sie bekommt kaum Luft. Eine Lungenentzündung macht, daß ihre Atemzüge pfeifen. Wenn sie einen Satz sagt, muß sie zweimal unterbrechen, um zu husten. Dann spuckt sie schrecklichen grünen Schleim in ein Schälchen. Jemand hat ihr die Haare abgeschnitten, damit sie nicht in die volle Schale rutschen, Oma hatte immer einen Dutt. Ich reibe ihre Brust und den Rücken mit einer scharfen Salbe ein und bin entsetzt über diesen dünnen weißen Körper. Sogar der kleine Frauenbauch, den sie trotz ihrer Zartheit hatte, ist weg. Sie trug immer eine grüne Schürze darüber, keine Dederon-Kittelschürze zum Knöpfen, sondern so eine Bindeschürze aus Stoff. Meine Oma war so dünn, daß sie die Bänder auf dem Rücken kreuzte und vorne wieder zuband. Es reichte sogar noch für eine murkelige Schleife, die wie ein Spitzenhäubchen über ihrem Bauch thronte. Drei Söhne waren in diesem Bauch herangewachsen. Der älteste ist ein verheirateter pensionierter Lehrer, der in Hessen lebt, sehr katholisch ist, das Land Ägypten über alles liebt und auf ein Enkelkind hofft. Der mittlere ist mein Vater, Der jüngste Sohn, der Vater meiner Cousine Kristin, ist tot. Er ist im vorigen Jahr bei einem Tunesien-Urlaub im Meer ertrunken. Die

Badebucht, erzählten andere Urlauber, war ungefährlich. Der Tag soll friedlich gewesen sein. Seitdem will meine Oma zu ihm.

Ich sitze wieder am Krankenhausbett und sehe meiner Oma beim Sterben zu. Es dauert nun schon mehrere Wochen. Ich will wissen, wie es ist, wenn das Ende näher rückt, aber wir können uns nicht einmal unterhalten. Die entzündete Luftröhre läßt gerade mal den Atem durch. Vielleicht muß es ihr richtig dreckig gehen, damit der Abschied aus dem Leben leichter fällt. Wenn ich als Kind krank war, hatte sie eine Decke auf dem Ofen gewärmt und mich von den Füßen bis zum Hals darin eingerollt. Manchmal, wenn ich hierher in dieses Krankenhaus kam, ging es ihr besser, dann sagte ich, wird schon wieder, und sie nickte dazu. Aber an Tagen wie heute, da der Husten böse in ihrer Brust wütet, an solchen Tagen will sie nur noch einschlafen. Meine Oma stöhnt, „laß es gut sein", und ich weiß nicht, ob sie mich meint oder vielleicht den lieben Gott. Ich halte ihre heiße Hand, es wäre unehrlich, jetzt vom Gesundwerden zu sprechen. „Du hast es sicher bald geschafft", tröste ich sie, „dann hat die Quälerei ein Ende." Aber meine Oma will nichts vom Sterben hören. Sie dreht den Kopf trotzig zur Wand, und ich stelle fest, daß es ein großer Unterschied ist, ob sie selbst über ihren Tod redet oder ich. Nach dem Abendbrot, als ich mich verabschiede, sage ich also doch „wird schon wieder" zu ihr. Sie nickt, und wir wissen, daß wir beide ein bißchen schwindeln.

Mein Vater hat einen schwarzen Anzug an. Mit einem Rosenstrauß im Arm steht er neben dem Tor des Friedhofs. Wir müssen meine Oma begraben. Die Familie ist groß, und es dauert eine Weile, bis alle Kinder und Enkel beisammen sind: der älteste Sohn mit seinen beiden erwachsenen Töchtern, der mittlere Sohn mit meiner Mutter und mit uns drei großen Kindern, und die Kinder des jüngsten, verunglückten Sohnes – meine Cousine Kristin mit ihrem Bruder. Die atmosphärischen Lockerungsübungen, die einem Familientreffen normalerweise die erste Fremdheit nehmen, sind heute nicht angebracht. Also tauschen wir Sachlichkeiten aus, vergleichen unsere Blumensträuße, planen den Tagesablauf, plaudern über Grabpflege. Erst vor ein paar Monaten haben wir hier an der selben Stelle gestanden, weil mein Onkel beerdigt wurde. Jetzt wird alles so, wie meine Oma es sich seit seinem Tod gewünscht hat; sie kommt zu ihm. In der Kapelle riecht es feucht, Kerzen brennen, die kleinen

Fenster sind mit dunklen Gardinen zugehängt. Das Tageslicht schafft es kaum, den Stoff zu durchdringen. Wir sitzen auf unseren Plätzen und bemühen uns um Stille, denn jedes Hüsteln, jedes Scharren erzeugt einen Hall. Da erlöst uns die Musik, die Beklemmung weicht Traurigkeit. Ich denke an meine Oma. Daß sie ein schweres Leben hatte, sagt mein Vater in seiner Abschiedsrede, und daß für ihre eigenen Wünsche und Träume kein Platz war. Er steht vor uns allen, und während er spricht, hat er keine Angst, in unsere Gesichter zu sehen. Denn er lügt ihr Leben nicht schön, er sagt, wie es wirklich war. Meine Oma war, solange ich denken kann, die unbezahlte Haushaltshilfe meines jähzornigen Großvaters. Was für Gefühle hat man für eine Mutter, die nichts entscheiden darf, die am eigenen Tisch das Wort verboten bekommt, die immer nur duldet? Bedauert man sie, verachtet man sie? Mein Vater hat diese Frage in seiner Grabrede nicht gestellt, wahrscheinlich weil er dort vorne für uns alle spricht. Als ein Mann, der starke Frauen schätzt, litt er sicher mit seiner schwachen Mutter, litt er vielleicht auch unter ihr. In seiner wunderschönen Rede fand er zum ersten Mal Worte für seine Gefühle.

In Hamburg, wo ich einen Freund von der Journalistenschule besuche, begegne ich Martina. Das erste, was an ihr auffällt, ist der dunkelrote Lippenstift. Er leuchtet aus einem munteren Gesicht. Das strahlt inmitten schwarzer Haare. Trotz der Kälte hat sie nur eine Bluse an, mit tiefem Ausschnitt. Den offenen Mantel trägt sie wie eine Königin ihre Schleppe. Ihre Augenringe sehen nicht nach Müdigkeit aus, eher nach einer fröhlichen Nacht. Martina ist eine richtige Frau, voll und hungrig nach Ereignissen. Sie erzählt von ihrer Arbeit beim „Magazin", einem bunten Berliner Blatt mit Reportagen, Literaturtips, Erzählungen und kunstvollen erotischen Fotos. Es erscheint monatlich. Früher lag es immer bei meinem Vater auf dem Nachttisch, die ganze Familie hat es gelesen, weil es schön und aufregend zugleich war. Natürlich war es schwer zu bekommen, aber ein Onkel von mir arbeitete in der Druckerei, die es produzierte. Und so kamen die Magazine der vorangegangenen Monate immer packenweise mit dem Besuch aus Dresden zu uns. Ich freue mich, daß es überlebt hat.

Viele DDR-Zeitungen sind in den vergangenen drei Jahren still und leise verschwunden, Pramo, Für Dich, NBI, Der Morgen, Neues Leben, Temperamente. Der Sibylle geht es schlecht und der Wochenpost. Auch das Magazin leidet unter Leserschwund. Martina findet, daß es erhalten werden muß, und sie hat nichts Geringeres vor, als es zu retten. Sie sucht DDR-Autoren, die für das Magazin schreiben, ob ich nicht Lust hätte. Wir verabreden uns in Berlin, um darüber zu reden.

Dann in Berlin, die Weingläser sind längst leer, der zweite Cappuccino ist ausgetrunken, wir reden schon lange nicht mehr über das Magazin, sondern über uns. Martina ist eine der wenigen, die zuhören kann, ohne dabei ständig irgendwelche Vorurteile im Inneren abzuhaken. Sie ist so alt wie ich und so getrieben wie ich und genauso neugierig. Vielleicht kennt sie gar keine Vorurteile. Wir stellen fest, wir hätten wohl beide genauso gut das Leben der anderen in den getrennten halben Deutschlands leben können und wären dabei nicht unglücklich geworden.

VATER Der Markt bestimmt, was zu tun ist, so höre, lese, sehe ich es Tag für Tag in Radio, Zeitung, Fernsehen, wenn über die Treuhandanstalt und über die Abwicklung von Unternehmen in den neuen Bundesländern berichtet wird. Ich quäle mich mit dem, was um mich herum vorgeht. Dabei geht es mich nichts an. Ich bin nicht gefragt. Meine Meinung zählt nicht. Wäre es nicht eine gute Lehre bisherigen Lebens, meinen Horizont auf den Gartenzaun zu beschränken?

Ich kann das nicht, bei allem, was in dieser Zeit geschieht. Das Ende der Kupferhütte in Hettstedt steht bevor. Die Interflug bekommt eine Gnadenfrist, nachdem sie international diskreditiert und ihr Überleben durch Behinderungen bei Start- und Landegenehmigungen erschwert wurde. Der Ostsee-Schiffbau stirbt. Und immer verbergen sich dahinter die Schicksale von Vätern, Müttern, Söhnen, Töchtern, Kindern. Sollten sie nur die Bauern sein, die in diesem Spiel geopfert werden? Sollte es nur darum gehen, den westdeutschen Schuhfabrikanten, Kaliproduzenten, Schiffswerften, Waggonbauern, Senfherstellern, Wurstproduzenten, Schokoladenfabriken, und der Lufthansa die ostdeutsche Konkurrenz zu ersparen? Mir fällt wieder der Name Pöhl ein, der bei dem Vorhaben einer raschen Währungsunion die Hände über dem Kopf zusammenschlug.

Kritik und Zorn richten sich gegen die Treuhandanstalt, die für Verkauf und Stillegung unzähliger Ost-Unternehmen zuständig ist.

Von Totschlag-Philosophie ist die Rede, von fehlenden Entscheidungen, Verkauf von Leckerbissen an Begünstigte, Mißbrauch von Macht. Diese Anstalt hält den Lebensnerv von 16 Millionen Menschen in ihren Händen. Die Treuhandanstalt verwaltet fast 50 Energieunternehmen, 240 Chemiebetriebe, 136 Betriebe, die Zement, Bauholz, Türen und Fenster herstellen, mehr als 1.000 Maschinenbaubetriebe, die Fahrräder, Krane und Waggons herstellen, 300 Unternehmen elektrotechnischer Erzeugnisse – von der Glühlampe bis zur hinkenden Mikroelektronik –, 168 Textilbetriebe für Hemden, Anzüge, Handtücher und Bettwäsche, mehr als 500 Lebensmittelbetriebe, von der Molkerei bis zur Eberswalder Fleischfabrik. Das Treuhandgesetz sieht die Herstellung der Wettbewerbsfähigkeit möglichst vieler Unternehmen vor, bestehende Arbeitsplätze gilt es zu sichern, neue zu schaffen. Dem müßte sich diese Anstalt verpflichtet fühlen, dann hätte sie des Volkes Werte zu Recht in treuen Händen. Es kann doch niemand wollen, daß die Wirtschaft wie Luft aus dem Reifen entweicht, daß dieses Teilvolk nur noch ein Volk von Versicherungsagenten und Finanzberatern, von Imbißbuden- und Videothekenbesitzern, Empfängern von Altersübergangsgeld, Rentnern und Arbeitslosen ist.

Auf den Markt wird verwiesen – wer ist das, der Markt? Wer die täglichen Informationen verfolgt, muß annehmen, in dem Haus am Alexanderplatz, in dem sich die Treuhandanstalt befindet, sitzen alles Bösewichte, Unkundige und Unfähige. Aber Freunde von mir arbeiten doch auch dort. Sollte es Symbolwert haben, daß die Treuhandanstalt vom Alexanderplatz in das ehemalige Haus der Ministerien umsiedelt, dessen Hausherr bis vor zwei Jahren die DDR-Plankommission war? Tägliche Hiobsmeldungen, die immer auch die Handschrift der Treuhand tragen, vermitteln eine wirtschaftliche, soziale, am Ende politische Dramatik. Dahinter verbirgt sich der wirtschaftliche, wissenschaftliche und kulturelle Niedergang des Teiles Deutschlands, der am 3. Oktober 1990 der Bundesrepublik Deutschland beigetreten ist. Der Vertrag zur Einigung beider deutscher Staaten spricht von dem Wunsch der Menschen nach einem Leben in Frieden und Freiheit in einem sozialen Bundesstaat. Wie soll das gehen, wenn Millionen Menschen nicht arbeiten, nicht arbeiten *können*, weil die Betriebe geschlossen werden? Woher sollen die Werte kommen, wenn so viele nichts zum Reichtum der Gesellschaft beitragen und vom Geschaffenen zehren? Zugegeben, die DDR-Produktion war oftmals nicht rationell, qualitativ nicht ausreichend, teilweise wenig umweltfreundlich, meist zu teuer. Wer mit dem Auto in die Tschechei fährt, sieht im Erzgebirge noch heute die sterbenden die Bäume von der schlechten Luft der Kraftwerke. Es gab Mangel von der Handbohrmaschine bis zum Schreibblock. Aber das waren eben die Bedingungen der Wiedervereinigung, die den Vertragspartnern Lothar de Maizière und Dr. Helmut Kohl bekannt waren. Und wenn sie sie nicht kannten – um so schlimmer. Die Wirtschaft ist kein Sandkastenspiel, bei dem, wenn vormittags die Burg einstürzt, am Nachmittag eine neue errichtet ist. Greift man in eine Wirtschaft mit Brachialgewalt ein, stülpt ihr über Nacht eine andere Währung über, dann sind massenhafter Ruin und soziale Konflikte programmiert. Kanada setzte für den Weg zur Freihandelszone mit dcn USA zehn Jahre an. Zehn Jahre hat die Bundesrepublik Deutschland nach 1949 gebraucht, bis sie die Wirtschaft voll dem Weltmarkt geöffnet hat. Für den gleichen Vorgang gab man den Menschen zwischen Sonneberg, Saßnitz, Leinefelde, Boizenburg und Seelow nur einige Monate Zeit, eigentlich nur eine Nacht.

Nein, das was im Osten passiert, liegt nicht an der Unfähigkeit der Fachleute. Ich vermute, das ist Politik, die darauf angelegt ist, die Lebensunfähigkeit des DDR-Systems nachzuweisen. Daher der in Regie der Treuhandanstalt vollzogene Niedergang der Wirtschaft in den neuen Bundesländern. Die Forderung nach rascher Privatisierung scheint dafür ein Alibi. In dieser witzarmen Zeit erzählt man sich einen Witz:

Die Präsidentin der Treuhandanstalt, Frau Breuel, kommt in die Hölle. Nach Tagen ruft der Teufel Petrus an. „Petrus, könntest du nicht Frau Breuel übernehmen?“ Petrus kann sich des Teufels Wunsch nicht erklären: „Bei dem Unglück, welches diese Frau auf Erden gebracht hat, ist sie doch völlig zu recht bei dir in der Hölle.“ Der Teufel: „Theoretisch hast du recht, aber bei mir bricht der Notstand aus. Die Frau bläst hier einen Ofen nach dem anderen aus.“

Viele meiner Gedanken gelten der Bestimmung eigener politischer Positionen. Menschliche Ideale und vieles Unhumane verbinden sich für mich mit der DDR. Und natürlich sind DDR und SED, aus der 1990 die Partei des Demokratischen Sozialismus – die PDS – hervorging, unlöslich verbunden. Seit der Wende habe ich keine Beiträge mehr für die PDS gezahlt. Die schon fertige Austrittserklärung liegt seit Monaten im Wohnzimmerschrank. In meinem Kopf geht es immer wieder hin und her. Mal rechtfertige ich den Austritt vor mir – ich kann schließlich meine linken Ideale auch ohne Mitgliedschaft in einer Partei bewahren. Dann wieder lehne ich den Austritt ab – weil ich nicht vor meiner eigenen Vergangenheit fliehen möchte. Ich habe schließlich nicht gelogen, als ich für den Sozialismus eintrat. Gleiches Recht für alle in Arbeit, Bildung, Kultur und Gesundheit ist doch ein gutes Ziel. Vieles wurde falsch gemacht mit tragischen Folgen – mit meinem Zutun. Was also machen? Ich kann mich mit dem PDS-Austritt nicht davonstehlen.

Vielleicht bietet mir die neue Ost-SPD eine politische Heimat? Man hört viel von den Linken in der SPD. In den Zeitungen wird über Aktivitäten der SPD informiert. Ich melde mich für eine Tagung in Chemnitz zu Wirtschaftsfragen, bekomme eine Einladung, fahre hin, nehme teil. Björn Engholm, derzeit Parteivorsitzender und Ministerpräsident von Schleswig-Holstein, referiert. Nach der Tagung bekomme ich in unregelmäßigen Abständen Einladungen – in meinem Ordner habe ich eine Ablage „SPD", unter der Nummer 4. Die Ablage „PDS" hat die Nummer 1. Ebenfalls seit der SPD-Veranstaltung bezahle ich PDS-Mitgliedsbeiträge. Die fehlenden Monate habe ich nachgereicht.

Aus Freiburg meldet sich ein Herr Körner. Die Marktanalyse für PKWs haben wir abgeschlossen, und wir suchen weiter nach Betätigung im Arbeitsleben. Da kommt Körner richtig: Er möchte mit mir ins Zigarettengeschäft einsteigen. Längst vergessen, erinnert er mich, daß er um die Wendezeit bei mir im Ministerium war. Es ging um finanzielle Regelungen und ich sei damals kooperativ gewesen. Ich erinnere mich an die Person, nicht aber daß ich kooperativ in dem heute gängigen Verständnis war.

Herr Körner lädt meine Frau und mich in die Gegend von Freiburg ein, „um alles zu besprechen". Es ist später Herbst. Der Schwarzwald versteckt seine Schönheiten hinter Wolken und tristem Grün. „Am Wald 1" lautet die Adresse; dahinter verbirgt sich ein schloßähnlicher Bau im Jugendstil. Ein gußeisernes Tor öffnet uns die Fahrt durch den großen Garten, mit ausladender Terrasse, gegen die unsere in Biesdorf ein schmales Trittbrett ist. Der Hausherr empfängt uns. Dezent neben ihm die in hellen Farben gut gekleidete Gattin, etwa so wie man sich das aus der Fernsehsendung „Dallas" vorstellt, wo die Frauen stets frisch frisiert, in Bluse, Kostüm und Stöckelschuhen, mit Kettchen und Ringen ihren schweren Hausherrinnen-Pflichten nachkommen. Wir werden gut bewirtet. Herr Körner erklärt uns das Unternehmenskonzept – zumindest das, was er darunter versteht. Meine Erika – inzwischen durch mehrere, wenn auch glückslose Unternehmenskonzepte trainiert – verbirgt ihre Fassungslosigkeit.

Wochen später begrüßen wir unseren Partner in Berlin. Nach dem Auto zu urteilen, könnte er in der Daimler-Zentrale sehr weit oben regieren. Gemeinsam trinken wir eine Flasche Wein, sprechen über Gott und die Welt, er schläft bei uns, und das war es dann. Erst zum Jahresende meldet er sich wieder, ein neues Projekt in der Tasche. Rußland, dort könne man das große Geld machen. Holz aus den Weiten Rußlands, deutsche Bürotechnik nach Rußland, Kosmetik nach Petersburg. Vor allem möchte Herr Körner mit uns eine Firma gründen, er weiß auch wie. „Ihre Professorentitel vermitteln Vertrauen, das ist schon die halbe Miete."

Ich habe immer den Hang zu der Denkweise, „es wird schon gutgehen". Erika, in Steuerrecht und Betriebswirtschaft mehrfach geschult, hat Vorbehalte gegen das Projekt und speziell gegen die vorgeschlagene Gesellschaftsform GbR – Gesellschaft des bürgerlichen Rechts. „Der mietet sich ein großes Büro, kauft sich einen 7er BMW, fliegt first class nach Moskau, zahlt keine Steuern, verschwindet, und wir werden zur Kasse gebeten." So kam lediglich ein Vertrag auf dem kleinsten gemeinsamen Nenner heraus, ohne Gefahr für unser Geld, unser Häuschen, für Leib und Leben. Das Vorhaben schlief so lautlos ein, wie es geboren wurde. Später werden wird man uns erzählen, daß ein Geschäftsmann aus Freiburg in der Gegend von Wismar agiert, äußerlich sichtbar in großem Auto und großem Haus. Aktiv im Kreisverband der CDU, große Ländereien aufkaufend, große Projekte vor sich her tragend – unser Herr Körner. Was er jetzt macht? Das weiß man nicht. Als ihm die Schulden über den Kopf wuchsen, sei er verschwunden.

Aber Moskau, das ist eine Idee, die wir wieder intensivieren. Erika will sich allein mit Kontakten versuchen. Viele ihrer ehemaligen Kolleginnen von der Lomonossow-Universität und vom Moskauer Finanzinstitut bekommen kaum noch Geld für ihre tägliche Arbeit, verlegen sich auf das Geschäfte machen. So wie wir auch. Meine Frau ist eine Woche in der Stadt des Kreml, des Spasski-Turmes und des Roten Platzes, des Bolschoi-Theaters, der Metro und der Tretjakow-Galerie. Sie ist in der Stadt die wir beide lieben, für deren Schönheiten sie aber wenig Zeit hat und die mir heute immer fremder wird.

Es ist Sonnabend. Ich bringe sie am frühen Morgen mit dem Auto nach Tegel. Auf der Rückfahrt mache ich in dem im Norden Berlins gelegenen Wilhelmsruh bei meiner Schwiegertochter Ulrike Halt. Sie bewirtet mich mit einem ordentlichen Frühstück. Verwöhnt werden tut gut.

Erika kommt aus Moskau wieder nach Hause. Viele Kontaktgespräche hatte sie. Die russische Seele schwebte im Himmel – Gold, Holz, Möbel, Computer, Papier, Büromaterialien, Raumfahrttechnik –, alles war im Gespräch. „Ja, Erika, Sergej Borissowitsch – du kennst ihn doch noch von der Akademie – der hat einen hohen Posten im Ministerium, mit dem kläre ich das, nächste Woche rufe ich dich in Berlin an." Bis heute kehrte die Seele nicht aus dem Himmel zurück.

Werner, ein Freund, mit dem ich in den 70er Jahren in Moskau war, zu DDR-Zeiten Direktor eines Potsdamer Unternehmens. Selbstbewußt, resolut, geschäftstüchtig gründete er nach der Wende eine erfolgreiche Unternehmensberatung. Nun bietet er mir die Zusammenarbeit an.

Ein großer bundesdeutscher Konzern, mit dem Werner früher Geschäfte gemacht hat und der seine Fähigkeiten zu schätzen vermag, will seine alten Verbindungen nutzen. Er weiß, daß mir die Decke auf den Kopf fällt. In mir sieht er einen ehrlichen, zuverlässigen Kompagnon mit Verbindung zu Leuten in Moskau und anderswo im großen Rußland, gut russisch sprechend. Ich bin ihm für sein Angebot dankbar. Dreimal fahre ich zu unserem Auftraggeber in die Gegend von Kiel. Das ganze Vorhaben läßt sich gut an. In Moskau erschließen Werner und ich alte Adressen und versuchen, sie zu Partnern zu machen. Anfangserfolge kommen. Die Leute vom deutschen Unternehmen sind mit uns zufrieden. Spesen und Honorare werden zuverlässig gezahlt. Ein Abschluß über mehrere Millionen steht ins Haus.

An einem Augusttag sitze ich in der Kusnetzkaja, dem Moskauer Büro meines russischen Partners. Es geht um die Bestätigung eines Liefervertrages deutscher Waren nach Rußland. Einer der Chefs ist wegen der Papiere in den mittleren Ural geflogen. Schon den dritten Tag komme ich hierher. Immer wieder Mineralnaja Woda gegen die Langeweile. Dabei gehe ich so ungern in diese Toiletten, die ein

Lehrstück von Lehrlingen im ersten Lehrjahr zu sein scheinen und dringend der Reinigung bedürfen. Der wacklige Stecker transformiert Strom zum Tschainik, dem Teekessel, aus dem ich über einen kleinen Hahn kochendes Wasser in die Teegläser laufen lasse. Petschenije, das Teegebäck, gab es nur am ersten Tag, jetzt ist es alle. Wsjo budet, sagen meine Geschäftspartner, es wird schon werden.

Gestern Abend war ich bei Juri und seiner Frau Galja, das ist jene, die anläßlich Erikas Geburtstages *mir* zu meiner Frau Erika gratulierte. Juri war viele Jahre Professor für Strafrecht an der Lomonossow-Universität. Er schnitzt gern; in unserer Wohnung hängt seit ewigen Zeiten ein geschnitzter Bajan, eine alte russische Märchenfigur, zwischen Fenster und Fernseher. Galja ist Deutschlehrerin. Krassikows wohnen in einem der Blocks in Matwejewskoje, einem Vorort Moskaus, etwa so wie Berlin-Marzahn. Den 10-Geschossern kann man den Eindruck der Kälte nicht nehmen. Die Monotonie der Fenster, die schlampig verschmierten Fugen und wackelige Dachrinnen kommen dazu. Aber das Wohngebiet ist mit Wäldchen, Spielplätzen und Parks durchsetzt. Ich suche die Logik der krummen, ausgelatschten Wege zu erschließen – sie widerspiegeln das Nein der Bewohner zu den von Architekten vorgedachten Plattenwegen. Zweck und Empfindung, die russische Seele, haben sich eigene Pfade geschaffen. Ich war lange Zeit nicht mehr hier und frage eine Frau nach „dom desjat, korpus pjat, kwartir dwestisorokdewjat – Haus 10, Aufgang 5, Wohnung 249“. Jetzt finde ich mich wieder zurecht, erkenne den Aufgang an dem davor befindlichen rohen Holztisch unter hohen Sträuchern, eine Bank drumherum. Juri hatte sie mit gebaut. Viele, vor allem alte Leute, gingen noch auf dem flachen Land zur Schule. Sie bringen sich so ihr Dorf mit in die Stadt.

Als ich in den 70er Jahren an der Parteihochschule studierte, war ich oft hier zu Besuch. Beides gastfreundliche Leute, eben Russen. Wenn ich nach Heimat-Besuchen Berlin wieder verließ, hat mir Erika stets den Koffer mit Strumpfhosen, Schokolade, Kinderschuhen, Hustentropfen, BH's, und Kopfschmerztabletten vollgestopft – für Galja. Einmal waren es Saiten, die Krassikows aus der DDR für das Cello ihres Sohnes Mischa brauchten. Dafür kam mir die Zuständigkeit für die Preise von Musikinstrumenten zustatten. Auch bei Dienstreisen zum RGW oder zum Wedomstwo po Zenam, dem Amt für Preise, war mir ein Besuch bei Galja und Juri zwingend, und sei es nur für eine Stunde. Immer waren ihnen unsere Mitbringsel peinlich, und sie entgolten uns mit Krimsekt und Mischki, russischem Konfekt für Erikas Kinder André, Jana und Anja. 10jährigen grusinischen Kognak schenkte mir Juri. Die Flasche lagerte ich mit Blick auf meinen 50. Geburtstag weitere acht Jahre in dem Glauben, je älter desto besser. Ich habe ihn wohl falsch behandelt – als ich die Flasche öffnete, schmeckte das edle Getränk wie Seife.

Galjas und Juris Sohn Mischa hat von Kind an die Musikschule, später eines der berühmten Moskauer Konservatorien besucht. Er sei musikalisch begabt, meint Galja. Nach der Perestroika wird sie uns schreiben, daß Mischa trotz Begabung und Fähigkeiten in Rußland keine Arbeit mehr findet und nun gemeinsam mit seiner Frau Ira in einem Orchester in Ankara spielt. Dort bekämen beide wenigstens Lohn für ihre Arbeit, wenn auch weniger als ihre türkischen Orchesterkollegen. Schöner wäre es, wenn sie in Deutschland einen Vertrag bekommen könnten.

Wir suchen aus Fachzeitungen Annoncen heraus, in denen Berliner, Rostocker, Frankfurter, Düsseldorfer, Münchner Orchester Cellisten suchen, schicken sie dem Sohn nach Ankara. Aber Mischa ist ein typisches Kind russischer Intellektueller. Das ganze Leben des einzigen Sohnes wird durch die Eltern geregelt. Was sie nicht tun, wird nicht getan – auch nicht das Schreiben auf Annoncen.

Meinen Freund Werner in Berlin habe ich telefonisch informiert, daß für den Millionenvertrag die Antwort aus Kemerowo weiterhin aussteht, der Kurier sei noch nicht zurück. Die Russen verstehen meine Unruhe nicht. Wsjo budet, sagen sie, es wird schon werden. So bleibt es bei Woda, Tschai, und einem „woditschka“, falls ich den Schnaps von meinem Westgeld aus dem Magasin, dem Geschäft, mitbringe. Gorbatschows 1985er Wodka-Verbot ist längst vergessen. Es hatte sich als Dummheit und Scharlatanerie erwiesen, so wie vieles andere dieses Mannes auch. All jenen, denen nach Schnaps war, haben in Rußland immer den Weg dahin gefunden. Das war beim Zaren so und unter Gorbatschow. Ich erinnere mich an eine Karikatur im Krokodil, der Satirezeitschrift im weiten Sowjetland: Ein kleines Nest in der Taiga, ein altes Holzhaus, im hintersten Winkel die Küche, wackliger Stuhl, Tisch aus rohem Holz. Darauf ein handgemachtes Schnapsbrenngerät mit der typischen Glasspirale. Davor die Babuschka mit Schürze und Kopftuch. In der Tür steht der Milizionär mit strengem Blick:

„Na, babuschka, brennen wir schon wieder Schnaps?“

Die Großmutter empört:

„Schto ty, sinok – aber Söhnchen, wo denkst du hin! –Sdelaju is wodky sachar. Ich mache aus Schnaps Zucker!“

Nichts mit „wsjo budet“ – es wird schon werden –, das Warten bei den Geschäftspartnern wird unterbrochen. Ein Telefonat aus Kemerowo. Ich schaue meinen Gastgeber fragend an. Er macht die Bewegung mit dem waagerechten Zeigefinger am Hals. Der Kurier wurde auf dem Weg zum Flugzeug ermordet. Er fürchtet ums Geschäft und trauert um seinen Kumpel.

Meine Gedanken sind darauf gerichtet nichts wie weg hier. Die Aeroflot bringt mich heil nach Tegel zurück. Das deutsche Unternehmen hat seine Aktivitäten zurückgefahren – den Rest konnte es ohne mich regeln.

In solcher Stimmung tun ein paar Streicheleinheiten von Jana gut:

Hallo. Ihr Lieben! Ich bin immer wieder froh, daß wir so schöne Tage miteinander haben. Nach so einem gemütlichen Wochenende bei Euch bin ich wieder richtig aufgetaut. Für uns ist es ein Segen, daß Ihr nun endlich etwas Zeit für uns habt. Ich weiß, die Arbeit ist immer die Hauptsache bei Euch gewesen. Aber die Welt ist auch schön, wenn man nicht von früh bis spät ackern muß. Die Zwänge, durch die man produktiv wird, kann man auch selbst schaffen, improvisieren. Im Babyjahr hat mir am meisten geholfen, wenn ich einen Plan hatte, an den ich dann ein Häkchen machen konnte. Glücklich war ich in dieser Zeit trotzdem nicht, obwohl ich stolz auf jede Romanseite war. Zwei Sachen fehlten mir – die Überraschungen und Ungereimtheiten der Arbeit und die Schulterklopfer. Das läßt sich nicht organisieren. Ein Mensch, der auf geistige Arbeit trainiert ist, kann das nicht einfach abstellen. Holzhacken kann nicht geistiges Tätigsein ersetzen. Ihr beide seid Typen, die sich nicht an das Austrudeln gewöhnen können. Aber früher oder später müßt Ihr sowieso weniger tun. Wie wäre es, wenn Ihr schon mal damit beginnt?

Ich erinnere an letzten Sonntag – Eure Herzlichkeit und Zuwendung ist doch genau so viel wert wie Arbeit. Die Leistung ist kein Gott, keine Göttin, sie ist nicht das Maß aller Dinge, es sei denn Ehrlichkeit, Liebe, Aufmerksamkeit, Hilfe, Rücksichtnahme gelten ebenfalls als Leistung. Aber so weit sind wir in diesem deutschen Land noch nicht.

Bei Dir, Papa, denke ich manchmal, Du hast Lust zur Muße, aber Du traust Dich nicht, es Dir einzugestehen. Du hast Deine Aufgabe so gut Du konntest erfüllt, aber jetzt ist diese Aufgabe nicht mehr da. Einige möchten Dir einreden, sie sei auch nichts wert gewesen. Es ist nicht an Dir, das Gegenteil zu beweisen. Das lassen jene, die jetzt das Sagen haben, sowieso nicht zu. Wir haben an Dir nicht die Macht bewundert, die Du in Deinem Amt hattest, sondern die Souveränität und Normalität, mit der Du diese Macht nicht mißbraucht hast. Du hast immer mehr geliefert, als der Tagesplan vorsah. Daß schon der Plan falsch war, ist nicht Deine Schuld. Du hast niemand an's Messer geliefert und soweit ich weiß – niemand um Deinetwillen verraten. Das ist, bei all dem was in der DDR passiert ist, etwas sehr Wichtiges. Dieser Dein Charakter hat mich geprägt, und wenn ich für mein Leben etwas wünsche, dann ist es Dein sauberer Charakter. Ich werde ihn in meinem Beruf dringend brauchen.

In Liebe – Eure Tochter

Jana will mir Muße einreden. In Wahrheit suche ich Betätigung. Ich kann mich nicht mit dem Gedanken anfreunden, daß meine Fähigkeiten nicht gefragt sind. Da geht es nicht um Macht und Einfluß, da geht es einfach darum, mein Wissen einzubringen, selbst im Kopf beweglich zu bleiben. Das ist der Grund, warum Erika und ich bemüht sind, Arbeit, Aufträge zu finden.

Natürlich, schon oft in meinem Leben dachte ich darüber nach, daß man es anders gestalten müsse. Mehr Zeit für Muße, mehr Zeit für Erbauung. Jetzt, nach der Wende, wenn auch ungewollt – endlich wäre die Zeit gekommen, da ich mit meiner Frau ein Theater, ein Kino, eine Bildergalerie besuchen und große Wanderungen unternehmen könnte. Warum tun wir das nicht. Statt dessen bin ich unglücklich, weil ich keine Arbeit habe, laufe der Arbeit hinterher, suche Bestätigung. Ich werde das ändern – wenn ich in der Entscheidung souverän bin.

Mit meinem Bruder Anton, dem Lehrer im Hessischen, hat sich der Kontakt bald nach der Wende recht schnell wieder ergeben. Ich würde meinen, es war 1956, als wir uns das letzte Mal sahen. Aber eigentlich haben wir uns schon viel früher, nämlich 1946, getrennt. Damals ging er zur Oberschule und ich kam in die Lehre. Nach dem

Abitur verließ er die elterliche Unterkunft, nahm an einem Kurs für Neulehrer teil, war noch ein oder zwei Jahre Lehrer in der DDR und ging dann nach dem Westen. Er zwanzig, einundzwanzig, ich siebzehn, achtzehn. Ich glaube, er ist der beste Lehrer den man sich denken kann, denn er liebt Kinder. Anton verzichtete zu Recht schon als Kind auf den Tron des Nachfolgers des Lebensmittelhändlers Anton Maier sen., um ihn seinem Bruder Wilfried zu überlassen und am Ende Lehrer zu werden. Bei meinen Eltern genoß mein im Westen lebender Bruder Achtung. Der soziale Status eines Lehrers hat bei Menschen, die im Dorf groß geworden sind, einen hohen Stellenwert. Für mich sprach, daß ich in der von Nymbus umgebenen Stadt Berlin wohnte. Von meiner Großmutter erzählt man sich die Geschichte von ihrem Aufenthalt im Hotel in der Stadt Außig an der Elbe. Meine Großeltern waren in dem mit Spiegeln ausgestalteten Hotel-Foyer. Sich umschauend, sprach sie zur ihrem Mann: „Kuck ock, Johann, dou sieht ma glei, doß die Laite vun Dorfe sein – sieh mal, Johann, da sieht man gleich, daß die Leute vom Dorf sind." Großmutter bemerkte erst danach, daß sie selbst Gegenstand ihrer Überlegungen war. Sie brachte die Größe auf, zu Hause davon zu erzählen.

Das Wiedersehen mit Anton war unkompliziert. Ich berührte nicht seine Motive, warum er erst die Lehrerausbildung genoß und dann das Land verließ, er respektierte, daß ich keine „Westkontakte" haben durfte. Wir hielten uns an die Rufgewohnheiten. An dem Vornamen Wilfried ist wenig zu verderben. Dem österreichischen Einfluß auf die sudetendeutsche Sprechweise folgend heißt mein Bruder Anton auch noch mit 63 Tonl – so nannte ich ihn denn auch. Anton ist ein hochgebildeter Mann. Er beherrscht Spanisch, Französisch, Russisch, Italienisch, Tschechisch, Arabisch, natürlich Englisch. Seine zwei Töchter hat er selbst Klavier und Geige gelehrt. Beneidenswert seine Kenntnis der Geschichte Roms, Griechenlands und Ägyptens. Alltagsfragen wie Geschirrspülen, Staubsaugen, Einkaufen, Hausordnung und Schuhe putzen, so scheint es mir, sind weniger seine Stärke.

Janas Großer, Jakob, schwärmt von seinem Onkel Anton, was nicht schwer ist – ihre Lebensmuster sind deckungsgleich. Bücher sind ihre Welt. Die 45 Minuten des Weges von Bergfelde nach Biesdorf sitzt Jakob im Auto und schaut in Bücher. Hier angekommen, küßt und umarmt er liebevoll seine Großeltern – was mich stets von neuem im Innersten berührt –, verschwindet in eine Sofaecke und klappt ein Buch auf. Zum Essen kommt er nur widerwillig, es sei denn, Eierkuchen stehen auf dem Menü, für die er selbst die Zutaten zusammenstellt und dann quirlt, backt, wurf-wendet und serviert – mit viel Zucker und Zimt. Lediglich Kandiszucker ist geeignet, Jakob vom Buch weg zu locken, sehr zum Leidwesen der Eltern und zum Schaden der Zähne.

Bei der Heimfahrt der gleiche Hergang – Schuhe und Anorak an, Umarmung, Auto, anschnallen, Buch auf, Kopf runter. Beim Anrollen der Räder glaube ich Janas Worte zu hören – „Jakob, wink Oma und Opa noch mal". Er hebt kurz den Kopf, bewegt zweimal die Hand und aus.

Mein Bruder Anton hatte mich immer wegen meiner vielen Enkel beneidet. Ein gutes Schicksal wollte es, daß sein lange unerfüllter Wunsch, Großvater zu werden, doch noch erhört wurde – da ist er 68. Seine Tochter Susanne bekam ein kleines Mädchen, Helen. Er schwärmt von der Musikalität und dem Intellekt der Kleinen, Glück und Eitelkeit mischen sich auf liebevolle Weise.

Mit meinen Cousinen Renate und Ulrike aus München habe ich Kontakt aufgenommen. Sie sind Zwillinge. Wir kennen uns aus der Zeit, als ich 12 und sie 4 waren. Ihr Vater war mit Leidenschaft Bibliothekar in der sudetendeutschen Stadt Sternberg. Die Nöte des Krieges ließ die Familie im Sommer 1944 in unser Dorf zu den Großeltern ziehen, noch nicht ahnend, daß ein Jahr später die Aussiedlung nach Deutschland erfolgen würde, die Großeltern und meine Eltern nach Thüringen und sie nach Bayern.

Trotz des Abstands von mehr als 40 Jahren gab es ein freundliches, fröhliches Wiedersehen in München mit wunderbarer Gastfreundschaft. Sogar Renates Katzen mußten den Gästen vorübergehend ihr Zuhause räumen. Unser Zimmer blieb immer verschlossen, präziser gesagt, zugeschlossen, denn die Katzen, aus ihrem Domizil vertrieben, hatten die Fähigkeit, an der Tür hochzuspringen, sich mit den Vorderpfoten an die Türklinke zu hängen um sie so zu öffnen. Unsere Liebe zu Katzen hält sich in Grenzen – darauf nahm Renate Rücksicht. Renate, Ulrike und Renates Mann Dietrich verdanken wir Sichten in die Schönheiten Münchens, in tolerante Denkweisen und in die Mißliebigkeiten des Berufslebens, wenn man nicht mehr in der Blüte seiner Jahre steht. Renate hatte in einem Unternehmen

Mit dem Campingwagen am Kiessee in Kagel bei Berlin 1968, v. l. n. r. Jana, Anja, André

Urlaub an der bulgarischen Schwarzmeerküste 1971, v. l. n. r. Jana, Anja, André

Vater mit Tochter Jana im Schnee 1965

Im Garten der Großeltern in Biesdorf 1995

Familie Maier. Die Eltern André und Ulrike mit ihren Kindern Till und Josefine

Familie Maier-Winkler. Die Eltern Thomas und Anja, die Kinder Hanna und Wanda

viele Jahre eine anspruchsvolle, interessante Arbeit und ist später in Unfrieden ausgeschieden. Sie fühlt sich ungerecht behandelt, ist unglücklich, was auch durch Geld nicht ausgeglichen werden kann. Aber nun wendet sie sich anderen Schönheiten des Lebens zu, genießt die Kunst und die Natur. Davon, liebe Renate, haben wir uns etwas abgeguckt. Wir werden gemeinsam mit Dir und Dietrich den Spuren Fontanes in und um Rheinsberg folgen, Jahre später mit Euch Bach, Mozart und Händel im Kloster Chorin genießen und uns auf das nächste Wiedersehen freuen. Was will man mehr.

Meine Cousine Judith ist in der Pfalz gelandet. Sie stammt aus einem kleinen Dorf im Sudetenland – Kosel. Unsere Dörfer lagen 20 Kilometer voneinander entfernt, wir sahen uns zweimal im Jahr zu den Namenstagen unserer Großeltern. Judiths Eltern besaßen einen Laden, der neben dem Lehrergehalt der Mutter Zusätzliches zum Leben einbrachte. Ganz sicher haben wir – zumindest mit ihrem Mann Werner – verschiedene politische Sichten. Das hindert Werner nicht, uns freundlich zu empfangen, auf der Terrasse seinen Grill anzuwerfen, mit Geschick die vorbereiteten Würstchen und Brätl zu grillen und mit Sachkunde Pfälzer Wein einzuschenken. Die Aussiedlung der Sudetendeutschen und den Beitritt der DDR zu BRD klammern wir aus unseren Gesprächen aus. Jeweils bei der Abreise, zwischen Haustür und Auto, erklären wir uns gegenseitig, daß wir das nächste Mal mehr Zeit brauchen, um über die großen Dinge dieser Welt zu reden – wissend, daß es vielleicht gar nicht sinnvoll ist.

Zur DDR, in der er selbst nach dem Krieg einige Jahre lebte, hat Werner die Position eines Militärs, der sich an Tatsachen hält. Die Konfrontation zweier Militärkoalitionen im Nachkriegseuropa waren Realitäten mit all ihren Konsequenzen. Er gehört nicht zu den alten Bundesbürgern, die besser als wir, die wir 40 Jahre hier gelebt habe, wissen, wie es in der DDR zuging. Ich rechne ihm die Feststellung hoch an, er wäre wahrscheinlich in der DDR auch Offizier der NVA geworden, denn er liebt das Militär und hat deshalb Jahrzehnte bei Streitkräften gearbeitet. So wie ich zur Bundesrepublik Deutschland, habe er zur Deutschen Demokratischen Republik keine Kontakte unterhalten dürfen. Zu diesem Bekenntnis gehört eine große Portion Toleranz. In Gesprächen gegen die simplifizierten Ossi-Wessi-Bilder habe ich mich schon oft auf meinen Schwager Werner berufen.

Auch unsere „neue“ Westverwandtschaft lernen wir kennen. Anjas Schwiegereltern, Ruth und Heiner leben in der Nähe von Nürnberg. Sie legen Wert darauf, nicht Bayern sondern Franken zu sein. Heiner ist für Siemens als Ingenieur ein Leben lang durch die Welt gereist. Ihm fällt es schwer, dieses Leben aufzugeben –, und er findet von Zeit zu Zeit als Reiseleiter für Quelle-Reisen einen Ersatz – so ist er unterwegs nach Indonesien, nach Südafrika, nach Malaysia und China.

Das freundschaftliche Verhältnis zwischen uns und ihnen könnte man als ein Stückchen Fundament sehen, das zu dieser aus Ost und West zusammengewürfelten Familie gehört. Wir dürfen nur nicht über die Ausländerpolitik, über die Arbeitslosigkeit, den DDR-Sport und über den Zweiten Weltkrieg sprechen. Urlaubsziele, Preise, Kinder und Enkel, Aktienkurse, Autos, Haus und Garten, Weinsorten, Benzinpreise sind da besser als Gesprächsstoff geeignet. Vielleicht ändert sich das über die Jahre. Liebevolle Mitbringsel: Frankenwein, ein frischgebackenes Brot, selbstgemachte Marmelade und fränkische Wurst sehen wir als große Freundesbeweise, weniger mit Blick auf die Speisekammer.

Unsere neu entstandenen Bindungen in die Regionen Bayerns, Holsteins, Hessens, Schwabens und des Rheinlandes sind eine Bereicherung unseres Lebens. Trotzdem wird das Zusammenwachsen der beiden Teile Deutschlands noch lange dauern. Die Berliner Mauer war nicht nur die Trennung des Bezirks Wedding von Prenzlauer Berg, Kreuzbergs von Treptow und Tegels von Pankow, sondern vor allem eine Nahtstelle zweier Welten – ihrer Ideologien und hochgerüsteten Militärblöcke. Hier Panzer, dort Panzer; hier Atomraketen, dort Atomraketen; hier Kasernen mit Russen, dort Kasernen mit Amerikanern. In Berlin beobachte ich, wie sich die Trennung der Stadt nicht nur in Straßen, Parks, Plätze, S- und U-Bahn gefressen hat, sondern auch in die Köpfe. Noch immer habe ich Scheu, mit dem Auto in den Westteil der Stadt zu fahren. Nur weil ich mich schwer zurechtfinde? Die Schuhe kaufe ich noch immer bei Kaufhof am Alex und nicht bei Deichmann, Laiser, Bata oder Wittstock in der Steglitzer Schloßstraße oder in der Neuköllner Karl-Marx-Straße. Wenn wir ein gutes Restaurant suchen, fällt uns der „Nußbaum“ im Nikolaiviertel und nicht das Café Kranzler ein. Das Ticket nach Kreta kaufen wir bei Schneider-Reisen in Biesdorf und nicht bei Neckermann-Reisen in der Seestraße.

Das hat nichts mit Aversionen zu tun, sondern mit dem Leben des Menschen, der eine Geschichte hat. So passiert mir, daß ich, um für Jana einen Artikel zu besorgen, die „Süddeutsche Zeitung" benötige – an einem Sonnabend. Ich laufe zum Zeitungskiosk an unserem S-Bahnhof. Aber Biesdorf ist zu klein. Ich nehme die nächste S-Bahn bis Lichtenberg, ein Fernbahnhof – keine „Süddeutsche". Zum Hauptbahnhof, zum Bahnhof Alexanderplatz, zur Friedrichstraße. Überall ohne Erfolg. Am Ende bin ich ohne Zeitung wieder zurück nach Biesdorf gefahren.

Jana fragt, warum bist du nicht noch die wenigen Stationen bis zum Bahnhof Zoo gefahren?

Ja, warum?

1993

TOCHTER Der Weihnachtsbaum hat noch nicht eine Nadel verloren. An seinen fröhlich grünen Zweigen hängen durchlöcherte krumme Papiersterne, die mit Hilfe entkräfteter Filzstifte zu etwas Farbe gelangt waren. Trotzdem, keiner hat schönere Sterne als wir. Nur wegen ihnen steht der Weihnachtsbaum jetzt im Januar noch hier. Ein neues Jahr beginnt. Statt der Glückwünsche schreibe ich an der ersten Steuererklärung meines Lebens, das kann ja nicht so schwer sein. Noch vor fünf Jahren habe ich schließlich die Jahresabschlußbilanz für einen ganzen Betrieb errechnet. Ob Marktwirtschaft oder nicht, letzten Endes werden die Einnahmen den Ausgaben gegenübergestellt. Vor fünf Jahren in der LPG ging es noch um Millionen, jetzt sind die Summen natürlich etwas kleiner. Die aufgelisteten Einnahmen passen auf eine einzige Seite, die Ausgaben nicht. Am Ende bleibt ein magerer Gewinn.

Wenn ich jetzt arbeiten würde, anstatt Quittungen abzuheften, Kilometergelder zu addieren und Begründungen für lange zurückliegende Ausgaben zu formulieren, dann hätten wir alle mehr davon. Nicht genug, daß ich das ganze Jahr lang auf jedem Kassenbon den erworbenen Gegenstand notiere, daß ich in der Post, im Buchladen oder beim Kauf einer Schreibtischlampe länger warten muß, um einen richtigen Beleg für die Steuer zu bekommen. Nein, ich ernte auch noch Gebrubbel in der Schlange und einen vorwurfsvollen Blick des Herrn hinter dem Schalter. Ich laufe einen Nachmittag lang hinter der Kopie eines bestimmten Kontoauszuges her, vermesse meinen Arbeitsplatz und dividiere meine Heizkosten. Ich rechne Mehrwertsteuerprozente ab und woanders wieder dazu.

Ich kaufe und lese! zwei dicke Fachbücher zum Thema Steuern und weiß nun, daß ich die Geburtstagsblumen für meine Kollegin von der Steuer absetzen darf, weil ein gutes Arbeitsklima meiner Karriere dienlich sein könnte. Das ist peinlich, aber sie erfährt es ja nicht. Wenn die Einnahmen klein sind, muß ich wenigstens die paar Tricks kennen. Mein Schamgefühl läßt nach, schließlich habe ich mir jede Mark sauer verdient. Ich setze die Reinigungskosten für Gardinen mit auf die Ausgabenliste, die Zahnoperation als besondere Ausgabe, den Videorecorder, weil ich meine Filme mit Texten versehen muß, eine Kaffeemaschine, weil ich beruflich Gäste empfange. Dieser Staat will so viel wie möglich von meinem Verdienst haben, deshalb schnüffelt er in allen meinen Lebensbereichen nach Geldquellen. Die Mehrwertsteuer wird angehoben, die Tabaksteuer steigt, ein Solidaritätszuschlag wird eingeführt, und die Kraftfahrzeugsteuer erhöht. Aber der Staat will ja nicht gemein sein, er eröffnet mir viele Möglichkeiten, um das Geld zurückzuholen. Und damit es mir nicht langweilig wird, nimmt er aus diesem Sack jedes Jahr ein paar Vergünstigung heraus und tut einige andere hinein. Ich muß mich ständig weiterbilden, Hebesätze erforschen, Kilometerpauschalen kennen, geänderte Freibeträge recherchieren. Ich begreife diesen Staat nicht, der ein solches Durcheinander anrichtet, der mich nicht meinen eigentlichen Job machen läßt, der Heerscharen von Finanzbeamten und Steuerfahndern gegen den Steuerzahler in den Krieg schickt.

Wenigsten bin ich nach meinem unfreiwilligen Steuerkurs beinahe sicher, daß ich keinen Pfennig zu viel abgebe. Doch der Stolz schwindet, als ich diese grauen Formulare vom Finanzamt sehe. Irgendwie müssen meine Zahlen da jetzt reinpassen. Aber was bitte schön sind „Kürzungsbeträge nach §1 Abs. 1 bis 4 Berlin FG“? Im Anhang entdecke ich zwar den Abschnitt: „So werden die Vordrukke ausgefüllt“, doch von dem ganzen Text verstehe ich nur den ersten Satz: „Füllen Sie nur die weißen Felder der Vordrucke deutlich und vollständig aus.“ Ob ich will oder nicht, um einen Steuerberater komme ich offensichtlich nicht herum. Der lacht sich nicht gerade tot über meine geringen Einnahmen, aber er gibt mir zu verstehen, daß er an mir nicht interessiert ist. Kleiner Umsatz, großer Papierberg – das bringt nichts ein. Ich flüchte mich zu meiner finanzbegabten Mutter. Wir basteln den Schriebs irgendwie zusammen, und ich wünsche mir, eines Tages reich zu sein, wenigsten so reich, daß ein Steuerberater mich ernst nimmt.

Das Mahnfeuer vor dem Tor des Stahlwerkes brennt seit Tagen. Der Pförtner, der Günter heißt, legt gerade wieder ein paar Scheite nach. Mit einem Knüppel schiebt er das Holz in die Mitte der Eisenschale, schubst es auf die Glut. Es qualmt und stinkt, schwarze Flöckchen fliegen uns entgegen. Günter hebt die Hand, als müßten wir uns kennen, seit Wochen geht die Presse hier ein und aus. Eilige Journalisten heben schwere Taschen mit breiten Tragegurten aus ihren Autos, entwirren Kabelrollen und machen Mikrofonproben: „Eins zwei. Eins zwei drei. Meine Oma die ist high." Das Stahl- und Walzwerk steht kurz vor der Schließung. Es ist ein langsames Ableben, die Hoffnung für den einzigen Industriebetrieb in meiner Kreisstadt bleibt bis zum Ende. Aber sie erfüllt sich nicht. Das Werk war gleich nach der Wende von Krupp gekauft worden. In dem Vertrag mit der Treuhand standen feste Arbeitsplatzzusagen, Krupp hat sich nicht darum geschert und immer mehr Leute entlassen. Seit zwei Jahren kämpfen die Walzwerker gegen das Sterben an, mit Demonstrationen, mit Briefen an Politiker, mit Warnstreiks. Sie sind mit Plakaten durch ihre Stadt gezogen, haben vor den Toren des Stammwerkes in Westdeutschland gestanden und verteilten im strömenden Regen Flugblätter vor dem Potsdamer Landtag. Die Belegschaft wurde immer kleiner, trotzdem zogen die längst entlassenen Kollegen bei allen Aktionen weiter mit. Auch die Journalisten waren immer dabei, standen mit dem Notizblock der Frau gegenüber, die nach 30 Jahren ihre Kündigung erhielt, schossen das Foto, auf dem der junge Mann seine heulende Kollegin in den Arm nahm, machten das Interview mit dem Betriebsrat, der nicht mehr weiter reden konnte, so groß war die Enttäuschung.

Heute ist es still am Werkstor, nur Günter ist da, neben seinem Feuer. Es ist heller Mai und ein Sonntag, die Journalistenschar hat frei. Vor dem Betriebsschild mit der Aufschrift „Krupp-Stahl-AG" weht ein schwarzes Tuch. Ich soll einen Bericht machen über das Werk, über die letzte Woche, bevor das Feuer im Stahlofen ausgeht. Das Walzwerk ist nur wenige Kilometer von meinem Wohnort. In den letzten Monaten stand fast jeden Morgen ein Artikel über den Niedergang von Krupp in meiner Heimatzeitung. Ich habe die Meldungen beim Frühstück gelesen, bei der Fahrt mit der Bahn oder an den ersten Frühlingsnachmittagen im Liegestuhl – so wie jeder hier in der Region. Das Aus für den Stahlbetrieb bedeutet hier mehr als das Ende einer siebzigjährigen Tradition. Es führt einer ganzen Region vor, daß es sowieso keinen Sinn hat, sich gegen Krupp und die Treuhand aufzulehnen. Wenn die neue Macht das Werk abgeschrieben hat, dann haben die Arbeiter keine Chance. Zwar dürfen sie jetzt auf ihre Plakate draufschreiben, was sie wollen, dürfen laut sagen, was ihnen nicht paßt, aber es interessiert keinen.

Die letzte Schichtwoche hat begonnen, wir laufen über den verwaisten Betriebshof zur ersten Halle, ein alter Backsteinbau mit hohen Fenstern. Ein verschwitzter Riese im Netzhemd kommt mir entgegen, zeigt auf die Präzisionsmaschinen, auf das Stahlband, das wie eine Lakritzrolle am Ende der Walzstraße aufgewickelt wird. „Das ist das modernste, was es gibt“, ruft er mißmutig in den Lärm, „ich kapiere einfach nicht, wieso wir zumachen.“ Wenn diese letzte Woche vorbei ist, fährt der Mann morgens nicht mehr zum Stahlwerk, sondern zum Arbeitsamt: „Ein beschissenes Gefühl, könnse glauben. Vielleicht gehöre ich zu denen, die das Werk nachher mit abreißen dürfen.“ Mein Bericht über das Werk fällt mir schwerer als alles, was ich vorher gemacht habe.

Wie ging das Märchen vom Hans im Glück? Ich sitze auf einem Arzthocker und beuge mich weit nach vorn, damit Anton mich hören kann. Er liegt in einer dicken Röhre wie ein Hotdogwürstchen im Teigmantel und darf sich nicht bewegen. Anton ist jetzt vier Jahre alt. Seine Arme und Beine sind dünn wie Streichhölzer, es kommt einfach keine Kraft hinein. Die Muskeln wollen nicht wachsen. Wir wissen noch immer nicht, warum. Jetzt liegt er in dieser Röhre und wird 40 Minuten lang durchleuchtet. Irgendwelche Geräte schwenken über ihm hin und her, und ich erzähle dabei Hans im Glück. Ich überlege, wie es nach dem eingetauschten Schwein weitergeht. Die fehlerfreie Widergabe des Märchens ist wichtig, eine Abweichung könnte Antons Protest hervorrufen, er würde sich vielleicht zu mir umdrehen oder mit der Hand eine abwehrende Bewegung machen. Die Untersuchung müßte abgebrochen werden. „Du mußt ganz still liegen“, ziehe ich mich aus der Affäre, „auch wenn ich jetzt was Verkehrtes sage, dann erzählst du mir später, wie es richtig ist. Nicht bewegen!“ Und dann tausche ich das Schwein gegen die Gans und die Gans gegen den Stein und ich hoffe, daß es so einigermaßen stimmt. Ich rede und rede, denn ich habe Angst, daß er Angst bekommt. Der Arzt sagt, daß selbst Erwachsene in dieser Röhre in Panik geraten. Aber Anton hält stumm durch, er ist ein kluger kleiner Junge.

Wir fahren zurück zum Kinderkrankenhaus in Berlin Lichtenberg. Seit Tagen ist Anton hier zur Beobachtung und absolviert eine Untersuchung nach der anderen, weil er körperlich zurückgeblieben ist. Vor dem Krankenhauseingang rennt Anton ungefähr 17 mal die Rollstuhlrampe hoch und runter. Er will, daß ich mitmache, aber ich finde es schöner, zuzugucken. Wenn er auf der Schräge nach unten peest, sieht es fast normal aus. Ich postiere mich am unteren Ende der Rampe und fange ihn auf, er ist federleicht. Die Kinderstation ist im ersten Stock. Wir gehen am Fahrstuhl vorbei und klettern die Treppe hoch. Es dauert wie immer ewig. Mit vier Jahren kann Anton die Stufen nicht hintereinander nehmen. Erst müssen beide Füße wieder nebeneinander stehen, ehe es zur nächsten Stufe geht. Natürlich ist mit ihm etwas nicht in Ordnung, Jakob ist mit zwei Jahren schon richtig Treppen gestiegen. Oben angekommen, möchte Anton gleich wieder kehrtmachen, er will nicht wieder hierher zurück. Doch die Schwester hat uns schon durch die Glastür kommen sehen. In der einen Hand ein Tablett, bedient sie mit der anderen den Summer neben dem Schwesternzimmer.

Wir betreten den Stationsgang. Sebastian mit der ewigen Rotznase rollt uns auf einem Spielauto entgegen, er wird von einem Mädchen geschoben, das eine Strumpfhose und ein blaß geblümtes Unterhemd anhat. Wir müssen warten, bis die beiden brummend und hupend zwei Kreise um unsere Beine gemacht haben, dann dürfen wir weiter gehen, vorbei an dem achtjährigen Daniel im Rollstuhl, der seinen Kopf nicht gerade halten kann und dessen Hände nach jedem greifen, der den Gang entlang kommt. Die Schwestern stellen ihn tagsüber mit seinem Rollstuhl auf den Flur, hier ist mehr los als am einsamen Krankenhausbett. Ich sage wie immer etwas Nettes zu Daniel, und er freut sich wild, so daß Anton ein Stück zurückgeht. Wir schlängeln uns durch eine Reihe von Rollboxen, gefüllt mit vollen Windeln, Mull und Zellstoff und verschwinden in Antons Zimmer.

Sechs Betten stehen hier, die Schwestern haben sich Mühe gegeben, gleichaltrige Kinder zusammenzulegen. Die Kleinen liegen den ganzen Tag in ihren Betten, es gibt keine Spielstunde, keine Spaziergänge, keine Beschäftigung, nur die Besuche. Manche Kinder sind schon seit Monaten hier. Die Eltern wohnen in Seelow oder Eberswalde und können nur am Wochenende kommen. Wir brauchen zwar auch 1 1/2 Stunden, aber wir sind jeden Tag mit Jakob hier. Wir gehen auf den Spielplatz im Hof, essen mit Anton zusammen unser mitgebrachtes Abendbrot, baden ihn und bringen ihn nach einer Vorlesegeschichte in sein Bett. Die ganze Familie ist in den Besucherrhythmus einbezogen, meine Schwester Anja, mein Bruder, meine Eltern, meine Cousine Kristin, sie alle waren da, haben Kuchen mitgebracht und Bücher. Mehr kann man nicht machen, und trotzdem, wenn wir abends alle noch einmal mächtig fröhlich durch das Fenster der Stationstür winken, steht der kleine Anton ganz alleine da. Gestern abend nach unserem Abschied hatte er seinen Kinderkoffer unter dem Bett hervorgezogen und die Spielsachen hineingetan. Mit seinem Basecap auf dem Kopf und dem Koffer unter dem Arm fing Schwester Marion ihn vorne an der Stationstür ab. „Er hatte seine Jacke über den Schlafanzug gezogen“, erzählte sie mir heute, „die Straßenschuhe guckten unter der Schlafhose hervor, und er hat gesagt, er geht jetzt nach Hause.“

Ich gehe zur Stationsärztin und bitte um ein Gespräch. Seit zwölf Tagen ist Anton hier. „Wir müssen da einiges abklären“, meinte die Ärztin am ersten Tag. Es bestünde der Verdacht auf Muskelschwund, eine Krankheit, bei der sich die Muskulatur immer weiter zurückbildet. Nach einiger Zeit kann der Erkrankte nicht mehr laufen, etwas später kann er nicht mehr die Hände heben, kann nicht mehr alleine essen, irgendwann kann er nicht mehr den Kopf drehen, und eines Tages steht auch der Herzmuskel still. Dieser Prozeß zieht sich über Jahre hin. Kinder, die an dieser Muskelschwäche erkranken, werden meist nicht alt. Wir wollten wissen, was Anton hat, und waren mit allem einverstanden. Jeden Tag fragten wir nach den Untersuchungen, die am Tag vorgenommen wurden, was sie ergeben haben und was morgen passieren soll. Doch an den meisten Tagen geschieht nichts, es wird Blut abgenommen, ein Arm und eine Hand geröntgt, ein EEG durchgeführt, alles Dinge, die wir an einem einzigen Vormittag hätten erledigen können. Zu zwei Spezialuntersuchungen außerhalb des Kinderkrankenhauses haben wir ihn sowieso selbst gefahren, ohne ärztliche Begleitung.

Ich frage die Ärztin, warum Anton für diese Untersuchungen tagelang auf der Station bleiben muß. Sie sieht mich ärgerlich an, so als hätte ich einfach keine Ahnung von ihrem schweren Beruf. Dann fragt sie, ob ich kein Vertrauen hätte, ob ich nicht auch Klarheit haben wolle über mein Kind, schließlich sei sie die Ärztin, und ich müsse mich einfach gedulden. „Natürlich möchte ich, daß Sie alles über Anton herausfinden“, sage ich und gucke an ihr vorbei, damit sie meine Wut nicht sieht. „Aber ich will natürlich wissen, was sie in den nächsten Tagen für Untersuchungen planen.“ „Na gut, Montag“, sagt sie ein bißchen zu schnell, „am Montag kann er raus.“ Heute ist Freitag, und ich frage, was Anton am Wochenende hier soll. Die Ärztin erzählt mir irgend etwas von Abschlußuntersuchung und Papiere fertig machen. „Am Sonntag?“ frage ich erstaunt und habe eine Idee. „Ich nehme Anton heute mit“, schlage ich vor, „und wenn sie ihn am Wochenende brauchen, kommen wir selbstverständlich mit ihm her." Die Ärztin guckt mich gequält an. „Nehmen sie ihn schon mit", blubbert sie, „aber offiziell entlasse ich ihn erst am Montag, da müssen sie eben noch mal kommen."

Als ich zurück in das Krankenzimmer komme, ist mein Vater da. Er hockt neben Anton auf der Erde und umkurvt mit einem handtellergroßen Auto gerade einen dicken Blumentopf. Als ich die Heimfahrt ankündige, ist das Spiel sofort zu Ende. „Was hat die Ärztin gesagt?" fragt mein Vater während Anton eilig seine Spielsachen einsammelt. Ich erzähle ihm von dem Gespräch und er schüttelt den Kopf: „Die wollen bloß Geld verdienen", sagt er entrüstet, „wie es deinem Kind dabei geht, ist denen egal." Ich fürchte, daß er recht hat. Es könnte sogar sein, daß Anton gar nicht ins Krankenhaus gemußt hätte, daß wir eine Menge Kindertränen gespart hätten. Ich weiß aus der Zeitung, daß dieses Ostberliner Kinderkrankenhaus wirtschaftliche Probleme hat und daß die Ärzte und Schwestern hier noch nicht wissen, ob und wie es weitergeht. Aber ich finde es unwürdig, daß ein Krankenhaus jetzt wie ein Wirtschaftsunternehmen rechnet und meinen Anton wie eine Einnahmequelle behandelt. Wie kann ein Arzt oder eine Ärztin so denken, und wie kann ein Staat einen Arzt oder eine Ärztin dazu zwingen, so zu denken? Als wir das Krankenhaus verlassen, rennt Anton so schnell wie nie die Schräge der Rollstuhlrampe hinunter. Es wird noch Wochen dauern, bis wir endlich den Befund erhalten. Darin wird stehen, daß es bei Anton keine Anzeichen für Muskelschwund gibt. Aber wir wissen immer noch nicht, was mit ihm los ist.

Es ist kurz vor vier Uhr in der Früh. Wir machen einen Bericht über den Schrippenkrieg von Berlin. Er tobt seit Wochen, und wie bei jedem Krieg gibt es Gewinner und Verlierer. Wir sind in der Großbäckerei angemeldet, ein Vertreter der Geschäftsführung zeigt uns die Schrippenproduktion. Wir stehen vor einem Teigtopf, größer als ein Betonmischer. Darin wälzt sich ein gigantischer mehliger Klops herum, der Schrippenteig. Während ein Fließband den Teig weitertransportiert, wird er in lauter handtellergroße Knödel zerhackt, sie wandern auf einen Rüttler, wo sie rundgerüttelt werden, und, bevor sie in den Ofen wandern, noch den typischen Längsschnitt auf der Oberseite verpaßt bekommen. Wir laufen um den Backofen herum, an seinem Ende kommen uns in hunderter Reihen goldgelbgebackene Schrippen entgegen. Von hier werden sie mit Containerautos in ganz Berlin und dem Umland verteilt.

Der Kameraassistent nimmt sich eine Schrippe, legt sie auf einen Tisch und drückt einmal mit der flachen Hand drauf. „Der Schrippentest“, sagt er. Es knirscht und bröselt, die Schrippe liegt platt wie eine Flunder vor uns, „nichts als Luft“, meint der Assistent, „eine richtige Schrippe muß innen weich sein und außen knusprig. Die muß wieder hochkommen.“ Er beißt hinein und kaut prüfend. „Schmeckt nach gar nichts“, meint er, „irgendwie flau und trocken.“

Wir fahren zu einem Bäcker in der Prenzlauer Allee. Auch hier läuft die morgendliche Schrippenproduktion auf Hochtouren. Der Laden ist noch geschlossen, im Schaufenster hängt ein Schild: Echte Ostschrippen 25 Pf. Die Kostprobe fällt besser aus, die Schrippe ist nicht so krümelig, das Innere faseriger und irgendwie frischer. Der Bäcker erklärt uns, daß die Brötchen bei ihm mit der Hand geknetet werden. Bei der Fabrikfertigung müsse der Teig trocken sein, damit er nicht zusammenklebt oder in der Maschine hängenbleibt. „Wenn da eine Schrippe am Fließband pappt, verkleistert sich die ganze Linie. Dann müssen die alles abschalten und saubermachen, das kostet mindestens eine halbe Stunde. Deshalb ist immer zu viel Mehl im Teig, und die Schrippen schmecken trocken.“

Früher haben alle Schrippen fünf Pfennig gekostet, da war es leicht, sich für das bessere zu entscheiden. Doch jetzt ist die Qualität der echten Bäckerbrötchen keine Garantie mehr für geschäftlichen Erfolg. Die Fabrikschrippe ist auf dem Vormarsch. Der Bäckermeister geht mit uns vor die Tür und zeigt auf die Prenzlauer Allee. Links neben seinem Laden ist eine neue Bäckerei-Filiale, gegenüber hat vor wenigen Wochen eine andere Kette ihren Laden aufgemacht: Rechts ist ein neuer Backstand, sogar mit Kaffeetischen, 50 Meter weiter bauen sie einen Supermarkt mit Kuchentheke. „Ich bin umstellt“, sagt der Bäckermeister, „und alle haben billigere Brötchen. Meine ältesten Stammkunden gehen weg, weil sie bei mir 25 Pfennig zahlen. Und wenn sie irgendwann alle anderen durchprobiert haben und meine Schrippen vielleicht doch wieder kaufen wollen, bin ich längst pleite!“ Die Kamera läuft, ich halte noch immer das Mikrofon und warte, ob der Mann noch etwas sagt. Aber er hebt nur die Schultern als wäre ihm kalt und geht in seinen Laden zurück. Das wäre ein gutes Schlußbild, denke ich und winke dem Kameramann zum Abbauen.

Nur zwei Jahre später wird der kleine Bäcker aus der Prenzlauer Allee mehrere Filialen in Ostberlin eröffnet haben, Lieferwagen mit seinem Namen werden durch die Stadt fahren, um die Läden mit Schrippen zu beliefern. Ich werde mich fragen, ob die wirklich alle noch handgeknetet sind, und wie dieser Bäcker wohl mit den anderen kleineren Konkurrenten in seiner Branche umgeht.

Wir sitzen zu Hause am Frühstückstisch, es gibt Toastbrot, und Jakob puhlt die Sonnenblumenkerne aus der Scheibe, als gelte es, Steine aus dem Essen zu lesen. Am Tellerrand tummelt sich eine Sammlung aus Körnersplittern mit getoasteten Krümeln. Die Stulle sieht aus wie ein Minenfeld, ich suche mit verstohlenem Blick nach Stellen, auf die man zwischen den Kratern noch etwas Butter streichen könnte. Wahrscheinlich werden wir eine Salamischeibe auf diesen Toast tackern müssen, damit er nicht auseinanderfällt. Harry sieht mich an, als hätte ich unserem Sohn eine ganze Schüssel Schrot aufgetischt, ich wüßte doch ganz genau, flüstert er mit hochgezogenen Augenbrauen, daß Jakob das niemals essen würde.

Kinder, und vor allem Jakob, entdecken jeden Tag neue Dinge in ihrem Essen, die sie ab sofort unwiderruflich ablehnen. Bei uns gibt es seit langem keinen Pfeffer mehr, keinen Kümmel, keine Zwiebel, keine Körner im Brot, keine Gurken und keinen Senf in der Roulade, keine Radieschen im Salat, keine Johannisbeeren in der Grütze, keine Nüsse im Kuchen, keinen Käse auf der Pizza. Wenn wir richtig gute Eltern wären, hätten wir längst Äpfel ohne Gehäuse, Weintrauben ohne Schale und Erdbeeren ohne diese kleinen gelben Kerne draußen dran besorgt. Dann würden wir auch keine Bouletten, keine Kartoffelsuppe und keine Klöße mehr essen, sondern nur noch Eierkuchen, Milchreis oder Hefeklöße, natürlich mit Zucker und Zimt. Zum Frühstück gäbe es Hanuta und zum Abendbrot Quarkspeise. Um diesem Trend entgegenzuwirken, teste ich immer mal wieder ein längst aus der Küche verbanntes Gewürz oder koche ein verbotenes Essen. Ich habe ein Recht auf Bratkartoffeln mit Zwiebeln, Kräutern und Kümmel, und ich lehne es ab, in drei verschiedenen Pfannen mit der jeweils persönlichen und ausdrücklich genehmigten Gewürzkomposition zu rühren. Manchmal jedoch gelingt es, ein Bestandteil der Streichliste wieder in den Essenplan zu schmuggeln. Eine Erweiterung der zugelassenen Speisen erfahren wir häufig, wenn unsere Kinder bei Freunden gegessen haben. Bei

Jakob stieg Salamipizza kürzlich vom gehaßten zum geliebten Gericht auf, einfach nur, weil Reinis Mutter sie auftischte. Seitdem ißt Jakob Käse, allerdings nur, wenn er zerlaufen auf einer Pizza herumliegt, immerhin.

Wir ahnen, der bevorstehende Urlaub in Griechenland wird kulinarische Probleme auslösen. Es geht mit Anja, Tommi und Hanna nach Kreta. Harry fährt ungern in den Urlaub und ist auch nicht neugierig auf andere Länder. Deshalb bleibt er mit Anton zu Hause. Ich leide nur noch ein bißchen unter seiner Urlaubsphobie und verreise mit allen möglichen Leuten, nur nicht mit meinem Mann. Wenn ich ihn dennoch zu einer Reise überrede, man soll ja nicht aufgeben, dann wird er von Tag zu Tag schweigsamer. Statt Erholung habe ich Beziehungsstreß, und ich nehme mir vor, das nächste Mal wieder ohne ihn zu fahren.

Auf Kreta knallt uns die Sonne wie ein Hammer auf den Kopf. Die Luft ist trocken, es riecht nach Staub und Kerosin. Auf dem Flughafen kommen uns Frauen mit Schildern entgegen, auf denen die Namen von Reisegesellschaften stehen. Es sieht aus, als würden sie gegen den Touristenansturm demonstrieren. Dabei dauerlächeln sie und flöten in Abständen das Kürzel ihrer Reisegesellschaft in die Menge. Draußen neben dem Ausgang stehen ungefähr 150 Busse, die Fahrer warten gelassen davor und rauchen. Die Reisenden strömen, immer den tanzenden Schildern nach, in die Busse. Rufe wie „Klaus, wir sind hier, hieeer!“ oder „Jetzt nimm doch mal den Koffer!“ ertönen. Kinder rennen um rollende Taschenberge herum, die Fahrer werfen ihre Kippen weg und öffnen an den Bäuchen der Busse große schwarze Gepäckluken. Wir gehen an all dem Trubel vorbei zur Haltestelle des Linienbusses. Alle Stunde fährt ein öffentlicher Bus die ganze Insel entlang. Wir rollen aus der Stadt hinaus auf die Landstraße, nach und nach werden die Häuser kleiner und weniger. Das Land ist trocken und steinig, am Straßenrand wuchert hellrosa Oleander wie Unkraut. Dort wo die Pflanzen etwas lichter stehen, sehe ich das Meer, das Mittelmeer.

Es ist mein drittes Meer. Das erste war die Ostsee, die ja eigentlich eher ein Meerchen ist. Die habe ich mit vier zum ersten Mal gesehen, da fand ich sie sehr gewaltig. Weißschäumende Wellen rissen meine Füße vom Boden und lehrten mich, die kleine Ostsee ernst zu nehmen. Doch die Wucht des Wassers konnte nicht darüber hinwegtäuschen, daß an stillen blauen Tagen die andere Seite in der

Ferne zu erahnen war, wie bei einem großen See. Auch das Schwarze Meer ist, geographisch gesehen, eine Pfütze. Mit neun stand ich in Bulgarien am Goldstrand, irgendwo im Nebel war die Ukraine, Georgien und eine Kante der Türkei, aber das war egal. Dieses Meer war schon etwas anderes als die Ostsee, es gab hier schreckliche Tiere, giftige Feuerquallen, seitwärts laufende Krabben mit scharfen Scheren und schwarze schlangenartige Fische. Einmal ruderten wir mit dem Boot weit hinaus, ich saß auf dem Bootsrand, und als ich aufsah, reichte mein Blick so weit, daß die Erde sich krümmte. Jetzt also finde ich mein drittes Meer hinter den Spitzen des Oleander; das Mittelmeer kurz vor Afrika. Ich freue mich darauf.

Die Mittagsstunden hier sind so heiß, daß der Sand die Fußsohlen verbrennt. Am Morgen frühstücken wir unter einem Blätterdach, weißes Brot mit Honig und dazu Joghurt oder Melone. Unser Tisch steht dicht an einer stillen Dorfstraße, nur ein Beet von Ringelblumen trennt uns von den Vorübergehenden. Die alte schwarz gekleidete Frau, der das Haus gehört, sitzt in einem Schaukelstuhl und schaut den Kindern zu. Sie essen ohne zu nörgeln, es muß an der Luft liegen. Über uns ist ein lichtes pastellgrünes Blätterdach aus Wein. Anja sitzt mir gegenüber und bestreicht Hannas Brot mit Frischkäse. Jakob durchpflügt mit dem Löffel seinen Joghurt und nimmt die bunten Früchte unter die Lupe, bevor er sie in den Mund schiebt. Hanna ist jetzt drei. Sie trägt ein blaues Seeräuberkopftuch als Sonnenschutz, darunter springen ihre Haare wie blonder Schaum hervor. Sie guckt nur eine Handbreit über den Tisch, mit Augen, so rund wie Kreise. Die Lippen, die Arme, alles an ihr ist noch babyweich und rund wie bei einem rosa Marshmallow. Anja sieht ihre Tochter verliebt an, „ist sie nicht süß“, schwärmt sie, und es macht ihr nichts aus, daß Hanna ihre Schwärmerei versteht. Schon wissen wir, wo das nun folgende Gespräch hinführt. Tommi rührt in seinem Kaffee, nickt und lächelt so unverfänglich wie möglich. Seit Monaten bequatscht Anja ihn, sie will noch ein Baby. „Ich habe doch ein Kind“, sagt er mit Blick auf Hanna. Sie ist längst seine Tochter. Die drei wohnen in einer gemeinsamen Wohnung im Prenzlauer Berg. Tommi bringt sie morgens in die Kita zu Tante Gabi, weiß, welche Cornflakes sie bevorzugt und ist wie jeder richtige Vater sauer, wenn sie früh vor sechs Uhr die Nacht für beendet erklärt.

Hannas erster Vater hingegen ignoriert seine Tochter. Er hat eines der ersten Szenecafes in Ostberlin aufgemacht. Zehn Tische im

Erdgeschoß eines alten Mietshauses, ein CD-Player, eine Kaffeemaschine, und täglich ein Kofferraum voller Bierkisten, so hatte es angefangen. Inzwischen läuft der Laden und ist immer voll. Es gibt einen richtigen Tresen zum Bierzapfen, einen Koch, der Gratins und Pasta zuwege bringt. Im Sommer stehen Klapptische vor der Tür, die Leute sitzen draußen auf dem breiten Gehweg und genießen die abendliche Wärme und das Gewusel der Großstadt. Das Cafe ist in jedem besseren Stadtführer für Ostberlin aufgeführt, und tags rollen die Touristenbusse hier vorbei.

Trotz dieses Erfolgs, den Unterhalt für Hanna muß Anja sich Monat für Monat aufs neue erstreiten. Da der Ex-Vater nichts von seiner Tochter wissen will, möchte Anja diese Beziehung endgültig zu Ende bringen. Doch die ständige Diskussion um Hannas Geld bewirkt, daß sie immer wieder gegen ihren geschiedenen Mann in den Ring steigen muß. Sie braucht den Unterhalt, denn bei der „taz", wo sie inzwischen als Korrektorin arbeitet, verdient sie nicht viel. Ein zweites Kind wäre wirtschaftlich riskant, denn ein bezahltes Babyjahr wie bei Hanna gibt es nicht mehr, nur noch 600 Mark Erziehungsgeld monatlich. Tommi müßte also alle versorgen.

Anja sieht ihn an und macht diesen Knutschmund, als wolle sie von ihrem Mann ein Eis und kein Kind. Sie lehnt es ab, den Traum von einem Baby durchzukalkulieren, ehe sie ihn weiterträumt. Obwohl sie gerne Geld ausgibt, für Reisen, gutes Essen, Bücher, Klamotten, hat sie keine Angst vor Einschränkungen oder Not. Ich kann ihre Unbedarftheit nicht verstehen, aber ich bin trotzdem froh, daß sie so ist.

Wir gehen zum Meer, die Kinder vorneweg, mit Sonnenbrillen auf der Nase, die etwas zu groß sind, aber so cool, wir Großen hinterher mit Taschen voller Sonnencremes und Badetücher. Das Meer ist hier eine kleine, nicht ganz saubere Bucht. Holzreste liegen herum, ein Stück Eis-Papier flattert über den Sand, ein verendeter Wasserball hängt halb zugeweht in den Dünen, er trägt die Aufschrift eines deutschen Baumarktes. Das große Mittelmeer benimmt sich hier wie ein netter See. Dieses Meer läßt sich widerstandslos in Buddelförmchen fangen und davontragen, es ist nicht zu vergleichen mit dem Schwarzen Meer, das ich vor mehr als 20 Jahren in Bulgarien sah. Aber es macht die Menschen weich und genußfähig.

Am Abend sitzen wir auf einem breiten Holzsteg, ein Strohdach, ein paar Stühle, eine Lichterkette, kratzige Radiomusik – das ist

Alexis Bar. Die Kinder thronen stolz auf den hohen Barhockern, Alexis mixt mit ihnen Cocktails aus Cola und Fanta. Auf unserem Tisch steht eine Weinkanne, halb leer. Es ist warme Nacht, die Wellen rollen gegen die Pfähle des Steges, so als würde das Meer zu unseren Füßen ausatmen. Hätte ich eher hierher kommen können, in dieses Meer hätte ich mich verliebt.

VATER Sternschnuppen im August. Die diffuse Helligkeit der Großstadt läßt die Himmelskonturen unscharf werden. Aber selbst am Rande Berlins, von meiner Terrasse aus, kann ich den großen Wagen sehen, und, wenn ich Glück habe, einen raschen Lichtschweif am Himmel. Die auf tausend Chausseen, Alleen, Plätzen, Straßen, Wegen, Steigen und Gassen angeknipsten Lichter, die Schaufenster, die Scheinwerfer der Autos überziehen die Stadt mit einem hellen Schleier, der die Sicht ins Weltall erschwert. Aber mit fortschreitender Nacht verkriecht sich die Siedlung in die Anonymität und der Himmel gewinnt an Konturen. Hier draußen, im Vorort, geht die Stadt früher schlafen. Biesdorfs Bürgersteige sind hochgeklappt. Hinter der Nachbarn Gardinen flackert der kalte Schein der Fernseher. Nur Uschi, die Frau aus dem Haus gegenüber, holt ihr Auto vom Hof, um zur Nachtschicht zu fahren. Die bodenständige Fünfzigjährige arbeitet als Hilfe in einem Altenpflegeheim. Zur Arbeitslosigkeit hat sie eine kritische Haltung: „Ein Haufen Arbeitslose, aber niemand findet sich, der die alten Leute pflegen, die vollgepinkelte Bettwäsche wechseln und den ollen Fußboden wischen will.“ Uschi fährt mit ihrem Auto quer durch Berlin, 1 Stunde hin, 1 Stunde zurück. Rainer, ihr Lebenskamerad, fragte mich gestern Nachmittag, ob mein Enkel Anton mit dem Basketballtippen auf der Straße aufhören könne – „Uschi war in der Nachtschicht“.

Alle 20 Minuten surrt ein moderner MAN-Bus leise über den nahen Asphalt, der Oberfeldstraße heißt, in Richtung S-Bahnhof. Die Straßennamen in unserem Viertel erinnern daran, daß da, wo ich zu den Sternen schaue, vor 100 Jahren noch märkisches Getreide wuchs: Weizenweg, Roggenweg, Rapsweg, Maisweg, Hirseweg, Hafersteig, Sensenpfad. Das gibt ein Gefühl der Naturverbundenheit. Der moderne Bus, der das Röhren des ungarischen IKARUS-Busses aus DDR-Zeiten abgelöst hat, paßt in diese Stimmung.

Meine Blicke verlieren sich in den Blättern der Obstbäume, ich habe Muße, die Trägheit der Sommernacht zu genießen. Bei sommerlicher Wärme kamen Karsten, Kathleen, Andreas, Stephan, Torsten, Thomas und Frank – „unsere Studenten", die Erbschleicher, wie unsere Anja ihrer töchterlichen Eifersucht Ausdruck verleiht. Guter Anlaß ist gegeben – die Aufteilung der Pfründe aus der gemeinsamen PKW-Marktanalyse, in der wir Autohändler, Parkplätze und Werkstätten erfaßt, nach Herstellerländern, Marken, Größen und Baujahren gruppiert und nach vielen Gesichtspunkten analysiert haben. Am Ende erhielt der Auftraggeber Informationen, daß sich die Hälfte der Westberliner Autohändler auf die Bezirke Neukölln, Reinickendorf, Spandau und Tempelhof konzentriert, wo sich die Neuwagen- und die Gebrauchtwagenhändler befinden, wo die japanische Konkurrenz ihr Domizil hat, in welchem Umfeld die Händler agieren. Selbst dem ruhenden Verkehr in den Wohngebieten galt unsere Neugierde. Eine solide Arbeit, die Analyse war Erikas Gesellenstück, das Anerkennung fand.

Der geistig, organisatorisch und finanziell lukrative Auftrag mit den PKWs hatte einen Geburtshelfer – die Studie „Welche Chancen hat die Schuhindustrie der DDR bei voller Öffnung der Wirtschaft zum Weltmarkt", im Frühjahr 1990 noch im Auftrag des DDR-Kombinats Schuhe erarbeitet. 1989 wurden in der DDR immerhin 90 Millionen Paar Schuhe hergestellt, im gleichen Jahr in der BRD 69 Millionen Paar. Die moderne, in den vergangenen Jahren importierte Westtechnik und die hohe Qualifikation des Personals bot Voraussetzungen, eine wettbewerbsfähige Schuhindustrie zu schaffen. Wir waren der Meinung, daß der Bedarf Rußlands, der Ukraine, Kasachstans und Belorußlands der DDR-Schuhindustrie eine lange Perspektive gibt. Der damalige, später ermordete Vorsitzende der Treuhandanstalt, Dr. Rohwedder, ließ uns seinen Standpunkt zu dem Konzept wissen:

Sehr geehrte Frau Professorin! Ich danke Ihnen für die Übersendung Ihres Konzepts für die Gesundung der DDR-Schuhindustrie. Ich habe das Konzept gestern abend mit großem Interesse und wenig Zustimmung gelesen. Gleiche Diktionen enthalten die Briefe des Bundeswirtschaftsministeriums und des DDR-Wirtschaftsministeriums. So war das mit unserer Schuhanalyse. Wem nützt die Ehr, wenn der Beutel leer. Und doch – diese Arbeit hat unser Selbstbewußtsein gestärkt und die PKW-Analyse eingebracht.

Nun, da wir gemeinsam den Abschluß begießen, ist die Stimmung unserer Studenten wie bei Zugvögeln, die sich auf Reisen in fremde Regionen vorbereiten. Das Ende der deutschen Spaltung schafft neue Räume für jugendliche Visionen. Der Studienplatz an der Moskauer Lomonossow-Universität ist nicht mehr das Nonplus-ultra, Russisch nicht mehr die erste Fremdsprache. Dogmen, die den Geist einengten, brechen auf und müssen der Vielfalt des Denkens weichen. Die Türen sind weit aufgestoßen für eigenes Suchen. Ein bißchen nervös redet jeder über sein Nest, das er bald verlassen wird und die Flugroute, die er wählt. Vom Studium in Amerika, Italien und Kanada, von Trainees bei der Weltbank ist die Rede, von der Münchner Unternehmensgruppe Roland Berger, vom Deutschen Institut für Wirtschaftsforschung in Berlin, von der Deutschen Bank. Die Dimension von Weltoffenheit ist gigantisch. Ich weiß nicht, ob mir die Tragweite bewußt ist. Wäre ich anstelle der jungen Leute, würde ich jetzt auch große Pläne schmieden. Eine Nummer kleiner! Warum? Die Gefahren kommen noch rechtzeitig – wie für Nachtigallen und Singdrosseln die Fangnetze der Basken und der Sizilianer auf dem Weg in den warmen Süden.

Rouladen mit tschechischen Knödeln gibt es heute, von Erika nur der Familie und den besten Freunden vorbehalten. Zum Auftakt „na starowije" – auf die Gesundheit mit sto gram – 100 Gramm – eisgekühlten russischen Wodka – als Erinnerung an das „Vaterland aller Werktätigen", wie die Sowjetunion in Reden und Lehrbüchern tituliert wurde. In der Pfanne ist noch ein Rest Soße; die leeren Teller wechseln vom Tisch seitwärts auf die steinerne Balustrade der Terasse. Der Lichtkreis der Stehlampe umfaßt nur noch den Tisch und die Gesichter, wenn sie sich nach vorn beugen um zu reden. Die benutzten Teller, Messer und Gabeln werden erst am nächsten Morgen wieder ins Blickfeld rücken.

Stephan erhielt ein Stipendium für ein einjähriges Zusatzstudium in Vancouver/Kanada. Er ist intelligent, besitzt menschliche Reife, hat Visionen und Beharrungsvermögen. Ein hübscher Kerl, schmales Gesicht, dunkle Augen, schwarzes Haar, gekonnt nachlässig gekleidet. Er weiß, daß er Chancen hat. „Nach Abschluß des Jahres in Kanada treffen wir uns und machen eine Rundreise durch die USA." Die Idee ist begeisternd, wenn auch nicht sehr realistisch. Ich überlege, ob ich widersprechen soll – so ein Projekt ist doch Illusion. Aber der Wein gebiert die Idee, der Wein schläfert Bedenken ein. Ein phantastisches Vorhaben. Wenn schon so ein Vielwochentrip für die jungen Leute, aber doch nicht mit uns Alten.

Monate später meldet sich Stephan aus der Neuen Welt. Ein Prospekt vom kanadischen Westen zeigt die Vancouver Art Gallery, das Museum für Anthropologie der Universität of British Columbia, den Stanley Park, das Mac Millan Planetarium. Will uns Stephan anfüttern, wie der Heger das Wild?

Er schreibt: *Mittlerweile habe ich mich gut eingelebt und fühle mich wohl. Die Uni macht keine Eingewöhnungsschwierigkeiten – mit Berlin in keiner Weise zu vergleichen. Man studiert hier „undergraduate" oder „graduate". Der Unterschied ist, undergraduates sind jünger, die Veranstaltungen verschulter. Man muß nicht das gleiche Fach als undergraduate und graduate belegen. Alles sehr disponibel. Die Kurse sind sehr interessant. Ich belege International Trade, einen Kurs über kanadische Wirtschaft und einen Marketing-Kurs. Das größte Problem ist die englische Sprache – auch noch nach zwei Monaten. Es fehlt viel an Hintergrundwissen über Amerika und Kanada – ein Erbstück DDR. Was ich in Berlin mit einem Buch-Blick in der S-Bahn erledigte, dafür wende ich hier mehrere Stunden auf. Kanada ist wunderschön. Man hat die Berge, in den Mountains die Goldgräbergeschichten, Victoria-Island, Long beach. 500 Kilometer rechnen zur näheren Umgebung. Ihr werdet begeistert sein, das hier zu sehen. Ich könnte noch viel mehr schreiben, aber besser ist, Ihr seht es Euch selbst an. Ihr solltet Euch das nicht entgehen lassen. Euer Stephan.*

Wir sind froh über die Wärme, die dieser Brief ausstrahlt. Ein bißchen Stolz kommt auf. Bekannten und Freunden erzählen wir „von einem unserer Studenten". Unser Antwortbrief besagt, daß wir ihn gerne besuchen würden. Die Flugtickets wollen wir kaufen, bevor der Dollar wieder teurer wird. Wir erzählen von uns, über die anderen Studenten und darüber, daß wir der Auto-Firma, für die wir die Marktanalyse gemacht haben, noch immer dem Geld hinterherlaufen. Ein neuer Auftrag hat sich nicht finden lassen.

Die Reisevorbereitungen für Amerika können beginnen. Dazu gehört auch, daß wir fleißig Englisch lernen, aber für mich ist es eine Quälerei. Der Ehrgeiz macht es mir schwer, die Sache gelassen anzugehen. Unsere Tochter Jana schiebt sich auf der langen Fahrt zur Arbeit gerne Englisch-Cassetten in den Recorder, gerade ihr Wirtschaftsenglisch will sie weiter verbessern. Das braucht sie jetzt – ihre Russisch-Kenntnisse haben an Marktwert verloren. Am 3. Mai war Jana beim Sender, sie antwortete auf eine Annonce, in der ein Leiter für die Wirtschaftssendung beim Fernsehen gesucht wurde. Die ganze Familie legte Geist und Verstand in das Bewerbungsschreiben. Referenzen und Konzept waren nicht schlecht. Das Gespräch fand statt, obwohl der Mann offenbar nichts von dem gelesen hatte, was Jana ihm geschickt hatte und in dem ihr ganzes Herzblut steckte. Als Einigungsgeschädigter schien meine Annahme bestätigt, daß die Annonce nur ein Feigenblatt für den bereits nominierten Kandidaten aus Hamburg, Essen, Frankfurt, Kiel oder München sei. „Sie bekommen Bescheid" – was heißt, ich habe recht.

Auf eine spätere Nachfrage erfährt Jana: „Frau Göbel, sie sind einer von vier Kandidaten." Vier Wochen nach dem Gespräch ein Telefonat: „Frau Göbel, zu 99,9 Prozent ist alles klar, wir brauchen nur noch das Einverständnis Ihres künftigen Chefs."

Während sich bei Jana die Veränderung, die neue Karriere anbahnt, arbeitet Anja, unsere Jüngste, weiterhin bei der Zeitung „taz" und erwartet Wanda, Hannas Schwester. Alle fragen, wann es denn so weit sei. Thomas, der Vater, in seiner direkten, manchmal herben Art: „Was soll denn die blöde Fragerei, wir wissen es doch auch nicht." Sicher ist es von ihm Koketterie. Wer möchte nicht gern, daß andere am Glück teilhaben.

Auch bei André und Ulrike gibt es Veränderungen. Sie haben jetzt ein Haus. Es ist ein Schmuckstück im Grünen, abseits von lärmenden Straßen, die Straßenbahn in Richtung Rosenthal, im Norden Berlins gelegen, empfindet man nicht als störend. Ich habe schon fünf Tonnen Pflastersteine für die künftige Einfahrt geschleppt und gekarrt. Das schlimme ist der Ärger mit der oben wohnenden Familie. Die Querelen gipfeln in Verleumdungen von André und Ulrike. Das sind große Sorgen, denn es berührt deren Existenz. Ich bin überzeugt, daß die vier – André, Ulrike, Till und Josi – Recht bekommen werden.

Endlich ist es so weit: Die ersten Termine für unsere USA-Reise werden genannt, in den Hörer gesprochen und durch das FAX gejagt. Flug 23. Juni. Die ersten Namen werden fixiert. Wir warnen nochmals vor der Mischung von Alt und Jung. Wir hören die Antwort, mit uns könne man das machen. Wir flechten die erste Reiseroute: Vancouver – Alaska – Westküste bis Kalifornien – die Südstaaten der USA – New York – Washington. Skrupel werden ausgeräumt. Wenn wir diese romantische Reise jetzt nicht machen, wird es in diesem Leben nicht mehr.

Amerika empfängt uns. Am 23. Juni 1993 betreten wir zum ersten Mal amerikanischen Boden – US-amerikanischen. Denn vor Jahren war ich bereits auf Kuba – damals tagten die Leiter der Preisämter aus Moskau, Sofia, Ulan-Bator, Budapest, Warschau und Bukarest in Havanna. Wir flogen mit einer sowjetischen Iljuschin 62, mit Zwischenlandung in Gander auf Neufundland, einem Flughafen, den die Amerikaner im Zweiten Weltkrieg für Militärtransporte nach Deutschland angelegt hatten. Das war ihm noch immer anzusehen. Wir hielten uns in einem kalten, nüchternen Raum auf. Als wir wieder einstiegen, fehlte mein Platznachbar; er hätte namens der DDR den Kubanern bei der Ausstattung eines Krankenhauses helfen sollen.

Diesmal erleben wir einen Direktflug von London nach Seattle, im Magen das Gefühl des Einzigartigen. Sieben Wochen Amerika, nur so zum Spaß.

Die Flugtickets weisen uns einen Platz in der ersten Reihe zu. Vor mir die Filmleinwand. Sie will mich unterhalten, aber mein Geist hat anderes vor. Er sortiert sich um vom kleinen Berlin zum großen Amerika, immer wieder gestört von Emotionen, die das Ganze nicht fassen wollen. Auch Christin, das sechs Monate alte Baby im Arm meiner Nachbarin, die in New York geboren, in London zu Besuch war und auf Alaska zu Hause ist, ignoriert die Flimmerleinwand, genießt Wärme und Worte seiner Mutter und plappert vor sich hin.

Seattle – eine Stadt in der Größe Leipzigs, von der ich bislang kaum wußte, daß es sie gibt, geschweige denn, wo sie liegt. Ein Airport, größer als Berlin-Tegel, empfängt uns. Berlin-Schönefeld, ehemals Zentralflughafen der DDR, ist dagegen ein Feldflughafen. Wir sind an der Westküste des amerikanischen Kontinents – beziehen das schon in Berlin georderte Zimmer im Hotel am Flughafen –, bestaunen unseren Mut zu solcher Reise. Der junge Mann am Tresen, nur schwer unser English verstehend, fragt, woher wir kommen – „from Germany“. Darauf er: „It would be a great to speak German – Es wäre schön, wenn ich deutsch sprechen könnte.“

Nach dem Schlaf der ersten Nacht fahren wir mit dem Hotel-Shuttle, um unser Mietauto am Flughafen abzuholen. Ein mittelalterlicher, dicker, behäbiger Mann, von Fuß bis Kopf in Jeans, fühlt sich von uns belästigt. Ihm sieht man die Unlust an; er quält sein Gesicht vom mit Zetteln überwucherten Schreibtisch hoch und ist mit Mühe bereit, unseren Wunsch zu registrieren. Er mißbraucht unser mageres Volkshochschulenglisch, will uns Versicherungen aufschwatzen. Bilder mit symbolisierten Autounfällen – frontaler Zusammenstoß, seitlicher Aufprall, brennendes Auto, Kollision mit einem Baum – sind seine Argumente. Vor derartigen Angeboten hatte man mich schon in Berlin gewarnt, wir lehnen ab. Schließlich reicht er mir wortlos Voucher und Autoschlüssel rüber, nennt die Standnummer im Parkhaus: „bye – auf Wiedersehen". Im Auto verlassen wir über neonbeleuchtete Betonserpentinen das Labyrinth der Tiefgarage und erreichen wie im Trance den Highway. Seattle, die Stadt der modernen Technik – Fluggeräte, Kraftfahrzeuge, Mikroelektronik – erleben wir überwiegend aus dem Auto. Mir imponieren die in Amerika geltenden Geschwindigkeitsbegrenzungen. Ich bin ein fanatischer Anhänger von Tempo 100, oder bitte schön 120. Wäre dieser Preis nicht Tausende Menschenleben wert? Was hält die Regierenden in Deutschland davon ab, so etwas zu beschließen? Sollte in diesen Dingen doch eher die Autolobby das Sagen haben als die vom Volke Gewählten?

An der Grenze zu Kanada gibt es keine Kontrolle. Ich registriere das, denn tief hat sich in mir eingeprägt, daß zur Landesgrenze strenge Kontrolle gehört. Selbst in Zinnwald, auf dem Weg zum Bruderland Tschechoslowakei, war Kontrolle angesagt. Die Amerikaner interessiert nicht wer raus fährt, nur wer rein will. Das war in der DDR entschieden anders. Der kanadische Grenzer hat eine bescheidene Frage: „From Germany and no beer?" Wo hätte ich neben Waschlappen, Slipper, Socken, Anorak, Rasierzeug, Zahnbürste und Trainingsanzug in meiner Campingtasche auch noch Bier unterbringen sollen? Am Stadtrand unseres kanadischen Zielortes Vancouver fragen wir nach „Hotel Robsonstraße" in der Robsonstreet. Ein nettes Mädchen, Japanerin, steigt zu uns ins Auto und geleitet uns bis zur Haustür. Wir fragen, „wo wohnen Sie, sollen wir Sie zurückfahren?" „It isn't necessary – das ist nicht notwendig", und weg ist die kleine, kurzrockige, schmaläugige, glattgekämmte Schöne.

Vancouver, eine grüne Stadt, vom Pazifik durch „Vancouver Island" getrennt und von den Wassern der „Strait of Georgia" umspült. Victoria, die Stadt auf der vorgelagerten Insel, nennt sich die englischste Stadt außerhalb Englands. Susanne, Stephans aus Mannheim stammende Freundin erzählt, es gäbe hier nur wenige Restaurants mit Alkoholausschank. Bei ihrer Rede fällt mir die Frage des Grenzers ein, ob wir denn kein Bier hätten. Wer eine Kneipe mit Alkoholausschank eröffnen will, muß erst das Einverständnis der Bürger aus den umliegenden Häusern haben, um die Lizenz zu bekommen. Man trägt hier auch nicht Bier- oder Schnapsflaschen sichtbar durch die Straßen oder läßt sie im Auto sichtbar liegen. Das macht man eben nicht. Stephan führt Erika, mich und Frank, der am gleichen Nachmittag in Vancouver gelandet ist, durch die Stadt. Seine Stimme ist von Stolz getragen. Die UBC, University British Colombia, an der er studiert, ist ein riesiges Terrain auf einer in den Ozean ragenden Halbinsel. Die Studentenwohnungen sind kulturvoll, in grüner Landschaft, schöne Architektur, innen praktisch eingerichtet mit Microwelle, Kühlschrank, dishwasher ...

Nicht die Hochhäuser, aber doch alle kleinen und mittleren Häuser der Stadt werden aus Holz errichtet; im Rohbau ergeben sie ein Bild wie aus dem Holzbaukasten, bei dem das Kind die Statik nicht beherrscht. Aber wenn sie fertig sind, sieht man ihnen die vermeintliche Improvisation nicht mehr an. Die Menschen hier haben ein offenes Verhältnis zur Umwelt: kein Zaun, keine Hecke, du siehst die Leute in der Küche werkeln, beim Abendessen sitzen, beim Lesen, beim Fernsehen. Keine Gardinen, die den Blick hindern wie in Deutschland. Sie leben mit dem Nachbarn und der Umwelt auf du und du. Überall begegnet uns Höflichkeit, auf der Straße, beim Einkaufen, im Café. Wenn du eine Tasse Kaffe bezahlt hast, wird nachgeschenkt. Die Serviererin fragt dich von allein, du brauchst nur zu nicken. Ein liebenswertes Stückchen Kultur. Am Abend Tausende Menschen, die den Sonnenuntergang über dem westlich gelegenen Pazifik erleben und genießen wollen, die Berge im Abendlicht, Silhouetten von ankernden Schiffen. Entlang dem Strand liegen 100 dicke Baumstämme, auf denen die Leute miteinander sitzen, betrachten und schwatzen. Eine Frau vor mir macht Feuerspiele. Sie tut so, als mache sie das extra für mich – soll ich ihr glauben? Ein Mann sagt die Postleitzahlen aus aller Welt auf. Biesdorf hat er fälschlicherweise im Wedding angesiedelt – ich berichtige ihn nicht und reiche den Ein-Dollar-Schein rüber.

Kanada ist ein Kontinent, der vom Atlantik bis zum Pazifik reicht. 5.000 bis 6.000 Kilometer von West nach Ost. Hier an der Westküste, in Vancouver, sind die natürlichen Bindungen zu Japan, China und Rußland intensiver als nach Europa, etwa zu Deutschland oder Spanien. So erzählt man sich die Story von den Enkeln, die aus Europa nach Kanada zu Besuch kommen: Die in England lebende Tochter schickt ihre Kinder zu den an der Westküste Kanadas lebenden Großeltern in die Ferien. Die Tochter sendet ein Telegramm: „Jenny und Bert treffen morgen 10.15 Uhr mit British Airways in Toronto ein. Bitte holt sie ab." Antworttelegramm der Großeltern: „Holt Ihr sie ab, Ihr habt es näher."

7 x 7 solcher Tage auf dem Boden Amerikas liegen vor uns. Wenn ich danach wieder in Biesdorf bei meinem Bäcker nach Frühstücksschrippen stehe, werden wir den amerikanischen Städten Seattle, San Francisco, Los Angeles, Las Vegas, El Paso, Houston, New Orleans, Montgomery, Atlanta, Savannah, Charleston, Washington, Philadelphia und New York guten Tag gesagt und 15.000 Kilomter im Auto zurückgelegt haben.

Wir ziehen weiter und lassen Susanne, Stephans Freundin, an der Universität zurück. Nach Stunden Fahrt, schon längst auf dem Territorium der USA, finden wir im Handschuhfach einen mit rascher Hand beschriebenen Zettel:

„Liebe Erika, lieber Wilfried, nach dem kurzen Abschied gestern möchte ich mich nochmals für die schönen, fröhlichen Tage mit Euch bedanken. Ich habe die Wanderung, Spaziergänge und insbesondere die guten Gespräche sehr genossen. Ich habe Eure Ausgeglichenheit, Toleranz und Kompromißbereitschaft sehr bewundert und bin sicher, daß Ihr eine wunderschöne Zeit in den USA verbringen werdet. Paßt mir gut auf Stephan auf. Alles Liebe und auf Wiedersehen in Berlin. Susanne."

Von dieser Susanne erhalten wir zwei Jahre später einen Brief aus Botswana. Sie sei dort in UNO-Mission. Nur noch ½ Jahr, wir sollten sie unbedingt besuchen. „Wann bietet sich euch wieder so eine Chance." Wir haben die liebenswerte Susanne nicht wiedergesehen, sie kam auf tragische Weise ums Leben.

San Francisco ist die europäischste Stadt Amerikas, so wie Victoria die englischste Stadt Kanadas. Diese Wertungen machen den ehemaligen Kolonialcharakter amerikanischer Länder deutlich – man mißt sich am Mutterland. Wir nehmen das auf 40 Hügeln liegende San Francisco unter die Füße. Die Augen können nicht so groß sein wie unsere Verwunderung. Filmklischees werden über den Haufen geworfen. Selbst für das Auf und Ab der Straßen geben die in San Francisco handelnden Filme nur eine schwache Kopie der Wirklichkeit. Die Wanderung über die Golden Gate Bridge müssen wir abbrechen, weil wir sie uns mit den Augen zu klein gesehen haben.

Für die Stadttour kaufe ich mir eine Mütze, eine, wie sie hier alle Männer auf dem Kopf haben, aber meine ist schöner; grün, schwarzes Schild, vorn ein rotes Emblem mit schwarzem Schriftzug, hinten zwei Plastikriemchen zum enger stellen für meinen kleinen Kopf. Ich gefalle mir. Meine neue Mütze führt mich zum Standort der 6. Flotte, berühmt für die Militärpräsenz der USA auf den Weltmeeren. Amerikanische Interessen werden mit den „Interessen von Frieden und Freiheit“ gleichgesetzt. Die Flugzeugträger dirigiert man in die Straße von Taiwan, in das Mittelmeer, in das japanische Meer oder zu den Kurilen. Für acht Dollar Eintritt besichtige ich später in Charleston ein U-Boot, einen Flugzeugträger und das weltweit erste atomgetriebene Containerschiff.

Viele freundliche Menschen begegnen uns.

Im Golden Gate-Park rätseln wir anhand der Landkarte über die Weiterfahrt. Ein Biker hält an: „Can I help you? – Kann ich Ihnen helfen?“ Das tut unseren Herzen gut.

Wochen später, an der Ostküste, in Charlotteville wird uns die Serviererin eines Cafés fragen, ob den Germans das Bier schmeckt. Wir drucksen herum – es ist ein bißchen zu warm. Sie nimmt die halbleeren Flaschen wieder mit und bringt zwei neue – voll. Ja, sie habe Deutsch in der Schule gehabt, aber alles vergessen. Sie weiß nur noch „ich liebe dich“. Eine Frau vom Nebentisch kommt und legt uns eine Ansichtskarte von Charlotteville hin. Auf der Rückseite rasch hingeschrieben:

„My Name is Kelly. I am from Michigan, I also am visiting here in Charlotteville. May you have a good trip home and let me know you got home arrive. My address ... – Mein Name ist Kelly, ich bin von Michigan, ich bin hier in Charlotteville zu Besuch. Ich wünsche Ihnen eine gute Heimreise und lassen Sie mich wissen wenn Sie gut angekommen sind. Meine Adresse ...“

Ein junger Mann – nach seiner Kleidung zu urteilen ist er ein älterer Student – malt uns den Weg zur Thomas-Jefferson-Universitiy, dem geistigen Vater der amerikanischen Verfassung, auf einen Zettel. Aber wir finden die Universität nicht. Eine Frau fragt: „Can I help you – where are you from“. „Oh, from Germany, from Berlin! Thats very nice.“ Im Reden mischen wir Wichtiges und Unwichtiges über unsere große Reise durcheinander. Am Ende finden wir uns in Charlottes Wohnung wieder. Ihr Mann ist Professor für Economic an der Universität und war vor einem Jahr als Gastprofessor an der Freien Universität in Berlin . Beide haben sie jetzt eine Wohnung in der Stadt – das Haus, früher, machte unnütz viel Arbeit. Sie haben schon gegessen? Aber einen Drink, unbedingt. Ihren Mann nötigt sie, das Fernsehen zu unterbrechen, wegen der „guests from Germany“. Ich verstehe, wenn es ihn stört, denn Präsident Clinton spricht gerade über die Steuererhöhung. Aber er ist höflich und wendet sich uns zu; seine Spezialstrecke sei Monopol, Oligopol und Preisbildung. Er zeigt uns die von ihm publizierten acht Bücher. Wir erzählen von unserer Arbeit – der früheren. Als junger Wissenschaftler habe ich viel publiziert, war, wie man mir nachsagte, ein fleißiger Schreiber. Daß unser Gastgeber einen Mann im Zimmer sitzen hat, der in einem kommunistischen Land im staatlichen Preisamt arbeitete, findet er doch very interesting.

Aber Charlottes Mann, dem Professor, steht Erikas Status als Hochschulprofessorin näher als ich. Ihr Beschäftigen mit ökonomischen Theorien und volkswirtschaftlichen Problemen interessieren ihn. Doch Charlotte drängt von der Ökonomie weg. Sie will von uns wissen, wieviel Kinder, wann geheiratet, was sie machen, wieviel Enkel, Junge – Mädchen, wie alt. Dann geht sie mit uns zu dem auf der anderen Straßenseite liegenden Parkhaus, fährt des nachts Schönheiten, Sehenswürdigkeiten und Geschichte der Universität ab. Ein wunderschöner Campus – eher wie ein Klosterhof mit einer riesigen Wiese in der Mitte, umgeben von einem flachen Häusergeviert mit hunderten winzigen Studentenzellen. Die Uni prägt offenbar auch den Charakter der Stadt, so wie ich mir das in Heidelberg, Greifswald, Tübingen und Jena vorstelle. Wir verabschieden uns, umarmen uns. Natürlich besucht sie uns in Berlin.

Fünf Tage später, im Stadtteil Chinatown von New York, melden wir uns im Hotel „Holiday Inn“. Die Dame hinter dem Tresen sagt: „Here is somewhere ask to you – hier fragt jemand nach Ihnen“. Ein Uniformierter kommt auf uns zu. Charlotte aus Charlotteville hat uns für die drei Tage „im gefährlichen New York“ einen Leihwagen mit Chauffeur bezahlt. Der Uniformmann erklärt uns das, geleitet uns auf den Hof, wir fragen nach dem Auto – „hier, dieser Honda?“ Sichtlich beleidigt verweist er auf einen Lincoln Townstar, zu dem sich unsere Kleidung in sichtbarem Kontrast befindet. Unser Hotel liegt mitten in dieser Stadt der Superlative. Wenn die Subway fährt, vibriert das Haus. Vom Fenster des Hotelzimmers blicken wir in die Säle eines Fabrikgebäudes – asiatische Näherinnen. Die Häuser stammen vom Beginn des Jahrhunderts und sind in schlechtem Zustand. Nach der Bausubstanz der Fabrik zu urteilen, könnte das auch in Flöha oder Aue oder Plauen sein – das, was man nach der Wende „marode Substanz“ nannte.

In Las Vegas, der Stadt der Glücksspiele, wohnen wir in einem Fünf-Sterne-Hotel. Noch bevor wir die Hotel-Rezeption erreichen, passieren wir Armeen der einarmigen Banditen. Das sind nicht Hotels mit Spielsälen, sondern Spielsäle mit Unterkunft und Verpflegung. Alles ist klug durchgerechnet: Erstklassige Zimmer für nur 29 Dollar, ein gutes Essen für nur 4 Dollar 95 Cents. Die Getränke sind billig. Einen Drink, der überall im Hotel fünf Dollar kostet, bekommt man am Spieltisch für einen Dollar. Eine Standardpointe des Animators sagt die Wahrheit: „Lachen Sie doch mal. Sie wollen nicht lachen? Macht nichts, Ihr Geld haben wir sowieso.“ Ich möchte gern wissen was das für Leute sind, die da spielen. Reiche, Halbreiche? Glücksritter, Biedermänner? Männer, Frauen? In einer Broschüre lese ich, die Geldbringer seien die Hausfrau, der Arbeiter, der Angestellte, der Rentner; vielleicht stimmt es. Zu den Versäumnissen dieser Reise gehört, daß ich nicht ein einziges Mal gespielt habe.

Los Angeles, die berühmte Stadt, spüren wir unter unseren Füßen. Amerika, wie wir denken, daß es sein müßte, begegnet uns. Von Nord kommend rollen wir den Highway entlang, suchen ein Motel in den Vororten. 60 Dollar für ein Zimmer, bei dieser Preislage müßten wir unsere Reise bald abbrechen. Das Zimmer hat auch nichts getaugt. Ein Prospekt führt uns zum Hotel „Carmel“ mit einem Zimmerpreis von 29 Dollar. Wie mag das aussehen? Ich frage den Hotel-Manager: „Der Preis stimmt sicher nicht?“ „Doch, warum? Here is the key, look at – hier ist der Schlüssel, sehen Sie es sich an.“ 100 Meter vom Strand, das nehmen wir!

Mit dem Auto fahren wir durch Beverly Hills, vorbei an den Villen der Reichen. Drei, vier, fünf Autos vor dem Haus, nicht unter Mercedes, BMW und Cadillac. Auf der Straße keine Menschenseele. In solch goldenem Käfig zu leben wäre mir nichts, da ist mir das Leben in Biesdorf mit Uschi von gegenüber, mit Herrn Volny, dem freundlichen Musikprofessor und seiner Frau, mit der Arzthelferin

Gabi, die mir die neuen Einlegesohlen in den Briefkasten wirft, der Frau vom Malermeister, die mir aus dem Auto zuwinkt und mit Nora, meiner 12jährigen Freundin von nebenan viel, viel, lieber. Trotzdem, Beverly Hills ist herrlich grün – man muß es gesehen haben.

Der Autofahrer hält bestimmt vor dem Fußgänger – du kannst dir da ganz sicher sein. Wer mit seinem Auto zuerst auf der Kreuzung ist, bekommt ohne Frage die Vorfahrt. Vom Verkäufer wirst du ganz sicher höflich verabschiedet, auch wenn du nichts kaufst. Der Hotelmanager ist dir nicht gram, auch wenn du das Zimmer nicht nimmst. Er empfiehlt dir andere Hotels, und wenn du das möchtest, ruft dort an.

Die amerikanische Westküste, das sind auch Tausende joggende Menschen; dicke, dünne, ehrgeizige, eitle, sportliche, unsportliche, junge, alte, schwitzende, schweigende und redende. Ich jogge seit 20 Jahren und prüfe mich. Reden mag ich nicht beim Laufen, deshalb bin ich am liebsten allein unterwegs. Dick bin ich nicht. Jung bin ich nicht, aber alles andere trifft für mich zu, auch die Eitelkeit. Ich betrachte mein Umfeld und stelle mir Fragen: Was haben die Amerikaner gegessen, bevor es McDonalds und Hamburger gab? Was empfindet der Amerikaner, wenn er ständig über die Füße der Wohnungslosen stolpert? Was machen eigentlich jene Amerikaner, die nicht joggen, radfahren und Inlineskate fahren? Wozu benötigen Amerikaner noch die Beine, wenn sie demnächst mit dem Auto aufs Klo fahren? Woraus haben die Amerikaner gegessen, bevor es Pappbecher, Pappteller, Plastiklöffel, Plastikgabeln, Plastikmesser und Plastikflaschen gab? Wie haben die Amerikaner miteinander kommuniziert, bevor es Telefone, Fax und Handys gab?

Stephan drängelt, aber ich sträube mich, die weltberühmten Illusionen von Disneyland anzuschauen. Meine Nüchternheit warnt mich davor, die Scheu, irgendwelchem Nepp auf den Leim zugehen. Zudem – 30 Dollar Eintrittsgeld! Aber ich beuge mich der Mehrheit. Um 14 Uhr erleben wir die große Prozession des Prinzen Aladin, seiner Prinzessin und den Haremsdamen. Wie von einem riesigen Regenbogen werden die Sinne aufgenommen, meine Vorbehalte verfliegen. Stephan und ich lassen uns mit Donald Duck fotografieren. Zwischen den vielen Attraktionen ist schwer zu entscheiden – Fantasyland, Tomorrowland (Zukunftsland), Adventureland (Abenteuerland), eine Fahrt durch romantischen Urwald, eine U-Boot-Reise, eine Reise durch Kontinente und Länder, die Einfahrt in ein Bergwerk, die Seilbahn zum Matterhorn. Alles simuliert. Warum sträubte ich mich dagegen? In Disneyland amüsieren sich nicht nur die Kinder, auch die Erwachsenen lassen die Leinen los, freuen sich und staunen wie die Kinder. Ich korrigiere mein Bild von dieser Phantasiewelt – vor allem die Bootsfahrt „Kinder der Welt“ ist ein Appell an Humanismus und Freundschaft der Nationen. Bei keiner der vielen Attraktionen wird geschossen, niemand erschlagen, keiner verletzt. Die Phantasien der Menschen werden auf das Gute gelenkt. Disneyland hat nichts mit dem Plänterwald oder dem Berliner Weihnachtsmarkt zu tun. Es ist nicht Rummel, sondern ein offensichtlich gelungener Versuch, für einige Stunden Humanismus, Lebensfreude, Freundlichkeit, Staunen herbeizuzaubern und den Alltag zu vergessen. Von der 70jährigen Oma über die vielköpfige mexikanische Familie bis zum Rollstuhlfahrer – alle lassen sich von dem Trubel erfassen. Jede Attraktion ist perfekt organisiert. Die letzte Haremsdame aus der Aladin-Prozession hat, für den Besucher kaum merkbar, schon die Absperrschnur wieder aufgewickelt. Jede Zigarettenkippe wird sofort weggekehrt. Gut, daß ich der Versuchung, den Tag am Strand zu verbringen, widerstanden habe. Ich hätte ein Stück Amerika versäumt.

Die Tour führt uns weiter – nach New Orleans. Wir wohnen nicht teuer, aber in der Nähe vom „Franch Quartier“, früher das Vornehmen-Viertel der Weißen mit herrlich verzierten eisernen Gittern an den Balkonen der Bürgerhäuser im Kolonialstil.

Zur Nacht laden uns „die Jungs“ ein, um unseren 35. Hochzeitstag im Franch Quartier in einer Piano-Bar zu feiern. Wir bekommen mit Mühe noch Platz. Zwei dunkelhäutige Klavierspielerinnen um die 40 machen Musik. Die eine ist wohl ein Mann. Die Musik bringt den ganzen Saal in Stimmung. Jeder kann seinen Musikwunsch äußern; der Wunschzettel wird mit einem Dollar-Schein komplettiert. Ein Mann, ein Mulatte von vielleicht 60, der aussieht wie 70 und kaputt ist wie achtzig, geht mit einem Tablett durch die Tischreihen. Sein Gesicht zuckt, dauernd leckt er seine Lippen. Auf dem für Trinkgeld vorgesehenen Tablett imitiert er mit den Fingern Trommelwirbel, um die Gäste zu animieren. Die Scheine liefert er den Klavierspielern ab, die Münzen gehören ihm. Danach erfolgt die Wachablösung am Klavier, es ist eine Frau, die um ihr Leben spielt. Nervös blättert sie in den Noten. Lächeln ist Zwang, aber vergeblich. Keine Ovationen mehr, nur noch höflicher Applaus, oder nichts. Die Stühle leeren sich. Als ich vor die Tür gehe, sitzt sie auf einer Treppenstufe, farblos, zusammengesunken, Zigarette im Mund. Ein trauriger Anblick in dieser lebendigen und romantischen Stadt.

Unter dem warmen Nachthimmel des südlichen Nordamerika fasse ich meine Erika an ihrer schmalen Hand. Diese schönen Hände leben für sich, sie benötigen nicht den Schmuck von Gold und Diamanten. Das Unglück anderer macht uns das eigene Glück bewußt. Erika ist das, was man eine starke Frau nennt. Sensibel, praktisch veranlagt, immer denkt sie ein paar Zentimeter voraus. Mir wäre manchmal lieber, den Dingen ihren Lauf zu lassen. Warum muß ich vorher eine Broschüre über New Orleans lesen, wenn ich es mir lieber erschauen, erfahren und erlaufen will. Immer möchte sie mit mir auf dem Stadtplan den genauen Weg vorherbestimmen, wenn doch auch das Verlaufen hilft, eine Stadt zu erkunden. Ich weiß, bei mir driften Gefühl und Verstand auseinander. Die schöne Reise durch Amerika ist Erikas Werk. Der Flug, das Auto, die Route, die Unterkünfte, das Reisegepäck – alles Erikas Planung, und einer der Höhepunkte, unser 35. Hochzeitstag. Hand in Hand wandern wir schweigend durch nächtliche Straßen von New Orleans. Gute Vorsätze gehen mir durch den Kopf; nie wieder häßlich mit meiner Geliebten zu sein. Jähzorn überkommt mich manchmal, wenn ich an Grenzen meiner Möglichkeiten stoße – dann werde ich ungerecht, und meine Erika weint. Sie ist es meist, die mich zum Einlenken bewegt, niemals umgekehrt. Was gibt mir das Recht zu solchem Verhalten? Hier, in den Gassen des Franch Quartier, spüre ich Erikas Wärme. Ohne Worte wissen wir, daß wir miteinander glücklich sind. Ein schöner Tag ist dieser 35. Hochzeitstag.

Auch dem Leben des Martin Luther King begegne ich in Amerika, in Montgomery, einer amerikanischen Stadt mit überwiegend schwarzen Bewohnern. Martin Luther King engagierte sich für eine junge schwarze Näherin, die der Aufforderung des Busfahrers nicht gefolgt war, einem Weißen Platz zu machen, wie es die Stadtordnung vorsah. Er wurde Führer des friedlichen Kampfes für Gleichberechtigung der Schwarzen in den USA, predigte in der Kirche, in die ich heute meine Fuß setze. Erst in diesem Jahrhundert, nämlich 1964, unterschrieb ein amerikanischer Präsident – der damalige Präsident Johnson – das Dekret über die Gleichberechtigung der Schwarzen. Am 4. April 1968 tötete Martin Luther King eine Kugel.

Erika weint, als wir eine Kirche in Savannah verlassen. Wir nehmen am Gottesdienst in der First Babtist Church teil. Alles schwarze Menschen. Die Männer in ihren besten Anzügen, die Frauen in weißem, rosa, gelbem und blauem Kostüm und passendem farbigen Hütchen auf den kunstvollen Frisuren. Die Kirche lebt und vibriert von den Gesängen. Im Wechsel folgen Predigt und Gesänge. Die Menschen stehen, lauschen ihren eigenen Stimmen, und klatschen im langsamen, feierlichen Rhythmus in die Hände. Gebärden, Worte, Gesang und Bewegung vereinen Nachfahren der Sklaven in der Tiefe ihres Herzens miteinander. Wir verlassen den heiligen Raum. Schwarze Frauen, die diese aufgewühlte, weiße, weinende Frau sehen, fassen aus den Bankreihen nach ihr und schließen Erikas Hand in ihre beiden Hände ein. Ist das Mitgefühl? Oder Trost? Oder Dankbarkeit? Eine junge Frau im Vorraum faßt sie um die Schultern, tröstet sie: „Have a good cry, it feels good – weinen Sie ruhig, weinen tut gut."

Washington, ein Muß für den Amerika-Besucher. Das Weiße Haus, das Museum of modern Art, die Mall, das Vietnam Veterans Memorial, Gedenkstätte für die in Vietnam gefallenen amerikanischen Soldaten. Sechzigtausend Namen seien in Marmor graviert – im Vietnam-Krieg getötete Amerikaner. Sechzigtausend Tote, die Schmerz erduldet und um die Mütter und Väter, Frauen und Kinder geweint haben. Sie sind des Denkmals würdig. Mich berührt, daß sich hier jene Amerikaner wiederfinden, die gegen den Krieg sind – – und Besucher aus aller Welt, so wie wir.

Es ist wohl ungerecht von mir, wenn ich das Gedenken an die von amerikanischen Soldaten umgebrachten Vietnamesen vermisse. Das Memorial spricht nicht von den 504 Vietnamesen, die 1968 im Dorf Son My von 80 amerikanischen GIs umgebracht wurden, spricht nicht von den Schüssen gegen Frauen auf einem Reisfeld und der Hundert-Dollar-Wette, nach welcher Seite die Getötete wohl umfallen wird.

Für den Frieden, gegen den Krieg – ich verbeuge mich in Washington vor jenen, denen das Vietnam Veterans Memorial gewidmet ist.

Am 10. August bringt uns eine Maschine der United Airlines im Direktflug wieder nach Berlin. Nach traumloser Nacht wache ich in meinen Biesdorfer Bett auf. 50 wunderschöne, anstrengende Tage vergingen wie im Flug. Ich habe ein Stück dieser Welt gesehen. Ich respektiere das Deutschland, welches mir solche Möglichkeiten gibt, und verstehe besser als bisher, was Weltanschauung bedeutet. Darauf möchte ich nicht mehr verzichten!

1994

TOCHTER Tante Gudrun sollte schon lange gehen. Die Kinder werden immer weniger, viele Erzieherinnen sind schon weg. Der Geburtenknick ist da. Die Gemeinde sortiert seit langem die überzähligen Kindergärtnerinnen aus, nach Alter, nach Qualifizierung, nach sozialen Bedingungen. Das Gespür für Kinder wird nicht bewertet, „es ist so schon schwierig genug", sagt die Frau in der Verwaltung. Gudruns Augen sind rot vom Heulen, als ich Anton am Morgen zu ihr in die Kita bringe. Sie ist eine kleine rundliche Frau um die fünfzig, die immer gerade eine Diät vor oder hinter sich hat. Jetzt ist sie so dünn, daß ihr Gesicht spitz wirkt. Sie hat zwei Kleidergrößen abgenommen, selbst ihr schöner Kuschelbusen, den Anton so schätzt, ist kleiner – ohne Diät. Tante Gudrun nimmt Anton in Empfang. In der linken Hand hält sie einen Packen bunter Hasenohren, heute wird das Osterfest vorbereitet, mit der rechten will sie Anton Guten Tag sagen. Doch der guckt bloß auf die Papier-Ohren. „Kann ich die verbasteln?" fragt er, und Gudrun nickt. „Kann ich auch drei?" will er wissen, und Gudrun antwortet: „Aber ein Hase hat zwei Ohren." „Meiner soll drei haben", beharrt mein Kind, sucht sich die drei längsten aus und legt sie auf seinen Frühstücksteller. Sofie und Thorsten wollen auch dreiohrige Hasen, Tante Gudrun muß neue Ohren schneiden.

Gudrun hat den Umgang mit Kindern nicht studiert. Die Kindergärtnerinnen in der DDR mußten drei Jahre lang eine Fachschule besuchen, mit Musikunterricht, Psychologiestunden, Kunst- und Pädagogikausbildung. Seiteneinsteigerinnen wie Gudrun wurden nach jahrelanger Arbeit im Beruf staatlich als Kindergärtnerin anerkannt – eine Möglichkeit, die früher viele Frauen nutzten. Die Gemeinden waren dankbar, weil es immer zu viele Kinder gab und zu wenig Betreuerinnen. Und weil es auch immer zu wenig freie Plätze gab, bekamen manche Frauen im Gegenzug Kindergarten- oder Krippenplätze für die eigenen Kinder. Jahrelang hat es keinen interessiert, wo Gudrun die Regeln für die Schnipseljagd gelernt hat, woher sie weiß, wie man elf Dreijährige sicher über eine Bundesstraße lotst. Jetzt beim Entlassen ist plötzlich die Qualifikation gefragt. Dabei ist es Anton völlig wurscht, ob Tante Gudrun studiert hat oder nicht. Sie vergißt niemals seinen Geburtstag, sie tanzt

Twist beim Fasching und kommt dabei immer noch bis runter, und sie erlaubt Hasen mit drei Ohren. Trotzdem muß sie gehen, und Tante Dore, die nie lächelt, kann bleiben. Und Tante Elvira, die immer „dem“ und „den“ verwechselt und so unordentliche Haare hat, die darf auch bleiben. Einmal, das war vor einem guten Jahr, hatten wir Eltern uns erfolgreich gegen Gudruns Entlassung zusammengeschlossen. Ich rief andere Mütter und Väter an, fragte sie nach ihrer Meinung und marschierte in deren Namen zur Gemeindeverwaltung. Damals ging der Kelch noch einmal an Gudrun vorbei. Jetzt aber kommen meine Kinder sowieso bald zu Sandra in die Vorschulgruppe. Diesmal sind andere Eltern dran, finde ich, und auch Tante Gudrun müßte sich ein bißchen kümmern. Aber Tante Gudrun kann so etwas nicht, sie weint immer nur. Und die anderen Eltern haben mit sich zu tun.

Ich setze mich auf einen dieser Zwergenstühle, meine Knie ragen über die Tischkante, es riecht nach süßem Tee. Die vorsichtige Märzsonne versucht es mit einer ersten Prise Licht, es fällt durch den Forsythienzweig aus Kreppapier, der auf der Fensterscheibe erblüht ist. Die Kinder holen ihr Frühstück aus den Brottaschen: „die elastische Milchschnitte“ mit der extra Portion Milch, das Waffelbrett „Hanuta“, den „Fruchtzwerg“, so wertvoll wie ein kleines Steak, die Taschenwurst „Bifi“-muß-mit, und den Drops „Nimm zwei“, Vitamine zum Naschen. Anton und Sofie gucken verschämt auf ihre langweiligen Wurststullen. Drum herum ist kein Tütchen mit Aufkleber, keine Folie mit Sammelbild, bloß so graues Butterbrotpapier zum Wegwerfen. Auf den Apfelstücken sind keine A B C D-Vitamine aufgedruckt, in der Möhre sind keine bunten E-Farbstoffe, nur Karotin. Anton versucht, seinen Apfel gegen einen Fruchtzwerg einzutauschen, aber kein Kind wäre so bescheuert, das zu tun. Ich erzähle Gudrun vom alltäglichen Leidensweg durch den Supermarkt in Reinickendorf in Westberlin, das ist die nächste Nahrungsquelle für uns. „Am liebsten würde ich die Jungs draußen am Fahrradständer anschließen“, sage ich, und Gudrun versucht zu lächeln. „Aber dann würden sie alle Kunden um Süßigkeiten anbetteln, und der Supermarktchef müßte nach Hunderten von Beschwerden die armen Ostkinder über den Lautsprecher ausrufen.“ Und Gudrun: „wie Falschparker.“ Jedenfalls muß ich die Jungs immer mit hineinnehmen, erzähle ich, Anton paßt mit seinem dünnen Hintern noch in den Einkaufswagen, Jakob hilft schieben. Und dann rollen wir im Zickzack durch die Gänge: kurzer Stopp rechts am Brotregal, elegante Kurve links vorbei an den Keksen, Anhalten rechts bei der Pizzatruhe, eine Schleife links um das Eis. Es gibt keine zuckerfreie Stelle. Und immer liegt der ganze Süßkram unten. Nach zahlreichen Testläufen hatte ich den Mindestabstand zwischen einem sitzenden Kind im Einkaufswagen und einem Bonbonregal berechnet. Doch während ich Jakob einfange, der gerade das Haribo-Regal ausräumt, arbeitet sich Anton in seinem Wagen durch ruckartige Oberkörperschwingungen zu den Nutellagläsern hinüber. Manchmal wird er auch von anderen Kunden aus der optimalen Position an den Rand geschoben, dann kann ich für nichts mehr garantieren. Unter den Eltern, mit denen ich das Thema diskutierte, herrscht teilweise noch die Auffassung, man könne Kinder dazu erziehen, brav an den Süßigkeiten vorbeizugehen. Ich persönlich glaube nicht an diese Möglichkeit. Das Kind müßte einen Willen haben, der stärker als bei einem Erwachsenen ist. Ich lade ja selbst oft Zeug in meinen Wagen, das ich gar nicht kaufen wollte.

„Die Kinder wollen das süße Zeug", sagt Gudrun, „und wenn sie ein paar Mal so etwas früh mitgekriegt haben, fassen sie kein Brot mehr an. Aber was soll ich mich noch aufregen, sind ja nicht meine Kinder." Diesen Spruch hatte ich noch nie von ihr gehört. „Jedenfalls nicht mehr lange", sagt sie kurz und räumt Antons Teller auf das Tablett.

Im Stau auf dem Weg nach Potsdam denke ich nicht mehr an Gudrun. Morgen ist die nächste Sendung, ich hätte nicht so lange quatschen dürfen. Jetzt komme ich zu spät. Zwar gibt es niemanden, der mit der Uhr am Tor steht, aber es gibt noch so viel zu erledigen. Im Herbst '93 hatte ich die Leitung einer Wirtschaftssendung übernommen, bei dem Sender mit dem schönen Namen „Ostdeutscher Rundfunk Brandenburg". Zwei neue öffentlich-rechtliche Sender waren anstelle des DDR-Fernsehens entstanden: der Mitteldeutsche Rundfunk für Sachsen, Sachsen Anhalt und Thüringen sowie der Ostdeutsche Rundfunk für das Land Brandenburg. Mecklenburg Vorpommern hat sich dem Norddeutschen Rundfunk angeschlossen. Der Sender Freies Berlin ist inmitten des Brandenburgischen Ausstrahlungsgebietes selbständig geblieben. So kam es, daß die Hauptstadtregion auch Jahre nach der Wende ein Westfernsehen und ein Ostfernsehen hat. Doch während der Westsender einfach so blieb wie er war und so gut wie keine Ostjournalisten einstellte, entstand in Potsdam eine ganz neue Anstalt, in der Ost- und Westkollegen sich zusammenraufen mußten.

Als ich das erste mal Richtung Süden nach Potsdam zum Vorstellungsgespräch fuhr, war es wie verreisen. Die Fahrt, einmal durch ganz Berlin hindurch, nahm einfach kein Ende. Als ich endlich auf den Hof des Senders rollte, war mein Make up verlaufen, die Sommerjacke ähnelte einem Leporello, und ich dachte schon wieder ans Essen, obwohl ich vor meiner Abreise noch gefrühstückt hatte. Die Fernsehchefin war eine bekannte Journalistin, die jahrelang aus Polen für die ARD berichtet hatte. Ihr Büro, das ich in einer flachen Baracke am Gangende fand, war klein, das Fenster stand weit auf. Als ich eintrat, lief der Fernseher. Sie zückte die Fernbedienung und wies elegant wie eine Enterprise-Kommandantin mit dem Faser auf das Fernsehgerät. „Kommen Sie rein", rief sie aufmunternd und wies mir einen Stuhl zu. Wieder fiel ich in einen dieser schwarzen Freischwingsessel, um über mich und das Fernsehen zu reden. Die Chefin zündete sich eine Zigarette an und sah dabei kurz auf die Uhr. Sie wollte von mir wissen, wie ich mir eine Wirtschaftssendung für Brandenburg vorstellte. „Die meisten Leute finden Wirtschaftsberichte erst einmal langweilig", sagte ich, „die Wirtschaftsseiten werden schnell überblättert, Wirtschaftssendungen von vielen gar nicht erst eingeschaltet." Sie klappte abwartend mit den Wimpern, krümelte die Asche von der Zigarette. „Und?" fragte sie, „das wollen Sie ändern?" Ich legte ihr ein Konzept für die Sendung vor, eine Mischung aus Mut machen, Information und Meinung haben. Es ging ja alles in die Brüche, und die Wirtschaftsberichte aus dem Osten trieben einem die Tränen in die Augen. Ich hatte Lust auf eine Sendung, die mehr leistet als Trauerarbeit.

70 Bewerber soll es gegeben haben. Nach einem monatelangen Auswahlverfahren bekam ich die Stelle. Die Leitung eines Wirtschaftsmagazins ist eine Aufgabe, die man in anderen Sendern normalerweise erst mit 40 oder 50 bekommt. Ich war 31 und beinahe eine Anfängerin, was Fernsehen anging. Doch der Sender wollte junge Leute aus dem Osten, das war meine Chance.

Die Vermischung von Ost- und Westjournalisten ist schwierig. Ich bekomme einen West-Chef, der handfeste Sensationen in der Sendung sehen will: Millionenbetrügereien, Anlagenskandale, Wirtschaftsverbrechen. Mein Konzept mit einer Mischung aus Wirtschaftsberichterstattung, Alltagsproblemen, Arbeitsmarktentwicklung, Verbrauchertips und auch Wirtschaftserfolgen findet er langweilig. Während er mir klar machen will, was eine richtige Story ist, will ich ihm was über Ostidentität erzählen. Während er mir vorwirft, ich wolle Dorffernsehen machen, sage ich, er wisse ja weder, wo Elsterwerda liegt oder Premnitz, noch interessiere er sich für diejenigen, die dort leben. Die Verständigung ist schwierig, wir haben völlig unterschiedliche Sendungen im Kopf.

Heute, einen Tag vor der Sendung, sieht mein Chef sich die Beiträge wie jedesmal mit mir zusammen an. Ich weiß schon jetzt, es wird wieder Streit geben und nehme mir fest vor, mich zurückzuhalten, um ihn nicht unnötig zu provozieren.

Der Chef sitzt hinter seinem Schreibtisch, und ich schiebe die erste Kassette in den Recorder. Es geht um mehrere Grundstücke im Berliner Umland. Der Enkel des ehemaligen Besitzers will sie wiederhaben. Das Problem ist typisch für die Umlandgemeinden, in manchen Orten gibt es für die Hälfte der Grundstücke Altansprüche. Die ehemaligen DDR-Bürger, die seit Jahrzehnten dort leben oder sich erholen, müssen sich nun mit den Alteigentümern auseinandersetzen. Eine Reporterin hatte das Zusammentreffen zwischen den Nutzern Ost und dem Erben West vor Ort gefilmt. Man sieht säuberlich geharkte Rabatten, einen Grillplatz mit kleinen Lampions, dazwischen Leute, die sich verzweifelt anschreien. Die Reporterin läßt beide Seiten zu Wort kommen, dann erklärt sie die schwierige gesetzliche Lage.

Ich finde, es ist ein guter Beitrag, doch der Chef kritisiert die Gefühlsbetontheit. Die Tränen einer Frau, die das Grundstück zu verlieren droht, würde die Erben der Alteigentümer indirekt ins Unrecht setzen. Was soll ich darauf sagen? Ich erkläre, daß hier keiner mit der Wiederkehr der Westbesitzer oder deren Erben gerechnet hat. Und mein Chef antwortet, daß die Grundstücke den Leuten ja nie wirklich gehörten. Also hätten sie auch kein Recht darauf.

So hangeln wir uns genervt von Beitrag zu Beitrag. Ich notiere eine lange Liste mit Änderungswünschen und frage mich, wie lange ich das noch aushalte. Natürlich, denke ich, so ist der Westen: Du mußt lernen, dich durchzubeißen.

Die Lust an dieser eigentlich schönen Arbeit ist mir längst vergangen. Der Alltag im Sender gleicht einem Spaziergang über ein Minenfeld. Vor jedem Schritt versuche ich, die möglichen Gefahren vorauszusehen, sie zu umgehen. Ich laufe im Zickzack wie ein Hase und komme dabei kein Stück voran. Meine Phantasie stecke ich in Hausmitteilungen, Aktennotizen, Richtigstellungen.

Ich stehe auf und lege die lange Änderungsliste in den Karton mit den Kassetten. Als ich die Türklinke herunterdrücke, um das Büro zu verlassen, ruft er: „Einen Moment noch, machen Sie die Tür noch mal zu!“ Ich lasse die Klinke schnippen und drehe mich um. „Übrigens“, sagt er lächelnd und reckt das Kinn, „das wird Ihre letzte Sendung. Die Sendung ist abgesetzt.“

Nach der letzten Sendung nehme ich Urlaub. Mit meiner Cousine Kristin geht es auf eine Insel im hohen Norden, Harry bleibt wieder einmal zu Hause. Wir haben inzwischen einen zweiten Opel Corsa, der alte Lada wurde ohne eine Träne billig verkauft. Mein kleines Auto, es ist mein erstes eigenes, ganz individuelles Jana-Auto, surrt munter die 400 Kilometer über die Autobahn. Dann fahren wir über eine weitgespannte Brücke und lassen das Festland hinter uns. Auf der Rückbank spielen Anton und Kristins Sohn Nico mit Lego-Rittern. Plastepferde galoppieren über das Polster, kleine behelmte Männlein stürzen sich mutig vom Kindersitz in das Getümmel, eine Lanze durchbohrt einen wehrlosen Gummibären, der sich auf das Schlachtfeld verirrt hatte. Wir halten vor einem Backsteinhaus, getragen von hölzernen Balken, bedeckt mit einem dicken Schilfdach. Am Eingang wuchert eine Hecke von Kartoffelrosen, zwischen den dunkelgrünen Blättern leuchten orangefarbene Hagebutten. Neben der Tür hängt eine richtige Glocke, eine Schiffsglocke. Anton stellt sich auf Zehenspitzen und zuppelt an dem herabhängenden Seil. Kristin schließt die Haustür auf, wir laden das Gepäck aus. Zwei Wochen Inselurlaub, wir können ihn beide gut gebrauchen. Ich kaue an meiner beruflichen Krise, und meine Cousine steckt bis zum Hals in einer Ehekrise. Während die Kinder mit der Glocke Sturm läuten, versuchen wir, uns auf einen friedlichen Urlaub zu freuen.

Anton und Nico sind fünf. Wenn ich Anton ins Gesicht sehen will, muß ich entweder zwei Schritte zurücktreten oder in die Hocke gehen. Wenn er direkt vor mir steht, legt er den Kopf weit in den Nacken, damit er meine Augen und meinen Mund sehen kann. Manchmal, wenn wir uns sehr streiten, stelle ich mich so dicht vor ihn, daß er sich zurücklehnen muß, um mich anzusehen. Ich weiß, daß er sich dann sehr klein vorkommt. Aber er wächst ja. Vor dem Urlaub mußte ich ihm neue Hosen kaufen, weil er schon wieder zehn Zentimeter größer ist. Anton ist ein Freund schöner Dinge, am liebsten würde er jeden Tag andere Sachen anziehen. Er probiert verschiedene Gürtel aus, Westen, Mützen oder T-shirts, bis er zufrieden ist. Klamotten sind das einzige Thema, bei dem er nicht mit sich reden läßt. Wenn wir dennoch ausnahmsweise und nur in Notfällen eine wärmere Jacke oder wetterfeste Schuhe verordnen, gibt es Wuttränen, und es ertönt der Schlachtruf: „Ihr könnt nicht bestimmen, was ich anziehe!“ Heute trägt Anton rote Gummistiefel zur rot-weißen Hose, dazu einen Wildledergürtel, besetzt mit bunten Straßsteinen, ein schwarzes Sweatshirt mit einer aufgedruckten Raumstation, und um den Hals hat er ein weiß-schwarz-gepunktetes Tuch. Am Abend liegen die geliebten Kleidungsstücke vernuddelt im Zimmer verstreut. Wie kann er seine Sachen so in die Ecke knallen, obwohl sie ihm so wichtig sind? Kristin, die Psychologiestudentin, vermutet, daß er nicht über morgen nachdenkt. „Das möchte ich auch mal können“, sage ich, und sie meint, „das hast du mal gekonnt, es ist dir wegerzogen worden.“ Als die Kinder schlafen, sitzen wir in der Veranda und trinken etwas zu warmen Wein. „Ich hätte ihn letzte Nacht noch in den Kühlschrank stellen sollen“, sage ich. „Dann hättest du ihn bestimmt vergessen“, meint sie, „du hast wenigstens dran gedacht.“ – „Genau, weil ich immer an den nächsten Tag denke.“ – „Und an den übernächsten, aber es nützt nichts, vorauszudenken, weil man nicht voraussehen kann.“ Ich gieße uns lauen Wein nach und sehe Kristin an. Ihre großen grauen Augen sind zum ersten Mal wirklich ernst. Sie, die sonst immer dieses Lächeln im Mundwinkel bereit hält – ich bin nett, also tu mir nichts –, sitzt da ungeschützt. Ihr Traum, oder besser der Plan von der glücklichen Familie geht gerade in die Brüche. Der Mann, den sie liebt oder nicht liebt, jedenfalls der Mann, mit dem sie das Nest gebaut und das Kind bekommen hat, zieht immer größere Kreise. Kristins Traum wird ihm eng, und entweder, sie gibt jetzt den Traum auf oder den Mann.

Plötzlich sehe ich klar auf mein letztes Jahr, meine Pläne paßten nicht zu der Person, mit der ich sie zusammen verwirklichen sollte. Mein Chef und ich, wir passen nicht zusammen. Da man sich aber von einem Chef nicht so einfach trennen kann, hätte ich mich vielleicht von meinem Konzept verabschieden müssen. Hätte ich das gekonnt? Ich wollte diese Sendung, und ich konnte sie eigentlich nur so machen, wie ich bin. „Kristin“, sage ich, „ich glaube, wir sind nicht so gut im Kompromisse machen.“ Sie schluckt, als müßte sie eine Medizin nehmen: „Ist das nun gut oder schlecht!“ fragt sie. „Es ist eben ziemlich anstrengend“, sage ich, „für alle Beteiligten.“

Am nächsten Tag fahren wir mit dem Schiff nach Dänemark. Für die Jungs ist das Riesenboot wie eine schwimmende Stadt. Es gibt ein richtiges Restaurant, eine Sonnenterasse mit großen Schirmen, eine Einkaufsstraße und einen großen Fahrgastraum, in dem man trocken sitzen und die Möwen vor den Fenstern betrachten kann. Dänemark ist so nah, daß die Möwen uns nicht verlassen, wie kreischende Lotsen ziehen sie um das schwere Schiff. Auf der Überfahrt schreibe ich Karten, an Anja, an meine Eltern, an Harry. An meinen Bruder André schreibe ich diesmal nicht. Nicht weil ich Ärger mit ihm habe, sondern weil wir uns ein bißchen aus den Augen verloren haben. Wir sehen uns nur bei den großen Familientagen und reden wenig miteinander. Von seinen Mandanten kann er nicht berichten, und wenn ich etwas erzähle, ist er unkonzentriert, macht Witze, und manchmal schläft er auf dem Sofa meiner Eltern ein. Ich möchte gerne wissen, wie es ihm geht, ob die Kanzlei gut läuft, und wie es für André und Ulrike ist, als Ehepaar zusammen zu arbeiten. Aber Gespräche, bei denen ich so etwas fragen könnte, gibt es nicht. Ich spüre kein wirkliches Bedauern deswegen und denke, daß es irgendwann von alleine wieder besser wird.

Das Schiff legt an, zum Einreisen brauche ich nur meinen alten DDR-Ausweis, eines der letzten gültigen Exemplare, glaube ich. Es ist erstaunlich, wie dieses Europa zusammenhängt. Wir können hin und her fahren, als wäre es ein Land. Ich erinnere mich an das Theater bei meinen Reisen in die Sowjetunion. Zuerst mußte man einen Gastgeber finden, dieser hatte ein Einladungsformular auszufüllen, das von der zuständigen Miliz abgestempelt wurde. Der Vorgang dauerte mehrere Wochen. Mit der Einladung durfte ich hier ein Visum beantragen, dazu war ein weiteres langes Formular auszufüllen mit Reiseziel, Reisezweck und Dauer. Als ich ankam, mußte ich mich so schnell wie möglich bei der Behörde anmelden, und den Rayon, also den Bezirk durfte ich nicht auf eigene Faust verlassen. Ich fand es immer affig, einerseits jahrelang Russisch zu lernen und DSF-Marken zu kleben und andererseits beim Praktizieren der Deutsch-Sowjetischen-Freundschaft mit Mißtrauen überhäuft zu werden. Und ich fand, dafür, daß es nur eine Hand voll sozialistischer Länder gibt, gehen wir ausgesprochen grob miteinander um.

Als wir dänischen Boden betreten, merken wir erst, wie heiß es geworden ist. Unsere beiden Kinder, die auf dem Weg über das bißchen Meer zu wilden Seeräubern wurden, sind jetzt nur noch zwei schlappe kleine Jungs. Als wir in dem ersten Dorf ankommen, ist es Mittag. Die Läden sind zu, kaum ein Mensch ist zu sehen, die Straße zittert im heißen Licht, und selbst die zwei Hunde auf der anderen Straßenseite lassen die Ohren hängen. Wir finden ein kleines Café und essen dänisches Eis. Es schmeckt nicht so toll, wie das dänische Eis zu Hause. Für die nächsten Tage planen wir bescheidenere Ausflüge, zum Ponyreiten, zum Kinderfest, zum Muscheln sammeln – was man eben so mit Kindern anstellt. An den Abenden trinken wir Wein auf der Terrasse, essen tafelweise Ritter-Sport-Schokolade und spielen Kniffel. Ich verliere ständig und gebe irgendwann auf.

Kristin genießt die kleinen Siege, sie hat nicht oft gewonnen in der letzten Zeit. Abgesehen von der Krise zu Hause verzögerte sich durch Nico ihr Studium ein wenig. Mit 25 verdient sie noch immer kein Geld, in diesem Alter war ich schon zwei Jahre Gehaltsempfängerin. Sie muß sich mit Anträgen für Wohngeld, Bafög, öffentlichen Nahverkehr und Rundfunkgebühren befassen, sonst käme sie nicht über die Runden. Die kleine Wohnung ist längst zu eng, zumal wenn man sich in einer Ehe zunehmend aus dem Weg gehen möchte. Zweimal pro Woche betreut Kristin ein behindertes Kind und verdient dadurch ein wenig dazu. Klamotten kann sie sich nur selten leisten, Neuanschaffungen für die Wohnung gibt es nicht. Ein Auto steht überhaupt nicht zur Debatte, es ist ja nicht einmal Geld für den Führerschein da. Und in diesen Urlaub konnte sie nur fahren, weil das Haus einer Bekannten gehört, die es fast umsonst zur Verfügung stellt. Wir suchen einen Aldi-Markt zum Einkaufen und kochen in unserem Ferienhaus alles selbst. Die Kosten werden zusammengerechnet und dann durch zwei geteilt, Restaurantbesuche fallen aus. So kostengünstig wie mit Kristin im Urlaub habe ich seit drei Jahren nicht mehr gelebt. Und ich merke, wie gut es mir inzwischen geht, wie selbstverständlich das für mich ist. Ein wenig bin ich auch stolz darauf, daß ich mich in dieser mir fremden Ordnung so schnell zurechtgefunden habe, jedenfalls in wirtschaftlicher Hinsicht. Allerdings, Harry mußte seine letzte Arbeitsstelle schon wieder aufgeben.

Auch diese zweite Softwarefirma bekam Probleme und entließ einen Mitarbeiter nach dem anderen. Es folgte das Übliche, Rückstände in der Gehaltszahlung, der Gang zum Arbeitsgericht, die Kündigung. Zum Glück fand sich gleich ein neues Unternehmen, das Harry mit Aufträgen versorgte. Jetzt kann er zu Hause arbeiten und fährt nur noch alle ein bis zwei Wochen nach Berlin, das ist natürlich schön für die Kinder und beruhigend für mich.

Kristin wird in Kürze mit ihrem Psychologie-Studium fertig sein. Trotz Kind und Nebenjob hat sie immer ihre Scheine gemacht und an ihrer Arbeit geschrieben. Ihre Energie ist scheinbar unerschöpflich und auch ihr Lebensmut. Bald, hofft sie, wird es etwas leichter. Sie träumt davon, New York zu sehen. Und obwohl es im Moment gerade so für den bescheidenen Inselurlaub gereicht hat, weiß ich, daß sie sich den Wunsch erfüllt, so wie sie all ihre Vorhaben immer Wirklichkeit werden läßt, so wie all die aufgeweckten und nie ganz glücklichen Frauen in diesen Büchern, die sie immerzu liest.

Abends liegen wir in den Betten und reden und reden. Da kommt ganz viel nach aus den letzten Jahren, und endlich kommen auch, zaghaft und eingekleidet in Höflichkeiten, die Vorwürfe. Jetzt, da wir wissen, was uns außer der Verwandtschaft verbindet, ist es Zeit, über die Unterschiede zu reden. Und das ist nicht nur schön. Es wundert mich, daß Kristin sich mir gegenüber als Wessi sieht und verhält. Sie, die als Teenager mit ihrer Mutter die DDR verließ, ist fast so etwas wie ein Fan dieser Bundesrepublik, ist vielleicht sogar mehr Verteidigerin dieses Systems, als mancher, der hier aufwuchs. Ich denke, es ist einfacher, dieses System zu mögen, wenn man sich freiwillig dort hineinbegibt und es von Anfang an im funktionstüchtigen Zustand kennenlernt. In den neuen Ländern befinden wir uns seit Jahren im Übergangsstadium von einer Gesellschaft in die andere, in einem Provisorium, das seine Vorzüge nicht wirklich entfalten kann, das mit zerstörerischen Marktmechanismen und Arbeitslosigkeit denjenigen entgegentritt, die sich nicht durch ihren Weggang für diese Gesellschaft entschieden hatten, sondern für die diese Gesellschaft einfach passiert ist. Und je älter man ist, desto schwieriger ist der Wechsel. Für Kristin war er leichter als für mich, für mich ist er leichter als für meine Eltern. Rückblickend muß Kristin die DDR wie ein vermufftes hassenswertes Gefängnis vorkommen, und das war sie ja auch. Aber ich habe es nicht so gespürt wie sie, weil ich diese DDR in den Grundzügen akzeptiert und gemocht habe, weil ich sie wollte. Diese freiwillige Zuneigung hat es mir leichter gemacht, in ihr zu leben, so wie Kristin durch den freiwilligen Wechsel die BRD akzeptiert und mir gegenüber verteidigt.

Gibt es eine Plus-Minus-Liste, mit deren Hilfe man das bessere System errechnen kann? Natürlich findet Kristin, daß die große Stärke des Westens in der Freiheit des Gedanken und des Wortes besteht. Natürlich sagt sie mir, daß hier jeder sein Glück auf seine Weise finden kann, mit dem Beruf, den er liebt, bei der Partei, die er favorisiert, an dem Ort, der ihn reizt. Ich kann darauf nicht viel entgegnen, denn all das sind Rechte, die mit sozialer Sicherheit nicht aufzuwiegen sind. Und wenn man sich die soziale Sicherheit der DDR mal genauer ansieht, dann war sie auch noch auf einem recht mickrigen Niveau.

Und trotzdem werfe ich der Gesellschaft heute vieles vor. Wie kann es fast zwei Milliarden Überstunden im Jahr geben und trotzdem knapp vier Millionen Arbeitslose? Wie kann es sein, daß viele Jugendliche keinen Ausbildungsbetrieb finden und in Übergangslehrgängen zwischengeparkt werden? Wie kann es sein, daß polnische KZ-Opfer bis heute nicht entschädigt sind, daß aber die Täter und deren Hinterbliebene hohe Renten bekommen? Wie kann es sein, daß in einem so reichen Land immer weniger Kinder geboren werden? Wie kann es sein ..., na ja und so weiter, ich komme mir schon vor wie mein Vater und sehe mich plötzlich in einer Ecke, in die ich nicht gehöre. Ich will die DDR nicht wieder, jetzt, mit geöffnetem Blick würde ich darin keine Luft mehr bekommen. Und Kristin sagt mir, daß es uns immer gut ging früher, mir und meiner ganzen Familie. Ich weiß, sie meint nicht die Urlaubsplätze in Ferienheimen des Ministerrates, das Regierungskrankenhaus, die neuen Autos, die Ananasbüchsen aus dem kleinen Spezialladen neben der Ministerkantine. Das alles wirkt angesichts des heutigen Wohlstandes sowieso lächerlich. Sie meint die Einbezogenheit in das System, die uns oft vor Mißtrauen bewahrte und uns somit auch Chancen und Vorteile verschaffte. Ihre Kritik richtet sich weniger gegen das Inanspruchnehmen dieser Vorteile, als vielmehr gegen das Nichterkennen der Fehler im System. Sie wirft uns vor, daß wir uns zwar gegen die kleinen Ungereimtheiten gewehrt haben, aber vor den großen die Augen schlossen und damit das alles am Leben erhielten, so wie es war. „Es wundert mich nicht", sagt sie, „daß du dein Land verteidigst, und das ist mir immer noch sympathischer, als würdest du es nicht mehr kennen wollen. Aber du hast es anders erlebt als ich, nimm's mir nicht übel."

Ich argumentiere noch ein bißchen und erkläre, daß meine Eltern, nicht um der Vorteile willen ewig am Arbeiten waren, sondern weil sie überzeugt waren von der Richtigkeit und dem Sinn ihres Tuns. Und ich versichere, daß meine Eltern immer redlich waren, daß sie sich nicht durch Bevorzugung korrumpieren ließen. Hätte einer von beiden um eines persönlichen Vorteils willen eine falsche Entscheidung getroffen, wäre der andere empört gewesen. Ich glaube, für meine Eltern wäre der Verrat des anderen am Sozialismus genauso schlimm gewesen wie Fremdgehen. Diese Ehrlichkeit wirkte auf mich stets mehr als jedes Argument.

Ich bin ein bißchen beleidigt, weil das in Kristins Augen alles nichts ist. Wir einigen uns so halb darauf, daß wir in diesem Land, in dem wir beide jetzt leben, so etwas wie Idealismus vermissen. Stunden nach Mitternacht schlafen wir schließlich ein.

Wieder zu Hause trennt sich Kristin kurze Zeit später von ihrem Mann. Sie zieht mit ihrem Sohn in eine Wohnung nahe der Stadtautobahn. Ich fange in einer anderen Abteilung an, mein bisheriger Chef verläßt den Sender bald. Ich arbeite als Reporterin bei Brandenburg aktuell, der ORB-Nachrichtensendung. Wir fahren mit dem Kamerawagen vom Hof. Auf der Kühlerhaube prangt das Logo des Senders: eine Wiese, eine Wolke, ein roter Adler. Es ist ein Sonntagmorgen im September. Ganz Brandenburg ist heute auf den Beinen, denn es sind Landtagswahlen. Vier Jahre hatten SPD, FDP und Bündnis 90 das neue Land durch die schwierige Umbruchzeit gesteuert, hatten eine neue Verfassung verabschiedet, hatten die rund 40 kleinen Kreise durch eine Reform zusammengefaßt, und hatten mehr als 200 Gesetze durchgebracht – normal wären etwa 50 gewesen. Das Land Brandenburg erlangte in dieser Zeit einen besonderen Ruf, manche sagen, es sei die heimliche Fortsetzung der DDR, denn hier gibt es laut Verfassung ein Recht auf Arbeit. Brandenburg hat die meisten Sozialhilfeempfänger und viele PDS-Anhänger. Hier gibt es die meisten überlebenden LPG-Nachfolger, bekommen neugeborene Babys 1.000 Mark Begrüßungsgeld. Und wir haben einen Ministerpräsidenten aus dem Osten. Dessen DDR-Vergangenheit ist seit Monaten Thema Nummer Eins in der Brandenburger Politik, es wird vermutet, daß er für die Stasi gearbeitet hat. Wenige Monate vor der Wahl ist die Koalition an diesem Konflikt zerbrochen. Die heutige Wahl, sagen alle, wird auch zeigen, wie die Brandenburger über dieses Thema denken.

Das Wahlbüro, in das Manfred Stolpe bald zur Abstimmung kommen wird, ist noch einigermaßen leer. Wir haben etwas Zeit und machen ein paar Bilder von Leuten, die mit ihren Listen in die Kabine gehen. Sie gucken bedeutsam und zugleich ein wenig verlegen. Ich denke an die Wahlen in der DDR, Lügenveranstaltungen, die nur funktionieren konnten, weil wir alle mitgemacht haben. Es war ganz einfach, man brauchte nur den Zettel entgegenzunehmen, ihn zu falten und durch den Schlitz zu werfen. Wer die Wahlkabine betrat, war irgendwie verdächtig. Dreimal habe ich in der DDR gewählt, und von mal zu mal ging es mir dabei schlechter. Der offensichtliche Widerspruch zwischen dem, was ich wollte und dem, was ich da wählte, riß mich innerlich in zwei Teile. Wenn ich dann am Abend die Prozentzahlen knapp unter 100 vernahm, wußte ich ganz genau, meine Stimme ist da mit drin. Was wäre wohl passiert, wenn ich einfach einen dicken Strich durch die Liste gemacht hätte?

Heute geht jeder Wähler selbstverständlich in die Wahlkabine. Ich sehe die Füße unter der Trennwand, Männerschuhe, Damenpumps, die ersten Herbststiefel, Turnschuhe, und ich finde es beruhigend, daß niemand vorher weiß, wie das Ergebnis am Abend ausfallen wird.

Dennoch scheint es, als würden die wirklich wichtigen Dinge vom Ausgang der Wahl nicht berührt. In den fünf neuen Ländern und Berlin gibt es die buntesten Parteikombinationen, von der absoluten Alleinherrschaft wie in Sachsen, über große Bündnisse wie in Berlin, bis zum fröhlichen Dreierlei. Trotzdem steigt die Arbeitslosigkeit überall gleich schnell. In schöner Einigkeit nimmt der gesamte Osten jetzt offiziell die Zehn-Prozent-Marke.

Neun Fernsehteams zähle ich, bevor Manfred Stolpe das Wahllokal betritt. Wir haben uns rechtzeitig mit dem Stativ einen guten Platz gegenüber der Wahlurne gesucht. Wenn nichts dazwischen kommt, werden wir den Ministerpräsidenten von vorne haben. Ich warte an der Tür und gebe ein Zeichen, als Stolpe draußen vorfährt. Zuerst kommen seine Aufpasser den Gang entlang, aufmerksame Männer, die sich wortlos und geschickt einen Weg durch das Getümmel bahnen. Ohne Hektik bilden diese Männer immer eine räumliche Blase, in die Stolpe hineinlaufen kann. Hier kann er Leuten die Hand geben, ein paar Worte in ein hingestrecktes Mikrofon sagen oder eine Wahlhelferin nach der bisherigen Wahlbeteiligung fragen. Stolpe falzt das Papier und hält es über den Wurfschlitz. Ein Stöhnen geht durch den Pulk von Kameramännern und Fotografen – der Augenblick war so kurz. Stolpe steht mit seinem undurchdringlichen Lächeln hinter der Wahlurne. Er hält die geknifffte Liste solange über dem Schlitz, bis die Fotografen alles haben, dann läßt er sie in die Tiefe des Kastens fallen. Ich winke meinem Kameramann, zeige auf die Uhr. Wir müssen das Filmmaterial schnell in den Sender bringen. Kurze Zeit später laufen die ersten Nachrichten und man sieht, wie der Ministerpräsident wählt.

Am Abend sind wir in einer Kneipe, und filmen die Reaktionen auf die ersten Hochrechnungen, die gerade im ORB-Fernsehen übertragen werden. Später, nachdem die Wahllokale geschlossen sind, machen wir Straßenumfragen zu den vorläufigen Ergebnissen. Am späten Abend drehen wir die Wahlpartys in den Parteizentralen. Es ist halb zwölf in der Nacht, als ich nach Hause komme. Die SPD hat überlegen gewonnen, und es wird sogar vermutet, daß die Stasi-Debatte um Manfred Stolpe mit dazu beigetragen hat. Das Bündnis 90 hat so viele Stimmen verloren, daß an ein wirkungsvolles Mitregieren nicht mehr zu denken ist. Die Prozente reichten nicht einmal mehr für eine Mitarbeit im Landtag. Stolpes Kabinett wird ab jetzt nur noch aus SPD-Ministern bestehen. Die Brandenburger haben sich wieder einen König gewählt.

VATER

Früher kamen die Briefe der Freunde Günter und Meike aus Damaskus, Aden und Bagdad; diesmal hatte die Post nur die Mühen der wenigen Kilometer aus dem östlich Berlins gelegenen Fürstenwalde bis in den Berliner Vorort Biesdorf:

Schönen Dank für die guten Wünsche zum beginnenden Jahr 1994. Wir sind nun in Fürstenwalde heimisch geworden. Meike ist nicht mehr in der Modeboutique, sondern in einer Weiterbildungs-GmbH als Lehrausbilderin für Schauwerbegestalter beschäftigt. 18 junge Mädchen hat sie unter sich. Zumindest für die nächsten drei Jahre müßte ihr diese Arbeit sicher sein. Ich unterrichte Englisch und Französisch. Einen Teil meiner Fähigkeiten als Diplomat kann ich so verwerten. Im Mieterverein mit über 100 Mitgliedern ist im-

mer zu tun. Seit dem fünften Dezember bin ich als Parteiloser in der PDS-Fraktion Mitglied der Stadtverordnetenversammlung und arbeite in drei Ausschüssen mit. Aber ruhiger möchte ich es nicht haben.

Der Brief regt an, über mich nachzudenken. Ich habe ein glückliches Leben. Stimmt das? Ja, es stimmt! Erika und ich taten uns 1956 zusammen, wie zwei Bäche in der Landschaft, die sich irgendwo vereinen. Nein, nicht zu einem großen, bedeutenden Strom, auch nicht zu einem wilden, schäumenden Gebirgsbach, aber auch nicht zu einem unscheinbaren Rinnsal. „Ein Leben, das stets ruhig dahin fließt, ist ein halber Tod", sagt der ungarische Nationaldichter Sandor Petöfi. Erika und ich, neben- und miteinander durchfließen wir ein Leben, das wir für wichtig halten. In der Mitte des Wasserlaufes wir beide, vielleicht nicht pathetisch eng umschlungen, aber immer liebevoll untergehakt. Und an den Ufern markieren wir Ausbuchtungen, spülen Hindernisse weg und tragen Gutes mit uns.

Das ist nun fast 40 Jahre so. Wir haben keine übersteigerten Erwartungen hinsichtlich der Nachhaltigkeit unseres Lebens. Aber bestimmte Seismographen reagieren schon auf Erika und Wilfried Maier. Wir möchten die Liebe und die Achtung unseres Sohnes André und unserer Töchter Jana und Anja, unserer Schwiegersöhne Harry und Thomas, unserer Schwiegertochter Ulrike und der sechs bis acht Enkel nicht missen. Zu den sechs „regulären" Enkeln kommt Konrad aus Andrés erster Ehe hinzu; Jenny hat Harry aus seiner Vor-Jana-Gemeinschaft eingebracht. Mit ihnen allen wünschen wir uns keine scheinheilige, sondern eine lebensfähige Liebe, mit Gefühlen füreinander, mit Respekt voreinander und mit gegenseitiger Toleranz.

Im Umgang mit den Enkeln kommen mir die Erbanlagen aus Vaters Linie zugute. Bei mancher ungeliebten Eigenheit meines Vaters – kinderlieb war er. Sein Leben hatte der große Krieg zerstört. Mit der Aussiedlung aus dem Sudetenland 1945 verlor er den Laden, der sein Lebenswerk und seine Existenz darstellte – da war er Fünfzig. Die Arbeit beim Finanzamt in Riesa, Sangerhausen und Artern vermochte diesen menschlichen Verlust niemals wieder aufzuwiegen. Mein Angebot, mit dem Auto in die Heimat, in die Tschechei, nach Lewin zu fahren, sein Haus zu sehen, lehnte er bis zu seinem Tode ab. Sein Herz galt der Bundesrepublik, die DDR war nicht sein Staat. Er war verbittert, aber die Liebe zu Kindern hat er sich bewahrt, das war seine Welt. Nachbars kleine Gabi fühlte sich zum Herrn Maier hingezogen. Jana verbrachte so manche Ferien bei den Großeltern im landschaftlich tristen Artern, einer kleinen Ackerstadt am Rande der fruchtbaren Goldenen Aue, mit Gabi als Urlaubsfreundin. Der Arterner Opa war ihr ein geliebter Freund, wie auch ihrer gleichaltrigen Cousine Kristin, die zu Janas Unglück als Zehnjährige mit ihrer Mutter nach dem Westen ausreiste.

Die Liebe zu Kindern hat sich von meinem Vater auf mich übertragen. Vor meinen Enkeln krame ich als Kind erworbene Fähigkeiten hervor. Opa Wilfried kann aus Papier wunderschöne Tüten drehen. Den Supermarkt gewohnten Kindern klingt es wie Märchen aus einer anderen Welt, wenn ich ihnen erzähle, daß zu meiner Zeit die Leute, um Senf zu kaufen, ein Glas mitgebracht haben, daß der Zucker ausgewogen wurde und – siehe meine Tüten – für 50 Gramm Pfeffer oder 100 Gramm Tee vom Verkäufer die Tüten selbst gemacht wurden. Jakob und Anton wünschen sich den Kandiszucker immer in solcher spitzen Tüte, aus gelbem oder blauem Papier. Sogar eine richtige tönende Pfeife vermag er im Frühling aus frischen Weiden- oder Birkentrieben zu basteln; das hat dem Großvater sein Großvater beigebracht.

Im Februar 1994 werde ich zweiundsechzig, das ist für Till, Hanna, Anton, Wanda, Josi und Jakob, aber auch für die in anderen Familien lebenden großen Enkelkinder Jenny und Konrad ein Alter, das jenseits von Gut und Böse ist. Ich bemühe mich, dem entgegenzuwirken. Aber wenn ich zurückdenke, meine Großmutter war für mich immer alt, schon als sie nicht älter als Mitte 40 war. Bei mir kommen bereits 20 Jahre dazu! Ende der 30er Jahre, da war ich vielleicht acht oder zehn, erzählte mir meine Mutter immer und immer wieder vom Hunger, den ihre Familie im Krieg litt. Daß sie sich von Kohlrübensuppe am Leben erhalten mußten. Das hat sich bei ihr tief eingegraben. Bei meiner Geburt 1932 lag das Ende des Krieges erst 14 Jahre zurück. Not und Elend dieser Zeit nahm ich so auf, als würde man mir heute über das Leben der Menschen unter der ägyptischen Pharaonin Hatchepsut erzählen. Und doch fanden die Reden in meinem Innersten einen Platz, könnte ich mich sonst, nach fünf Jahrzehnten, noch daran erinnern?

Meine Ängste vor Hunger und Not, vor Gram, Kälte und Krieg prägten das Ich. Meine Freundschaft mit der DDR findet dort wesentliche Ursachen. Ich empfand die DDR als mein Heimatland.

Genauer erklären? Das ist nicht mit zwei und nicht mit 100 Sätzen getan, und doch versuche ich es immer wieder. Meine Identifikation mit der DDR ist nur aus der Gesamtheit von Gefühl und Logik, Wissen und Erfahrung, Verstand und Herz zu erklären. Ich bin nach 1945 in dieses Land hinein gewachsen. Vernunft und Gefühl ließen es mich zunehmend sympathisch finden. Der bekannte Mime Kurt Böwe meint, er sei „gleichsam mit Holzpantinen in den Kunsttempel gekommen ... In den Anfängen der DDR ist mit der segensreichen Verwandlung des feudalen Grundbesitzes in Volkseigentum durchaus eine große historische Gerechtigkeit geschehen ... Mit der Zerschlagung des Faschismus fing viel Hoffnung an. Schon dafür bin ich den Russen dankbar. Die gerechteste Aktion nach dem Ende des Krieges war die Bodenreform, die ungerechteste Aktion ist der Versuch, sie nun wieder rückgängig zu machen."

Wilfried Maier ist als Aussiedlerkind nach dem Krieg zwar nicht in den Musentempel, aber in den Tempel der ökonomischen Wissenschaften gelangt. 13 Jahre zuvor war ich in Lewin, in einem 500-Seelen-Dorf im Sudetenland zur Welt gekommen. Meine Cousine Brigitte korrigiert mich, Lewin sei nicht Dorf, sondern Stadt, die kleinste Stadt der Tschechoslowakei, gewesen. Meine Eltern besaßen einen Lebensmittelladen, in den auch die Leute aus den umliegenden, noch kleineren, Dörfern einkaufen kamen. Es war wohl einer von der Sorte, wie ihn Erwin Strittmatter erlebt und in „Der Laden" beschreibt. Mein Vater gehörte zur Hautevolee des Dorfes. Er hofierte den Doktor Hajek, hatte gute Kontakte mit dem Dorfschmied – Müller-Schmied genannt – und spielte jeden Donnerstagabend in Mittags Gasthaus Halimasch, ein dem Skat ähnliches Kartenspiel. Das geboten schon die Interessen des Händlers. Er war ein agiler, einfallsreicher Kaufmann und das, was man einen „feschen Mann" nennt. Im Dorf besaßen nur der Arzt, Doktor Hajek, und der Herr Maier ein Auto. Wir belieferten die Bauern mit Kalidünger und Futterkleie. Ich durfte schon mit elf die Waage bedienen – der leere Pferdewagen tara, der volle Wagen brutto, für das Netto-Gewicht wurde Rechnung gelegt. Heute denke ich manchmal, das Klima unseres Dorfes, in dem die Töpferzunft beheimatet war, habe meinen Lebensweg vorherbestimmt und mich in das Amt für Preise in Berlin geführt. Die Lewiner Töpfer hatten schon 1654 verbindliche Preis-Regeln:

„Die gewöhnlichen Kacheln für den Bau von Öfen sollten um einen Kreuzer und einen Pfennig, die übergossenen aber um drei

Kreuzer verkauft werden. Für das Einsetzen zweier alter Kacheln in einen Ofen durften sie nur einen Kreuzer und einen Pfennig, für das Ausschmieren eines Ofens sieben Kreuzer verlangen." Was Wunder, wenn man mich in der 300 Jahre später gegründeten DDR damit beauftrage, stabile Preise zu gewährleisten.

Die Spitzenleistung des Handels in diesem Bergdorf war Seefisch. Ab 1939, nach dem „Anschluß ans Reich", gab es bei Maiers in Lewin frischen Dorsch oder Barsch. Ein riesiger Weidenkorb, mit viel Eis ausgelegt, kam per Zug an. Der Korb mit Fischen wurde in Hamburg verladen, zuerst in Dresden in den Zug in Richtung Prag, und dann noch einmal in Groß-Briesen an der Elbe in die kleine Gebirgsbahn umgeladen, die vier Mal am Tag ihre 20 Kilometer durch Berg und Tal dampfte. Mein Vater und ich standen dann schon am Bahnhof, um mit dem Auto die Ware abzuholen.

Mein drei Jahre älterer Bruder Anton, er hatte nicht zufällig den Vornamen meines Vaters, sollte – wie einst der älteste Sohn den Bauernhof – das Geschäft erben. Für mich, den jüngeren Bruder, gab es noch keine Absichten. Aber Anton zeigte schon als Kind wenig Lust am Handel; er war, wie der Berliner sagen würde, mehr für's Jeistige. „Du", erzählt mir später meine Mutter, „hattest mehr Interesse fürs Geschäft. Ich mußte euch drei versorgen und dazu immer im Geschäft stehen, während euer Vater mit den Leuten erzählt hat." Mit dieser Bemerkung wollte sie sich aus ihrer Zweitrangigkeit befreien. Während des Krieges kamen „aus dem Reich" schick gekleidete Frauen aus bombengefährdeten Städten in unser Dorf. Sie umwarb mein Vater mit besonderer Aufmerksamkeit und ließ bei meiner Mutter Eifersucht aufkommen.

Ich war dreizehn, da wird mein vorprogrammierter Lebensweg als selbständiger Lebensmittelhändler durchbrochen. Mit 50 Kilo Gepäck auf einem zweirädrigen Karren und drei Kindern – mein neun Jahre jüngerer Bruder Herwig ist vier – finden sich meine Eltern im August 1945 in Pirna wieder. Die Tschechen hatten den Ruf der Sudetendeutschen, Heim ins Reich, auf dramatische Weise wörtlich genommen. Von da aus werden wir auf einem Kahn, vorbei am zerbombten Dresden mit Ruinen wie ausgebrochene Zähne, nach Riesa gebracht, finden dort Platz in der Behausung beim Müller-Schmied aus Lewin, der einen Monat vor uns ausgesiedelt worden ist, und entgehen so dem Elend der Flüchtlingsbaracken. Nach einer Odyssee von fünf, sechs Umquartierungen quer durch Deutschland beziehen wir bei einem Lebensmittelhändler in Oberröblingen an der Helme Domizil. Oberröblingen liegt in einem fruchtbaren Landstrich in der „Goldenen Aue" und grenzt an den südlichen Harz. Dem Hauseigentümer werden zwei Kammern für uns requiriert, was uns dessen Antipathie einbrachte.

Mein Wunsch ist es, die Mittelschule zu besuchen, aber für zwei Kinder reicht das Geld nicht. Noch Jahre danach wollen meine Eltern nicht glauben, daß die Aussiedlung endgültig sei, und so entscheiden sie, daß ich mit 14 eine Lehre beginne. „Am besten du lernst Verkäufer, dann kannst du später in Lewin den Laden übernehmen", entscheidet mein Vater. Wir gehen zum Arbeitsamt, und die junge Frau weiß von einer freien Lehrstelle bei der Feinkosthandlung Schmok in Sangerhausen. „Er ist ja bißchen schmächtig und klein, ihr Junge, aber Sie können es ja mal versuchen." Das klingt nicht ganz so drastisch wie bei Kurt Böwe, der, als er auf die höhere Schule in Kyritz gehen sollte, seinem Vater in den Mund legt: „Na ja, schaden tut es ja nicht, und krank ist er außerdem." Die Firma Schmok nimmt mich in Kost und Logis. Kost heißt zumindest, sich endlich mal ordentlich satt essen zu können – ein Luxus in jener Zeit. Logis heißt ein eigenes Bett im Zimmer zusammen mit Gerhard, dem Lehrling im zweiten Lehrjahr, ein Geschenk im Vergleich zu schlimmen Wohnverhältnissen im vier Kilometer entfernten Oberröblingen, wo unsere Familie mit fünf Personen in zwei Kammern haust.

Vier Mark Lehrlingsgeld bekomme ich im ersten Jahr, sechs im zweiten, acht im dritten. Das erste Jahr ist ausschließlich Hilfsarbeiten vorbehalten – Hof kehren, Müll auf die Müllkippe schaffen, Hundefutter aus der Abdeckerei holen. Zu meinen Obliegenheiten gehört ferner, mit dem Handwagen Zucker, Marmelade, Nudeln, Erbsen, Mehl, Graupen, Backpulver und Kunsthonig vom Edeka-Großhandel zu besorgen und Leergut wegzuschaffen. Einmal die Woche sitzen der aus dem Krieg heimgekehrte 25jährige Chef, die 17 Jahre ältere Chefin, Gehilfen und Lehrlinge abends beisammen, um Marken zu kleben. Die von der Lebensmittelkarte per Schere abgeschnittenen Marken müssen so beim Bürgermeisteramt abgerechnet werden, was zum Erwerb neuer Lieferungen von Zucker, Mehl, Margarine und Marmelade berechtigt.

Die Auflistung meiner Tätigkeiten läßt den Eindruck von Mißstimmung und Vorwurf entstehen. Ich empfinde derartiges nicht. Ich will meine Arbeit gut machen. Schmächtig wie ich bin, schleppe ich mit 17 Jahren die schweren Zuckersäcke auf dem Rücken die 16 Holzstufen zum Magazin hinauf und bringe den Kunden die 50-Kilo-Kartoffelsäcke in den Keller. Es ist alles völlig normal – so kenne ich es schon vom Geschäft meiner Eltern im Sudetenland. Erst im zweiten Jahr darf ich ab und an Kunden bedienen, die Schaufenster dekorieren und aktuelle Angebote – frischer Aal, rote Rüben, lebende Karpfen, Harzer Käse, Marmelade, Kunsthonig – an der grün gekachelten Außenwand mit Schlämmkreide anmalen. Ich denke mit Wohlgefallen an diese Zeit.

Langsam erwachsen werdend, weitet sich mein Blick auf neue Freunde, auf andere Arbeitsstellen, auf das andere Geschlecht. Durch den Handel mit Fisch bedingt, nennt man unsereins Heringsbändiger. Mich stört das 1950 nicht, aber nach Feierabend, bevor ich mit meinen Freunden auf Tour gehe, wasche ich mich immer besonders intensiv, aus Furcht, die Mädchen röchen noch den Fisch an mir.

Zum Hausstand der Firma gehören neben Lehrlingen und dem Gehilfen immer auch zwei Hausmädchen. In meinen fünf Jahren bei Schmoks wechseln die Mädchen, unter ihnen für mich erstrebenswerte Geschöpfe. Alle wohnen wir unter einem Dach. Die Bedingungen für eine Liason sind hervorragend. Aber ich traue mich nicht. Zu Beginn der Lehre war das sowieso klar – der Wilfried, klein und schmächtig, so attestiert vom Arbeitsamt. Welche Chancen sollte ich bei Mädchen haben! Die Begehrteste von allen ist die Ruth. Sie kommt aus Grillenberg, einem kleinen Dorf am Harzrand und ist eine Schönheit. Dunkelbraues Haar. Ein Hauch von Farbe im Gesicht, wie sie nur von berühmten Malern nachvollziehbar ist. Eine schöne Figur, nicht wie die Frauen bei Rubens, aber auch nicht zerbrechlich. Und herrliche braune Augen, in denen sich Wünsche, Leid, Freude und meine Sehnsüchte spiegeln. Eifersüchtig registriere ich, wenn sie ins Schützenhaus zum Tanz geht. An mich ist da überhaupt nicht zu denken. Aber eines Nachts steht sie bei mir am Bett, sie habe so fürchterliche Herzschmerzen, ob sie zu mir kommen könne. Sie legt sich neben mich, führt meine Hand an ihr Herz, ich tröste sie.

Nach Lehrabschluß, als Gehilfe mit Kost und Logis, erhalte ich 37,50 Mark im Monat. Verkäufer beim Konsum bekommen ein Mehrfaches – 250 bis 300 Mark, allerdings ohne Kost und Logis.

Freunde empfehlen mir, mich bei der Gewerkschaft sachkundig zu machen. Der Mann sucht in seinen Tabellen und findet heraus, daß ich laut Tarifvertrag 137 Mark bekommen müßte. So wechsele ich als Verkäufer zum staatlichen Handelsunternehmen HO und später zur „Maschinenfabrik Kyffhäuserhütte Artern“ als Buchhalter. Das Unternehmen delegiert mich 1953 zu einem Studium an die Finanzschule in Gotha. Mit der Zulassung erhalte ich eine Literaturliste, in der Marx „Das Kapital“, Stalins „Ökonomische Probleme des Sozialismus in der UdSSR“, Engels „Anti-Dühring“ und Marx „Theorien über den Mehrwert“ aufgeführt sind. Ich besitze derlei nicht, und mir ist völlig unverständlich, was ich damit soll, wenn ich doch Finanzwesen studieren will. Der Hauptbuchhalter, Herr Krönert, hatte mich für das Studium empfohlen. Er beruhigt mich wegen meiner Vorbehalte zur vorgegebenen Literatur. Ich solle mich erst mal bewerben, und dann könne man weiter sehen.

In Gotha werde ich 1953 wie alle anderen Studenten, Mitglied der FDJ, und, wenn ich nicht irre, auch der GST, was Gesellschaft für Sport und Technik heißt. Es muß wohl so gewesen sein, denn ich gehe in eine Reithalle der GST reiten. Mein Hang zu Pferden wird später in Janas Liebe zu Tieren ihre Wiederauferstehung finden. Als Vierzehn-, Fünfzehn-, Sechzehnjährige fuhr sie morgens, vor der Schule, mit der Fünf-Uhr-S-Bahn Tag für Tag, bei Wind und Wetter, zur Pferderennbahn in Hoppegarten, ausmisten, füttern, striegeln, Hufe säubern, ausreiten. Mit bewundernswerter Disziplin und Energie ging sie ihrem Hobby nach. Wir beide, Vater und Tochter, wollten uns später gemeinsam ein Reitpferd kaufen. Dieses Pferd ist aber bis heute nicht geboren. Den Alltag an der Fachschule finde ich interessant, vor allem anspruchsvoller als mein bisheriges Leben. Ich lerne Theoretisches und Praktisches über die Buchhaltung, über den Staatshaushalt, über Bilanzen, über Versicherungen und vieles andere, was zu Finanzen gehört. Es gibt Vorlesungen über Philosophie und politische Ökonomie, und ich kaufe mir eines Tages, wie selbstverständlich, Marx „ Das Kapital“. Der Band aus typischem Nachkriegspapier und in Preßpappe gebunden sieht heute nicht mehr so neu aus wie vor 40 Jahren. Er hat Diplomarbeit, Dissertation, Habilitation und weitere wissenschaftliche Arbeiten über sich ergehen lassen müssen. Ecken sind eingeknickt. 100 ergraute Papierschnitzel, die als Lesezeichen dienten, schauen oben, unten und an der Seite raus. Die Schrift meiner Rand-Notizen ist verblaßt.

Heute hat das Buch einen Ehrenplatz in unserem Wohnzimmer, neben Platons Der Staat, Blochs Über Freiheit und Ordnung, Darwins Über die Entstehung der Arten, bis zu Büchern und Artikeln von Rosa Luxemburg und dem tschechischen Reformer Ota Šik.

Von der Fachschule ziehe ich nach nur einem Jahr nach Potsdam an die Hochschule für Finanzwirtschaft. Lange bin ich mir unklar, ob ich den Wechsel zur Hochschule überhaupt will. Zwei Jahre Fachschule schienen mir schon sehr lange, die Hochschule würde weitere vier Jahre erfordern. Aber Kommilitonen überreden mich, und so finde ich mich im Herbst 1954 in Babelsberg. Als fleißiger und interessierter Student engagiere ich mich mehr und mehr im Leben der alma mater. In mir wird der Hang zur Beschäftigung mit theoretischen, vor allem volkswirtschaftlichen Prozessen genährt, der am Ende mein berufliches Leben prägt. Im Sommer 1954, während der Semesterferien zwischen zwei Schulen, fahre ich illegal in die BRD. Dieter, mit dem ich an der Fachschule in Gotha Freundschaft geschlossen hatte, ist von Eilsleben nach Fallersleben umgezogen, nachdem ich auf sein Drängen hin bei der FDJ das „Abzeichen für gutes Wissen" erworben hatte. Mit diesem Abzeichen werden die Mühen, der Nachkriegsjugend durch den Krieg verlorene Bildung zu verschaffen, unterstützt. Dieter war Vorsitzender meiner Prüfungskommission. In dieser Zeit hatten seine Eltern bereits die DDR in Richtung BRD verlassen; er ist ihnen gefolgt, um seine Tbc auszukurieren. Sein Vater besorgt mir einen Job als Bau-Hilfsarbeiter beim Bau des neuen VW-Werkes Hannover. Sand schippen, Gräben schaufeln, Stahlarmierungen schleppen, Steine verladen. Ein paar Westmark für einen Studenten aus der Zone – nicht schlecht. Mehr wird daraus nicht. Ich fahre zurück und setze mein Studium fort.

Die Freundschaft mit Dieter hält sich noch über viele Jahre. Er kommt 1962 mit Frau und Kind bei uns in Karlshorst zu Besuch, da haben wir schon das Hochschuldiplom, Erika und ich arbeiteten als Assistenten an der Hochschule für Ökonomie in Berlin. Natürlich kommt Dieter mit Mercedes. Zu den Mitbringseln gehört Penatencreme für den kleinen Hintern unserer Zweitgeborenen Jana. Die Westcreme ist wirklich besser als die Creme aus dem VEB Fettchemie Miltitz. Die mitgebrachten Salzstangen von Bahlsen, umweltschädlich in einer Blechdose verpackt, sind von geringerem Belang. Aber die Büchse tut noch heute ihren Dienst. Als Behältnis für Vogelfutter erinnert sie mich in den Wintermonaten an die Freundschaft mit Dieter. Oft bin ich versucht, mit Janas Anton über den Zusammenhang zwischen der Vogelfutterdose und seiner Mutter Hintern zu reden, aber ich scheue mich davor. Dieter rief mich Ende 1988 im Amt für Preise an. Er sei in Berlin, Unter den Linden, wo und wann wir uns treffen könnten. Ich bitte meine Sekretärin zu sagen, daß ich ihn nicht sprechen könne. Diese Sekunden meines Lebens bedrücken mich noch heute. Sie sind aber nicht zu reparieren. Daß ich meinen Bruder Anton über 30 Jahre nicht sah, berührte mich über die Jahre immer weniger. Es war eben so, weil ich keine Westkontakte haben durfte. Ich hatte Verständnis dafür, daß ich als jemand, dem geheime Verschlußsachen der Regierung zugänglich sind, einer bestimmten Disziplin unterlag. Mein Schwager Werner aus Kaiserslautern erzählt mir nach der Wende, daß auch er nicht mit dem Auto durch die DDR fahren durfte, wenn er seinen Sohn in West-Berlin besuchte.

Aber wie schwer mag die Trennung von Bruder Anton und Bruder Wilfried für unsere Eltern gewesen sein. Ich versuche mich in deren Lage zu versetzen. Anja, Jana und André, unsere Töchter und unser Sohn, könnten einander nicht mehr sehen, mehr noch, sie dürften einander nicht schreiben, nicht miteinander telefonieren. Ich stelle mir vor, die fast täglichen Anrufe meines Sohnes André aus dem Auto, vom Büro, und – seltener – von zu Hause blieben aus. Was sollte ich mit meiner Werkstatt im Keller, wenn sie nicht von meinen Enkeln, genutzt würde.

So schreibe ich 1994 in dem Brief an meinen bereits wiedergefundenen älteren Bruder zu dessen 65. Geburtstag:

Lieber Anton! Wir freuen uns auf das Wiedersehen – das zweite – mit unserer Mutter Beerdigung, das dritte Mal nach der Wende. Immerhin haben unsere geschwisterlichen Beziehungen drei Jahrzehnte geruht. Mit „geruht" umschreibe ich die schlimmen Umstände auf höfliche Weise.

Es gehört zu den Erkenntnissen meines Lebens, besonders durch die vergangenen drei, vier Jahre geprägt, daß ich viel mehr Toleranz zu den Lebensauffassungen, zu den Lebenspositionen und zu den Verhaltensweisen anderer haben muß. Damit ist man nicht veranlaßt, seine eigenen Grundhaltungen in Lebensfragen dieser Welt aufzugeben, wie Erika und ich das mit Blick auf eine sozial gerechtere, humanistischere Lebensweise der Menschen tun. Für mich muß ich sagen, daß auch der Untergang der DDR nicht meine Weltanschauung, mein Verständnis vom Lebensziel der menschlichen Gesellschaft liquidiert hat. Zum WIE und zum WEG habe ich mich korrigieren müssen. Gerade aus dieser Sicht ist es schön, daß wir Maiers uns wiedergefunden haben. In besonderem Maße danken Erika und ich Dir für Deine Englisch-Literatur, die so ganz auf uns zugeschnitten ist. Die Geschichte von Lorna Doon habe ich schon durchgelesen. Jetzt liegen Deine American Short Stories auf meinem Nachttisch. Das 5. Semester nehmen wir jetzt am Englisch-Kurs der Volkshochschule im Stadtbezirk Lichtenberg teil. Die Dozentin ist eine resolute Frau – stets hervorragend präpariert, straffe Unterrichtsführung, niemand kann sich einen Hänger leisten, die Hausaufgaben werden kontrolliert –, es ist wie in der Grundschule. Bei mir liegen Vernunft und Gefühl miteinander in Streit. Auf der einen Seite, warum setze ich mich dieser Schinderei aus. Andererseits, wenn schon Sprachkurs, dann soll auch etwas rauskommen. Bei der USA-Reise haben sich Frau Linkes Lehrmethoden als erfolgreich erwiesen. So nutze ich jede freie Minute zum Vokabel-Pauken, aber sie wollen bei einem 62jährigen nur schwer hängenbleiben. Zum Glück läßt sich vieles durch fleißiges Lernen und durch Erfahrung kompensieren. Schwer habe ich es mit der Grammatik, hier wirkt sich das fehlende Abitur aus. Im Deutschen ist meine weitgehend richtige Grammatik mehr eine Sache der Intention als der Logik, aber damit fehlt mir das Gerüst für die Transformation ins Englische. In den Grammatik-Stunden bei Frau Linke möchte ich manchmal verzweifeln. Mein Ehrgeiz leidet, ich schwitze und bin machtlos. Immer wieder frage ich mich: Warum muß ich mir diese Quälerei antun?

Aber wenn der Zettel umläuft, wer am Kurs ab September weiter teilnimmt, schreibe ich „Maier 2 x".

Ich bin froh, daß Anton und ich wieder einen Draht zueinander gefunden haben, auch wenn das meine Bestürzung mit Blick auf Herwig, den jüngeren Bruder, nicht aufzuwiegen vermag. Die Beziehung zu ihm hatte sich nach der Wende mehr und mehr verschattet. Er fühlte sich elender, verkraftete Abwesenheit von Erfolg, fehlende Nützlichkeit und empfundenen Mangel an Liebe immer weniger. Eines Tages stand er vor unserer Tür – völlig verwirrt und mit Selbstmordabsichten. Das nicht weit von meiner Wohnung gelegene Marzahner Wilhelm-Griesinger-Krankenhaus für Psychiatrie nahm ihn auf. Am nächsten Tag holten wir ihn zurück – weil er dort wirklich verrückt geworden wäre. Er erholte sich wieder, buchte eine Reise nach Tunesien, von dort erhielt ich ein Telegramm vom Reisebüro:

„Wir teilen ihnen mit, daß Herr Herwig Maier in Tunesien verstorben ist. Er war unerklärlich weit ins Meer hinaus geschwommen und wurde tot aufgefunden. Wir bitten Sie, binnen 24 Stunden viertausend Mark auf das Konto ... zu überweisen, damit die Überführung nach Deutschland veranlaßt werden kann."

Seine, meine, unsere Mutter wird am Tod ihres wohl am meisten geliebten Sohnes physisch und psychisch zerbrechen. Sie bringt alles durcheinander, fragt, warum Anton, mein großer Bruder, ums Leben gekommen ist. Wenn einer von uns zu ihr kommt, weint sie, sie fragt, wo wir wohnen und ob uns die Tschechen das Haus weggenommen haben. Offenbar hilft sich die Natur selbst, indem sie nicht mehr Erträgliches durch Verwirrung ertragbar macht. Meine Mutter lobt das Altersheim, von dem sie 1988 aufgenommen wurde – da war sie 83 Jahre alt. Sie fühlt sich umsorgt. Für das Herz hatte ihr der Arzt 100 Jahre Leben prophezeit. Aber das Herz ist nicht alles. Sie soll viel trinken und häufig essen – so bringen wir ihr Säfte und kleine Becher Fertignahrung mit. Erika wäscht jede Woche ihre Wäsche und hält alles in Ordnung. „Wenn ich dich nicht hätte ...", sagt sie hüstelnd mit ihrer schwächer gewordenen Stimme und man hört das Glück heraus. Manchmal tröstet sie sich mit ihrer 15 Jahre jüngeren Schwester Christl, die im Sudetenland mit 18 geheiratet hat und die 20 war, als der faschistische Krieg ihren Mann umgebracht hat.

Nun ist meine Mama tot. Der Tod des Sohnes hat schließlich auch sie umgebracht. Ihre 45jährige Bettnachbarin, Frau Blaschke, weinte bitterlich, „ich habe meine Freundin verloren". Beide verstanden sich gut, in allen Zimmern gäbe es Streit, nur mit Frau Maier sei das so gut gegangen. Ihr, der Behinderten, tat es wohl, der älteren Mitbewohnerin zu helfen – Briefmarken von der Post, einen Waschlappen aus der Kaufhalle mitbringen; die Schuhe zuschnüren, beim Kämmen helfen. Seit dem Tod des Sohnes sei es mit Frau Maier immer mehr bergab gegangen. Bei den Beschäftigten des Altersheims, in dem meine Mutter friedliche Jahre verbrachte, haben Erika und ich mich bedankt; die Antwort gehört zu dem Wertvollen unseres Lebens: „Liebe Familie Maier, sicher werden Sie denken, da schreibt man einen so guten Brief und erhält keine Antwort. Sie haben völlig recht, bei unangenehmen Dingen reagiert man sofort, positives bleibt hinter dem Alltagsgeschehen zurück. Dabei verdient gerade das viel mehr Aufmerksamkeit. Wir haben uns sehr über ihren Brief gefreut. Es ist eine Seltenheit, so nette Zeilen zu erhalten, in denen jemand die Arbeit würdigt. Wir bedanken uns bei Ihnen ..."

Mit den Augen und den Händen hat unsere Mutter um Erlösung gebeten, nicht von Gott. Gläubig aufgewachsen, mochte sie die letzten Jahre ihres Daseins nicht mehr an einen Gott glauben. Ein zu schweres Leben fand sein Ende.

Ich stürze mich in Arbeit, die mich auf andere Gedanken bringt und die mich schon länger begleitet. Seit einiger Zeit befasse ich mich mit Gläubigern und Schuldnern, mit „bevorrechtigten Forderungen" und „Forderungen ohne Vorrecht". Ich unterscheide nach „anerkannt", „vorläufig bestritten" und „bestritten", nach § 13 I 3a, § 17 III 1b und §17 III 3. Es bedarf der Erläuterung – vom Konkurs ist die Rede –, in den neuen Bundesländern heißt es freundlicher Gesamtvollstreckung. Ich leiste Zuarbeiten für einen Marburger Rechtsanwalt, der hier im Osten mit der Abwicklung von Unternehmen betraut ist. Es leuchtet ein – das kann nur ein in der Marktwirtschaft erfahrener Jurist. Wir Ostdeutschen haben mit Konkursen keine Erfahrung. Heute frage ich mich, ob das gut war.

Meinem Sohn André bin ich dankbar, daß er mir zu dieser Tätigkeit verhalf; sie vermochte mir über die Qualen der Nutzlosigkeit hinwegzuhelfen. Gemeinsam mit seiner Frau Ulrike hat er in diesen Tagen im Berliner Prenzlauer Berg, in der berühmten Schönhauser Allee, eine neue Kanzlei eröffnet. Wir wünschen ihnen, daß das neue Domizil nicht nur Erfolg, sondern auch Glück bringen möge, „dazu unsere Hoffnung, daß auch in Zukunft zwischen uns und Euch eine schöne, anspruchsvolle, nicht konfliktlose Beziehung besteht. Wir selbst empfinden großes Glück mit Euren Kindern, Josi und Till. Wir erleben die Wellenbewegungen in den Beziehungen zwischen Dir, André und Deinen Schwestern Jana und Anja. Manchmal sind wir darüber traurig, wohl wissend, daß es in den Beziehungen zwischen Menschen, so erst recht zwischen Geschwistern, nicht nur Sonnenschein geben kann. Unsere Sorge beginnt dort wo man fürchten muß, daß Wolken die Sonne dauerhaft verdecken.

Wir umarmen Euch – darin verbirgt sich Gesagtes und Nichtgesagtes. V. + M.“

Wenn ich meinen Computer öffne, ist der Bildschirm mit Hammern übersäht. Janas Mann Harry hat, wie schon einmal für die Analyse des Berliner Automarktes, die Software entwickelt. Für ihn war es naheliegend, den Hammer zum Symbol für gescheiterte Unternehmen zu wählen. Assoziationen mit dem Staatssymbol der DDR sind unbegründet – es fehlt der Zirkel. Mal eine Stunde am Tag, mal 8 Stunden; mal dringlicher und mal ohne Eile, so erfasse ich die Forderungen, welche die Gläubiger beim Konkursverwalter anmelden. Der Verwalter entscheidet nach Gesetz, ob er die Forderung anerkennt oder ablehnt. Ich sortiere die Forderungen, tippe sie in den Computer. Das Addieren bedarf meiner nicht, das macht der Rechner. Runde Forderungsbeträge – 200.000 Mark, 60.000 Mark – deuten auf Schätzungen hin und werden vorerst abgelehnt, „vorläufig bestritten“, bis der konkrete Nachweis über die Forderung geführt ist. Durch Gerichtsbeschluß bestätigte Forderungen erhalten den Vermerk „Forderung ist tituliert“ und sind a priori anerkannt. Unter den vielen Verfahren, die über meinen Bildschirm laufen, gibt es kleine Bauunternehmer, große Makler mit mehreren Millionen Mark Forderungen und hunderten Gläubigern. Nicht selten müssen Banken Kredite in Millionenhöhe abschreiben. Immer unterliege ich der Versuchung, hinter die Zahlen und Forderungen zu blicken. Sind Jahre an Arbeit und Hoffnung zerbrochen, war das Projekt von vornherein aussichtslos – oder war ein Scharlatan am Werk?

Im Reglement der Konkursverfahren wird deutlich, was sich die soziale Marktwirtschaft der Bundesrepublik Deutschland an Sozialem bewahrt hat. Lohn- und Gehaltsforderungen haben Vorrang vor allen anderen Gläubigern, also vor dem Finanzamt, vor der Sozialversicherung, vor den Banken, vor dem Rechtsanwalt. Erst an letzter Stelle rangieren Forderungen aus Warenlieferungen. Sie besitzen „kein Vorrecht“. Wenn alle anderen ihr Geld bekommen haben, wird der Rest gleichmäßig aufgeteilt; auf den Papierwarenhändler, der dem kaputtgegangenen Unternehmen Briefumschläge und Schreibpapier geliefert hat, auf den Schlosser, der dem Konkursunternehmen das Hoftor repariert hat, auf den Autoverleiher, bei dem der Lieferwagen geleast wurde, auf den Vermieter der Toilettenhäuschen, auf den Zementlieferanten, auf die Baumschule. Die Forderung eines Schreibwarenhändlers über 7.200 Mark hat sich bei mir eingeprägt. Wieviel Fax-Papier, Farbstifte, Lineale, Briefumschläge und Schreibblocks müssen verkauft sein, bis die verlorenen 7.200 Mark wieder erwirtschaftet sind – wenn er nicht vorher daran kaputtgegangen ist. Beim tippen der Namen und Zahlen durchläuft mein soziales Empfinden die gesamte Skala, von Empörung, über Akzeptanz bis Genugtuung. Ich gebe zu – beim Schreibwarenhändler sind meine Emotionen stärker als bei der Dresdner Bank. Konkurse haben etwas Sadistisches an sich, es ist wie Töten. Aber ihr Fehlen in der DDR hat unwirtschaftlichem Verhalten Tür und Tor geöffnet und letztlich den Untergang dieses Staates begünstigt. Also lieber doch Konkurse!

Für mich ist diese Beschäftigung für die Anwaltskanzlei ein Glück; mein Auftraggeber weiß das, in Abständen erfährt er das von mir. Beide gehen wir gegenseitig achtungsvoll miteinander um. Aus der nüchternen Arbeit an den Konkursverfahren haben sich zwischen dem 50jährigen West-Anwalt und dem abgewickelten Ost-Ehepaar freundlich-freundschaftliche Beziehungen entwickelt. In halb- dreiviertel- oder ganzjährigen Abständen finden zu dritt lange Abende bei uns statt, die bald unter „Biesdorfer Abend“ firmieren werden. Keiner von uns verhüllt seine politischen Auffassungen. „ziemlich rot“ und „ziemlich schwarz“ geben natürlich kein Mix, aber mit gegenseitiger Achtung angenehme, sehr interessante, Unterhaltungen die ich nicht missen möchte. Es muß wohl so sein, denn selten brechen wir vor Mitternacht ab.

1995

TOCHTER Wir haben ein neues Haus. Es ist weiß und hat ein hellrotes dichtes Dach. Von der Küche geht eine große Terassentür direkt in den Garten, zur Sonnenseite. Keine Fertigbaufirma sondern Harry hat das Haus gebaut. Natürlich konnte er das nicht alleine, ein Architekt entwarf es. Dann fuhren Männer in blauen Monturen vor, maßen das Grundstück, machten sich in kleinen Heften Notizen, beugten sich über flatterige Pläne, nannten Zahlen und Termine. Harry hat die besten Angebote ausgewählt und dann die Handwerker beauftragt, Wände zu mauern, ein Dach zu zimmern, die Heizung zu montieren, das Bad zu fliesen. Wenn ich tags in Potsdam war, arbeitete Harry hier auf der Baustelle, hat mit Beton gemischt, Steine gehuckt. Nach fünf Monaten, wir hatten solange in Berlin eine Wohnung gemietet, war das Haus fertig, nur die Innentüren fehlten noch. Die ganze Familie hat gemalert, dann wurden Freunde und Geschwister zusammengetrommelt für den Umzug. Ich kaufte für alle Zimmer neue Möbel. Wochenlang zog ich durch die Möbelhäuser, erwarb bunte Teppiche und Jalousien, Schränke, Regale, Tische und Sessel, sogar neue Handtücher, neue Bettbezüge und neues Geschirr. Ich genoß es, Gardinen mit der Sofafarbe zu kombinieren, eiserne Kerzenständer nach Hause zu schleppen, Bilderrahmen und Blumentöpfe auszupacken. Jetzt hatte ich nicht nur genug Geld, sondern ich konnte auch aus einem riesigen Möbelangebot wählen. Zu Ostzeiten gab es das nicht gerade. Einmal, das war kurz bevor Jakob geboren wurde, also Anfang 88, da wollten uns meine Eltern ein Sofa schenken. Ich zog mit Mama durch die wenigen Möbelläden in Berlin, Spandauer Straße, Senefelder Platz, Alexanderplatz, überall war das gleiche Angebot: die Drechselfuß-Schrankwand, Eiche Furnier, mit biergelben Butzenscheiben und so blechgoldenen Beschlägen, die rustikale Bauernküche mit integrierter Neonbeleuchtung und hautfarbenen Plastegriffen, das Preßspan-Jugendbett mit schmissigem Tupfenbezug und praktischem Bettkasten, die floral gemusterte Couchgarnitur in verblichenen Herbstfarben. Die Suche zog sich hin, ich konnte mich für keine Polsterware entscheiden. Das einzige passable Modell, ein glattes Dreisitzer-Sofa mit naturweißem Leinenbezug, stand bereits in den Wohnzimmern meiner Eltern, meiner Schwester und bei zwei Freundinnen. Die Zeit drängte, bald würde das Kind kommen, da entschieden wir uns für ein beige-graues Sofa, das wenigstens von weitem gut aussah. Wenn man dicht davor stand, fielen natürlich die verzwirbelten Füße aus imitiertem Nußbaum auf, und auch der kriselige Bezug mit den dünnen braunen Zierstreifen wurde immer häßlicher, je näher man kam. Aber irgendwann haben wir uns an das Sofa gewöhnt. Immerhin war es lange Zeit das einzige neuerworbene Stück. Der Rest unserer Einrichtung bestand aus geerbten Kinderzimmermöbeln, selbstgebauten Holzregalen, Schränken vom An- und Verkauf. Vor unserem Einzug schafften wir die ganzen alten Möbel auf den Sperrmüll, ich wollte sie nie mehr sehen. Nur ein paar Kostbarkeiten blieben: der Eßtisch von meiner einen Oma, die Nähmaschine mit dem gußeisernen Tretrad von der anderen Oma und das honiggelbe Küchenbuffet, ein Geschenk von Frau Leitmeier – der schwerhörigen Nachbarin im Friedrichshain.

Es ist Sonntag morgen, ich laufe barfuß vom Bett zum Bad. Die Fliesen unter meinen Füßen sind warm, ich drehe die Brause auf und stelle die richtige Temperatur ein. Das heiße Wasser sprudelt, durch das pastellfarbene Rollo fallen Streifen von Sonne. Es ist wie in einem verkitschten Werbefilm. Ich singe nicht, aber ich wünsche mir, daß dieser neue Wohlstand für uns und die Kinder nie selbstverständlich wird.

Er ist ja sowieso noch nicht bezahlt. Bis zur Rente, und die ist noch weit weg, werden wir gemeinsam den Kredit abstottern. Er bindet mehr, als der Ehevertrag, den wir vor sieben Jahren schlossen. Und ich hoffe, daß die Liebe mindestens so lange hält wie die Ratenzahlungen, möglichst noch länger. Beim Bauen haben wir uns wie Geizhälse verhalten, haben jede Mark zweimal umgedreht. So blieb die Kreditsumme überschaubar, die Raten sind nicht höher als die Miete einer guten Wohnung. Zur Not könnte auch einer alleine das Haus abzahlen.

Meine Freundin Kati, die an einem Samstag nachmittag überraschend vor meiner Tür steht, hatte nie darüber nachgedacht, daß ihr Karsten mal abhanden kommen könnte. Jetzt ist er weg, nach acht Jahren Ehe, zwei Kindern und einem Hausbau. Er wolle ein neues Leben anfangen, hat er zu ihr gesagt, ohne sie und die Kinder. Er schraubte noch die letzte Scheuerleiste fest, ehe er sich von seiner Familie verabschiedete. Kati sitzt bei uns im Wohnzimmer, und die

Tränen fließen. Ihr großer Sohn ist in der ersten Klasse, der kleine ist noch nicht einmal im Krippenalter.

Eigentlich wollte sie diesmal mit dem Kind etwas länger zu Hause bleiben. Wegen der Turbulenzen nach der Wende hatte es schon beim ersten Kind nicht geklappt. Sie hatte bis kurz vor der Entbindung gearbeitet, hochschwanger mit gemalert und gleich nach der Heimkehr aus dem Krankenhaus das Haus eingerichtet und den Garten angelegt. Jetzt wäre endlich Zeit, auszuruhen, denn nun ist alles fertig. „Aber wozu!“ stöhnt sie fast ohne Stimme. „Was soll ich denn allein in dem großen Haus? Wer soll es jetzt bezahlen?“ Kati besorgt einen Krippenplatz für den Kleinen und fängt wieder an zu arbeiten. Ihr Tag beginnt in aller Frühe, aufstehen, duschen, Kinder wecken, Frühstück machen, ans Essengeld denken, den Kleinen wickeln, Buntpapier einpacken, zur Kita und zur Schule fahren, Kinder küssen. Im Büro muß sie doppelt so schnell arbeiten wie andere, weil sie bis um vier alles schaffen muß. „Trotzdem wirst du schief angeguckt, wenn du kurz vor vier deinen Kram einpackst, und für die Besprechung um fünf mußt du dich entschuldigen, als wenn du auf die Beautyfarm wolltest.“

Gegen fünf sammelt Kati ihre Kinder wieder ein, dann muß sie einkaufen, Abendbrot machen, die Buntpapier-Sterne des Großen bewundern, dem Kleinen ein Schlaflied singen. Und wenn alle im Bett sind, und keiner mehr trinken, weinen, oder pullern muß, holt sie ihre mitgebrachten Akten raus.

Am Monatsende geht der ganze Lohn an die Bank, trotz der Schufterei bleibt nichts im Portemonnaie. „Die Kinder kommen zu kurz, die Arbeit kommt zu kurz, und ich komme sowieso zu kurz“, sagt sie. „Karsten sagt, ich soll das Haus verkaufen und mir eine Wohnung mieten. Doch ich könnte es nur mit Verlust loswerden. Der Bankkredit wäre damit nicht zu tilgen. Ich müßte also weiter Raten zahlen, wenn auch kleinere, und die Miete dazu. Nichts würde sich ändern, das Geld reicht einfach nicht.“

Kati ist nicht die einzige aus meinem Freundeskreis, die durch eine Trennung arm wird. Dabei hat sie noch Glück, daß ihr Karsten den Unterhalt für die Kinder zahlt. Meine Freundin Antje ist bei ihrem Freund ausgezogen, weil er sie schlug, die kleine Tochter war noch kein Jahr alt. Seitdem schreibt seine Firma plötzlich Verluste, so daß er leider leider keinen Unterhalt für sein Kind zahlen kann. Meine Freundin Susann hatte einst einen armen Kunststudenten geheiratet. Aus dem Kunststudenten ist inzwischen ein beachteter Künstler geworden. Als dieser Künstler zunehmend bei anderen Frauen nächtigte, war die Scheidung fällig. Unterhaltszahlungen für den Sohn sind leider nicht drin, weil Teile der Gagen nicht in der Steuererklärung auftauchen. Freundin Kerstin versendet regelmäßig Zahlungsaufforderungen an ihren Ex-Mann, und wenn sie ihn im Supermarkt trifft, nennt sie ihm auch gern die ausstehende Summe. Leider, auch in diesem Fall gibt es kein Geld für die zwei kleinen Mädchen, weil der Vater in immer kürzeren Abständen seine Postadresse ändert, die Aufforderungen gehen als nicht zustellbar zurück an den Absender.

In der DDR wurde der Unterhalt bei den säumigen Vätern gepfändet. Heute haben Väter die Freiheit, selbst zu entscheiden, ob und wieviel sie für ihre Kinder zahlen. Es gibt ja nicht einmal feste Pflichtsätze, nur Richtwerte. Zwei von drei Männern fassen diese lasche Regelung als Aufforderung zur Zahlungsverweigerung auf, sie zahlen nicht oder selten. Niemand in diesem Rechtsstaat setzt sich für das Recht des Kindes ein, die einzelnen Frauen sollen es gefälligst vor Gericht erstreiten. Dort müssen sie gegen die Väter antreten, so als wollten sie das Geld für sich. Jede dritte alleinerziehende Frau ist auf Leistungen der Sozialhilfe angewiesen. Lieber zahlt der Staat selbst einen Unterhaltsvorschuß, als die Männer rechtskräftig zur Zahlung zu verpflichten. Noch entwürdigender ist, daß das Umgangsrecht für die Väter genauer und besser geregelt wird, als ihre Zahlungspflicht. Sie sollen zwar mit darüber bestimmen dürfen, welche Schule ihr Kind besucht, aber zahlen müssen sie deshalb noch lange nicht.

„Trenne dich niemals von Harry“, sagt Kati zu mir, „alleinstehende Frauen mit Kindern sind das letzte.“ Ich bin beunruhigt. Noch nie hatte ich darüber nachgedacht, ob ich es mir „leisten“ könnte, mich von Harry zu trennen. Wie frei und wie schön kann eine Beziehung sein, wenn man sie eigentlich nicht mehr lösen kann? Kati wischt mit dem Taschentuch in ihrem Gesicht herum: „Vielleicht habe ich zu viel mit Karsten gemeckert?“ fragt sie sich laut, „vielleicht hätte ich ihn nicht kritisieren sollen, weil er zu viel Geld ausgibt trotz der Schulden. Oder ich hätte ihn nicht so oft auffordern dürfen, mir im Haushalt zu helfen. Vielleicht wäre er ja noch da?“ „Du bist verrückt“, sage ich, „du kannst dir doch nicht alles gefallen lassen, damit der Mann nicht wegläuft.“ „Ich weiß nicht“, sagt sie und zuckt mit den Schultern, „wenn ich gewußt hätte, wie weit es bergab geht, glaub mir, ich hätte alles versucht, um mich und die Kinder vor dieser Situation zu bewahren.“

Ich habe es eilig, in einer halben Stunde beginnt die Pressekonferenz beim Landwirtschaftsminister, das Team wartet sicher schon. Gerade noch rechtzeitig halte ich vor der Schranke der Staatskanzlei, wedele mit meinem Presseausweis und darf auf den Hof. Mit großen Schritten sprinte ich zum Konferenzraum, der Kameramann muß lachen, als er mich japsend hereinfegen sieht, es sind noch fünf Minuten bis zum Beginn. „Redakteure“, sagt er bloß, schüttelt den Kopf und prüft noch einmal den Akku. „Worum geht's?“ fragt er, und ich erkläre ihm eilig das Thema: In Brandenburg ist eine riesige Tierkörperbeseitigungsanlage gebaut worden. Das ist eine Fabrik, in der tote Rinder und Schweine kleingehäckselt werden. Das Tiermehl, das dabei entsteht, benutzt man später wieder für Futtermittel oder Düngestoffe. Doch der teure Betrieb ist nicht ausgelastet und schreibt nur Verluste. Jetzt wirft man dem Landwirtschaftsminister vor, er habe sich verrechnet.

Der Minister ist ein großer Kerl mit einem rosa Gesicht. Er sieht aus, als wäre er mit dem Traktor gekommen, vor der Tür stehen wahrscheinlich die Gummistiefel. Zielstrebig marschiert er auf seinen Platz zu, er trägt wieder dieses zu kurz geratene Jackett mit den blauen Karos. Dieser Minister ist und bleibt ein Bauer. Von ihm gibt es die schönsten Bilder in unserem Fernseharchiv: der Minister unter der Kuh, auf dem Mähdrescher, beim Heu staken, beim Pferde füttern, beim Käse kosten oder mit einem Bienennetz auf dem Kopf in der Imkerei. Die Landwirte draußen behandeln ihn wie ihren Dorfnachbarn. Sie schreien ihn an, wenn er Mist gemacht hat, und sie klopfen ihm auf die Schulter, duzen ihn und trinken Bier mit ihm, wenn alles in Ordnung ist. Niemals hätten sie in der DDR ihren Minister so behandelt. Jetzt schiebt er mit seinen Melkerhänden einen Stapel Papier zurecht und blickt in die Runde. Dann beginnt er mit seinen Ausführungen. Die Kamera läuft, Tonbänder drehen sich, Stifte zuckeln über die Zeilen, ein Zeitungsjournalist tippt auf dem Laptop mit. Es ist wie bei einem Diktat, der Minister redet und alle schreiben mit. Doch auf den Blättern der Kollegen wachsen Fragezeichen, Vorboten des Zweifels. Als der Minister endet, kommen die Fragen: Wie konnten Sie so eine große Anlage befürworten?

Wilfried Maier auf Dienstreise in der Mongolei 1983

Wilfried Maier auf Reisen durch die USA 1993, v. l. n. r.
Wilfried, Frank, Thomas, Stephan

Wilfried Maier am Korb beim allwöchentlichen Donnerstag-Sport

Harry Göbel beim Brandenburg-Cup-Lauf in Gröden 1998

Hatten Sie daran gedacht, wer das bezahlen soll? Ist Ihnen klar gewesen, daß es nicht um Ihr Geld ging? Was hatten Sie eigentlich für Berater? Warum haben Sie keine anderen Gutachter befragt? Würden Sie sagen, Sie haben einen Fehler gemacht? Übernehmen Sie die Verantwortung für die 115 Millionen Mark Verluste? Treten Sie zurück?

Der Minister erklärt, er habe nicht wissen können, daß die Landwirtschaft dauerhaft so einbrechen würde, daß die Tierproduktion in Brandenburg nicht mehr aus diesem Tal herauskäme. „Fahren sie raus und sehen sie sich die Weiden an", sagt er. „Früher standen rechts und links der Landstraße Kühe. Heute müssen sie weit reisen, um ein einziges Rindvieh zu sehen. Die Weiden sind leer." So pessimistisch, erklärt er laut, habe er gar nicht sein können, um diesen Zusammenbruch zu akzeptieren. Wenn er nicht davon geträumt hätte, die Landwirtschaft zu erhalten, wäre er doch gar nicht als Minister angetreten. Einige Journalisten lachen. Der Minister versucht es noch einmal. Es habe Schätzungen von geachteten Fachleuten gegeben, aber sie seien nicht eingetreten, niemand habe vorhersehen können, daß die Landwirtschaft sich von dieser Wende nicht mehr erholt!

Meine Gedanken wandern zurück, nur wenige Jahre. Es ist kurz nach dem Mauerfall. Ich sehe Hunderte übermästete Schweine vor mir, schwere Tiere, auf schnelles Zunehmen gezüchtet. Sie stehen auf einer Koppel im Norden von Brandenburg. Niemand will sie haben. Ihr Fleisch ist alt und fett, denn sie hätten schon vor Wochen zum Schlachthof gemußt.

Darüber haben wir Journalisten berichtet, mit Anteilnahme, mit Empörung. Wir hatten mit gehofft, daß dieser Schwund von Produktion und Arbeitsplätzen irgendwann aufhört. Seit der Wende haben sich die Tierbestände in Brandenburg halbiert. Natürlich wollen wir alle wahrheitsliebende Journalisten sein. Aber ich frage mich, ob man Wahrheiten so trennen darf, ob man jedem Ereignis wirklich so neutral begegnen muß, wie ein neugeborenes Baby. Von Nachrichten-Reportern wird meist erwartet, daß sie über das Hier und Heute berichten. Und so kommt es, daß der Minister in der Pressekonferenz wie in einem Gerichtssaal sitzt, und die Journalisten sich als Richter fühlen.

Das Team von Brandenburg aktuell ist das beste, in dem ich je gearbeitet habe. Wir arbeiten nicht nur zusammen, viele sind auch untereinander befreundet. Hier kann ich mit Kollegen über private Dinge reden, ohne daß jemand dieses Wissen hinterher gegen mich ausspielt. Es gibt Momente, in denen wir vergessen, daß das, was wir hier machen, unsere Arbeit ist. Alte Kuscheligkeiten aus DDR-Zeiten leben wieder auf: Julklapp, Dampferfahrt, Happy-birthday-Gesänge, Hilfe beim Umzug. Die Journalisten sind halb aus dem Osten und halb aus dem Westen. Es gibt keine Cliquen, keine Fronten, zwischen Ost und West schon gar nicht. Die Herkunft bleibt in Sachfragen wichtig, wenn es zum Beispiel darum geht, was Erwin Strittmatter geschrieben hat, was Tempolinsen sind, wann der Pioniergeburtstag war und ob zur Kundgebung am 1. Mai tatsächlich Anwesenheitslisten geführt wurden. In der Hierarchie ist die Herkunft unerheblich, das heißt nicht ganz: Die Moderatoren und die Redakteure für die Hauptsendung sind fast alle aus dem Osten, ob nun zufällig oder nicht.

Vor zwei Jahren, als ich nach der Einstellung des Wirtschaftsmagazins in diese Redaktion gekommen war, erschien mir die Atmosphäre hier unwirklich. Ich kam mit meinem Schreibkram, meinen Büchern und einer Schreibtischlampe unter dem Arm in das Großraumbüro. Mein neuer Chef, der vor ein paar Jahren auch aus dem Westen gekommen war, zeigte mir den Tisch, an dem ich sitzen würde, ein Fensterplatz mit Blick auf eine Baracke. Die Kollegen im Raum telefonierten, überflogen Tickermeldungen im Computer oder lasen. Trotzdem kam ich mir beobachtet vor. Ich fühlte mich wie eine Verliererin, die noch eine zweite Chance bekommt. Alle hier wußten etwas über mich: daß meine Sendung eingestellt worden war, daß ich gescheitert bin. Aber ich wußte kaum etwas über die anderen hier. Vielleicht würde ich bei diesem stressigen Arbeitsstil gar nicht mithalten können. Was, wenn ich mit meinen Berichten nicht bis zum Abend fertig würde. Immerhin mußte man hier an einem Tag irgendwo in der Tiefe des Landes drehen, dann in Potsdam innerhalb von zwei Stunden schneiden und auch noch texten und sprechen. Bisher hatte ich immer mehrere Tage Zeit für einen Beitrag gehabt, was, wenn mir in der Hektik Fehler passierten? Der neue Chef hatte mich beruhigt und mir versprochen, daß ich am Anfang natürlich noch etwas Eingewöhnungszeit hätte und daß ich nicht sofort diesem Zeitdruck ausgesetzt sein würde.

Doch es kam anders. Es war noch nicht elf Uhr, da stand die Planerin mit einer Tickermeldung im Großraum und suchte einen Reporter. In Schönefeld vor dem Flughafen gebe es eine Demonstration, weil die Mitarbeiter eines Charterunternehmens seit Monaten keinen Lohn mehr bekommen hatten. Viele der Mitarbeiter waren einst bei der DDR-Linie Interflug gewesen, wir mußten einen Bericht darüber machen, heute abend. Jetzt sah die Planerin sich unter den Reportern um, und ihr Blick blieb an mir hängen. „Du hast doch Ahnung von Wirtschaft“, sagte sie, „und du hast doch heute nicht viel zu tun, oder?“ Meine Einarbeitungszeit war also schon um. Ich nahm die Pressemitteilung und ein Notizbuch und fuhr mit einem Kamerateam raus nach Schönefeld. Ich drehte die aufgeregten Mitarbeiter, machte Interviews mit der Gewerkschaft, sammelte Fakten über den Zustand des Unternehmens, versuchte, an den Geschäftsführer heranzukommen und sah immerfort auf die Uhr. Das Büro des Geschäftsführers war schon leer, wir konnten ihn gerade noch drehen, wie er in sein Auto stieg und davonbrauste. Als das fertige Stück dann doch pünktlich um halb acht in den Nachrichten lief, hatte ich das erste Mal das Gefühl, wieder etwas richtig gemacht zu haben. Ich stand mit den anderen zusammen im Großraumbüro, mein Puls pochte im Hals und auf der Zunge, und ich sah die Bilder von heute, hörte meine Stimme und war ziemlich verlegen. Am nächsten Morgen in der Sitzung bekam ich seit langer Zeit wieder ein Lob, und ich wußte gar nicht, wo ich hingucken sollte dabei.

Mein Heimatort will hoch hinaus, hier drehen sich die Kräne mit langen Hälsen über dem ehemaligen Acker von Bauer Petzke. Die gelbe Sandfläche ist wie eine große LEGO-Platte mit Fundamenten bestückt, Reihe um Reihe wachsen die Häuser nebeneinander hoch. Wir bekommen ein Dorf im Dorf. 1.000 neue Einwohner werden wir haben, doch zuerst haben wir viele Bauarbeiter. Die Männer wohnen in übereinander gestapelten Containern auf der Baustelle, vier Betten in einem winzigen Wohnkasten, ein Kocher und ein Elektroheizer. Sie sprechen englisch, sie lachen mit tiefen Stimmen, wie wahrscheinlich alle Bauarbeiter auf der Welt, und sie zwinkern unseren Kindern zu. Bei der Bäckerin bekommen sie ein richtiges Frühstück, frische Schrippen mit Wurst oder Käse. Sie hat Tische in den Laden gestellt, mit Wachstuchdecken und Kunstblumen. Sie ist freundlicher jetzt und hat neuerdings auch am Montag geöffnet. Sonnabends schließt der Laden erst mittags.

Wie oft hab ich früher versucht, Sonnabend früh Schrippen zu kaufen. Doch wenn ich kurz vor zehn kam, huschte mir schon der Scheuerlappen zwischen die Füße, und der Boden glänzte frisch und sauber. Die Theke war leer geräumt, die Scheiben blankgeputzt, und die Brot- und Kuchenreste lagen abgedeckt in einem Korb ganz hinten neben der Tür. Wer jetzt noch was wollte, konnte nur ein Städter sein. Hier auf dem Land ist man zeitig aus den Federn, und kurz vor zehn steht das Frühstücksgeschirr wieder abgewaschen im Küchenschrank. An glücklichen Tagen kramte die Bäckerin tatsächlich noch vier Kuchenstücke von einer Sorte aus ihrem Korb, an weniger glücklichen ging ich mit einer Sammeltüte nach Hause. Einmal habe ich versucht, ihr zu erklären, daß ich abends lange arbeite und der Sonnabend mein einziger Ausschlaftag ist. Aber es half nichts. Heute darf ich sogar zur Mittagszeit in den Laden kommen und werde trotzdem nett behandelt. Es ist dieselbe Bäckerin. Vielleicht haben die zwei anderen neu eröffneten Bäckerläden sie nett gemacht, oder vielleicht waren es die vielen zugezogenen Berliner, die sonnabends gegen zehn Uhr ganz selbstverständlich ihre Schrippen holen.

Sie kommen in Scharen. Sie kaufen Grundstücke und lassen sich darauf nieder. In jeder Straße gibt es jetzt neue Einfamilienhäuser mit breiten Garagen, verglasten Wintergärten und Bewegungsmeldern. Auf den Grundstücken stehen fingerdicke Bäumchen und kniehohe Jungsträucher. In diesem Jahr gilt die hängende Bienenweide als Renner, ein seltsames Gewächs, das wie ein hölzerner Regenschirm aussieht, moosfarbene Blätter hat, nicht mehr als zwei Meter Höhe erreicht und trotzdem ein Baum sein soll. Der ansässige Gärtner muß sie im Hunderterpack zum Vorteilspreis erworben haben, das Pseudo-Bäumchen steht inzwischen vor jedem zweiten Neubau. Viele Zuzügler lassen sich ihr kleines Paradies vom hiesigen Gärtner gestalten. Beim Spazierengehen suchen wir nach den typischen Erkennungsmerkmalen: dem Weg aus rosa Betonstein, der amöbenförmigen Rabatte mit dem Holzrand, den ein bis zwei naturbelassenen Findlingen in der Beetmitte, dem pflegeleichten Rindenmulch zwischen den Stauden und natürlich suchen und finden wir die ehemals seltene hängende Bienenweide. Der Gärtner ist gut im Geschäft.

Die Berliner machen den Ort jünger, viele ziehen „wegen der Kinder" hierher ins Grüne, ich kann sie gut verstehen. Bevor der Nachwuchs zur Schule kommt, will man den Platz gefunden haben, an dem die Kinder glücklich aufwachsen können. Die Großstadt ist zu bedrohlich geworden für kleine Wesen. Deshalb zieht es immer mehr Familien ins Umland.

Wir treffen die neuen Eltern bei Antons Einschulung. Die Männer tragen gutgeschnittene Anzüge, sie halten ihre jungen Frauen bei der Hand, über der Schulter hängt die Tasche mit der Videokamera. Die Frauen laufen vorsichtig über den dreckigen Schulhof, schwarzer Staub legt sich auf ihre Absatzschuhe. Dieser Festtag ist für viele die erste Begegnung mit Leuten aus dem Ort, darum lächeln sie. Anton, heute mit Weste und Fliege, steht mit seinen Kita-Kumpels am Hoftor. Wie kleine Fürsten stolzieren die Jungs umeinander herum und beäugen ihre seltsame Garderobe. Max, heute mit Scheitel im rotblonden Haar, hat ein richtiges weißes Männerhemd an, Torsten trägt eine blaue Krawatte, Tobias hat neue breite Hosenträger und sieht aus wie einer von der Börse, und Michi hat sogar eine echte Taschenuhr mit Kette. Die Neuen, die gerade erst in den Ort gezogen sind, stehen so dicht bei ihren Eltern, daß keine Handbreit dazwischen paßt. Endlich bittet der Lehrer die Kinder in die Sporthalle, die Feierstunde beginnt. Wir sitzen auf abgeschrammten Turnbänken, und rücken immer dichter zusammen. Die Plätze reichen nur knapp für die vielen Eltern, Tanten, Opas, Cousins und Geschwister. „Mensch Gabi, nu nimm doch die Kleene uf'n Schoß", dröhnt es hinter mir, und ein kleiner Junge ningelt immer wieder, „ick kann Kevin nicht sehen." Ich rutsche, um Platz zu schaffen, noch ein Stück näher an die Frau neben mir. Unsere Blumensträuße kommen sich ins Gehege. „Des paßt schoa", sagt sie und lächelt tapfer trotz der Enge. Ich lächele mit einem Mundwinkel zurück und drehe den Strauß anders herum, gelber Blütenstaub krümelt auf Harrys Knie.

Aus den Lautsprecherboxen neben der Sprossenwand trällert ein Kinderchor irgendwas mit Frohsinn. Die Aufnahme hört sich an wie eine Kreuzung aus Weltfestspielsong und Weihnachtslied. Bestimmt ist sie so alt, daß die kleinen Sänger schon selbst Kinder haben. Warum glauben Erwachsene eigentlich, daß Kindern eine Musik gefällt, nur weil sie von Kindern gesungen wird? Niemals würde Anton sich freiwillig so eine CD einlegen. Der hört „Die toten Hosen" und „Die Ärzte". Wenn er weich gestimmt ist, läßt er sich auf Michael Jackson ein. Im Gedränge suche ich nach Antons dunkelblonden Igelhaaren. Er sitzt mit den anderen Schulanfängern in der ersten Reihe und lauscht der Rede der Direktorin. Es sieht aus, als würde sie ein Märchen erzählen. Sie spricht langsam und sehr deutlich, dazu hebt sie ab und an den Zeigefinger und zieht die Stirne kraus. „... immer und immer wieder üben", höre ich und fühle mich erwachsen. Jetzt habe ich zwei Schulkinder.

Auch Kristins Sohn Nico und Anjas Tochter Hanna kommen in die Schule. Wir sind richtige Eltern geworden, die Mitteilungshefte unterschreiben, am Abend die wackeligen Buchstaben in den Schulheften durchsehen und die Federtasche auffüllen. Die eigene Jugend, das gestehen wir uns an stillen Sonntagabenden ein, ist vorbei. Es sind eher banale Situationen, in denen wir es merken: Wenn wir morgens die Kinder wecken, wenn wir eine Party schon um ein Uhr ohne Bedauern verlassen können, wenn wir den Kühlschrank regelmäßig säubern, wenn wir jeden Tag einen BH tragen, oder wenn wir auf der Arbeit Dinge sagen, die andere klug finden.

Auch Anja, die Jüngste von uns Kindern, wird nun 30. Sie hat mit Tommi noch eine zweite Tochter bekommen, ihr Wunschkind. Die kleine Wanda ist ein borstiger und fordernder Blondi mit dunklen Augen wie ihr Vater. Sie will immer genau das, was am schwersten zu haben ist: gelbes Eis, wenn nur rosa da ist, Sandalen, wenn es regnet. „Wanda ist meine Prüfung", sagt Anja und schaut verliebt auf das erschöpft schniefende Kind, das eben noch zornig und mit aller Kraft um das Glas mit der Maus darauf kämpfte, als ginge es ums Überleben. Wir Großen fragen uns, ob sie jetzt glücklich ist, ob sie zufrieden ist, weil wir aufgegeben haben, oder ob sie nur ausruht vor dem nächsten Gefecht. Vielleicht ist es Wanda, die uns zeigt, daß wir nur Bruchstücke von dem erreichen, was wir eigentlich erreichen könnten. Das erfolgreiche und egoistische Kind passiert Anja in einer Phase, in der sie selbst an sich zweifelt. Sie prüft ihr Leben, so als hätte sie nur noch die wenigen Monate bis zu ihrem 30. Geburtstag, um es zu ändern. Nichts scheint ihr mehr genug. Der Tommi ist ihr zu genügsam, ihre Arbeit als Korrektorin in der Tageszeitung „taz" ist ihr all die Tage und Jahre zu gleich geblieben, der Traum vom Studium ist zu Ende, das Auto ist zu klein, und das ist es wirklich, das Geld ist zu wenig, ihre Wohnung ist ihr über, und ihr Körper ist ihr schwer.

In ihrer unglücklichen Grübelzeit will sie nichts Bestimmtes, nichts Klares, sondern nur alles irgendwie anders. Die Härte, mit der sie gegen sich selbst vorgeht, beunruhigt uns alle. Anja ist für uns eine verschwenderische Genießerin, mit einem beneidenswerten

Sinn für schöne Dinge. Sie hat nicht nur zahlreiche Parfüms, die sie liebt und je nach Wetter, Stimmung und Anlaß auflegt. Sie und Tommi haben auch ein halbes Zimmer voll Musik, voller Klänge, die genauso wichtig sind wie das wunderbare Essen mit den unaussprechlichen Gewürzen, das sie in ihrer großen Küche selbst an ganz normalen Wochentagen verspeisen. Unsere Eltern sagen, sie genießt das Leben. Mein Bruder André, der sich seinen beruflichen Erfolg hart erarbeitet hat, sagt, sie könnte mehr aus sich machen.

Anja bastelt also ein bißchen an ihrem Leben herum, damit es erträglicher wird, baut sich Griffe zum Festhalten. Zuerst besucht sie einen Kurs für grafische Computergestaltung, dann holt sie sich eine Dauerkarte fürs Fitness-Studio, sie beginnt wieder zu schreiben und zu fotografieren, sie sucht nach einem Haus auf dem Land, fährt mit dem kleinen Auto über die Dörfer und forscht nach Plätzen, die sie lieben könnte. Sie behält ihre Arbeit, und sie behält ihren Tommi. Und irgendwann, vielleicht auf der überfüllten Geburtstagsparty oder ein wenig danach, wird es allmählich besser. Sie hatte nach Alternativen gesucht und keine wirklichen gesehen. Und als der Schmerz über die Unzulänglichkeiten des Lebens langsam aufhörte, hat sie sich entschieden, daß es so in Ordnung ist, wie es ist. Und das war, wie noch mal heiraten, nur nicht ganz so feierlich.

VATER

Der hölzerne „Bojan“ an der Wand unseres Wohnzimmers schaut auf uns herab und ist nach wie vor ein Stück Freundschaft mit den Russen Juri und Galja. Viele meiner russisch, tschechisch und polnisch sprechenden Freundschaften vergangener Jahre versickerten, lösten sich in Nichts auf, haben sich verloren. Erika besaß wissenschaftliche Bindungen, zur Lomonossow-Universität, zum ökonomischen Plechanow-Institut. Geblieben ist unsere Freundschaft zu Juri und Galja, dem Rechtsprofessor und der Deutschlehrerin.

Das Jahr 1995 ist angebrochen; das ist für mich Anlaß, meine Gefühle und Gedanken einem Brief anzuvertrauen:

Liebe Galja, lieber Juri!

Jetzt erst beantworte ich Euren Brief vom verflossenen Sommer. Euer Schreiben drückt Trauer und Pessimismus aus; es macht auch uns traurig. Mit großer Sorge sehen und lesen wir über das Land, das Achtung oder zumindest Respekt genoß. Wo geht der Weg hin, gibt es überhaupt einen Weg? Was in Tschetschenien geschieht, ist das Ende eines Niedergangs. Wenn ein Volk seine Unabhängigkeit wünscht, muß man sie ihm gewähren – statt dessen kämpfen jetzt die gegeneinander, die früher gemeinsam in Moskau studierten, gemeinsam auf der Baustelle arbeiteten und in der gleichen Armee gegen die Faschisten kämpften. Oder sehe ich das falsch? Wir freuen uns, daß es Euch beiden und den Kindern gut geht. Juri, Du hast Arbeit!

Was uns betrifft – bei aller Unruhe über die großen Dinge dieser Welt –, leben wir zufrieden. Ulrike und André haben seit einem Jahr ein schönes Büro in der Schönhauser Allee. Das von ihnen gekaufte Wohnhaus wurde von Grund auf renoviert. Die Kinder, Josi und Till, sind sehr aufgeschlossen, Kinder und Eltern haben ein gutes Verhältnis miteinander. Jana erhielt eine schöne Arbeit beim Fernsehen – zuerst bei einer Wirtschaftssendung, jetzt bei der Nachrichtenredaktion. Ihr gefällt es, aber der Weg zur Arbeit ist mit dem Auto 50 Kilometer hin und 50 Kilometer zurück, bei Hitze, Schnee, Eis, Glätte und Stau, tags und nachts. Sie haben eine Datscha zu 90 Prozent abgerissen und an dieser Stelle ein schönes Haus gebaut; bescheidener als bei André und Ulrike, aber recht gemütlich. Das Dachgeschoß wird ausgebaut, sobald wieder Zeit und Geld vorhanden sind. Harry ist in der Software-Branche selbständig und hat gute Aufträge. Er übernimmt einen großen Teil der Arbeit im Haushalt. Wir saßen kürzlich mit Jana in einer großen Runde, die Rede kam auf Kinder, Küche, Wäsche und Haushalt, und dabei auf die Wahl der Waschmittel. Jana, manchmal ein bißchen schnellschüssig, sprach in die Runde, „ich nehme für die Haushaltwäsche immer ...“, Jana stockt, es folgt eine Denkpause, dann ein Blick zu ihrem Mann „... Harry, was nehmen wir immer?“ Janas Großer, Jakob, kam im vorigen Jahr zur Schule und ist ein sehr guter, ehrgeiziger Schüler. Er liest schon perfekt und ist zutiefst unglücklich, wenn es mal nicht wie gewünscht läuft. Anton beginnt in diesem Jahr die Schule. Er ist ein kleiner Philosoph, fragt nach der Entstehung des Menschen, nach den Sternen, dem lieben Gott und dem Tod.

Anja und ihr Mann Tommi arbeiten beide bei der Zeitung „taz“. Mit Blick auf Kinder und Haushalt haben sie eine gute Harmonie. Es ist auch nicht so einfach, wenn Anja erst um 18 Uhr nach Hause kommt, aber die Kinder schon nachmittags aus dem Kindergarten und dem Schulhort abgeholt werden müssen. Hanna, Anjas Große, ist ein angenehmes Kind, die mit ihrer kleinen Schwester sehr fürsorglich umgeht. Wanda ist jetzt zwei Jahre und spricht kaum; aber das wird noch.

Ich frage mich, wie es kommt, daß beide unserer Töchter solche fleißigen Hausmänner erwischt haben und selbst dem Beruf näher stehen als dem trivialen Alltag.

Wir beide, Erika und ich, sind immer in Bewegung. Offenbar ist das auch eine Charakterfrage. Ich leiste Arbeiten für einen Konkursverwalter, Erika hatte ein paar kleine Aufträge für einen Unternehmensberater, und beide haben wir uns ein bißchen in die Politik für die PDS eingeschaltet.

Viele Freunde und Bekannte sind ein Stück unseres Lebens und erfordern Aufmerksamkeit. Freundschaft kann man nicht ausschalten und einschalten, wie einem das gerade genehm ist. Mit der Liquidierung vieler akademischer Einrichtungen sind schöne Kontakte und geistige Anregungen verlorengegangen. Wir trösten uns, daß es vielen ebenso geht, manchem noch schlechter. Wir bewegen uns um die 60; viel schlimmer trifft es die heute 40-, 45-, 50jährigen, die aus der Bahn geworfen wurden und keinen Boden unter die Füße bekommen.

Der Familie, inzwischen auf 14 angewachsen, müßten wir eigentlich mehr Raum widmen. Die Zeit, die wir heute nicht für Josi, Till, Jakob, Anton, Hanna und Wanda aufbringen, ist niemals nachzuholen. Deshalb gehen wir mit ihnen in den Zirkus, zum Pferderennen und zum Drachensteigen, baue ich mit ihnen Vogelhäuschen, Schwerter, und Stelzen, fahren wir mit dem Fahrrad gemeinsam an das Wuhletal, spielen auf der Straße Basketball, auch wenn der Nachbar meckert.

S novym godom – alles Gute für das Neue Jahr 1995. Wilfried und Erika

Geblieben sind unsere Sportsfreunde. Die sportlichen Aktivitäten reflektieren seit Jahrzehnten meine Lebenslinien. Ich renommiere nicht gern damit, weil ich glaube, daß junge und jüngere Leute kein Verständnis dafür haben, wenn Menschen meines Alters solcherlei Ehrgeiz aufbringen. Ich stelle mir vor, daß sie sich im stillen sagen, wovon redet der Opa eigentlich – in seinem Alter! Aber mir gegenüber bin ich ehrgeizig. Seit 15 Jahren notiere ich die Zeitdauer fürs Joggen. Deshalb weiß ich, daß die politischen Veränderungen mein Herz für den Sport langsamer schlagen ließen. 1988 bin ich noch jede Woche mindestens zwei Stunden gejoggt, 1989 war es nur eine Stunde, 1991 sogar nur eine halbe Stunde. Depressionen, wie sie sich in meinen sportlichen Aktivitäten zeigen, halten sich über 1992 und 1993. Erst 1994 registriert der Pegel Fortschritte und erreicht wieder zwei Stunden pro Woche.

Eigentlich bin ich ein unsportlicher Typ. Aber die Belastungen meiner Arbeit ließen mich mit Anfang 40 gegen den inneren Schweinehund und gegen vier Kilo Gewichtszunahme vorgehen. Der Beginn war mühevoll. Der Rat meines Arztes: „Du mußt immer nur so schnell laufen, daß du noch ruhig atmen kannst und daß du Freude am joggen hast", erwies sich als praktikabel. Das Tal der Wuhle im Osten Berlins, ein kleines Gewässer in Richtung Spree, wurde mein Lauf-Terrain, und bei guter Stimmung höre ich mich mutterseelenallein „ist das herrlich" rufen.

In den Jahren, da ich den Sport aktivierte, machte unser Sohn André das Abitur, begann Jana die Lehrausbildung als Tierzüchterin in der Nähe Potsdams. Nur Anja, die früh flügge Werdende, blieb mit ihren 13 noch als „Tagesaufgabe". Erika und ich begannen, neue Lebensräume zu erschließen; die fanden wir in einer Sportgruppe. Donnerstag für Donnerstag, seit 20 Jahren, sind Warmlaufen, Gymnastik und Basketball angesagt.

Sigrid, unsere Chefin, ist Sportlehrerin. Sie koppelt ihre und ihres Mannes Dieter Interessen mit den Ambitionen der Truppe – mit Bernd, dem Lehrer; einem weiteren Dieter, der Manager eines kleinen Unternehmens ist; Sven, dem (man könnte auch sagen den) viele Frauen liebenden ewigen Studenten und Politikinteressierten; Heike, der Lehrerin; Olaf, dem Physiotherapeuten; Heiner, dem Frührentner; Torsten dem jungen, dynamischen Banker; Siegfried, dem Finanzberater; den Lehrern Ralph Bernd. Dazu Erika und Wilfried Maier.

Die politische Wende hat auch hier ihre Spuren hinterlassen. Dieter, Sigrids Mann, war zu DDR-Zeiten in der Industrie tätig. Wir begegneten uns manchmal morgens, wenn ich vom Joggen kam und er sich bereits auf dem Weg zur S-Bahn befand. Er ist ein begeisterter Sportler. Die Jogging-Schuhe, denen man die Strapazen ansieht, waren schon am Rennsteig-Lauf, am Berlin-Marathon und am

Nil-Lauf in Ägypten dabei, und sie mußten mit ihrem 60jährigen Träger auch zum Brockenlauf. „Das letzte Mal", sagt er. Ich antworte nicht, weil ich ihm nicht glaube. Beim Spiel ist er manchmal ein anstrengender Partner. Sobald der letzte Korb geworfen ist, sind wir wieder Kumpels, selbst die Augen blicken anders, freundlicher. Vielleicht geht es ihm umgekehrt mit mir ebenso. Nach der Wende ist Dieter auf Lohnsteuerberatung umgestiegen; das kommt seinem Hang zu Präzision entgegen.

Olaf war bis 1990 Physiotherapeut in einer staatlichen Poliklinik hier in Berlin. Jetzt ist er selbständig. Wenn ich ihn frage, wie es läuft, meint er „für mich reicht es", und setzt dann seine Rede fort, „von den sieben Frauen muß ich jetzt die dritte entlassen". Das seien die konkreten Folgen von Seehofers Gesundheitsreform. Reiche Leute, die ihre Behandlung selbst bezahlen können, gäbe es hier in Marzahn nicht. Es will nicht in seinen Kopf, daß ausgebildete Physiotherapeuten, die zudem in Form von Arbeitslosenunterstützung vom Staat Geld kriegen, untätig rumsitzen, und zugleich Behandlungsbedürftige nicht behandelt werden können. Was sei das für eine Gesellschaft. Seit elf Monaten hat er eine kleine Tochter; das macht ihn glücklich.

Von einem weiteren, dem „kleinen Dieter", werden der Sportgruppe ab und an Grüße aus Bonn übermittelt. Ein kluger, bescheidener Mann von nicht sehr großer, aber athletischer Gestalt, so wie ich mir einen Ringer vorstelle. An allen größeren Langstreckenläufen nahm er teil. Er war zu DDR-Zeiten im Finanzbereich tätig. Nun ist er in der Bundeshauptstadt, die noch Bonn heißt, in Staatsdiensten. Unter den in seiner Dienststelle aus DDR-Beständen Ausgewählten zählte er mit 40 zu den Jüngeren. Von der Alternative, Entlassung oder Bonn, entschied er sich für letzteres. Er spricht nicht gern über sein Leben am Rhein, wenn er seine ehemaligen Sportfreunde besucht. Eine feste Arbeit zu haben sei sehr viel wert in diesen Zeiten. „Ich lebe nicht schlecht, aber das Beamtendasein bedrückt mich." Aus seiner früheren Arbeit gewöhnt, initiativ zu sein und zu entscheiden, bestimme nun überwiegend Dienst nach Vorschrift sein Handeln. Persönliche Kontakte seien in Berlin zurückgeblieben und nicht neu gewachsen. Ob er mit dem Regierungsumzug nach Berlin kommen werde? „Wohl kaum", bedauert er. Schade!

Auf dem Gemüsemarkt vor dem Marzahner Rathaus begegnete ich Jürgen. Viele Male bin ich mit ihm gejoggt, habe die ungeliebte

Gymnastik betrieben, spielte mit oder gegen ihn Basketball. Ein Hüne von einem Mann. Er tat immer viel, um sein Gewicht zu halten. Nun reiche ich ihm die Hand – im Rollstuhl. Wenige Jahre über die Vierzig, begann ihm 1991 ein Rückenleiden zunehmend Schmerzen zu bereiten, später zwangen sie ihn zur Aufgabe des Sports, und schließlich wurde er an den Rollstuhl gefesselt. Niemand weiß, woher das Leiden kommt. Früher war er bei der Bahnpolizei, wurde 1990 sofort entlassen, mußte dann in einer Transportfirma, bei der er Arbeit fand, schwere Lasten bewegen. War das die Ursache für seine Erkrankung oder gingen seine Nerven an den Lebensumständen kaputt? Was sage ich, wenn ich ihm nach Monaten begegne. Wie geht es dir? Alles Gute fürs neue Jahr? Was machst'n so? Die Sonne scheint, aber es ist kalt? Soll ich ihm vom Sport erzählen, der ihm nun verwehrt ist? Ich stehe verlegen herum, erzähle vom Wetter, wann wir uns das letzte Mal begegnet sind, ein bißchen von Erika. Und dann? Soll ich ihm sagen, daß ich Schmerzen im Arm habe, mich aber nicht traue, ihm davon zu sprechen? Der Jürgen hat doch geistige Ansprüche wie ich auch. Was bringt mich denn in Verlegenheit? Seine Frau Renate kommt dazu. Sie bemerkt, daß sie die Handschuhe vergessen habe, der Griff vom Rollstuhl sei unangenehm kalt. Nein, sie will nicht noch mal in die Wohnung in der 16. Etage zurück. Es geht schon so. Wir verabschieden uns. Ich ärgere mich daß ich die Verklemmung nicht überwunden habe. Was wird er von mir denken? Wie werde ich mich bei der nächsten Begegnung verhalten?

Sigrid, unsere Sport-Chefin, ist die Seele vom Geschäft; ohne sie läuft nichts. Sie holt den Schlüssel vom Hallenwart und bringt ihn wieder weg, leitet mit so freundlichem Gesicht die Gymnastik, daß niemand merkt, wie er/sie ins Schwitzen kommt, teilt uns in „rot“ und „bunt“ ein, damit zwei gleichstarke Basketballmannschaften entstehen. Sigrid sagt Bescheid, wenn der Sport ausfällt, organisiert die Kneipe für eine kleine Fete, schenkt zum jahresletzten Sportabend jedem eine Miniflasche Sekt mit Schleifchen, lädt im Sommer zum Grillen auf ihre Datsche ein. Zu DDR-Zeiten war die Nutzung der Turnhalle kostenlos – Volkssport war ein Anliegen der Gesellschaft. Nach der Wende durften wir nicht mehr einfach die Halle nutzen, sondern mußten einem Verein beitreten. Nun zahle ich sechs Mark Beitrag pro Monat, die noch arbeiten zwölf – mehr hat sich nicht verändert.

Mein Donnerstag-Sport war mir immer wichtig. Soweit mein Einfluß ausreichte, waren dienstliche Obliegenheiten so geregelt, daß ich am Sport teilnehmen konnte. Meine Umgebung respektierte das, und manchem meiner Kollegen, mancher meiner Kollegin, war mein Verhalten willkommen. Das änderte sich 1979. Der Preisminister lud mich zur Rücksprache: „Ich möchte dich für die nächste Wahlperiode als Parteisekretär vorschlagen. Du hast eine gute wissenschaftliche Bildung, warst auf der Parteihochschule in Moskau und besitzt praktische Erfahrungen. Für das Preisamt ist es nach innen und nach außen wichtig, daß wir einen Parteisekretär mit Profil haben. Überleg es dir, sprich mit Erika und deinen Kindern und sag mir Bescheid." Als Parteisekretär verdiente ich ein Drittel weniger als bisher. Die Funktion des Parteisekretärs in Ministerien war hauptamtlich, ich war für diese Zeit arbeitsrechtlich Angestellter der SED-Kreisleitung Berlin-Mitte. Der Vorschlag, Wilfried Maier als Parteisekretär einzusetzen bedurfte der Bestätigung durch das Sekretariat des ZK der SED. Ich sagte zu. Parteisekretär als Hauptbeschäftigung war nicht mein Traumjob, ich akzeptierte die Parteidisziplin und ein bißchen rührte der Vorschlag an meinem Ehrgeiz. Erika und ich begannen zu überlegen, wie ich diese Aufgabe angehen würde, vor allem was ich anders, natürlich besser als mein Vorgänger, machen würde. Wer wollte das nicht!

Nur einen Konflikt gab es – Partei und Basketball. Seit Gründung des Amtes für Preise vor zehn Jahren tagte die ZPL, die Zentrale Parteileitung, immer donnerstags und ging meist bis in den späten Abend hinein. Was sollte da aus meinem Sport werden! Ich sondierte mit meinem Vorgänger die Verlegung auf einen anderen Tag – das erwies sich als nicht machbar. Montag war der Tag der Parteigruppen, dienstags tagte die Gewerkschaftsleitung, der Freitag schied von vornherein aus. Was gegen den Mittwoch sprach, vermag ich mich nicht zu erinnern. Zwänge lassen meist Lösungen finden. Nachdem ich als Parteisekretär gewählt war, verwendete ich viel Geist und Kraft auf die Vorbereitung der Parteileitungssitzungen, pflegte eine konzentrierte Diskussionführung. So waren wir meist pünktlich fertig und ich konnte auf diese Weise meinem Hobby, dem Sport frönen. Was ich damals nicht voraussehen konnte: In der Bundesrepublik Deutschland werde ich für die Jahre als Parteisekretär eine höhere Rente bekommen als für die Tätigkeiten des Stellvertreters des Leiters im Amt für Preise. Das Gehalt des Parteisekretärs lag unter dem Limit, für das heute Rentenabzüge erfolgen. Für mein Gehalt des Beamten im Amt für Preise gelten die Bestimmungen der Strafrente. Das ist die Ironie der Geschichte.

Schuld daran, daß Erika und ich in diese Sportgruppe kamen, ist Elisabeth – Lissy. Sie hat uns bei der Sportgruppe eingeführt. Friseuse, ein Bild von einer Frau, nicht sehr groß, eine zarte Figur, wunderschönes blondes Haar, sehr vital und lebenstüchtig. Wenn man mit ihr sprach, genügte es, ihr zuzuhören. Tausend Sachen konnte sie dir erzählen.

Die Anziehungskraft ihrer Erscheinung war ihr bewußt. Wir sahen sie manchmal abends in ihrer fast professionellen Schönheit aus unserem kleinen, am Rande Berlins gelegenen Biesdorf mit der S-Bahn in die Stadt fahren – mit schickem kleinem Hütchen, elegantem Seidenanzug und einem silbernen Täschchen am Arm. Nachbarn äußerten gehässige Vermutungen. Für so viel Schönheit wurden Ostberlin und die DDR der 70er Jahre bald zu eng und man sprach davon, daß Lissy im Westen sei. Genaueres erfahren wir an einem sonnigen Tag im Herbst 1995, da ich vor die Haustür gehe, um nach der Post zu schauen als – wie im Film – ein BMW-Cabriolet vorfährt, darin eine Frau mit offenem, wehendem Haar, die aussteigt und begrüßend die Hand hebt; Umarmung. Lissy – so, als wären nicht 20 Jahre ins Land gegangen. Die Mittagssonne erlaubt, daß wir uns auf der Terrasse arrangieren. Rasch drei Gläser und eine Flasche Juice auf den Tisch. In zwei Stunden reihen sich vor uns Bilder wie in einem billigen Serienfilm bei RTL, die keine Zeit für Kaffee, Tee, Gebäck, heiße Schokolade oder Cappuccino lassen. Ein reicher Mann, Luxusjacht, Monate des Jahres auf den Ozeanen und in mondänen Hotels dieser Welt, Prachthaus in Italien, Schulden, Bankrott, eigenwillige Machenschaften, um zu retten was von der Konkursmasse zu retten ist. Mühsam aus Eigenem ein Kosmetikstand im Kaufhof, der sich so-so über Wasser hält – Schulden. Neubeginn mit einem, natürlich berühmten, Modemanager, mit Präsentationen „nur in ersten Hotels" – unterwegs mit den Models im Wohnwagen nächtigen, und essen bei McDonalds, weil anderes zu teuer wäre. Bindung mit einem, natürlich berühmten, verheirateten Architekten, die eigene Wohnung aufgeben, wohnen in seinem „Atelier". „Der ist jetzt in Amerika. Der BMW gehört mir nicht, ich könnte mir das nicht leisten. Ich habe mir sein Auto einfach genommen und fahre durch die Gegend."

Lissy erzählt und erzählt. Ihr gefällt es so, uns auch. Sie renommiert nicht, prahlt nicht, jammert nicht. Wir hören gerne zu: „Vorige Woche im Maritim. Ich wollte mal wieder das Schöne am Leben genießen. Ich beobachte, wie ein Mann auf mich schaut. Ich tue als merke ich nichts. Er lädt mich an die Bar ein. Es war eine herrliche Nacht. Er wollte sich wieder mit mir treffen, aber ich fragte ihn, willst du wirklich noch mal mit einer Fünfzigjährigen schlafen? Er stockte, und dann – mit dir ja."

„Das habe ich nur aus Trotz gegen meinen Partner gemacht. Der geht schließlich in Amerika auch fremd."

So sitzt sie, dünne, offenherzige Bluse, ohne BH, die nach oben geschobene Sonnenbrille hält ihr Haar nach hinten. Redet, schwärmt und bedauert das Verlassen ihres ersten Mannes. „Das war der Fehler meines Lebens." „Das war kein Fehler; anders hätte sie ihr Leben lang geglaubt, etwas verpaßt zu haben", sagt meine Erika, nachdem das Cabrio mit der schönen Lissy außer Sichtweite ist.

In den vergangenen zwei Jahren habe ich mich zunehmend für die PDS engagiert. Das Zerbrechen dessen, was ich für Sozialismus hielt, ließ mich nach neuen Orientierungen suchen.

Aus der SED sind wir, Erika und ich damals, 1990, nicht ausgetreten. Eine Zeit lang zahlten wir keinen Beitrag. Dann besuchten wir einige Versammlungen der Basisgruppe in unserem Wohngebiet. Das Alter der Teilnehmer deprimierte uns. Mit unseren 56 und 61 Jahren gehörten wir zu den Jungen. Aber wir fanden den Faden wieder, und nun kandidiert Erika für die Bezirksverordnetenversammlung – die BVV – Marzahn. Unser beschauliches Biesdorf gehört zum Berliner Stadtbezirk Marzahn, dieser Stadt in der Stadt, in der 160.000 Menschen wohnen.

Vor der Wahl zu den Berliner Kommunalvertretungen war ich viel unterwegs: Wahlveranstaltungen organisieren, Zettel verteilen, am Bahnhof und vor Supermärkten den Leuten Zeitungen in die Hand drücken. Zugegeben – ich mache so etwas ausgesprochen ungern. Es ist mir nicht angenehm, wenn Angesprochene mich ablehnen, fühle mich in solcher Situation persönlich beleidigt. Ich habe dann vom Bauch her bis in den Hals so ein Unwohlsein. Conny, die aus dem Westberliner Bezirk Kreuzberg kommt, muntert mich auf, „Wilfried, in der Politik mußt du konfliktfähig sein". Sie mag ja recht haben, aber wie bringe ich das meinen Gefühlen bei?

Für den Wahltag haben wir eine Kneipe gemietet, wo alle Leute hinkommen, die mit uns bangen. Die Hochrechnungen werden an die Wand projiziert. Die PDS zieht mit über 40 Prozent der Stimmen in das Bezirksparlament ein, und mit ihr Erika. Sie kandidierte für die BVV auf Platz 5, die PDS hat 22 von 45 Sitzen. Die Stimmung ist wundervoll, sogar die schöne Anja umarmt mich. Nachts um zwei Uhr kommen wir nach Hause; mit fünf jungen Leuten und trinken einen ordentlichen Schnaps. Das Wahlresultat macht das unangenehme Herumstehen mit Wahlzetteln und Werbezeitungen vergessen, mein Unwohlsein ist verschwunden.

Es ist in der Tat ein Phänomen, daß so viele Ostdeutsche die PDS wählen, wo ihnen seit der Wende volle Supermärkte, Reisen nach Hinterzarten, Südtirol und Gran Canaria, Autos vom Opel Corsa bis zum BMW, 100 Modelle Badarmaturen und Häuser über Häuser geboten werden. Einen Telefonanschluß, in der DDR nur mit Glück zu ergattern, bringt Dir die Telekom ins Haus. Das alles gab es in der DDR nicht immer, nur schwer, nicht in dieser Qualität, nicht in dieser Auswahl, oder überhaupt nicht. Ich kann die Mißstimmung alter Bundesbürger nachvollziehen, wenn sie sich sagen, „unsereins bringt ihnen die D-Mark, Demokratie, Freiheit und Wohlstand, und die sind so undankbar". Aber wer glaubt, jene, die die PDS-Stimmen abliefern, seien nur des CDU-Generalsekretärs Hintze „Rote Socken", Ewig-Gestrige, die er als Feindbild für den Bundestagswahlkampf beschwört – der irrt sich. Ein Grund für die vielen linken Wahlstimmen ist, daß man den Leuten die Ideale von einer sozialistischen Gesellschaft nicht durch Konsumsuggestion abkaufen kann. Viele meiner Bekannten, die im geeinten Deutschland Fuß gefaßt und einen durchaus beachtlichem Lebensstandard aufweisen, haben sich die Ideen von mehr sozialer Gerechtigkeit bewahrt. Vier Millionen Arbeitslose sind geeignet, intellektuell und emotional über eine menschlichere, sozialere Bundesrepublik Deutschland nachzudenken. Das sind nicht die „alten Seilschaften". Stefan Liebig, Student, 22 Jahre jung, hat das Direktmandat für das Berliner Abgeordnetenhaus im Ortsteil Biesdorf, keineswegs ein von Haus aus links orientiertes Siedlungsgebiet, gewonnen. Anja, das Bild einer jungen, schönen Frau, Sozialpädagogin, schmückte als Wahlplakat die Straßen Marzahns – sie wurde auf Platz drei der Liste in die Bezirksverordnetenversammlung gewählt.

Ein Grund für die politische Stimmungslage im Osten ist die

Das Elternhaus von Wilfried Maier in Lewin mit dem Laden

Die Großeltern Anton und Theresia Maier in Artern 1982

Wilfried Maier mit dem älteren Bruder Anton und dem jüngeren Bruder Herwig. 1951 in Oberröblingen an der Helme und 40 Jahre danach in Berlin

Ausgrenzung und Erniedrigung Zehntausender Ärzte, Wissenschaftler, Forscher, Lehrer, Militärs, Polizisten, Richter, Staatsanwälte, Angestellter in öffentlichen Einrichtungen, die kurzerhand entlassen oder manchmal sogar ohne konkreten Anlaß strafverfolgt werden. Da ist die Lehrerin, deren Dienstjahre nur verkürzt anerkannt werden, der Chefarzt, der degradiert wurde und unter dem weniger qualifizierten Westkollegen arbeiten darf, der Hochschullehrer an der Technischen Hochschule, der um Anerkennung seiner Abschlüsse kämpfen und jahrelang knien muß, um wieder eine Vorlesung halten zu dürfen. Manchem von ihnen begegne ich abseits von einem sinnvollen Leben am hellichten Tag im Supermarkt mit Trainingsanzug, Turnschuhen und Anorak. Koryphäen der Medizin finde ich in kleinen Praxen wieder, außerstande, ihr Können im notwendigen Maße einzubringen. Diplomaten, gestandene Industriemanager erzählen mir von ihren kleinen Geschäften aus und in Richtung Rußland, Polen, Ukraine und Mongolei mit Holz, Anzügen, Zahnpasta, Hautcremes, Kugelschreibern, Leberpastete, Streichhölzern und Briefumschlägen. Selten, zu selten, höre ich von früheren Bekannten, daß sie als Unternehmer wirtschaftlichen Erfolg haben oder bei renommierten Firmen mit ordentlicher Bezahlung untergekommen sind. Zehntausende Ermittlungsverfahren wurden gegen ehemalige DDR-Bürger eingeleitet. Nur verschwindend wenigen wurden strafbare Handlungen nachgewiesen, aber über Jahre lebten sie und ihre Familien in einer bedrückenden Verunsicherung.

Mein Weib macht ihr Hobby, die Wirtschaft, zu ihrer Beschäftigung. Beim Unternehmerverband, bei Bauunternehmen, bei Bildungsorganisationen, beim Arbeitsamt, bei Kosmetik-, Waggonbau- und Konstruktionsbetrieben ist sie unterwegs. Unser Ideal ist, etwas Positives zu bewirken – weniger Arbeitslose, mehr Ausbildungsplätze, mehr Aufträge für die Marzahner Handwerker, mehr Anteile der örtlichen Unternehmen an den öffentlichen Aufträgen, bessere Startbedingungen für junge Unternehmer. Konstruktive Sacharbeit steht vorne an. Zum Zeitpunkt ihrer Kandidatur hat sie nicht vorausgesehen, daß Sachvorschläge vor CDU- und SPD-Verordneten nicht bestehen dürfen, wenn sie von der PDS-Frau Erika Maier kommen. CDU-Abgeordnete, die aus der DDR-CDU übernommen wurden versuchen, meine Frau zu diskreditieren indem sie in den Raum rufen, „aber Frau Maier, wir haben doch keine Planwirtschaft mehr“, oder „Sie haben wohl noch nicht begriffen, daß es keine Plankommission mehr gibt?“ Vielleicht wissen sie nicht, daß Regionen wie Kaiserslautern, die durch den Abzug der Amerikaner einen wirtschaftlichen Bergrutsch erleben, selbstverständlich Konzepte für ihre Regionen ausgearbeitet haben und daß in Bayern die Kommunen bei der Auftragsvergabe zuallererst ortsansässigen Unternehmen eine Chance geben. Tatsächlich kommt Erika mit vielen Vorschlägen durch und hat manches erreicht. Mit dem Wunsch nach sachlicher, auf die Entwicklung der Marzahner Wirtschaft gerichtete Kooperation ist sie angetreten, und zunehmend bringt man der PDS-Frau Erika Maier Achtung entgegen.

Ich sehe den Alltag dieser Marzahner Vierzig-Prozent-Partei vor mir. Unter den gewählten Verordneten finde ich Menschen unterschiedlichen Lebensalters, verschiedener Lebenserfahrungen und Lebensziele; mit und ohne Familie, Lehrer, Sekretärinnen, Ökonomen, Studenten, Pförtner, Kindergärtnerinnen, Professoren. Ich bewundere den Fraktionsvorsitzenden Norbert, der morgen früh um acht wieder an seinem Schreibtisch sitzen muß, aber mit Sachkunde und Ruhe die Fraktionssitzung bis nachts um elf leitet. Rüdiger, Pädagoge, ein Bild von einem Mann mit viel Bedachtsamkeit im Denken und manchmal langen Reden. Die Hortnerin Ute, so um die 30, schmales Gesicht und muntere Augen, Fraktionssprecherin für Jugendfragen, sie wird mir dereinst den Text von den Puhdys, Alt wie ein Baum möchte ich werden, auf den Rand einer Zeitung schreiben. Kerstin, Spanisch-Lehrerin, mit der ich ein Abkommen geschlossen habe, wonach sie uns besucht, damit ich mit ihrem Jungen Eierkuchen backe. Mit diesen und anderen Leuten werden viele gute Ideen geboren. Aber wenn gefragt wird, wer ist verantwortlich, wer macht was, bis wann, wo, dann klopft man sich freundlich auf die Schulter – wir machen das schon –, und so bleibt manches ungetan.

Ich erlebe eine Versammlung der Marzahner PDS als Gast. Ein Antrag wird gestellt. Zwei Frauen, Regina und Yvette, stehen schon mit fordernder Hand am Mikrofon: „zur Geschäftsordnung“, Textänderungen, ein Textvorschlag, ein Redner dafür, einer dagegen, Abstimmung, ob über das Papier weiter gesprochen werden soll ... Mich bedrückt, wie unrationell solch ein Verfahren bis zur Beschlußfassung ist. Dem Versammlungsleiter möchte ich zuflüstern, „beende doch die Diskussion“, aber da höre ich schon Norbert

Seichter – auch ein Norbert –, den Kenner des Procedere: „Ich beantrage Abschluß der Diskussion."

Auf dem Weg nach Hause, vorbei am Biesdorfer Schloß, in dem vor 100 Jahren Herr Siemens die erste Probefahrt mit einer „Elektrischen" und embryonale Telegrafenversuche unternahm, denke ich vor mich hin, „nie wieder gehe ich zu einer so unproduktiven Versammlung, in der viel geredet wird, aber nichts zustande kommt". Dann denke ich weiter, gehe in mich, und verstehe, daß es zu dieser Art Demokratie keine Alternative gibt. Alles andere führt zu Zentralismus und Dirigismus, der in der DDR und anderswo zu recht gescheitert ist. Mein Frust ist echt, aber er ist wirklich alten Denkweisen geschuldet. Nicht der Versammlungsleiter, sondern nur die Mehrheit hat das Recht, Diskussionen abzuschließen. Nicht das Wohlwollen der Frau oder des Mannes da vorn, sondern die Redeliste bestimmt, wer als nächste/r spricht. Meine Art Parteisekretär ist nicht gefragt.

Die Bundesrepublik Deutschland hat uns mit ihrer funktionierenden parlamentarischen Demokratie Bedeutendes gebracht – viel mehr als die D-Mark, die Autos und den Strand auf Mallorca. Zur nächsten Versammlung gehe ich wieder hin.

Eine neue bezahlte Arbeit zeichnet sich ab. Im Frühjahr 1995 erhalten wir einen Auftrag für Wirtschaftsanalysen – in 20 Thüringer Unternehmen. Nicht beide Hände sind es, die uns der Auftraggeber reicht, auch nicht eine Hand, aber doch Daumen und Zeigefinger. Die Thüringen-Karte zeigt, wo uns die Wege hinführen – Heiligenstadt, Mühlhausen, Bad Salzungen, Bad Langensalza, Ohrdruf, Heldrungen, Leinefelde, Waltershausen und weitere Städte, Dörfer und Siedlungen. In den analysierten Unternehmen waren bis zur Wende zwanzigtausend Beschäftigte; jetzt sind es noch dreitausend. In einzelnen Betrieben sank die Zahl von 4.500 auf 330, von 2.000 auf 160, von 2.500 auf 250, von 6.000 auf 1.000. An jedem dieser Betriebe hing das Leben ganzer Orte und Regionen. Was ist aus den 17.000 Männern, Frauen und ihren Familien geworden?

Wir begegnen dem Fensterbauer und dem Ziegelhersteller, die beide aus Handwerksbetrieben hervorgingen und deren Familien dieses Geschäft seit 100 Jahren betreiben. Die Unternehmen sind in der DDR 1972 verstaatlicht worden, was politisch dumm und wirtschaftlich schädlich war. Damals wandelten Chefs zum „Betriebsdirektor", nun sind Sie wieder „Chef" und führen mit Energie ihre Unternehmen.

Eine kleine Chemiebude im Thüringer Wald bietet ein bedrükkendes Bild. Das alte Verwaltungsgebäude erreichen wir über den Hof der Landwirtschaftlichen Produktionsgenossenschaft. Für die Privatisierung habe die Treuhandanstalt Leute aus dem westdeutschen Konkurrenzunternehmen eingesetzt. Am Ende sei der Betrieb einem Mann aus dem Irak zugesprochen worden, der, ohne Fachkunde, sich nur ab und an hier sehen läßt. Die Übertragung des Unternehmens an die hochqualifizierte Belegschaft habe die Treuhand abgelehnt. Der Interessent habe seine Bewerbung zurückgezogen, die Kundenkartei aber mitgenommen. Unsicherheit beherrscht die 160 Leute. Der Konkurs sei, wie schon bei anderen Erwerbungen des Unternehmers, programmiert.

Ein Betrieb, der Blechwaren herstellt, wurde nach zähen Verhandlungen der Treuhandanstalt als „management by out" abgerungen, was bedeutet, daß eine Gruppe von Belegschaftsangehörigen das Unternehmen erwirbt. Die Treuhandanstalt habe immer neue Wettbewerber angebracht, und so die Privatisierung verzögert. „Keine Bank wollte uns Kredite geben. Von keiner Seite erhielten wir Unterstützung. Wir haben unsere Häuschen verpfändet. Aber heute bestehen gute Kontakte zur Bank. Das technische Niveau der Produkte ist gut. Die Auftragslage sicher; bisher konnte allerdings nicht die Listung bei den großen Baumärkten erreicht werden, damit uns der Käufer in deren Regalen wiederfindet."

Den Geflügelschlachtbetrieb hat die Belegschaft erwerben wollen; darauf habe die Treuhandanstalt überhaupt nicht geantwortet. Der von der Treuhand ausgewählte Käufer aus der Schweiz trat vom Vertrag zurück. Der beauftragte Herr verschwand, das Unternehmen war monatelang ohne Leitung. Fahrzeuge und andere mobile Gegenstände wurden verkauft, die Konten abgeräumt. Ende. Der Mann mit dem wir reden, ist müde, hoffnungslos. Er hat einen Zettel im Kalender liegen, zögert, ob er ihn uns herreichen soll, tut es dann doch, und ich lese: „Wir können nicht verkennen, daß wir lediglich unter der Gewalt leben. Das ist desto einschneidender, da es von denen kommt, die wir gegen die dänische Gewalt zu Hülfe riefen und die uns jetzt, nachdem sie jene bewältigen geholfen, wie einen besiegten Stamm behandeln, indem sie die wichtigsten Einrichtungen, ohne uns zu fragen, hier über den Haufen werfen und andere dafür nach Gutdünken oktroieren; obenan ihr schlechtes Strafgesetzbuch, worin eine Reihe von Paragraphen – längst der juristischen wie der Moralkritik verfallen – ehrlichen Leuten gefährlicher sind als den Spitzbuben, die sie angeblich treffen sollen. Und obwohl Preußen ... alle Ursachen zu bescheidenem Auftreten bei uns hat, so kommt doch jeder dumme Kerl von dort mit der Miene des kleinen persönlichen Eroberers und als müsse er uns erst die höhere Weisheit bringen. Auf diese Weise einigt man Deutschland nicht."

Ich blicke fragend auf unseren Gastgeber, er fühlt sich zu Erklärungen verpflichtet. Diese Worte habe Storm geschrieben. Ich schaue zu Hause im Lexikon nach und lese: Storm, Theodor, 1817-1888, Verfasser von Pole Poppenspäler und Der Schimmelreiter. Die vom Verwalter des Geflügelschlachtbetriebes hergereichten Zeilen schrieb Storm 1867, da war er Landvogt in Husum, als Schleswig-Holstein von den Preußen annektiert worden ist.

Während der Tage in Thüringen erleben wir die so sehr verschiedene Natur an den bewaldeten Hängen des Thüringer Waldes, in den Wiesen der Rhön, auf den fruchtbaren Feldern der „Goldenen Aue", an den Ausläufern des Harzes und unterhalb der herben Steine des Kyffhäusergebirges, an den Hügeln der Hainleite und des Eichsfeldes. Aber das sind wohl kaum die blühenden Landschaften, die der Bundeskanzler Dr. Kohl beschwor.

Zu ihm machen wir uns auf den Weg. Der Start ist spätabends im Osten Berlins. Der Mercedes-Bus des Reiseunternehmens Knittel gleitet durch das Dunkel der Nacht in Richtung Bonn. Ich finde es interessant, nach Bonn zu gelangen, eine Sitzung des Bundestages zu verfolgen, Ministerien zu besuchen. Bundestagsabgeordnete können Bürger ihres Wahlkreises einladen, ihnen als Gäste die Teilnahme an einer Sitzung des Parlaments ermöglichen. In diesem Fall füllen Bürger Marzahns, Gäste des PDS-Abgeordneten Dr. Gysi, der als Direktkandidat in Berlin-Marzahn gewählt wurde, den Bus nach Bonn. Dort soll ich die Funktionsweise der parlamentarischen Demokratie live betrachten.

Vier Ministerien besuchten wir. Es war nicht gerade der Minister, auch nicht der Staatssekretär, auch kein Abteilungsleiter, der uns jeweils zu 50 Tassen Kaffee einlud. Aber die Ministeriellen waren bereit, uns über Interna ihres Ministeriums zu informieren. Wieviel Abteilungen es gibt, wie sie heißen, wie deren Abkürzungen lauten, in welchen Farben die Vorlagen für Kanzler, Minister, Staatssekretär und Abteilungsleiter gekennzeichnet sind. Ich weiß nun, daß auf Vorlagen für den Minister nicht Minister + Name steht, sondern daß Abkürzungen reichen, zum Beispiel M.B. für Minister Blüm. Das sei effektiv, spare Geld und Zeit. Ich überlege, ob das die Marzahner interessiert, wenn ich ihnen vom Besuch des Bundestages erzähle. Wie es all jenen hilft, deren westdeutsche Hausbesitzer Eigennutzung einklagen oder Arbeitslose, die auf ihr sechsundvierzigstes Bewerbungsschreiben eine Absage bekommen.

Ich versetze mich in die Lage des Beamten, der von seinem Chef vergattert wurde, vor 50 PDS-Leuten zu reden, ihnen die Vorzüge der bundesdeutschen Demokratie nahezubringen, und ich merke sein Bemühen, die vorgesehenen 60 Minuten gut über die Runden zu bringen. In mir rührt sich Verständnis, wenn er lieber über Zahl und Namen der Abteilungen und über die Farbe der Vorlagen referiert als über die Altschulden der Gemeinden, und was man gegen den Verfall von Schulen und Kindergärten in dieser reichen Republik Deutschland tun könne. Ein Teilnehmer fragt unseren Gastgeber nach der Einschätzung seines Ministeriums zum Rentenstrafrecht. Berühmte DDR-Wissenschaftler und DDR-Ärzte bekämen nur einen Bruchteil der Rente ihrer Westkollegen, ob das gerechtfertigt sei. Dazu könne sich sein Ministerium nicht äußern und keine Aktivitäten ergreifen, sagte der Sozialbeamte.

Aber es gibt schon wirklich Interessantes. Im Arbeitsministerium erfahre ich, daß sich Norbert Blüm in seinen Entscheidungen genau nach der Koalitionsvereinbarung verhalten muß. Dabei hatte ich immer gedacht, daß er in erster Linie dem Grundgesetz und als CDU-Minister zumindest den Wahlversprechen seiner Partei verpflichtet ist. Nein, sagt der Mann, nicht die Wahlversprechen, sondern die Koalitionsvereinbarung sei für das Handeln des Ministers maßgebend. Neu für mich ist auch, daß es bei der Garantie eines Kita-Platzes ausschließlich um die Kinder geht. Daß die Mütter trotz Kita-Platz nach den westdeutschen Gepflogenheiten kaum arbeiten können, weil sie mitten im Arbeitstag ihre Kinder zu Mittagessen und -ruhe nach Hause holen müssen, bewegt die Ministerin nicht. Die Belange der Mutter stehen – so die Auskunft – bei dem Beschluß über die Kita-Versorgung der Vorschulkinder ausdrücklich nicht zur Diskussion. Und arbeite denn das Ministerium an Lösungen zur Beseitigung der Massenarbeitslosigkeit? Nein, da könne sein Minister nichts machen, weil man doch der Wirtschaft nicht reinreden darf.

Was tue man denn gegen die Steuerflüchtlinge in das Ausland, das müsse man doch verhindern. Nein, da sei man machtlos, denn wie solle der Staat das kontrollieren. So hake ich nach, ob es denn richtig sei, daß Unternehmen hier in Deutschland ihren Gewinn machen, dann das Geld in das Ausland bringen, Schicksal und Bezahlung der Arbeitslosen überlasse man diesem Staat und den Bürgern dieses Landes. Dem Mann am Kopfende des Tisches war ins Gesicht geschrieben: Eine solche Frage konnte nur von einem Ostdeutschen kommen – keine Ahnung von Marktwirtschaft.

Wir befreiten den von uns mit Fragen Gequälten, weil ein Fototermin im Foyer des Hauses mit unserem Einlader geplant war. Herr Gysi kam raschen Schrittes. Ich stellte fest, daß der Mann ziemlich klein ist. Sein verwurstelter Hemdkragen fiel mir auf und die nicht ganz zugezogene Krawatte. Keine Zeit für eine Unterhaltung, er sei nur mal schnell aus einer Ausschußsitzung weggelaufen. Man sieht es ihm an, und ich glaube ihm. Aber das Foto mit dem viel geschmähten und viel geachteten Mann ist für uns eine schöne Erinnerung. Gemeinsam mit einer vom Bundestag arrangierten Bootsfahrt auf dem Rhein und einem Besuch in Köln verschönt es uns die nächtliche Heimfahrt nach Marzahn, dem Berliner Stadtteil mit den vielen Gesichtern – Plattensiedlung, Industrieflächen, roter Bezirk, Stadtvillen, grüne Lunge.

1996

TOCHTER Ich sitze im Flur der Gemeindeverwaltung. Fünf oder sechs Leute sind noch vor mir, ich komme nach der Frau mit dem Strickmützchen dran. Die Leute, die hier sitzen, haben genau wie ich bis zum Schluß gewartet, ehe sie ihren Personalausweis umtauschten. Heute kommt er also weg, auf blau mit Ährenkranz folgt hellgrün.

Die Tür, hinter der mein neuer Ausweis auf mich wartet, geht wieder auf, und die Frau mit dem Strickmützchen kommt heraus. Ich bin dran, eigentlich viel zu früh, denn der Blaue sollte noch bis zum Jahr 2008 gelten. „Wollen Sie ihn behalten?" fragt mich die Frau am Schreibtisch. Ich nicke, und sie schiebt ihn in den Locher. Jetzt kann ich ihn zu Hause abheften, unter D wie DDR denke ich. Die Löcher haben drinnen die erste Ziffer meiner Personenkennzahl rausgestanzt und das „Bür" von Bürger der DDR. Der versehrte Ausweis landet in meiner Tasche, ich leiste eine Unterschrift und bekomme den neuen, gültig bis 2005.

Mit ihm, und natürlich mit dem weinroten Paß, fliege ich kurze Zeit später das erste Mal in die USA. Vier Wochen Florida sollen meinem Englisch auf die Sprünge helfen. Ich habe einen Intensiv-Sprachkurs gebucht, nach drei Volkshochschul-Lehrgängen hoffe ich auf den großen Durchbruch. Die Familie bleibt zu Hause, damit ich nicht in Versuchung komme, deutsch zu reden. Harry fährt mich durch die morgenmüde Stadt zum Flughafen. Es ist März, und das klingt wie Frühling. Doch die Straßen sind aus Eis, auf den Gehsteigen liegen schmutzige Schneeschlangen. Seit Wochen hält sich die Kälte hier fest, in unserem schönen neuen Haus sind die Wasserleitungen eingefroren. Wir holen das Wasser eimerweise von Nachbar Kalle und waschen uns am Waschbecken. Das Land friert, in den Nächten sterben Menschen, weil sie keine Wohnung oder keine Kohlen haben.

Harry dreht die Heizung im Auto auf und tippt am Radio herum, um einen Sender mit Wetter und Verkehrsfunk zu finden. Ich sehe ihn von der Seite an. Seine schwarzen Haare trägt er jetzt kurz wie ein Soldat. Früher hatte er Locken. Die Scherfrisur macht ihn männlich und erwachsen. In seinen Augenwinkeln drängeln sich ein paar kleine Falten. Ich strecke die linke Hand aus und streiche über seinen Schopf. Meine Fingerkuppen spüren die Kopfhaut, die Haare scheinen dünner zu werden, aber es gibt nicht die Spur einer beginnenden Glatze. An den Schläfen sind schon weiße Einsprengsel. Harry arbeitet jetzt nur noch zu Hause als freier Programmierer. Der letzte Arbeitgeber ist von der Bildfläche verschwunden und hat zahlreiche Schulden zurückgelassen. Wir hatten Glück, denn Harry bekam noch sein Geld für die letzten Aufträge. Es war sein vierter Job seit der Wende. Nun verläßt er sich nur noch auf sich selbst, und wir leben gut damit. Harry hat mehrere Auftraggeber, eine ausländische Versicherung, eine Firma in Westdeutschland, die mit Hilfe von Computersimulationen Materialprüfungen durchführt, und ein Unternehmen, das sich mit der Vernetzung von Telefon, Anrufbeantworter, Fax, Modem und Computer beschäftigt. Harry sitzt den ganzen Tag zu Hause an seinen Rechnern. Sein Arbeitszimmer ist vollgestopft mit Bildschirmen, Tastaturen, CD-Kästen, wirren Kabelknäueln. Auf dem Schreibtisch liegen dicke Handbücher und Bedienungsanleitungen, Computerzeitschriften und aufgerissene Gummibärchentüten. Mittags kommt eine Frau mit einem warmen Fertiggericht, da macht er kurz Pause. Dann geht er wieder an seine Arbeit. Am Nachmittag holt er die Jungs aus dem Hort ab, fährt einkaufen, abends macht er das Abendbrot und bringt die beiden ins Bett. Dann legt er oft noch Wäsche zusammen und setzt sich meist wieder an seinen Schreibtisch. Ich komme oft erst spät aus Potsdam zurück. Und jetzt, da ich Urlaub habe, fahre ich auch noch weg. Ich weiß, daß zu Hause auch ohne mich alles läuft.

Es ist später Abend, als ich in St. Petersburg lande, mitten im Sommer. Ein warmes südamerikanisches Lüftchen weht mich an, ich bin in eine andere Jahreszeit gereist. Am Ausgang des Flughafens steht eine Taxischlange. Tapfer gehe ich zum ersten Wagen und nenne mein Fahrziel, das Eckerd-College in der 54th Avenue. Das Erstaunliche geschieht, der Fahrer versteht mich, das Taxi setzt sich in Bewegung. Wir rollen auf einer breiten Straße durch die Dunkelheit, über lange Brücken, vorbei an riesigen beleuchteten Werbetafeln und Palmen. Der Fahrer, er heißt John, will meinen Namen wissen. „Oh Jane“, ruft er fröhlich, „my best friend's name is Jane. Janes are the best, believe me!“ Ich fühle mich geschmeichelt, und er will wissen, wie lange ich hier bleiben werde, warum ich hier bin, was ich arbeite, ob ich Kinder habe. Ich rede, wie ich es in meinen Kursen gelernt habe, und John nickt. „Du brauchst doch keinen Sprachkurs“, sagt er, „dein englisch ist perfekt. Mach lieber Ferien. Florida ist der beste Ort der Welt zum Ferien machen.“ Wir halten vor einem Pförtnerhäuschen am Eingang eines Parks. Eckerd-College steht in großen Buchstaben auf dem beleuchteten Schild. Ich zahle 40 Dollar, und John gibt mir seine Karte. „Wenn du ein Taxi brauchst“, sagt er, „mußt du mich unbedingt anrufen, okay?“ „Okay“, sage ich und halte verschwörerisch die Visitenkarte hoch. An der Anmeldung bekomme ich meinen Zimmerschlüssel und gehe sofort schlafen.

Am nächsten Morgen ist die Prüfung für die Einstufung. Es gibt Stufen zwischen eins und acht, acht ist am besten. Ich schaffe die sechs und bin mehr als glücklich.

Der Unterricht ist hart. Wir sitzen bis halb vier nachmittags in den Klassenräumen, und ich verabschiede mich innerlich von meinem Vorhaben, ein wenig Vorsommerbräune mit nach Hause zu nehmen. Am Nachmittag haben wir Grammatikhausaufgaben auf, müssen etwa 40 Vokabeln lernen und jeden Tag einen Aufsatz schreiben. Das alles wird am nächsten Tag kontrolliert. Ich fühle mich um zehn Jahre zurückversetzt, und gleichzeitig 20 Jahre zu alt. Wir sind zu zehnt in unserem Kurs, da bleibt keine Zeit zum Abschalten, und ich begreife, was ein Intensivkurs ist. Die anderen Studenten kommen aus der ganzen Welt, aus Venezuela, China, Japan, Brasilien, Frankreich. Viele Studenten sind Kinder wohlhabender Leute. Sie sollen hier eine Sprachprüfung ablegen, mit der sie sich überall zum Studium bewerben können, auch in den Staaten. Je eher sie die Prüfung absolvieren, desto schneller können sie nach Hause. Einige schaffen es in drei Monaten, andere brauchen ein halbes Jahr.

Ich merke, daß meine vier Wochen nur ein Anfang sind, nicht mehr als guter Wille, und daß es wieder keinen Durchbruch geben wird. Ich nehme meinen Kindern vier Wochen gemeinsamen Urlaub weg und bezahle fast 7.000 Mark dafür, um ein weiteres Mal festzustellen, daß ich nicht wirklich Englisch kann. Ich bräuchte ein halbes oder ein Jahr Zeit, hab’ ich aber nicht, so mitten im Leben. Ich rufe zu Hause an, Jakob erzählt mir, was der Osterhase gebracht hat und daß das Wasser wieder läuft. Ich will nach Hause.

Abends fahren wir zu dritt oder zu viert mit Yasims Mietwagen durch die Gegend. Nancy, unsere Lehrerin, hat uns eingeschärft, nie allein loszuziehen, es sei zu gefährlich. Wir sind zu dritt, der reiche

Angeber Yasim aus den Emiraten, der kindliche Maurice aus Kolumbien mit seinem ewigen Appetit und ich, die blonde Deutsche mit dem harten Akzent.

Zuerst müssen wir einkaufen. Ich brauche blinkende Turnschuhe für Jakob und Anton, Yasim sucht nach einer CD, und Maurice will Rollerblades. Vor der Stadt soll eine Shopping-Mall sein, da müssen wir hin. Wir finden uns leicht zurecht, die Straßen sind stockgerade und durchnumeriert. Die Mall ist eigentlich eine überdachte Einkaufsstadt. Sie hat Ladenpassagen, Restaurants, Kinos und sogar eine Sporthalle. Auf den Gängen, so breit wie ein Boulevard, sind Stände mit Pullovern, Blumen und Schmuck. Aus jedem Laden klingt eine andere Musik. Wie Wellen spülen die Töne an mein Ohr, werden lauter und verebben wieder. Über diesen Wellen flattern die Gespräche der Leute. Sie spazieren wie Ausflügler durch die Straßen, halten kurz vor diesem oder jenem Schaufenster, packen ihre Tüten von einer Hand in die andere und zeigen mit der freien Hand auf die Auslagen. Es ist wie auf jeder anderen Einkaufsstraße der Welt, nur der Himmel fehlt. Am Informationsstand bekomme ich einen „Stadtplan", dann mache ich mich auf die Suche nach den Schuhen. Natürlich habe ich sie gefunden, ein paar schwarze mit weißen Streifen für Anton, ein paar weiße mit blauen Streifen für Jakob. 55 Dollar hat das Paar gekostet, aber sie blinken, wenn ich sie schüttele.

Am Abend wollen wir in St. Petersburg noch tanzen gehen. Wir sind auf der Suche nach Menschen und Cafes. Doch die Menschen haben sich in ihre klimatisierten Häuser zurückgezogen, die Straßen sind leer. Vor 20 Jahren soll die Innenstadt noch sehr belebt gewesen sein, hören wir von einem der Wachmänner, die in den Foyers der Appartmenthäuser aufpassen. Es habe Restaurants, Kinos und Läden gegeben. Aber die steigenden Mieten hätten die Geschäftsleute ruiniert. Warum, frage ich mich, imitieren sie in den Malls draußen ein Stadtzentrum und lassen das echte Stadtzentrum absterben. Maurice erzählt von den Straßenpartys, die es nachts in seinem Heimatland Brasilien gibt. Yasim schwärmt von den Grillfeuern, die in der Business-Stadt Dubai abends an jeder Straßenecke entfacht werden. Und ich denke an den Kollwitzplatz im Prenzlauer Berg, auf dem die Kinder ganz undeutsch bis spät abends spielen, weil die jungen Mütter oder Väter an einem der vielen herausgestellten Holz-Klapptische sitzen und nicht nach Hause wollen. Als wir nichts finden, fahren wir zum Campus zurück, um dort noch ein bißchen zusammenzusitzen. Nur Yasim und Yulio machen sich noch einmal auf die Suche nach einer Discothek, die am Strand sein soll. Am nächsten Morgen sind sie nicht im Unterricht. Ein Lehrer erzählte uns, daß die beiden in der Nacht überfallen worden waren. Yasim hatte Yulio gegen zwei Uhr nach Hause zu seiner Gastfamilie gebracht. Plötzlich kamen, wer weiß woher, fünf schwarze Jugendliche. Sie fuchtelten mit Pistolen herum und zwangen die beiden zum Aussteigen, man kennt das ja alles aus dem Film: Hände aufs Autodach, Kopf runter, Abtasten nach Waffen, dann werden die Geldbörsen, Schmuck und Uhren kassiert. Einer durchsucht das Auto nach Wertvollem, nimmt den Fotoapparat, CDs, Sonnenbrille. Erst einen Tag später sind Maurice und Yasim wieder da. Yasim hat eine verbundene Hand, weil sie ihm mit der Pistole draufgeschlagen hatten. Auf dem rechten Ohr hört er schlecht, ein Schuß war dicht daneben losgegangen.

Als ich wieder im Flugzeug nach New York sitze, kann ich es kaum erwarten, die erste deutsche Zeitung zwischen die Finger zu bekommen. Ich habe meinen Abschlußtest bestanden, er war sehr schwer, Maurice und manch anderer war durchgefallen. In den letzten Tagen hatte ich nur noch gelernt, manchmal dachte ich, ich kann ganz viel, und dann schien es wieder, als stünde ich noch am Anfang. Ich wollte bestehen und gönnte mir nur in der Mittagzeit eine halbe Stunde Schwimmen im Pool des Campus. Das Meer, ich war zweimal dort und hatte die Pelikane am Hafen und die Palmen am Strand fotografiert, das Meer hatte ich nur kurz genossen. Jetzt, im Flugzeug sitzend, sehe ich es, ein wenig verdeckt von der silbernen Tragfläche. Es ist grün und gelb, und es hat schwarze Flecken. Es gleicht der Haut eines Leguans, lebt und bewegt sich im Spiel des Lichtes. Aber ich kann es hier oben durch mein Bullauge nicht riechen.

Ich zähle die Stunden nach Hause. Meine Gedanken bewegen sich noch auf englisch durch den Kopf, aber meine Sehnsucht ist sehr deutsch. Auf dem Flughafen in New York habe ich eine Umsteigepause von einer Stunde. Ich krame im Zeitungsladen nach deutscher Schrift und finde einen „Spiegel". Noch nie habe ich so viel Geld für dieses Blatt gezahlt. Und noch nie habe ich es so gern gehabt. Diese blattgewordene Nachrichtenmaschine guckt auf den Osten immer wie durch ein Fernglas, beobachtend, aber unbeteiligt.

Doch wenn man so weit weg ist, dann wird sogar der Hamburger „Spiegel" ein bißchen zur Heimat. Wenn man in New York auf dem Flughafen sitzt, kommt es einem kleinlich vor, durch das kleine Deutschland eine Grenze zu denken.

Als ich zurück bin, soll auch die Grenze zwischen Berlin und Brandenburg verschwinden, die beiden Bundesländer wollen sich vereinigen. Die Stadt Berlin liegt wie ein Herz in der Mitte meines Landes. Viele Brandenburger arbeiten in Berlin, die Berliner suchen am Wochenende Pilze in Brandenburgs Wäldern. Die S-Bahn dehnt ihr Netz wie ein Stern über die Stadtgrenze hinaus nach Brandenburg aus. Berliner Unternehmer, die mehr Platz brauchen, bauen neue Fabriken und Lagerhallen im Umland. 3.000 Menschen ziehen allein in diesem Jahr aus der Stadt in den grünen Gürtel. Auf den Feldern wachsen Siedlungen. Bei uns im Ort ist das Neubaugebiet fertig, eine weiße Stadt. Sie hat schmale Straßen und viele Parkbuchten. Ein Zeitungsladen, ein Reisebüro, ein Friseur und ein Döner wurden eröffnet. Der Schuhladen hat nicht lange überlebt. Seitdem steht das Geschäft leer, zusammen mit vielen anderen Gewerberäumen. Die hochverschuldete Stadt Berlin sieht mit Schrekken, wie das Gewerbe und die Bevölkerung nach Brandenburg abwandert, eine Fusion würde die verlorenen Steuern zurückbringen. Sie würde auch viele lästige Grenzprobleme lösen. Beide Länder haben unterschiedliche Schulferien, die Architekten der Region müssen zwei verschiedene Baurechte kennen, die Polizisten machen zu oft an der Stadtgrenze kehrt. Deshalb wollen die Landesregierungen den Zusammenschluß, die Bevölkerung soll abstimmen. Ich fahre mit dem Kamerateam in den Norden von Brandenburg, wir wollen in den kleinen Orten drehen. In Beetz sind wir sehr früh im Kuhstall verabredet, um die Melker nach der Frühschicht beim Gang zum Abstimmungslokal mit der Kamera zu begleiten. Unser Bus mit dem bunten Senderlogo auf dem Kühler rollt auf der Holperstraße in das Dorf, ein Anfang von Sonnenlicht liegt auf dem nassen Pflaster. Wir parken mit dem Bus vor der Stallanlage, ein DDR-Typenbau, wie er in vielen Dörfern steht – 400 Kühe, Anbindehaltung, Rohrmelkanlage. Ich kenne diesen Stall, bevor ich ihn betrete, ich habe als Lehrling in genau so einem Bau Kühe gemolken, vor 18 Jahren. Vor der Blechtür, die in den Maschinenraum führt, stehen zwei Männer und rauchen. Die Tabakwölkchen quirlen in die Luft und verlieren sich im Geruch von säuerlicher Milch und Kuhmist. Der eine, er hat einen etwas zu kleinen Hut auf dem Kopf, nickt uns zu.

Die Melker wußten, daß wir kommen. Sie sind seit vier oder fünf Uhr in der Anlage und haben die meisten Kühe schon gemolken. Wir müssen uns beeilen, wenn wir sie noch bei der Arbeit filmen wollen. „Gehen sie zur Fusionsabstimmung?“ frage ich die Frau, die mit flinken Fingern die Melkbecher über die Zitzen fluppen läßt. „Na ja“, sagt sie, „nein, ich glaub nicht. Wat bringt das denn. Für uns, meine ich?“ Auch der Mann, den ich nun frage, will seine Stimme nicht abgeben. „Die Berliner würden ja bloß bestimmen“, sagt er und drückt auf einen roten Knopf an der Maschine. „Ich hab erst mal genug von Einheit und so.“ Der Kameramann schwenkt vom Gesicht des Mannes auf das Euter einer Kuh, die Melkmaschine, die daran hängt, ruckelt im friedlichen Takt hin und her. Wir befragen alle Melker zur Länderfusion, stoßen aber überall auf Gleichgültigkeit oder Ablehnung. Ein junger Mann, der offenbar Mitleid mit uns hat, will dann doch zur Abstimmung gehen. Wir drehen ihn, wie er in Gummistiefeln und Melkerhemd nach Schichtende auf sein Moped steigt und zum Abstimmungslokal knattert. Dort wirft er seinen Zettel in die Urne, aber er sagt uns nicht, wo er sein Kreuzchen gemacht hat.

In den anderen Dörfern sieht es nicht besser aus, die Leute, die wir befragen, wollen nicht zu Berlin gehören. Jetzt haben wir gerade unser Brandenburg wieder, sagen die einen, die Westberliner haben schon Ostberlin besetzt, sagen die anderen. Vor manchen Abstimmungslokalen hängt trotzig die rot-weiße Brandenburgfahne mit dem Adler. Am Mittag kehren wir nach Potsdam zurück, dort werden die Bilder und Interviews aller zurückgekehrten Reporter zusammen geschnitten. Am zeitigen Nachmittag sehe ich den Melker aus Beetz schon auf dem Bildschirm. Der Fernseher steht in einer Dorfkneipe im Havelland. Der Wirt hat den Fernseher etwas erhöht in ein Regal gestellt wie bei einer Fußballübertragungen. Die Leute sitzen beim ersten Sonntagsbierchen zusammen und erwarten Zahlen. Der Wirt tippt mit der Fernbedienung den Ton etwas lauter, auf dem Jackett meines Chef wächst ein grüner Balken aus Strichen, die Stimmen aus dem Fernseher werden lauter. „... Ist doch gar nicht wahr!“ ereifert sich gerade eine Politikerin und wirft den Kopf zurück vor Unwillen. Dann kommen die Hochrechnungen.

Die Berliner haben sich mehrheitlich für die Fusion entschieden. Die Brandenburger haben sich nur notdürftig beteiligt, und viele stimmten gegen die Fusion. Wie vereinbart schwenkt der Kameramann vom Fernseher auf die Gesichter der Leute. Sie nicken zustimmend und halten sich an ihrem Bier fest. „Na gut“, sagt ein Mann mit rotem Gesicht zu seinem Tischnachbarn, nicht mehr und nicht weniger.

Am Abend fahre ich mit dem Team in den Landtag. Der Potsdamer Landtag hat seinen Sitz in der ehemaligen SED-Bezirksleitung. Es ist ein burgähnliches Gebäude, das erhöht über der Stadt thront. An der Vorderseite ist ein heller Fleck, dort war einst das Symbol der Partei befestigt – ein Oval mit zwei einander haltenden Händen. Sie standen für die Einheit der Linken, für den Zusammenschluß von KPD und SPD 1946. Doch das freche Volk nannte das Symbol bloß „die abgehackten Hände“. Im Landtag machen die Politiker lange Gesichter, der Chef der Staatskanzlei findet, daß die Brandenburger nicht wüßten, was gut für sie ist. Lange hatten er und die anderen auf diesen Tag hingearbeitet. Immer wieder waren Spitzentreffen zwischen den Regierungschefs Stolpe und Diepgen anberaumt worden, ein ganzer Troß von Rechtsexperten hatte am Staatsvertrag gefeilt, die Länderparlamente konnten überzeugt werden und stimmten schließlich zu. Viele Kleinkriege konnten geschlichtet werden. Sollte der Brandenburgische Adler bleiben oder der Berliner Bär oder beide Wappentiere? Doch die Landesregierungen schafften alle Hindernisse aus dem Weg. Und als all der Bürokratenkram erledigt war, setzte man sich in Busse und reiste dorthin, wo man das Volk vermutete und erzählte, wie wichtig die Vereinigung von Berlin und Brandenburg sei. Das Volk hörte wohl das eine oder andere Argument, freute sich über die Kapelle, feierte den Besuch des Ministerpräsidenten, steckte die mitgebrachten Kugelschreiber und Luftballons ein. Und als der Entscheidungstag, der 5. Mai, heran war, sagte es lapidar nein, jedenfalls das Brandenburgische Volk. Und die Regierung ist schockiert.

Ich denke an die großen Entscheidungen in der DDR. Da wurden Bezirke und Kombinate geschaffen, wie es den Oberen gefiel. Wie ein Brettspiel lag das Land unter den Händen der Herrschenden. Sie zogen die Figuren, sie setzten die Steine, manchmal verloren sie den Überblick und würfelten einfach noch einmal. Autobahnen, Mülldeponien und Flughäfen wurden dahin gesetzt, wo sie es volkswirtschaftlich für notwendig erachteten. In dem Wort volkswirtschaftlich war schließlich genug Volk drin. Ich glaube, wir hätten ganz schön dumm geguckt, wenn wir auf einmal über die Entstehung des Neubaugebietes Marzahn hätten abstimmen sollen. Schließlich beginnt es nur wenige 100 Meter hinter dem Haus meiner Eltern. Der Neubau hat dazu geführt, daß ihre nette kleine Siedlung zwischen zwei vierspurige Schnellstraßenschenkel geklemmt wurde, daß die Schlange an der Eisdiele sich sommers verzehnfachte, daß jahrelang eine Umleitung am Schlafzimmerfenster meiner Eltern vorbeiführte, und daß der Fernsehempfang des ersten Programms der DDR griselig wie Haferbrei wurde, weil die Hochhäuser den Empfang störten. Wir wußten nie, wie es weiterging, was als nächstes kommen würde. Der äußerste Rand der alten Siedlung hatte dem Wohntraum der Regierung weichen müssen. Sollten weitere Straßen weggerissen werden? Würde mein Elternhaus bald von Elfgeschossern umstellt sein? Würde es ganz verschwinden? Wird die Bahnstation bleiben? Wird die Straße verbreitert? Keiner wußte etwas, keiner ahnte etwas. Bei Prestige-Bauten wie dem Fernsehturm, der 1969 fertig wurde, da hatte es Ausstellungen gegeben und Modelle. Als Kind sah ich damals das blanke Gerüst der Kugel auf dem Alex liegen, bevor man es nach oben zog und mit silberfarbenen Platten ummantelte. Aber sonst passierte alles wie von fremder Hand gelenkt und ohne unser Wissen. Irgendwo gab es Pläne. Irgendwer würde sie erfüllen. Man konnte nichts daran ändern.

Diesmal also hat das Volk alle Pläne über den Haufen geworfen. Und auch wenn ich mit dem Ergebnis nicht zufrieden bin, so freut es mich doch, daß so etwas jetzt möglich ist.

Anton möchte NBA-Basketballspieler werden oder Motorradfahrer oder ein Filmheld wie Arnold Schwarzenegger. In seinem Zimmer liegen schwere Hanteln, mit denen er seine Muskeln stählt. Er hat einen Hometrainer, auf dem er mit schwerer Stufe radelt. Am Wochenende zwingt er mich zu Besuchen auf dem Basketballplatz, sein Bettzeug ist mit Henry Maske bedruckt, und an der Wand im Kinderzimmer hängt ein schwarzer schwitzender Michael Jordon, der hochfliegend einen Ball in den Korb knallt. Anton hat immer noch sehr dünne Arme und Beine. Selbst wenn es heiß ist, lehnt er es ab, kurze Hosen anzuziehen, weil dann die anderen über seine Beine lachen könnten. Sein Gang ist breit wie der eines Seemanns, der auf unsicheren Planken läuft. So hält er sich stabil, falls ihn mal jemand schubst, denn es fehlt ihm immer noch die Kraft.

Heute laufen wir zusammen zur Schule, ich möchte beim Sportunterricht hospitieren und mit dem Lehrer über Antons Krankheit reden. Es ist, das wissen wir jetzt, das sogenannte Engelmann-Syndrom, eine seltene Erbkrankheit, mit der unsere ganze Familie zu tun hatte. Sie ruft schmerzhafte Knochenveränderungen hervor und beeinträchtigt das Muskelwachstum. Bei Anton hatten wir die Krankheit lange nicht erkannt, weil er viel früher und auf andere Weise davon betroffen ist, als wir alle zusammen. André, ich und Anja, wir hatten sie überhaupt erst mit 15 oder 16 wahrgenommen. Jahrelang taten die Beine weh, so daß wir tags manchmal nicht still sitzen und nachts nicht schlafen konnten. Erst mit Ende des Wachstums wurde es besser. Gegen die Schmerzen hatten wir über Jahre Medikamente eingenommen. Da auf Antons Röntgenbildern noch nichts außergewöhnliches festzustellen war, glaubten wir in Antons Fall nicht an das Engelmann-Syndrom. Die Ärzte konnten es bestenfalls vermuten, jedoch nicht nachweisen. Jetzt aber begann der Knochen, sich zu verändern. Ich war erleichtert und zugleich erschrocken. Zum einen wußte ich nun, woran wir waren, zum anderen kannte ich die Quälerei, die Anton bevorstand. Ihn würde es wohl noch schlimmer treffen, als uns.

Im Herbst kommt er in die zweite Klasse, dann gibt es Zensuren, auch für die Leistungen im Sport. „Natürlich wird er von der Sportbewertung befreit“, hatte Antons Ärztin beim letzten Besuch gesagt, während sie mit dem Gummihämmerchen auf seinem spitzen Knie herumklopfte. Anton fuhr hoch, als wäre der Hammer nicht aus Gummi sondern aus Holz. „Ich will aber Zensuren“, verkündete er trotzig und verschränkte die Arme vor seiner dünnen Brust. Mit dunklem Blick guckte er unter seinen Wimpern hervor, der Kindermund war auf einmal fest und blaß. Die Ärztin sah Anton freundlich an und nickte. „Dann ist das natürlich was anderes“, meinte sie und bat ihn, sich anzuziehen. „Am besten, ich schreibe deinem Lehrer einen Brief, und ihr besprecht das mit ihm zusammen. Hast du denn einen netten Sportlehrer, Anton?“ Anton nickte.

Der Sportlehrer ist ein jugendlicher Mann mit Pferdeschwanz, Trainingsanzug und Trillerpfeife, er holt die Kinder kurz vor dem Klingeln in die Umkleideräume, mir gibt er die Hand. Während die Klasse sich umzieht, reden wir zwischen Medizinbällen und Springseilen über mein Sorgenkind. „Anton ist ein Kämpfer“, sagt der Lehrer zu mir, nachdem er den Brief der Ärztin gelesen hat. „Ich glaube, wenn ich ihm keine Zensuren gebe, fühlt er sich nicht ernstgenommen. Wenn er aber ernstgenommen werden will, muß er es aushalten, daß die Noten nie besonders gut sein werden.“ – „Ich weiß“, erwidere ich, „und er weiß das auch. Aber ich habe Angst, daß er die fünf oder sechs im Bockspringen dann doch nicht ertragen kann.“ Der Lehrer beruhigt mich: „Wenn es ganz schlimm kommt, können wir am Jahresende die Sportzensur immer noch weglassen.“

Die Kinder kommen in Sportsachen in die Halle, ich setze mich auf eine Bank neben den Kletterstangen und sehe beim Unterricht zu. Die Kinder laufen sich warm, immer im Kreis herum, manche schneller, manche kürzen die Runde ab. Man sieht es nicht gleich, daß Anton anders läuft als die anderen Kinder. Wenn er weite Sporthosen trägt, fällt es jedenfalls nicht sofort auf, daß seine Schritte flacher sind und kürzer, und auch ein wenig steif.

Anton strengt sich an, und weil er genauso gut sein will wie die anderen, überholt er sogar noch den dicken Michi. Später beim Hochsprung kommt er über die 65 Zentimeter nicht hinaus. Die 70er Marke, sie liegt ein Stück oberhalb meines Knies, scheint wie das Tor zu einer anderen begehrenswerten Welt. Der Sportlehrer bespricht mit ihm noch einmal die Technik, Anton hört zu und nickt. Die Kinder stimmen einen Sprechchor an, um Anton anzufeuern, ich stehe am Rand und knabbere am Zeigefinger. Anton wippt in den Knien, nimmt Anlauf, rennt mit ernstem Blick auf diese blöde Latte zu und springt mit einer Mischung aus Schere und Hopsalauf drüber. Sein Ellenbogen berührt das Hindernis, alles wackelt und bebt, auch in mir drin. Anton fällt auf das Schaumgummi, dreht sich sofort um und guckt nach oben auf die Latte, als könnte er sie mit seinem Blick irgendwie davon abbringen, abzustürzen. Und dann hupst diese gemeine Latte runter, die ganze Klasse stöhnt. Anton wird dunkelrosa, ich kann sehen, wie er sein Gesicht zusammenhält, damit es nicht macht, was es eigentlich gerne möchte, nämlich heulen. Ach, ich würde ihn so gerne schützen vor solchen Augenblikken, aber das geht ja nicht. Er hätte es ja auch schaffen können.

Heute muß ich in das Haus, in dem mein Vater Jahrzehnte gearbeitet hat, dort sitzt jetzt die BVS, die Bundesanstalt für vereinigungsbedingte Sonderaufgaben. Ich möchte ein Interview von dem Direktor für Vertragsmanagment. Es geht noch einmal um das Kaltwalzwerk in meiner Kreisstadt, ich drehe eine Reportage über die Umstände der Stillegung. Fast drei Jahre ist das jetzt her. 1.200 Arbeiter verloren damals ihre Stelle. Die Stahlbranche war in einer schweren Krise und stieß europaweit, auch in Westdeutschland, Überkapazitäten ab. Von dem Werk hier glaubte man, daß es die Krise überstehen müßte, denn es war eines der modernsten. Erst 1986 hatte die DDR es für 50 Millionen D-Mark mit Westtechnologie auf den neuesten Stand gebracht. Als die Treuhand ihre Arbeit aufnahm, war dieses eines der ersten Volkseigenen Werke, welches verkauft wurde. Doch dabei passierten zwei entscheidende Fehler. Zum einen entschied man sich für den Stahlkonzern Krupp, obwohl bekannt war, daß es im Stammbetrieb genau so ein Werk mit der gleichen Produktpalette gab. Es war also offensichtlich, daß Krupp seinen Konkurrenzbetrieb erwarb. Zum anderen wurden im Kaufvertrag keinerlei Konsequenzen vereinbart, falls Krupp seinen Teil des Vertrages nicht erfüllt. Der Konzern hatte sich zwar zur Erhaltung von 600 Arbeitsplätzen und zu Investitionen in Höhe von 40 Millionen Mark verpflichtet, aber es gab dafür keine Sicherheitsklausel.

Ich sitze mit dem Kamerateam im Foyer der BVS. Sie ist seit der Schließung der Treuhand zum Jahreswechsel 1994/95 für die Nachfolgearbeiten zuständig. 14.000 Betriebe hatte die Treuhand privatisiert, abgewickelt oder liquidiert. Von drei Arbeitsplätzen ist im Durchschnitt einer geblieben. Die BVS betreut nun die Unternehmen weiter, die überlebt haben, kümmert sich um Zuschüsse, sucht im Fall einer fehlgeschlagenen Privatisierung nach neuen Investoren, und überprüft die Einhaltung der Verträge.

Wochenlang habe ich um dieses Interview kämpfen müssen, habe Faxanfragen geschickt, angerufen und immer neue Termine vorgeschlagen, die dann von der Pressestelle der BVS kurzfristig wieder abgesagt wurden. In diesen Tagen reißt Krupp den Betrieb in meiner Kreisstadt ab, verkauft die Maschinen nach China und die Betriebsfläche an eine Handelskette.

Tagelang war ich mit dem Kamerateam auf dem Werksgelände unterwegs, um den Abriß zu drehen. Ich habe den Betriebsrat Gerhard Horn wiedergetroffen, der damals die Proteste und das Mahnfeuer organisiert hat. Heute ist er Leiter der Qualifizierungs- und Beschäftigungsgesellschaft, dem inzwischen größten Arbeitgeber der Stadt. Seine Aufgabe ist es, ehemalige Stahlwerker beim Abriß der Hallen einzusetzen. Ich lernte Anni Schulz kennen. Die 84jährige war einst Köchin im Werk und wohnt seit 40 Jahren in der Betriebswohnung. Nun muß sie ausziehen. Ich begegnete der Kranführerin Ingrid Ludwig, die sich seit drei Jahren von einer Bildungsmaßnahme zur nächsten hangelt. 70 Bewerbungen hat sie geschrieben und den Führerschein gemacht, damit sie wieder Arbeit findet. Und als ich sie nach ihren Lebensplänen frage, weiß sie nicht, was sie sagen soll. Ich erfuhr von Georg Johne, dem langjährigen Betriebsdirektor, der stets ein strenger Genosse war, dann aber rechtzeitig Kontakte zur Krupp-Führung suchte und angewiesen haben soll, die Kundenkartei an die neuen Herren rauszurücken. Ich traf Dietmar Knuth, der 30 Jahre im Werk gearbeitet hat, in den achtzigern die neue Maschinenhalle mit aufbaute und nun nach dem Abriß das Einkaufszentrum hier errichten soll. „Irgend etwas muß man ja machen“, sagte er zu mir.

Jetzt sitze ich hier und warte schon eine kleine Ewigkeit auf mein Interview. Gestern hatte man mir schon wieder eine Absage erteilt. „Dann komme ich einfach zu Ihnen“, hatte ich gereizt in den Hörer geschnauzt, „und warte so lange, bis Sie mich reinlassen!“ Bei Krupp in Dortmund hatte ich bereits das gleiche versucht, hatte nach zahlreichen Interviewanfragen versucht, eine Stellungnahme aus der Konzernleitung zu bekommen, vergebens. Nun sitze ich hier und warte. Ich fühle mich ohnmächtig mit all meinem Wissen über den Niedergang des Werkes, über die persönlichen Geschichten, die damit verbunden sind. Ich fühle mich berechtigt, im Namen der Betroffenen eine Stellungnahme zu den Ereignissen zu bekommen, und zwar von denjenigen, die damals Fehler gemacht haben. Es ist doch nicht zu viel verlangt, daß sich eine Behörde zu ihrer Verantwortung bekennt.

Eine Frau kommt und holt uns ab. Wir laufen durch die langen hellen Gänge des Hauses, ich erkenne die Türen wieder, schweres dunkelbraunes Holz, die alten geschwungenen Metallziffern.

Wir betreten das Zimmer des Direktors für Vertragsmanagment, ein großer schwarzer Schreibtisch mit dünnen Beinen, eine Sitzgruppe, sehr große Pflanzen, ein Gemälde. Der Mann, ein älterer weißhaariger Herr ist voller freundlicher Gelassenheit. Er sagt uns gleich zu Anfang, daß er eigentlich nicht der richtige Ansprechpartner für dieses Gespräch ist, denn er war damals in einem anderen

Bereich tätig. Während Michael, der Kameramann, ihm das Mikrofon ans Revers klemmt, erzählt der Direktor, daß die Mitarbeiter, die damals mit dem Fall des Walzwerkes betraut waren, heute alle woanders sitzen. Als die Kamera läuft, frage ich, wie die BVS die Privatisierung heute einschätzt. Man habe Fehler gemacht damals, das wisse man heute, der Vertrag mit Krupp hatte tatsächlich Mängel. Dann frage ich nach der Verantwortung, und ob jemand für diese Fehler geradestehen müsse. Nein, sagt er darauf. Die Treuhand war doch erst im Entstehen, es war sozusagen lerning by doing, und dieses Werk war eine der allerersten Privatisierungen. „Vielleicht", sagt er, „machen wir bei der nächsten Wiedervereinigung alles besser."

Für den Verkauf der Maschinen und für den Verkauf der 220.000 Quadratmeter großen Fläche hat Krupp Millionen eingenommen. Vom Land Brandenburg bekam der Konzern sieben Millionen Mark Fördermittel, die erst nach jahrelangem Drängen zurückgezahlt wurden. Das Werk wird in der Nähe von Peking in einem volkseigenen Betrieb wieder aufgebaut, da dient es nun pikanter weise erneut dem Sozialismus.

VATER

Die sechs bis acht Enkel sind für den 64jährigen Großvater und die 59jährige Großmutter ein Lebensglück. Ob die Kinder das auch so empfinden? Man müßte sie alle danach fragen, was natürlich niemand tut, auch ich nicht. Ich kann nur Symptome werten. Die langen Telefongespräche mit Janas Kleinem, meinem Enkel Anton, gehören dazu, in denen er mir über seine sportlichen Aktivitäten beim Judo und in der Leichtathletik erzählt, die gerade für ihn besondere Anstrengungen erfordern. In meinem Keller bauen wir Flitzbogen und Stelzen. Hier liegt ein reich verzierter Dolch, den ich einst von einem kasachischen Kolchosvorsitzenden geschenkt bekam. „Opa, kann ich den haben?" fragt Anton. Ja, ich wäre einverstanden; aber seine Mutter Jana ist dagegen. „Ich will das nicht und ich habe Angst, daß Anton damit Dummheiten anstellt." Weiß der Teufel, warum gerade dieses sensible, zarte Kind so sehr auf Dolche und Schwerter steht.

Anton blickt auf eine sehr alte Taschenuhr, die neben meinem Computer an der Wand hängt. Ein Kupfergehäuse, in vielen Jahrzehnten geschwärzt. Sie hat ein weißes Zifferblatt mit verschnörkelten arabischen Zahlen, unten gesondert der winzige Sekundenzeiger. Auf der Vorderseite läßt sich die Uhr aufklappen, auf der Rückseite ist das Dresdner Wappen eingraviert. Nachdem ich sie geschenkt bekam, gab ich sie hier in Biesdorf zum Uhrmachermeister Hübner. „Natürlich Herr Maier, so etwas Schönes bringe ich ihnen gern wieder in Ordnung.“ Nun ziert das gute Stück, das Antons Ur-Ur-Großvater aus Anlaß seines 40jährigen Dienstjubiläums bei der Post erhielt, mein Zimmer. Er fragt mich – in kluger Taktik nicht seine Oma Erika, ob er die Uhr haben könne. Es ist wohl nicht rechtens, dieses Geschenk meiner Schwiegermutter wegzugeben. So sage ich sie ihm für die Jugendweihe zu. Meine Erika protestiert, daß ich überhaupt in Betracht ziehe, ein Geschenk ihrer Mutter wegzugeben. Eigentlich hat sie recht. Mal sehen, wie ich mich in sechs Jahren, zu Antons Jugendweihe, verhalte.

Antons Bitte, „Opa, schenkst du mir den Hammer“, ist schon leichter zu entsprechen. Ich würde ihm noch drei Hämmer schenken, wenn er darum bäte, obwohl er schon Hammer, Säge, Schraubenzieher, Spachtel, Zollstock und Bohrer bekommen hat. Gemeinsames Handwerkeln ist der beste Weg, sich Fähigkeiten anzueignen. Allein das Vermitteln der Begriffe ist interessant; Anton lernt messen, raspeln, feilen, bohren, schrauben. Es ist schwierig, zwischen Feile und Raspel zu unterscheiden, zwischen Holzbohrer, Steinbohrer und Metallbohrer, zwischen Holzsäge, Stichsäge, und Eisensäge, zwischen Holz- und Eisenschraube, zwischen Kreuzschlitz- und Schlitzschraube. Alles das geht geruhsam nach dem Prinzip trial and error. Die Eltern haben oftmals nicht die nötige Zeit, der Großvater eigentlich auch nicht, aber er nimmt sie sich. Ein bißchen Eitelkeit ist dabei, der Wunsch, Angenehmes in die Erinnerung der Kinder zu pflanzen.

Wo der Großvater ratlos ist, tut sich der achtjährige Anton sachkundig; die Beherrschung der vielen, vielen Funktionen meiner Quarzuhr. Das gute Stück habe ich mit dem auch anderen Männern eigenen Spieltrieb in Hongkong für 93 Hongkong-Dollar gekauft. „Water resist 300 M“ steht drauf. Anton wertet die 300 Meter als ein besonderes Qualitätsmerkmal, weil man mit dieser Uhr 300 Meter tief tauchen könne. Das ist, wie wenn Anton im Auto auf die Tachoskala schaut und daran abliest, daß Großvaters Honda-Concerto 220 Stundenkilometer „macht“. Ich relativiere gegenüber meinen Enkeln das Lob für den Besitzer der Uhr stets mit dem Hinweis, daß ich ein schlechter Schwimmer bin und Tauchen für mich ausgeschlossen ist. Ich benötige die 300 Meter Tauchpotenz der Uhr ganz gewiß nicht.

Meine Regulierungen der Stop-Funktion hatten zu Folge, daß die Uhr stündlich Signale von sich gab, 24 mal, Tag und Nacht, sonn- und feiertags. Das war einem ruhigen Nachtschlaf abträglich. Was ich trotz intensivem Studiums der Anleitung nicht vermochte, das gelang dem achtjährigen Anton. Per Telefon gab er mir Hinweise, „Opa, probiere mal ...“. Nun kann ich wieder ruhig schlafen.

Das Jahr 1996 ist noch jung, und es ist wieder Zeit für Jahresgrüße. Mein Lehrer und Freund, Professor Gunther Kohlmey, ist seit kurzem rechtsseitig gelähmt, er hatte einen Schlaganfall. – Seine Frau Gerda schickt ein A-4-Blatt:

ALLES GROSSER MIST – VIELE GRÜSSE

Darunter in krakeligen Buchstaben: – G. Kohlmey

Die erste Unterschrift mit linker Hand nach dem Schlaganfall. Danach „PS: Wenn Du dem Gunther eine Freude machen willst, schreibe ihm doch einen Brief. Ich lese ihm alles vor. Es macht ihm große Freude vom Leben draußen und von seinen Freunden etwas zu hören, einfach so, Dinge aus dem Leben. Das wäre wirklich sehr nett. Und wenn Du das – soweit Du kannst – öfters in einem kleinen Brief machst, ist das wirklich etwas sehr Gutes.

Eure Gerda Kohlmey / von Hand – Gerda“

So ist das Leben. Gunther Kohlmey, der anerkannte und geachtete Wirtschaftswissenschaftler. Als Offizier in der deutschen Wehrmacht kam er in sowjetische Kriegsgefangenschaft. Der gutaussehende Typ eines Intellektuellen, selbst für mich als Mann bemerkenswert. Schlank, sportlich, leicht ergrautes volles Haar, stets gut angezogen, eine gepflegte Sprache. Seine Vorträge zum Mitschreiben geeignet. Mit ihm gemeinsam verfaßte ich in den 60er Jahren ein Buch über Weltmarktpreise. Das war für mich damals besonders ehrenvoll und ein Lehrstück wissenschaftlichen Arbeitens. Er zwang mich immer von neuem zu kritischem Werten des schon Geschrieben und zu wissenschaftlicher Akribie. Meine Dissertationsschrift verblaßte dagegen wie ein Schulaufsatz. Kohlmey hatte seine Theorien in die Wirtschaftsreform der 60er Jahre eingebracht, wurde zum Vorsitzenden des Wissenschaftlichen Rates für Außenwirtschaft in der DDR berufen und ... von einen auf den anderen Tag abberufen. Darüber starb auch unser gemeinsames Buchprojekt. In den nachfolgenden 20 Jahren arbeitete er an der Akademie der Wissenschaften; dabei ist wichtig zu wissen, daß auf Betreiben des mächtigsten Wirtschaftsmannes der DDR, Dr. Günter Mittag, die wirtschaftswissenschaftlichen Akademie-Forschungen mehr und mehr auf Randgebiete gedrängt wurden, abseits von den Grundfragen der DDR-Wirtschaft. Die Parteiführung stützte sich lieber auf die Forschungen der parteieigenen Institute, wie die Akademie der Gesellschaftswissenschaften, die Parteihochschule und das Institut für Sozialistische Wirtschaftsführung, die dem SED-Zentralkomitee direkt unterstanden.

Nun ist dieser Mann Gunther Kohlmey an das Bett gefesselt und auf passive Informationen angewiesen. Ab jetzt werde ich in überschaubaren Fristen – wöchentlich, in Dezennien, in Monaten – Briefe nach Pankow schreiben und von mir, von der großen und kleinen Politik, von Getanem und Unterlassenem, von Ärger und Freude schreiben. Stets maximal 1 Seite, um das Geschriebene für ihn faßbar zu machen. Seine Frau Gerda wird sie ihm vorlesen.

Lieber Gunther, gestern sahen wir bei SAT 1 „Talk im Turm", als Moderator fungierte der Altvater des Journalismus Erich Böhme. Thema Arbeitslosigkeit. Teilnehmer Herr Hausmann, ehemaliger Bundeswirtschaftsminister von der FDP, der SPD-Oberbürgermeister von München, ein Superintendent aus dem Rheinland, ein mir unangenehmer Modezar aus München und Sahra Wagenknecht von der PDS. Der OB und der Kirchenmann stellten sehr prinzipiell die Frage nach der Akkumulation von Reichtum und dem Abbau von Einkommen. Sahra Wagenknecht war schwach, ist über allgemeine Thesen nicht hinausgekommen. Sehr geschickt wurde rasch die Frage nach dem Wie gestellt und auf diese Weise von den Ursachen der Arbeitslosigkeit abgelenkt – eine bekannte Art demagogischer Diskussion. Wir in der DDR waren da nicht weniger geübt.

Hausmann negierte mit großen Gesten die Möglichkeit, die Kapitalwanderung ins Ausland zu beeinflussen. Ich empfinde es als als eigenartig: Für alles findet man in diesem Land ein Reglement – im Kindergarten wird der Abstand zwischen den Kleiderhaken staatlich reglementiert, dem Kleingärtner ist nicht gestattet in seiner Laube zu übernachten, der Häuslebauer benötigt erst eine normierte Zufahrt, bevor er mit seinem Auto auf sein Grundstück darf. Für die großen Dinge des Lebens sieht man keine Lösung. Der

Münchner OB zitierte den Finanzminister Dr. Waigel, der sich gegen die Verschärfung der Steuerprüfung wendet, weil sich dann die Reichen neue Wege suchen, um ihrer Steuerpflicht zu entgehen. Als Erika und ich 1991 nur ein paar Schritte als Selbständige gegangen waren, hatten wir sofort die Steuerprüfer auf dem Hals. Eine ganze Woche lang drehten sie jede Rechnung dreimal um. Vermutlich rechtfertigt das Herr Waigel damit, daß wir nicht zu der Kategorie gehören die in der Lage sind, verschreckt ihr „Kapital" ins Ausland zu bringen. All das hindert uns nicht, unsere kleinen, kaum sichtbaren Aktivitäten hier in Marzahn zu betreiben. Das, was Gunther Kohlmey in vier Jahrzehnten gesagt, geschrieben, getan und nicht getan hat, hilft uns dabei.

Lieber Gunther, ich sitze seit Tagen am Computer und nehme die Forderungen gegen ein Pleite gegangenes Bauunternehmen auf. Man darf nicht daran denken, welche Schicksale daran hängen. Viele Beschäftigte, die jetzt ihren Lohn einfordern. Viele kleine Unternehmen und Handwerker, die Türen, Fenster, Kies und Farbe geliefert haben und dafür nun kein Geld bekommen. Das sind Tragödien, auch wenn der Bundesbankpräsident Kopper die vom Hasardeur Schneider verspekulierten Millionen als peanuts abtut. Das Sparprogramm des Berliner Senats macht die Stadtbezirke tot. Bäder werden geschlossen, an den Schulen ist weniger Geld für Lernmittel, Kindergärten und Jugendklubs fehlt Geld für Instandhaltung.

Lieber Gunther, Erika hat heute Abend eine große Stunde. Das heißt – ob sie groß wird wissen wir noch nicht. Sie hat unter PDS-Firma ein 25seitiges Pamphlet zum Wirtschaftsstandort Berlin-Marzahn ausgearbeitet. Ich finde es sehr gut und andere wohl auch. Linke dokumentieren damit ihre Sachkunde auf dem Gebiet Wirtschaft. Dabei haben doch CDU und SPD die Autorität in Wirtschaftsfragen gepachtet – sagen sie. Nun sind wir auf heute Abend gespannt ob die Leute die Größe aufbringen, die Sachdiskussion vor Parteiaufträge zu stellen. Wir wünschten uns das.

Lieber Gunther, ich sitze in meinem Zimmer, schaue aus dem Fenster und stelle fest, daß kurzzeitig die Sonne über Regen und Wolken gesiegt hat. Ich müßte in den Garten gehen, um altes Holz zu besei-

tigen. Verbrennen darf ich es nicht, das gebietet der Umweltschutz. Wenn man mit der Umweltbelastung durch den Autoverkehr so konsequent umgehen würde, wie mit dem Kleingärtner Maier, wäre schon allerhand gewonnen. Statt dessen will die Bundesbahn in den nächsten Jahren auf den Kurzstrecken tausende Kilometer Bahngleise liquidieren. Der Alltag bestätigt, daß der Markt nicht in der Lage ist, auf die großen Dinge menschlichen Lebens – Bildung, Soziales, Gesundheit, Umwelt – sinnvoll zu reagieren. Es wird auf Dauer nicht ohne „gesellschaftlichen Plan" gehen. Nicht so wie in der DDR, wo die Marxsche Idee vom gesellschaftlichen Plan zum Dirigismus verkam, aber einen Plan, eine Zielstellung, ein Konzept wird notwendig sein.

Lieber Gunther, ich merke schon, selbst wenn ich von meinem Garten schreibe, vom Beseitigen alter Äste, lande ich bei der Politik. Ob das gut ist?

Lieber Gunther, zum 83. Geburtstag wünschen wir Dir Besserung in Deinem Leiden. Ich möchte Dir sagen, daß Du in meinem und Erikas Leben ein respektables Plus hast. Ich denke noch an die große Ehre für mich, als ich, 35jähriger Nachwuchs, gemeinsam mit Professor Kohlmey ein Buch geschrieben habe. Auch wenn es nicht erschienen ist, bleibt es für mich ein wichtiges Stück wissenschaftlichen, methodischen und humanistischen Lernens, bis heute.

Lieber Gunther, Erika und ich waren in Eisenhüttenstadt und haben einen Freund besucht, den ich aus gemeinsamer Arbeit kenne. Wir haben ein bißchen in ihn hinein gehorcht, wie das mit der Privatisierung des Eisenhüttenkombinats gelaufen ist. Jahrelang war das Thema in Zeitungen und im Fernsehen; ein Ortszeuge ist da interessant. Das Eisenhüttenkombinat Ost stand für Leben und Sterben einer ganzen Region. Es ist interessant, wieviel Scharlatane an die Tür der Treuhand geklopft haben, um das EKO zu bekommen. Manche wegen der Immobilie, manche wegen der Kundenkartei, manche um den Konkurrenten auszuschalten und manche wohl auch mit der ehrlichen Absicht, den attraktiven Standort an der Oder zu erhalten. Die ehemalige Belegschaft ist zu einem Drittel noch da, zu einem Drittel in ausgegründeten Unternehmen, die vom EKO auf dem Weg in die Selbständigkeit solide und ohne gezinkte Karten begleitet worden sind. Ein Drittel der früher Beschäftigten ist in (Vor-)Ruhestand gegangen oder arbeitslos. Ich höre, wie kürzlich erstmals nach der Wende Wieder-Einstellungen möglich geworden sind, ein großer Tag für einen Mann mit sozialem Gewissen. Der Euphorie folgte die große Enttäuschung: Die meisten der Angesprochenen, qualifizierte Fachleute, hatten keine Lust, wieder zu arbeiten. Sollten doch jene ein Stück weit recht haben, die von der sozialen Hängematte reden und behaupten, daß mancher Arbeitslose Arbeit finden könnte, wenn er wirklich arbeiten wollte?

Gunther Kohlmeys Frau Gerda schreibt: „Nicht nur Gunther, sondern auch mich berühren Eure Briefe sehr. Man merkt ihnen an, daß Ihr Euch zu einem aktiven Leben durchgerungen habt, und das bringt auch ihm Kraft, seine Lage zu meistern. Ich gestehe es ist selten, daß jemand so offen und klar seine Ängste und Schwierigkeiten in bezug auf Vergangenheit und Gegenwart ausdrückt. Sehr schade, daß er es Euch nicht selbst sagen kann oder schreiben. Briefe sind sehr wichtig für ihn. Hoffentlich findest Du die Zeit, ihm auch bald wieder etwas mitzuteilen. Übrigens kennst Du Deinen Spitznamen, den Du bei uns hast? ‚Preismaier', zur Unterscheidung von allen anderen Maiers, Meiers und Mayrs, die es auf dieser Welt gibt. Herzliche Grüße, Gerda."

Gerda Kohlmey hat recht, Preise begleiten mich auch heute noch auf meinem Lebensweg. Gestern sprach ich an einer Berliner Universität vor chinesischen Wirtschaftswissenschaftlern und Preisexperten. Vor Monaten fragte die Universität einen ehemaligen Kollegen, Dr. Langner, ob er bereit wäre, zum Thema Preise zu sprechen. Nein, antwortete er, er habe sich seit sechs Jahren mit Preisen nur noch beschäftigt, wenn er ein neues Auto kaufe, nicht aber mit Theorie und Geschichte. Aber er kenne jemand, einen Herrn Maier, man könne ihn ja fragen. Ich sagte zu, auch weil ich aus bisherigen Erfahrungen annahm, daß die Veranstaltung nicht stattfinden wird. Ich hatte mich geirrt – meine Kenntnisse über die DDR-Preise waren gefragt. Bedenken überkamen mich, der seit Jahren nicht mehr vor einem Auditorium gesprochen hatte, und auch ein wenig Angst. Die Universität wollte, daß ich zwei Stunden über die Preise in der DDR und zwei Stunden über die Preise in der BRD referiere. Zur Preispolitik und zum Preisrecht in der BRD vermag ich nicht zu sprechen, mir fehlt die Sachkunde. So einigten wir uns auf das

Thema „Die Preispolitik der DDR aus heutiger Sicht". Mein Partner versicherte sich zweimal, ob ich denn über die DDR-Preise auch etwas Kritisches sagen werde. Ich konnte ihm das zusichern, ihn beruhigen. Die chinesischen Gäste, überwiegend Chefs der Preisämter großer Provinzen von der Größe der BRD, freuten sich, einem Kollegen aus der DDR zu begegnen und pflegten chinesische Freundlichkeit. Die Kollegen interessierte, wie sich 1990 der Übergang von den DDR-Preisen zu den BRD-Preisen vollzog, weil sie diese Erfahrungen für die Transformationsprozesse ihrer eigenen Wirtschaft benötigen. Ich mußte ihnen sagen, daß die damaligen Vorgänge in Deutschland für China wenig Erkenntnisse bieten. Das Verschwinden des 5-Pfennig-Preises für das DDR-Brötchen und das Erscheinen des 25-Pfennig-Preises für das Westbrötchen vollzog sich ohne das Zutun staatlicher Preisorgane. Aus dem Mietpreis von einer DDR-Mark wurden erst drei, dann fünf, und später sieben oder gar 14 D-Mark, die Briefmarke war mit 80 statt mit 20 Pfennigen bedruckt, der Farbfernseher wandelte von 3.000 DDR-Mark auf 600 D-Mark, der Preis meiner Österreich-Reise sank von 4.000 DDR-Mark auf 400 D-Mark. Die Währungsunion in der Nacht vom 30. Juni zum 1. Juli 1990 gab dem DDR-Bürger die Deutsche Mark, die stabilste Währung der Welt, in die Hand. Mit diesem Geld kaufte er nicht mehr DDR-Schuhe sondern West-Schuhe, kaufte Westbrot statt Ostbrot, Westtampons statt Osttampons und Westradios statt Ostradios – alles zu den in der Bundesrepublik Deutschland gängigen Preisen. Damit einher ging der Ruin tausender DDR-Betriebe, Entlassungen, Arbeitslosigkeit. „Und warum ging das in Deutschland ohne soziale Explosionen, ohne Streiks, ohne Polizei und Militär, wie in Rußland", fragen mich die Chinesen. Das, sage ich, funktionierte nur, weil die wirtschaftlich schwächere DDR von der wirtschaftlich starken Bundesrepublik Deutschland aufgefangen wurde.

Marktwirtschaft ist eine in Jahrtausenden gewachsene kulturelle Errungenschaft der Menschheit. Auch Sozialismus kann es nur mit all dem geben, was zur Marktwirtschaft gehört. Die DDR vernachlässigte und vergewaltigte den Markt, und bezahlte mit dem Leben. Für China, ein Land mit 1300 Millionen Menschen, gibt es solch einen starken Arm nicht, wie er für die DDR in Gestalt der BRD existierte. Die Beschlüsse der Kommunistischen Partei Chinas scheinen mir klüger als die der SED.

Schöffe bei Gericht wird man in Berlin ohne eigenes Zutun. Das zweite Mal rief mich das Gericht als Schöffe. Die Auswahl funktioniert wie beim Lotto. Ich glaubte, meine Systemnähe zum „Unrechtsstaat DDR" hielte die Justiz davon ab, mich als Schöffe zu benennen. Aber ich irrte mich.

Das erste Mal war es ein junger Libanese, dessen kriminelle Energien vor mir ausgebreitet wurden. In den acht Stunden durchlebten meine Empfindungen Feuer und Wasser. Nach dem Plädoyer der Staatsanwältin hätte ich ihm lebenslänglich geben mögen. Man bedenke: Nachts überfällt der Kerl einen Gleichaltrigen, um ihm sein Geld abzunehmen. Der hat aber nur 20 Mark. Die Geldkarte als Lösegeld nutzt dem Jungen nichts, weil ihm in seiner Todesangst die Geheimnummer nicht einfällt. Mit aufgeklapptem Messer am Hals muß der Bedrohte den Gangster nach Hause führen. Dort fordert der die Geldkarte der Mutter – mit Code. „Wir sind von der Mafia. Wenn Ihr die Polizei ruft, kommen wir wieder und schlagen hier alles kurz und klein." Noch in der gleichen Nacht wird auf die Karte gekauft – Zigaretten, Kekse, Schnaps, Pralinen, Wein. Ein Tankwart informiert die Polizei, der Kerl ahnt das. Der Gangster geht zu der Mutter, bedroht sie und verlangt von ihr die Aussage, daß die Käufe auf Kreditkarte mit ihrer Zustimmung erfolgten. In der Tat, das tut sie auf dem Revier. Beide verlassen die Polizei, und – welch eine kriminelle Energie – er nimmt ihr erneut die Kreditkarte ab.

Nun saß ich wieder so einem jungen Burschen gegenüber. Geburtsurkunde – keine. „Wie kommt es, daß Sie am 1. Januar 1979 geboren wurden, Ihr Bruder am 1. Januar 1978, ist das Zufall?" „Nein, das Geburtsdatum hat mein Vater so bestimmt", übersetzte der fein gebügelte Dolmetscher. Der Staatsanwalt warf dem Angeklagten Handel mit Betäubungsmitteln vor. In seinem Rucksack habe man 68 Gramm Heroin gefunden. Vor einem Jahr war er nach Deutschland gekommen, lebt seitdem in einem Internat in Brandenburg. Eigentlich durfte er die Region nicht verlassen. Aber blicke einer in die Sehnsüchte eines 17jährigen. Der Dolmetscher übersetzte: „Ein Freund meines Bruders hat mich da reingebracht. In der Heimat wohnte er in einem Nachbardorf. Im Januar fuhr ich mit dem Bus nach Berlin. Mustafa lud mich zum Essen ein, schöne Frauen waren für mich da, das hat Mustafa alles bezahlt. Als ich das nächste Mal nach Berlin kam, war es wieder so. Er fragte mich, ob ich ihm in einer Angelegenheit helfen könne. Das sei nicht sehr kriminell. Du kannst 400 Mark am Tag verdienen, ohne Risiko. An meiner Seite könntest du ein schönes Leben führen."

„Und wenn was schiefgeht?" – „Ich kenne einen Anwalt, der holt dich in ein, zwei Tagen wieder raus. Der hat Verbindungen zu einem Richter, na du weißt schon ..."

Konditionen und Verhaltensweisen wurden ausgemacht. Er solle immer in der Nähe von Mustafa bleiben, der ihm kleine Tütchen gibt, die er an die von ihm festgelegten Leute verteilen müsse. „Ich wußte, daß es gefährlich ist."

Mein inneres Ohr verfolgte das Für und Wider des Prozesses. Ich vernehme,

„... er wurde in die Situation reingerissen",
„... er ist strafrechtlich verantwortlich",
„... die Umstände beförderten die Straftat",
„... er ist lebensunerfahren und jung";
„... wir können keine schädlichen Neigungen erkennen",
„... was er heute sagt, ist glaubhaft",
„... er ist geständig – er hat in der U-Haft gespart",
„... die 6 Tage sind ein episodenhafter Zeitraum".

Der Richter erklärte uns Schöffen hinterher die Wichtigkeit des Begriffs „episodenhafter Zeitraum", der sich von einem „symptomhaften Zeitraum" unterscheide. Das Gesetz berücksichtige, daß er über seine eigene Handlung hinaus geständig war. Ich hörte den Jungen in schwerem Deutsch: „Ich habe das gemacht – ich bitte um eine Chance."

Der Richter unterschrieb die Entlassungsanordnung aus der Haft und danach meinen Zettel, der mir die Erstattung der Taxi-Kosten für die Heimfahrt zusicherte. Am Ausgang des riesigen Gerichtsgebäudes befand sich der Schalter des Kassenwarts – er ignorierte den Entscheid des Richters in Geldfragen und forderte von mir, die Öffentlichen zu benutzen: „Wir bezahlen Ihnen doch schon eine Taxifahrt ... Was zwingt Sie denn so dringend eine Taxi zu nehmen ... Wo arbeiten Sie denn ... Wieviel Zeit gewinnen Sie denn, wenn Sie mit dem Taxi fahren?" Meine Augen wurden schmal und schmaler, mein Mund blieb geschlossen. Nur einmal erwiderte ich: „Der Richter hat das angewiesen." Genervt von meinem stoischen Verhalten gab er die Anweisung für Tagegeld plus zwei Taxifahrten. Nachdem ich mein Geld hatte, ging ich noch einmal zu ihm: Meine

Enkelkinder sind allein zu Hause, ich bin heute morgen eingesprungen, weil der vorgesehene Schöffe nicht gekommen ist. Das stimmte, denn Anton und Jakob waren bei uns. Dann verließ ich den grauen Klotz.

Nur noch wenige Meter trennten mich vom Taxistand, dann überkam mich der Geiz. Ich fuhr mit der S-Bahn nach Hause.

Der beginnende Sommer führt uns für drei Tage nach Schweden. Von der Links-Partei Schwedens waren ein paar Leute zum 1. Mai nach Stockholm. eingeladen. Sollte ich teilnehmen? Dort die Querelen von Couch oder Raskljaduschka (Klappliege) der Gastgeber? Und ist es denn richtig, den 1. Mai am Berliner Alex zu verpassen? Alle Fragen haben sich von selbst beantwortet. Dieser 1. Mai in Stockholm war wie ein Gottesgeschenk. 25.000 Leute kamen zu Demo und Kundgebung der Links-Partei. Die Sozialdemokraten hatten auf ihrer Veranstaltung weniger Teilnehmer – sagte man uns. Vorweg eine Blaskapelle. Fahnen. Losungen, die nichts ausließen, was links ist: „Gegen Arbeitslosigkeit", „Gegen Sozialabbau", „Cuba si", „Freiheit für die Kurden", „Gegen Sexismus". Man mußte sie nicht alle und nicht alles verstehen, die flammenden Reden, viele von 20- bis 30jährigen, meist Frauen. Sprechchöre über Sprechchöre. „Sozialismus ja – Kapitalismus nein", erschallten die Stimmen von selbstbewußten Gesichtern. Am Straßenrand Leute, die freundlich schauten oder dir zuwinkten. Ich sehe es noch vor mir, das große weiße Tuch, von einer jungen Frau aus dem Fenster gehalten; oder sollte es das Bettlaken gewesen sein? So genau war es nicht auszumachen, auch nicht wie sie gekleidet war. Eine Etage tiefer vom Balkon eine rote Fahne, von älteren Leuten geschwenkt. Das alles für die Links-Demo in Richtung Königsgartenplatz. Zum Schluß spielte die Kapelle feierlich die „Internationale". Schön war das.

Ein Besuch auf Vaxholm schloß sich an. Eine Gemeinde nahe Stockholm mit 7.000 bis 8.000 Einwohnern, die auf 100 Inseln verstreut leben. Die Fahrt mit dem Schiff hat ein Genosse organisiert, der seit 10 Jahren im Vorstand der landeseigenen Schiffahrtsgesellschaft sitzt. Die Linke kämpft darum, daß die Privatisierung verhindert wird. Bei einer Region, deren Bürger auf vielen, vielen Inseln wohnen, hat der Wasserweg zugleich soziale Funktionen zu erfüllen. Nach wie vor werden zwei Kinder jeden Tag kostenlos von einer weit entfernten Insel morgens zur Schule und abends zurück geschafft. Auch deshalb soll die Gesellschaft Landeseigentum bleiben. Möge es ihnen gelingen!

Das schlaffeindliche Sofa unserer Gastgeberin vermag das Erlebnis „Stockholm“ nicht zu mindern. Die kleine, unscheinbare Frau, fast 70 Jahre alt, immer nervös, vergeßlich, Hausschlüssel und Busfahrschein suchend, stets den Tod ihren Mannes bedauernd, Sekretärin von Beruf. Im dünnen, grauen Haar schien sich ihre nachlassende Lebenskraft zu spiegeln. Sie entschuldigte sich, weil ihr irgendein Wort in Deutsch nicht einfiel, dabei vermochten wir in Schwedisch noch nicht einmal Guten Tag zu sagen. Sie malt freundliche Bilder und macht Gedichte. Die Verlage nehmen aber ihre Lyrik immer seltener ab, „weil man Gedichte über die Liebe in ihrer einfachen Schönheit heute nicht mehr drucken will“. Eine große Zeit in ihrem Leben war, als sie in den 50er Jahren beim „Stockholmer Appell“ um ihre Hilfe als Stenotypistin gebeten wurde. „Das habe ich für den Frieden gemacht. Alles freiwillig, alles umsonst.“ Im Frühjahr 1998 wird uns ein Freund mitteilen, daß Birgit am Kummer des Alleinseins gestorben ist. Sie erinnert mich an meinen Bruder Herwig, dessen Tod auch zuallerletzt biologisch verursacht war.

Erika fährt zu einer Klausurtagung an den Werbellinsee, einem 60 Kilometer nordöstlich Berlins in der Schorfheide gelegenen Gewässer. Die 30 Männer und Frauen der Marzaner PDS treffen sich in der früheren „Zentralen Pionierrepublik“, einer Einrichtung für die sechs- bis vierzehnjährigen „Jungen Pioniere“; jetzt ist das eine Europäische Jugendbegegnungstätte, vom Land Brandenburg und der Europäischen Union gefördert.

In zwei Jahren haben Erika und ich den 40. Hochzeitstag. 40 Jahre!!! In Wahrheit sind es dann zweiundvierzig. Für unser Verhältnis spricht, daß ich den alten Kalauer erzählen darf: „Ist deine Frau noch immer so schön?“ „Ja, sie ist immer noch so schön, aber es dauert jetzt frühmorgens immer etwas länger.“

Sage einer einem verliebten, jung vermählten Ehepaar, es sollte 40 Jahre in die Zukunft denken. Nein, das ist nicht angenehm, denn sie sehen das Bild der eigenen Eltern und Großeltern vor sich. Statt der potenten Kopfpracht nur noch schütteres Haar. Die straffe Haut ist Fältchen und Falten um Augen und Hals gewichen. Das aus der Türkei, aus Griechenland oder aus Indonesien mitgebrachte Goldkettchen um Hals und Handgelenk macht den Mann nicht jünger, nur eitler. Wo heute die Blicke der Männer der schönen Frau folgen, wird man später, so Gott will, noch sagen, „die hat sich aber gut gehalten“. Der jugendlichen Unbedarftheit ist die manchmal lästige Erfahrung gewichen. 40 Jahre Zusammenleben schaffen eine Menge Selbstverständlichkeiten und Abhängigkeiten. Disharmonien, gegenseitig bekannt, werden mal weggesteckt, mal ausgetragen. Man gewöhnt sich daran, schon beim Frühstück die Träume der verflossenen Nacht kundzutun. Man gewöhnt sich an Rücksichtnahme, wenn der andere mit sich allein sein will. Aber was tut man, wenn der andere nicht da ist? Ich führe dann meine Selbstbetrachtungen, meine stillen Dialoge mit meiner Erika. Wenn mir so ist, bringe ich sie zu Papier, so auch jetzt:

Ich komme vom Joggen. Niemand lobt mich, niemand meckert mit mir, weil ich zu lange gelaufen bin. Heute war ich seit langem wieder auf der Hellersdorfer Kippe, 100 Meter nach oben und wieder nach unten. Aber erbaulich war es. Schön geduscht, habe ich und nun werde ich beim Bäcker meine Samstagsbestellung abholen. Und was mache ich dann mit dem lieben lagen Tag, ohne dich?

Mein Tun und Lassen ist bar jeder Rationalität. Ich fühle mich wie im Urlaub. Die heiße Sonne. Grün rings um mich herum. Die Pflanze aus dem Baskenland hat heute sieben herrliche Blüten. Unsere Tochter Jana rief vorhin an. Sie wollte mich besuchen und hatte sich auf das schöne Frühstück eingestellt. Aber Kalle, der Nachbar, benötigte Hilfe beim Abschleppen seines Autos. Wir haben lange am Telefon geschwatzt. Von meinem Wohlbefinden habe ich erzählt, wenn du und Jana sich so liebevoll um die Blumen kümmern, als würdet ihr sie streicheln und liebkosen.

Das Telefon klingelt. Am anderen Ende war Janas Anton. Man hörte den großen Trubel von vier Kindern. Jana hat außer Jakob und Anton auch Hanna und Wanda zur Pflege, das ist eine ganz schöne Belastung. Anton ist im Hort mit dem Roller gestürzt und auf den Mund gefallen. Er hat eine ganz dicke Lippe und ein Zahn ist locker; aber einer von den ersten.

Hoffentlich hast du gut geschlafen und der Abend war vergnüglich. Ich habe heute die Betten gemacht. Schließlich sollst du dein geliebtes Schlafzimmer ordentlich vorfinden. Meine Haare müßten wir heute oder morgen schneiden. Jetzt werde ich in Ruhe frühstücken.

In Manfred Krugs Buch „Abgehauen" habe ich das Gespräch mit Werner Lamberz zu Ende gelesen. Es ist schon sehr typisch für die Situation in der DDR. Die Vereinfachung geistiger Prozesse. Der Glaube, mit der Macht auch die Wahrheit gepachtet zu haben (und umgekehrt). Bei Werner Lamberz das Wissen, daß er keine andere Lösung mit nach Hause bringen darf als die Nichtveröffentlichung der Erklärung der zwölf Künstler. Das Bangen der Künstler um die, aber nicht diese DDR. Die Angst des Politbüros vor einer Korrektur getroffener Entscheidungen. Und außerhalb dieser Sichten die Selbstgefälligkeit des Fernsehintendanten Adameck. Da hilft uns auch nicht der Verweis darauf, daß heute die Geldbesitzer eine viel perfektere Zensur und einen viel wirksameren Umgang mit den geistig Tätigen pflegen. Wir wollten es ja besser machen! Du siehst, mein Schatz, du hast gut daran getan mir den Manfred Krug zu empfehlen. Das weitere kenne ich noch nicht, aber zumindest diese Gesprächswidergabe ist lesenswert. So, jetzt werde ich frühstücken.

Mein Sternlein, ich sehe dich vor mir und du hörst mir zu. Stell dir vor, zwei Tage fehlt uns die Frühstücksrunde, und gestern das Abendessen auf der Terrasse. Aber ich wünsche dir, daß es dort auch schön war.

Bei Walter Halbritter, 20 Jahre mein Chef, habe ich angerufen. In der gestrigen Zeitung ist die Präsentation unseres Buches für den 4. September angekündigt, mit Beiträgen vom Planungschef Gerhard Schürer, dessen Stellvertreter Siegfried Wenzel, Walter Halbritter und Professor Herbert Wolf. Der Titel: Ansichten zur Geschichte der DDR – Wirtschaft. Erinnerst du dich noch, wie es zu diesem Projekt kam? Dein früherer Kollege Herbert Wolf, unser beider erster Ökonomie-Professor, war es, der mich animiert hat, in diesem Buch etwas über die Preispolitik der DDR zu schreiben. Im Prozeß der Arbeit wurde mir bewußt, wie schwierig es sein würde, eine Geschichte der Preise der DDR zu schreiben, bei der Jahreszahlen, Daten, Größenordnungen vorhanden sind und stimmen. Den ersten Entwurf gab ich einigen Bekannten zur kritischen Begutachtung. Am meisten machte mich die Reaktion meines ehemaligen Kollegen Helmut Grätz betroffen, der mit meinen negativen Wertungen der DDR-Preispolitik nicht einverstanden war. Sicher sei es nicht gut gewesen, daß Brot wegen des niedrigen Preises an die Schweine verfüttert wurde. Aber relativiere sich dieser Verlust nicht dadurch, daß in der DDR kein Mensch gezwungen war, sich von

Brot aus der Mülltonne zu ernähren? Er könne sich auch nicht erinnern, daß das DDR-Preisamt für einen Hundefreßnapf einen Preis von 1.680 Mark bestätigt habe, wie er das in Hamburg in einem Schaufenster gesehen habe.

Du, Erika, hattest aus gleichen Motiven meinen Buchentwurf kritisiert. Die differenzierte Wertung müsse offen lassen, daß eine Preispolitik, die dem Menschen soziale Sicherheit gibt, in der Tat einen humanistischen Wert hat. Ich erinnere mich an unseren Dialog, nachdem du einen Teil des Manuskripts gelesen hattest. „Soll das alles so negativ bleiben?" war deine Frage. Statt einer Antwort schwieg ich, und du setztest fort, „dann lese ich nicht weiter". Wir wurden uns einig, daß die niedrigen Mieten, die billige Straßenbahn, das bezahlbare Opernbillett, die kostenlose Nutzung der Bibliotheken sehr wohl humanistische Ziele verfolgte. Die Preispolitik wurde in dem Maße zur verfehlten Politik, als sie das materielle Interesse an hohen Leistungen aushöhlte und damit an der ökonomischen Substanz des Landes zehrte. Das zu wissen, ist für künftige, sozial orientierte Gesellschaftssysteme von Bedeutung. Auch in Deutschland wird nach dem Jahr 2000 die Zeitrechnung weitergehen.

Meine liebe Erika, ich schließe die Augen und denke an dich.

1997

TOCHTER Das neue Jahr fängt leise an. Wir stehen nahe dem Himmel von Berlin. Die Dächer vom Prenzlauer Berg liegen ausgebreitet vor uns, eine schmutzigrot gefleckte Landschaft von gebranntem Ziegel. Aus ihren Tälern zischen Leuchtraketen in die hohe Nacht, daß die Sterne erblassen.

Die Angst darum, wie alles weitergeht, läßt allmählich nach. Wir fühlen uns sicher. So sicher es geht. Jakob wirft Knallerbsen auf den Steinboden des Balkons. Anton liebt Wunderkerzen und hält sie mit gerecktem Arm in die Kälte. Die Gesichter der Kinder werden heller mit jeder Rakete, die über ihnen zerplatzt. Goldener Funkenschnee springt in die neue Nacht.

Wir sind bei Martina und ihrem stillen Mann. Im Nebenzimmer schläft das Baby, ein blonder Glückspilz, der noch vor allem anderen das Lachen lernte. Mein Einheitsbaby, sagt Martina, denn Oskar wurde am 3. Oktober geboren, dem Tag der deutschen Einheit. Seine Geburtstage werden immer nationale Feiertage sein. Sein erstes Erlebnis 1997 ist eine volle Windel, Oskar ist erst drei Monate und weint nun ein bißchen. „Oskar weint“, stellt Martina fest, und der hagere Vater geht den Kinderpo putzen. Wir ertränken die Reste der Götterspeise in Vanillesauce. Jakob läßt die gelbe Sauce weg und verrührt roten mit grünem Glibber, er leuchtet im Schein der Kerzen wie Diamantensuppe. Heute finden wir das Kompottgemenge lustig, denn es ist schwere Arbeit, mit zwei so ruhigen Männern ausgelassen zu sein. Jakob wird bald neun, und ich würde ihm wünschen, daß er auch mit 19 oder mit 29 noch so Götterspeise quirlen kann. Sein kleiner heller Mund ist halb geöffnet, die spitze Zunge paddelt selbstvergessen um die trockenen Lippen. Später dann wird er mal ein Schweigsamer sein, wie sein Vater.

Martina ist müde. Seit Oskar sie braucht, schläft sie in Stundensprüngen. Mal sind es kurze Sprünge von ein bis zwei Stunden, mal etwas längere. Oft läßt ihr Mann sie morgens ein Zeitchen ausruhen. Er nimmt den kleinen Jungen und spaziert mit ihm durch die frühkalten Straßen, an den Laternenköpfen hängt noch der Nebel. Kurz bevor der Morgen alt wird, braucht Oskar wieder die Mutter, danach geht sie zur Arbeit.

Typisch Ostfrau, hat jemand anerkennend über sie getuschelt, Arbeit und Kinder, sie kriegt alles unter einen Hut. Typisch Westfrau, sagte ein anderer, leistungsorientiert und immer die Karriere im Blick. Da sitzt sie nun, bedient alle Vorurteile, und keine. Ihr „Magazin“ hält tapfer durch, die „Wochenpost“ wird es von nun an nicht mehr geben. Die Konkurrenzzeitung hat sie gekauft und eingestellt. Wie alle Leser bekam ich einen Brief von dem neuen Verlag, statt der „Wochenpost“ würde ich ab sofort „Die Woche“ bekommen. Daraufhin habe ich mein Abo sofort gekündigt.

Der Vater trägt den trockenen Oskar vorbei, denn es gibt noch einen Nachttrunk bei der Mama. Als endlich seine großen blauen Augen schläfrig werden, ziehen meine Kinder schon leise die Stiefel im Flur an. Harry wird sie sicher aus der Stadt bringen, die noch immer Knaller hustet. Die Jungs werden nach wenigen Minuten auf den Kindersitzen zusammensacken, als hätte jemand die Batterien ausgebaut. Harry muß zu Hause mit einem vorsichtigen Ruck in der Auffahrt halten, die beiden aus den Gurten häkeln und sie einzeln durch den weißen Garten bis in ihre Betten tragen. Auch Oskar wird umhegt sein, und wenn er Sorgen hat, nimmt sein Vater ihn auf den Arm und hält mehr Worte für ihn bereit als für uns am ganzen Abend. Ich gehe mit Martina zu Anjas Party. Auf der Schönhauser Allee pitschern uns die Kracher um die Füße. Unter dem Viadukt der U-Bahn böllert der Krieg. Anja zieht uns in ihre mit Musik und Stimmen gefüllte Wohnung. Martina ist wieder munter.

Es wird Anjas letztes Silvester in ihrer Wohnung im Prenzlauer Berg sein. In ein paar Monaten zieht sie um an den Stadtrand, ganz in unsere Nähe. Lange hatten sie und Tommi nach einem Bauernhäuschen fürs Wochenende gesucht. Die beiden sind mit ihren Töchtern durch Brandenburg und durch den Süden von Mecklenburg gefahren, haben sich verträumte Dörfer angesehen und verlassene Häuser. Manchmal waren Hanna und Wanda so lange bei uns geblieben, damit die Eltern ihre Suche alleine fortsetzen konnten. Am Abend, wenn die beiden zurückkamen, um ihre Mädchen einzusammeln, haben wir Polaroid-Fotos von Dächern, Fenstern, Treppen und Heizungen angeguckt, Preise verglichen und Kilometerentfernungen in Fahrstunden umgerechnet. Es blieb schwierig, bis Tommis Eltern sagten, sie würden sich am Hauskauf beteiligen. Dieses Angebot weckte den bis dahin unerfüllbaren Traum von einem richtigen Wohnhaus im nahen Berliner Umland. Nun steht es also am

Rand der Hauptstadt und ist eigentlich eine süße alte Villa, wie man sie eher in Kurorten oder Bergdörfern vermutet: schmal, hohe Fenster, spitzes Dach mit verspieltem Holzrand, eine Stucksonne mit Strahlen, die sich wie Wellen über den Putz ausbreiten. Ein Treppchen führt zur Eingangstür hinauf und über die Wände hat sich ein kräftiger Knöterich hergemacht.

Anja bringt Martina und mir zwei Gläser Sekt, wir stoßen an und wünschen uns, daß 97 ein gutes Jahr wird. Wie im vorigen Jahr wollen wir drei auch in diesem Frühling wieder für drei oder vier Tage zusammen wegfahren, Frauenurlaub ohne Männer und ohne Kinder. Wir suchen uns ein schickes Hotel, es muß eine gute Küche haben, ein Schwimmbecken, aber vor allem eine schöne Umgebung. Letzten Mai waren wir auf einem alten Schloß in der Nähe der Müritz, wir sind weit gewandert, haben unverschämt viel geschlafen und wahnsinnig gut gegessen. In diesem Jahr wollen wir in die Schorfheide im nördlichen Brandenburg fahren.

Die Party bei Anja geht noch bis in den Morgen, so ist das immer, wenn Anja feiert. Irgendwelche Leute kommen noch mitten in der Nacht aus allen Ecken Berlins hierher, Tommis Kochkünste sind berühmt und Anjas Leute-Mischmasch ebenfalls. Am Morgen dann, wenn die Kleinkindereltern gegangen sind, die Musik immer ausgefallener wird, wenn die Gags immer absurder werden und das Fenster pausenlos aufsteht, weil der Rauch wie Staub im Zimmer steht, am Morgen also sind die ganz alten Freunde wieder mal übriggeblieben. Und wir dürfen uns fühlen, als wäre gar nichts geschehen. Es ist, als müßten wir jetzt so hier sitzenbleiben, dürften nicht aufstehen, vorsichtshalber, denn es ist so selten geworden, so nah beieinander zu sein, in der alten klassischen Besetzung. Die Haare sind dünner, der Whisky ist besser, und der Zynismus größer. Es ist so schön und so traurig, Silvester eben.

Dieser kalte Winter stellt das Land bloß. Immer mehr Menschen verlieren ihre Arbeit. Saisonbedingt, heißt es in den vielen Pressemitteilungen, die sich aus dem Redaktionsfax ringeln. Und ich finde, die Bundesanstalt für Arbeit sollte sich umbenennen in Bundesanstalt für Arbeitslosigkeit. Monat für Monat berichten wir in unserer Nachrichtensendung über die unerbittliche rote Kurve. Im Frühjahr und Herbst ruht sie kurz, als wäre sie erschöpft. Die Talsole sei erreicht, heißt es dann jedesmal, aber nur wenige Wochen später wuchert die Kurve nur noch haltloser der Oberkante des Diagramms entgegen. Die Gesellschaft teilt sich in diejenigen, die auf der Kurve leben, und jene darunter. Manch einer schafft es, sie zu durchbrechen, aufzutauchen und noch einmal die Füße herauszuziehen aus der Masse, die unter der roten Linie zu erstarren beginnt. Doch die Linie wird dicker, undurchdringlicher. Wer einmal seine Arbeit verlor, hat es immer schwerer, eine neue zu finden.

So wie mein Nachbar Kalle, der in einer Druckerei die tonnenschweren Papierrollen transportierte. Das erledigt jetzt eine Maschine. Kalle war 40 bei seiner Entlassung. Jetzt wird er umgeschult zum Installateur und hofft. Zwei Kinder und ein Haus wollen unterhalten sein. Oder wie mein Vater, dessen Arbeitsplatz es lange nicht mehr gibt. 58 war er, als er sein Entlassungsschreiben bekam. Seitdem sind sieben Jahre vergangen, die er mit verschiedenen Formen von Aufträgen herumbrachte. Niemand im Arbeitsamt hat ernsthaft versucht, ihn zu vermitteln. Oder wie meine Cousine Kristin, die vor einem knappen Jahr ihr Psychologiestudium mit Erfolg abschloß. Sie pilgert von einem Bewerbungsgespräch zum nächsten, aber eine Stelle bekommt sie nicht. Wenn Nico neue Schuhe braucht, schickt sie ihn zu seinem Vater. Oder wie Harrys alte Freundin Rita. Die hatte die erste Zeit nach der Wende eine ABM-Stelle in einem Frauenzentrum. Seit drei Jahren gibt sie stundenweise Näh- und Handarbeitskurse an der Volkshochschule. Es geht so, sagt sie, wenn man fragt, wie sie zurechtkommt. Oder Tante Gudrun, unsere Kindergärtnerin. Seit ihrer Entlassung hat sie einen Haushaltskurs über das Arbeitsamt gemacht und den Führerschein. Den hat ihr Mann bezahlt. Auch sie hat seitdem keine Stelle mehr bekommen, und das wird sich bis zur Rente vielleicht nicht mehr ändern. Bis dahin sind es noch zehn Jahre. Oder Harrys alte Bekannte, die auch Gudrun heißt, alleinstehend, zwei große Kinder. Früher arbeitete sie in einem Verlag, seit der Wende macht sie Fernsehreportagen als freie Journalistin. Obwohl sie dafür schon ausgezeichnet wurde, kann sie nur selten Produktionsaufträge an Land ziehen. Wenn sie ihren Stundenlohn ausrechnet, kommt sie auf einen Putzfrauenlohn. Seit einiger Zeit vermietet sie ein Zimmer in ihrer Wohnung, damit sie über die Runden kommt.

Noch immer verspricht die CDU-Regierung, sie will die Arbeitslosigkeit bis zum Jahr 2000 halbieren, dabei sind das nur noch gut zwei Jahre. Und Monat für Monat verlieren in Brandenburg

Tausende Beschäftigte ihre Stelle. Keiner glaubt mehr, daß dieses Versprechen eingehalten werden kann. Im nächsten Jahr sind Wahlen und so bittet der deutsche Kanzler die deutsche Wirtschaft um mehr Arbeitsplätze. Tatsächlich. Der Mann, der als Machtmaschine bezeichnet wird, der alle Fäden in der Hand hat, geht umher und bittet. Ich stelle mir den besorgten Kohl vor, wie er von Empfang zu Empfang stapft, hier und da einen Arbeitgeber zur Seite nimmt und fragt: „Äähh, das mit den Arbeitslosen, das ist ja jetzt nicht so schön, nich wahr? Könnt ihr da nicht ein bißchen was machen? Ein paar Einstellungen vielleicht? Mir zuliebe?" Aber die bösen Unternehmer entlassen weiter, Monat für Monat, der Kanzler ist öffentlich enttäuscht. Und wir bereiten im ORB unsere vierte Sondersendung zum Thema Arbeitslosigkeit vor.

Sondersendungen gibt es, wie der Name sagt, nur wenn etwas Besonderes passiert. Immerhin muß das Regelprogramm geändert werden, eine andere geplante Sendung rutscht nach hinten oder fällt aus. Doch die Arbeitslosenquote ist jeden Monat ein neuer Skandal, auch für uns Presseleute, die wir berufsbedingt etwas häufiger mit Skandalen zu tun haben.

Die Widersprüche im ganzen Land spitzen sich zu. Einerseits wird bei den Arbeitslosenzahlen die Viermillionengrenze überschritten. Andererseits steigt die Zahl der geleisteten Überstunden auf 1,8 Milliarden im Jahr. Einerseits ist der Staat hoch verschuldet, unter der Führung von CDU, CSU und FDP erreicht Deutschland ein Rekorddefizit von 110 Milliarden Mark. Andererseits gibt es so viele Steuerschlupflöcher, daß die Steuerhinterziehung auf 150 Milliarden Mark im Jahr geschätzt wird.

Einerseits gehen die Realeinkommen der Arbeitnehmer immer weiter zurück, andererseits steigen die Aktienkurse in schwindelerregendem Tempo. Die Deutsche Börse wird am Ende des Jahres 97 einen Rekordumsatz von 8.970.000.000.000 Mark verzeichnen. In Worten sind das fast 9 Billionen Mark.

Ich lerne: Wo entlassen wird, steigt der Gewinn, und damit auch der Aktienkurs des Unternehmens an der Börse. Ich lerne außerdem: Wenn ich von dem Gewinn etwas abhaben will, muß ich Aktionärin werden. Ich kaufe mir Aktien eines etablierten Chemieunternehmens. Und siehe, nach nur einem Jahr hat sich mein Geld um zwölf Prozent vermehrt. Keine Lohnsteigerung wächst in solchen Dimensionen. Ich lerne also weiter: Als Aktionärin habe ich ein ausschließliches Interesse daran, daß „mein" Chemieunternehmen Gewinn macht und nicht, daß es Arbeitsplätze schafft. Als Aktionär will ich sogar, daß so viel wie möglich entlassen wird, damit meine Aktien im Wert steigen.

Ich stehe im engen Regieraum, es sind nur noch wenige Minuten bis zum Beginn der Sondersendung über die Arbeitslosigkeit. Vor mir, der Redakteurin, sitzt die Regiebesatzung in einer Reihe vor den Pulten. In der Hand halte ich den genauen Ablaufplan für die folgenden 45 Minuten, unterteilt in Trailer, Fragerunden, kurze Filme. Hinter die Namen der Studiogäste habe ich kleine Häkchen gemacht. Ministerpräsident Stolpe ist da, Arbeitsministerin Hildebrandt, Wirtschaftsminister Dreher. „Arbeitslos – wie weiter in Brandenburg" haben wir diese Sendung genannt. Wir wollen wissen, was das Land tun kann gegen den anhaltenden Abbau von Arbeitsplätzen. Natürlich hatten wir, wie schon viele Male zuvor, auch Bonner Politiker eingeladen, den Arbeitsminister und den Wirtschaftsminister. Aber sie sind wieder nicht gekommen. Ich sehe auf die Monitore mit den unterschiedlichen Kameraeinstellungen. Auf einem Monitor sieht man das voll besetzte Studio von oben, das ist die Sicht vom Kamerakran. Das Studio ähnelt einer Arena, in der Mitte ein Tisch, an dem sich die Gesprächsgäste streiten werden. Rundherum sitzt das Publikum, Arbeitssuchende aus dem ganzen Land. Es wird darauf achten, daß die Politiker in der Mitte keine Märchen erzählen. Auf einem anderen Monitor begrüßt Regine Hildebrandt gerade die Arbeiter vom ehemaligen Halbleiterwerk Frankfurt/Oder. Ihr Betrieb wird seit Monaten mit Fördermitteln künstlich am Leben erhalten, bald wird er schließen. Die Ministerin beugt sich nach vorne, hört nur kurz zu und fängt in ihrer aufgeregten Art zu diskutieren an. Auf einem anderen Monitor sieht man den Ministerpräsidenten, eingequetscht zwischen einer Hand voll Wirtschaftsexperten. Das Scheinwerferlicht nimmt ihm ein wenig die Sicht. Auf dem anderen Monitor sieht man die Arbeiter eines konkursgefährdeten Tiefbaubetriebes aus dem nördlichen Finow. Die Kamera versucht einen Schwenk, und ich sehe die ehemaligen Mitarbeiter des Krupp-Kaltwalzwerkes aus meiner Kreisstadt. In der Mitte sitzt die kleine Kranfahrerin aus meiner Reportage, Frau Ludwig. Aufgeregt wischt sie mit dem Daumen eine Strähne aus der Stirn. Hinter ihr haben sich die Leute vom Arbeitslosenverband plaziert. In der Sendung wird der Regisseur die verschiedenen Kamerabilder abrufen, so entstehen die unterschiedlichen Perspektiven für den Zuschauer. Jetzt geht es los, der Regisseur ruft ein energisches „ab".

Als die Brandenburger SPD-Regierung vor drei Jahren antrat, versprach sie, die Arbeitslosigkeit unter zehn Prozent zu drücken. Inzwischen liegen wir bei 20 Prozent. Die Transferzahlungen aus dem Westen greifen nicht. 100 Milliarden Mark wurden nach Aussage der Regierung seit der Wende in den Osten gepumpt, doch das Geld brachte keinen selbsttragenden Aufschwung. Es floß zum großen Teil in die Bauwirtschaft. So entstanden Neubaugebiete wie bei mir im Ort, Einkaufszentren, Baumärkte und Gewerbeparks. Straßen, Marktplätze und Autobahnen wurden endlich repariert. Viele Orte bekamen Abwasser, Telefon, Gasanschluß und neue Laternen. Doch mit Straßen und Gewerbeparks allein kann man nichts produzieren. Die von der Treuhand abgewickelte Industrie fehlt nun, so daß Handwerker, kleine Fertigungsbetriebe und Dienstleister keine Auftraggeber finden. Es gibt einige Leuchttürme wie EKO in Eisenhüttenstadt, BASF in Schwarzheide, doch zu viele Betriebe sind verschwunden. Und noch jetzt gibt es in Brandenburg rund tausend Pleiten pro Jahr. Mein Vater, der sich mit der Auflistung von Gläubigerforderungen etwas zur Rente dazu verdient, hat ordentlich zu tun. Viele der Betriebe, denen er Sterbehilfe leistet, kommen aus Brandenburg.

In der Sendung sollen die Landespolitiker sagen, mit welchen Konzepten sie gegen die Arbeitslosigkeit angehen wollen. Regine Hildebrandt erzählt von neuen Möglichkeiten bei Arbeitsbeschaffungsmaßnahmen und daß die jetzt auch für die Sanierung von Altlastenflächen eingesetzt werden können, dann aber anders heißen, und daß sie das schon lange gefordert hat und daß das jetzt ein Fortschritt ist. Wirtschaftsminister Dreher verweist darauf, daß wir im Vergleich der neuen Länder noch ganz gut dastehen, daß wir Brandenburger trotz der hohen Pleitenzahlen auch ein sehr gründungsfreudiges Völkchen sind und es hier die meisten Existenzgründer überhaupt gibt und daß die Zukunft des Landes in der Technologie liegt und daß er die mit einem Maßnahmebündel fördern wolle. Und Manfred Stolpe zeigt auf die Regierung in Bonn, die die Weichen stelle, das Land könne lediglich durch flankierende Maßnahmen unterstützen und tue das auch.

Die Zuschauer reagieren zunehmend unwirsch. Ein Arbeitsloser ruft, was nützt mir das Gerede von Technologieförderung, das bringt mir in diesem und im nächsten Jahr keine Stelle! Die Betriebsrätin eines konkursgefährdeten Baubetriebes nutzt die Chance, und ringt der Arbeitsministerin das Versprechen ab, sich um den Problembetrieb persönlich zu kümmern. Ein Existenzgründer, der Arbeitsplätze schaffen will, aber von den regionalen Behörden ständig Steine in den Weg gelegt bekommt, erhält einen Termin für die nächste Woche beim Wirtschaftsminister.

Die Sendung verkommt zum öffentlichen Kummerkasten. Wenn der Moderator die Politiker nach Konzepten und Visionen fragt, flüchten sie sich in allgemeine Floskeln. Wenn er konkrete Beispiele aus dem Publikum vorführt, um die Politiker zu praktischen Aussagen zu bewegen, verbeißen sie sich in den Einzelfall, als wollten sie sagen, guckt doch, es geht, wenn wir nur alle an einem Strang ziehen.

Als die Sendezeit um ist, ist noch mehr unklar als vor der Sendung. Das Regierungstrio konnte die vielen Fragen nach der Zukunft nicht einmal im Ansatz beantworten. Trotz vieler Worte wurde deutlich: Die Politiker in Brandenburg haben keine Idee, wie das hier weitergehen soll. Der König, den die Brandenburger sich da gewählt hatten, ist selbst ratlos.

Die großen Träume der Anfangsjahre sind ausgeträumt. Das sogenannte Begrüßungsgeld für Neugeborene wurde aus Kostengründen längst wieder abgeschafft, die Fusion mit Berlin ist gescheitert, viele Großprojekte kommen seit langem über die Planungsphase nicht hinaus: der Großflughafen, die Rennstrecke Lausitzring, das lange versprochene Zellstoffwerk in der Prignitz. Zahlreiche Brandenburger Minister sind angeschlagen. Im Gesundheitsministerium ermittelt die Staatsanwaltschaft wegen Verstößen gegen das Haushaltsrecht. Der Landwirtschaftsminister trat zurück, weil es Unregelmäßigkeiten bei einem Arbeitsbeschaffungsprojekt gab. Der Kulturminister steht wegen ständiger Kürzungen im Kulturbereich in der Dauerkritik. An den Universitäten und in den Schulen klagt man über knappe Finanzen. Das Land hangelt sich von einer Haushaltssperre zur nächsten. Auch viele Städte und Gemeinden sind verschuldet. Teure Abwasseranlagen haben manche Kommune in die Pleite getrieben. Die Bürgermeister sind desillusioniert, viele wollen nicht weitermachen, weil sie ohne Geld nichts mehr gestalten können. Der einstigen Aufbruchsstimmung folgt vielerorts Resignation.

Zu Hause hat die Zeit der Samentütchen wieder begonnen. Ich grubber durch den Garten und krümele reihenweise kleine Körner in den Boden. An die Enden der Saatspuren setze ich die geleerten Tüten, darauf sind die Fotos der formschönen Kohlrabi, der sattgrünen Blattsalate und weiß gespreizter Margeriten, die hier bald wachsen sollen. Sobald die Keimlinge aus der Erde schauen, können sie sich an diesen Vorbildern orientieren. Mit der Gießkanne schwenke ich die Reihen ab, das Wasser ist abgestanden und nicht zu kalt, wie es mein Gartenhandbuch vorschreibt. Ich bin eine gute Gärtnerin geworden, kenne Jasmin, Immergrün und Sonnenhut, weiß, wann man die Blüten der Flammenblume ausputzt, wie man den wuchernden Goldfelberich im Zaum hält und wo die Schleifenblume am besten gedeiht. Ich setze den Komposthaufen um, gebiete mit Leimringen dem Frostspanner, der meine Äpfel zerstechen will, Einhalt und baue aus Haselnußruten naturnahe Rankgitter für die rotblühenden Feuerbohnen und für die Kletterrose. Nur ein Birnbaum fehlt mir noch, ich werde ihn in diesem Herbst pflanzen. So ein kleiner soll es sein, von dem ich das Obst ohne Leiter pflücken kann, ein altersgerechter Birnbaum, wie Harry sagt. Aber der muß ja auch die beiden Apfelbäume nicht ausästen und später abernten. Diese hohen Bäume sind Plage genug, da sieht man nun die schönen reifen Äpfel da oben hängen, aber für das Schulfrühstück der Kinder oder nur mal naschen lohnt es nicht, die große Leiter hinter dem Schuppen hervorzuholen und in die Höhe zu kraxeln.

Bei meinem Vater ist das anders. Er freut sich den ganzen Sommer auf den Tag, da er endlich auf seine Birnbäume klettern kann. Dann holt er die zwei großen Körbe aus dem Keller, befestigt einen stabilen Fleischerhaken an den Henkeln und setzt die braune Wildledermütze auf, damit ihm keine Birne die Platte verletzt. Man muß sie nämlich ernten, wenn sie noch grün und hart sind, den richtigen Geschmack bekommen sie erst, wenn sie einige Zeit gelagert wurden. Sechs Birnbäume hat mein Vater im Garten, wir sind mit Birnen in allen Speisevariationen groß geworden, und auch unsere Kinder wurden von klein auf mit Birnen aus Opas Garten gefüttert. Anja kann deswegen keine Birnen mehr sehen, aber ich vermisse sie.

Manchmal denke ich darüber nach, was ich machen soll, wenn auch der Birnbaum gepflanzt ist. Vielleicht noch ein Haus kaufen? Ich sehne mich nach der wilden Krautwiese zurück, die ich hier vorfand. Zwar ist der Rasen nicht auf 2-Zentimeter-Golfplatzlänge abgefazt, das Gras bleibt solange stehen, bis Harry mit dem Rasenmäher gerade noch durchkommt. Aber dennoch wirkt alles zu sauber und glattgeharkt. Der Garten braucht mich nicht mehr so sehr, und insgeheim befürchte ich, er wäre schöner ohne mich und meine systematischen Eingriffe. Damit er nicht zu durchgeplant aussieht, dürfen Ringelblumen, Königskerze, Schmuckkörbchen, Goldrute, Vergißmeinnicht und wilde Veilchen sich ungebremst zwischen all der Ordentlichkeit verbreiten, außer natürlich im Gemüsebeet.

Jetzt, wo die Dunkelheit sich täglich immer mehr verspätet, ist mir an freien Tagen die Gartenhacke in den Händen festgewachsen. Ich kann sie einfach nicht wegstellen. Ich sehe von draußen durch die Terrassentür, wie Harry den Abendbrottisch deckt und schneide eilig und halb blind mit der Gartenschere in der Dämmerung stochernd noch einige Stengel für die Vase. Dann ziehe ich die verdreckten Gartenschuhe aus.

Anton kommt aus dem Kinderzimmer, in seiner Hand schwebt ein neues Lego-Ding, ein kompliziertes Flugobjekt mit Klappflügeln, Ladeluke und unzähligen Propellern. Im Inneren sitzen lächelnd ein Bauarbeiter mit Bart und eine Krankenschwester, und ich kann nur hoffen, daß die beiden nicht in der Lage sind, diese Maschine zu starten. Sie würden wohl nie wieder heil aufsetzen. „Es kann mit Rädern landen, guck mal so", sagt Anton und seine Stimme gurgelt aufgeregt in die Höhe. „Guck doch mal. Und auf dem Wasser kann es auch landen, ich habe Skier angebaut, das ist super." Seine Schmuddelfinger hebeln die Räder weg, so daß die Skier nun wie Hühnerfüße aus dem Bauch des Ungetüms ragen. Solche Gebilde wachsen unaufhörlich aus der großen Legokiste im Kinderzimmer, sie vermehren sich und bevölkern Regale und Tische. Anton, der Schöpfer all dieser Legokonstruktionen, duldet keine Berührung. Ein Flügel könnte abfallen oder ein Rad wegknicken, nie wieder würden sie nach einer Reparatur so sein wie vorher. Es ist höchste Zeit, denn die Nachrichten fangen gleich an. Jakob hat schon die Fernbedienung in der Hand, Harry teilt Tee aus, Abendbrot und „Brandenburg aktuell" gehören zusammen.

In der Mitte der Sendung kommt eine kleine Meldung. Der Einkaufspark auf dem Gelände des ehemaligen Krupp-Werkes wurde eingeweiht. Dort, wo vor 18 Monaten der Bagger lärmend in die Fabrikhalle einfiel, wo die noch immer arbeitslose Kranführerin Ludwig durch den Abrißstaub schritt, dort drehen sich jetzt Kleiderständer mit Unterwäsche und tippen freundliche Verkäuferinnen Preise in die Kassen. Ein Kaufhaus und einen Baumarkt gibt es, den vierten in der Gegend, einen Sex-Shop und einen Blumenladen, einen Supermarkt, einen Jeansladen, einen Drogeriemarkt, einen Imbiß, eine Bowlingbahn und 1.000 Parkplätze. Rund 50 Leute haben wieder eine Stelle.

Ich kippe mir einen Kognak in den Tee, aber der hilft nicht gegen meinen Ärger. Warum können wir hier nicht irgend etwas von dem produzieren, was da verkauft wird? Die Frage kann ich mir als Wirtschaftsjournalistin selbst beantworten: Es gibt keine Abnehmer. Nur drei bis vier Prozent aller Waren in deutschen Verkaufsregalen kommen aus den neuen Ländern. Bei so niedrigen Absatzzahlen kann der Osten sich nicht entwickeln.

Wieder einmal bittet der Kanzler die Unternehmer um Hilfe. Diesmal redet er auf die Vertreter des Handelsketten ein, sie sollten sich die Ostprodukte wenigstens einmal ansehen. Um die Großhändler zu überzeugen, veranstaltet der Kanzler eine Ost-Messe im Westen. Ich fliege nach Düsseldorf, um darüber zu berichten. Als erstes machen wir eine Umfrage in der Düsseldorfer Innenstadt. Vor einem Kaufhaus frage ich die Leute, welche Produkte sie aus den neuen Ländern kennen. „Rotkäppchensekt", sagt eine breite Frau lächelnd ins Mikrofon. Ein Herr mit zwei Tüten in der Hand erinnert sich an Spreewaldgurken. Eine junge Frau sucht nach dem Namen des Waschmittels aus Genthin: „Spree oder so ähnlich." Ein Familienvater kennt das Köstritzer Bier. Aber den meisten fällt gar nichts ein. „Da muß ich passen", heißt es oft, oder „tut mir leid, kenn' ich nicht."

Auf dem großen Düsseldorfer Messegelände füllen die Ostprodukte gerade mal zwei von einem Dutzend Hallen. Ich finde Namen wieder, von denen ich selbst nicht gewußt habe, daß sie noch existieren. Fassungslos ziehe ich das Team von einem Stand zum nächsten; von der Creme-Marke Elasan zum Filmproduzenten ORWO, von den Fahrradherstellern Diamant und Mifa zum Mopedmacher Simson, von den NARWA-Glühlampen zu den Moewe-Eierteigwaren aus Mecklenburg. Ich staune über die Putzi-Zahncreme meiner Kindheit, über Sonni-Spielwaren aus dem Thüringer Sonneberg, über Eg-Gü-Schuhputzmittel aus Dresden, Kahla-Porzellan aus Thüringen und Pflaumenmus aus Zörbig. Fehlt nur noch die Schlagersüßtafel mit dem Sammelbild. Totgeglaubt und vergessen waren die meisten Namen. Über ihr Fortbestehen bin ich glücklich und unglücklich zugleich. Denn ich finde sie zwar hier auf der Messe, aber kaum in den Läden zu Hause. Die beiden Männer von meinem Düsseldorfer Kamerateam müssen den Eindruck haben, ich komme aus einer anderen Welt. Denn ich spreche auf Zeichen und Namen an, die sie nicht verstehen. Mit den Ausstellern aus Sachsen und Mecklenburg rede ich in fremden Worten, zwischen Kathi-Backmischungen, Klarofix-Fensterputz und Seife aus Riesa finden Verbrüderungen und sentimentale Zugehörigkeitsbekundungen statt nach dem Motto „Du Ossi – ich Ossi". Vor Rührung vergesse ich die Behelfsverpackungen bei Tempolinsen, die zum Strecken beigemengten Getreidekrümel im Rondo-Kaffee, die Esda-Strumpfhosen, die nach dem ersten Tragen Knötchen hatten und nach dem zweiten Tragen Löcher.

Wie lange ist das her? Bald zehn Jahre. Plötzlich merke ich, daß ich diese Alltagsdinge vermißt habe. Der Verlust ist nicht wirklich schmerzhaft, denn ich bin ausreichend entschädigt worden: Ich habe für jedes einzelne Detail in meinem Bad einen anderen Viss-Reiniger. Ich kann zwischen fünf verschiedenen Jakobs-Kaffee-Sorten wählen, und die Strumpfhosen von Kunert halten nicht nur viel länger, sie sehen auch noch besser aus und kosten weniger. In der kurzen Zeit, seit die Mauer weg ist, habe ich Dinge erworben, die ich früher nicht erträumt hatte. Wir fahren jeder ein Auto, selbst in den Kinderzimmern steht je ein Computer, in der Küche wäscht jeden Tag ein Geschirrspüler meine dreckigen Tassen. Wir haben zwei neue Fotoapperate, ein Faxgerät, eine Videokamera, zwei Hifi-Anlagen und selbstverständlich einen neuen Fernseher und einen Videorekorder. Jedesmal wenn die Jahreszeit wechselt, leiste ich mir eine kleine neue Grundgarderobe. Wenn ich im Winter Erdbeeren essen will, dann kaufe ich welche. Wenn ich ein bestimmtes Buch suche, dann bestelle ich es, und am nächsten Tag kann ich es abholen. All das wäre früher nie möglich gewesen. Was also rührt mich hier an, zwischen Apoldaer Strickchic, Radebeuler Waffeln und Rostocker Fischstäbchen. Vielleicht liegt es daran, daß es so viele Dinge aus meiner Vergangenheit sind, sie umgeben mich wie ein vertrautes Kinderzimmer. So ein Kinderzimmer muß auch nicht unbedingt schön gewesen sein, damit man sich gern daran erinnert. Es gehört zu einem Teil von Jahren, darum ist es vertraut. Und obwohl ich genau weiß, was ich alles neues bekam, habe ich trotzdem so ein Gefühl, als hätte mir jemand etwas weggenommen.

Wenn ich an den Messe-Ständen entlang gehe, sehe ich, daß hier gute Produkte ausgestellt werden. Und ich bin wütend, weil das Gute noch nicht stark genug ist, um sich zu behaupten.

Mit einem Troß Journalisten im Schlepp zieht der Kanzler zum Stand von Spee. Ich stehe mit meinem Team auf einem erhöhten Treppenabsatz, wir filmen das Gerangel von oben. Eine schwarze Traube umringt den Hersteller der Spee-Megaperls. Und über allem leuchtet das Symbol des Henkel-Konzerns, der mit aufwendigen Fernsehspots (Spee-Megaperls, die schlaue Art zu waschen) seit Jahren versucht, das Waschmittel Spee auch im Westen einzuführen. Die Werbung muß bereits Millionen verschlungen haben.

Jetzt wirken die Gesetze der freien Marktwirtschaft, für die wir uns entschieden haben. Nun müssen wir auch mit diesem Markt leben, der so heftig nach höherem Gewinn trachtet, daß er dafür ein halbes Land wirtschaftlich erdrückt. Die Regierung versucht, die Schäden notdürftig zu beheben, stopft Fördermittel in den Osten und wartet und hofft auf den selbsttragenden Aufschwung. Aber der Aufschwung ist immer nur so groß wie die Förderung. Kaum gehen die Zuschüsse zurück, hört die Wirtschaft hier auf zu wachsen. Die ganze ehemalige DDR trägt nicht einmal sieben Prozent zum deutschen Gesamtumsatz bei. Wir sind ein Volk von Verbrauchern, Essern und Käufern geworden.

Unsere beiden Jungs gehen mir jetzt bis zur Brust, beim Kuscheln paßt der Kopf genau in die Kuhle. Sie ziehen coole Raver-Hemden an, tragen weite Hosen mit Seitentaschen und setzen die Basecaps verkehrt herum auf. Ihr Idol ist kein Popstar, Filmheld oder Sportler mehr, sondern Lara Croft, eine Computerfigur mit Boots, kurzen Hosen, einem engen Muscel-shirt, das über einer unverschämten Oberweite spannt. Um die Hüfte trägt sie einen breiten Gürtel und in den Händen hat sie zwei Colts. Lara ist eine Forscherin, die sich zornig den Weg zu irgendwelchen Tempeln oder Schätzen freischießt. Gemeinsam mit meinen Söhnen ballert sie sich durch die Level zum Ziel. Es geht das Gerücht, daß es eine Zusatzsoftware gibt, mit deren Hilfe Lara ihr Shirt auszieht, so daß sie barbusig vor dem User steht. Aber da meine Kinder noch kein Englisch verstehen, können sie die Anleitung nicht lesen. Jakob kommt nach den Ferien in die fünfte Klasse, dann bekommt er viele neue Fächer, auch Englisch. Er ist einer der Besten in seiner Klasse, eine Psychologin hat herausgefunden, daß er hochbegabt ist. Er frißt Bücher genauso süchtig wie Schokolade. Wenn wir in die Buchhandlung gehen, pickt er sich Titel wie „Chemische Experimente“, „Die griechischen Sagen“, – „Steine sammeln und klassifizieren“ oder „Das All“ aus den Regalen. In ganzen Blöcken schiebt er geballtes Wissen in seinen Kopf . Hinter seiner blassen Stirn müssen bereits halbe Lexika gespeichert sein. Manchmal gibt er komplette Sätze wider, die er vor langer Zeit irgendwo gelesen oder gehört hat, exakt Wort für Wort. Wenn wir zu Freunden zum Kindergeburtstag gehen, nimmt er sich einen Packen Bücher mit, und nach dem Kuchenessen sackt er in einer Ecke zusammen und schmökert, bis wir wieder nach Hause fahren. Wir sind natürlich stolz auf unser kluges Kind, aber manchmal geht uns sein „ich weiß“ auf die Nerven, das uns zum Beispiel bei der Erklärung der Lichtgeschwindigkeit bereits nach dem zweiten Satz entgegen tönt. Erstens weiß man als Erwachsener schon noch ein bißchen mehr und zweitens ist dieses verbale Weggestoßenwerden nicht besonders einnehmend. Wir sorgen uns um Jakobs soziale Bindungsfähigkeit, und deshalb schicken wir ihn nicht vorzeitig auf ein entfernteres Gymnasium, wie es die Psychologin empfiehlt, sondern lassen ihn weiter hier bei seinen Freunden. Sie haben ihn zum Klassensprecher gewählt, rufen Jakob an, wenn sie ein Programm nicht installieren können und holen ihn zum Kino ab. Am Nachmittag treffen sie sich in einem der immer zahlreicher werdenden Computer-Kinderzimmer, um vielleicht doch Lara zum Ausziehen ihres Shirts zu bewegen. Wir hingegen beschränken uns darauf, das geisteshungrige Kind mit immer neuen Büchern zu versorgen, mit ihm zusammen Wissenschaftssendungen zu gucken und ihm den jeweils modernsten Computer ins Zimmer zu stellen.

Anton ist ganz anders, ein Plauderer, der die Nähe liebt, Komplimente macht und über Mädchen nachdenkt. Er schätzt die guten Dinge im Leben wie ein besonderes Essen, gute Kleidung, schöne Reisen, tolle Autos. Beim Reden oder beim Fernsehgucken läßt er gern eine Hand auf meinem Arm oder auf dem Bein, da ist gar kein Sinn dahinter, es ist nur wie andocken und Wärme ziehen. Er interessiert sich für alles, was zwischen Menschen passiert. Er will an anderen Leben teilnehmen, und er will, daß andere an seinem Leben teilnehmen. Mit dem Opa kann er sich endlos darüber austauschen, wie das war, als ich geboren werden sollte und der Trabi nicht ansprang. Er fragt, woher Eltern immer so genau wissen wollen, was gut für ihre Kinder ist. Er will wissen, wie ich meinen Chef finde, und wie der mich findet. Wenn er sich mit Jakob streitet, wehrt er sich dagegen, daß wir uns einmischen. Für Jakob ist dieser Bruder, der alles ausdiskutieren will, ganz schön anstrengend. Jetzt, wo beide ihr eigenes Zimmer haben, kann er sich von Anton erstmals abgrenzen. Und das tut er unerbittlich, auch wenn Anton mit hängenden Schultern sichtbar unter der Trennung leidet. Er will immer bei seinem Bruder mit im Zimmer schlafen, aber der sagt meistens „nö, heute nicht".

Das Ferienlager ist abgesagt. Das Oderbruch, wo das Zeltlager sein sollte, wird von einer Überschwemmung bedroht. Die Kinder fahren in die Märkische Schweiz.

Seit Wochen hatte es in Polen und Tschechien geregnet. Die Oder, der friedliche breite Strom zwischen Deutschland und Polen, führt nun ein gefährliches Hochwasser. In breiten Wellen flutet sie in Richtung Meer und sucht unterwegs Platz für die Unmengen von Wasser. Das Oderbruch, am östlichen Rand des Landes Brandenburg war einst der natürliche Flutungsraum der Oder.

Die Nachrichtenlage ist miserabel. Offizielle Pressemitteilungen, von denen das Nachrichtengeschäft normalerweise hauptsächlich lebt, gibt es kaum. Eine Informationsstruktur existiert nicht, die Tickermeldungen widersprechen sich. Die Verantwortlichen vor Ort sind damit beschäftigt, die Einsätze der Hilfsgruppen zu koordinieren, Evakuierungen vorzubereiten, Sandsäcke heranzuschaffen. Sie haben wenig Nerven für die Journalisten, die mit Kameras und Mikrofonen überall im Wege stehen, um über die Ereignisse zu berichten. Ein überfluteter Keller, der Mann, der seinen Kühlschrank ins Dachgeschoß trägt, die im Wasser eingeschlossene hilflose Viehherde, die großzügige Spende eines hochwassergeprüften Kölners, eine Frau, die ihre Hühner mit der Luftmatratze aus dem Stall rettet, das alles sind die Ereignisse, über die wir in den Nachrichten berichten.

Das Hochwasser macht den kleinen ORB bekannt. Jahrelang hatten wir uns trotz unseres bescheidenen Budgets darum bemüht, den Brandenburgern ein kluger Heimatsender zu sein. Sie haben es uns lange Zeit nicht mit entsprechenden Einschaltquoten vergolten. Jetzt aber, mit Sendungen voller Leid und Tränen, wird ORB geguckt bis nach Mitternacht. Was kann spannender sein, als ein echter Deich, der ein echtes Dorf von einer echten Flutwelle trennt. Die Frage, hält er oder hält er nicht, vereint Familien, Kneipenbesucher, Schichtarbeiter und Hotelgäste vor dem Fernseher. Touristen reisen ins Oderbruch, um die authentischen Orte, die sie aus dem Fernsehen kennen, zu besichtigen wie eine Filmkulisse.

Eine Sondersendung jagt die nächste. Zusammen mit anderen Redakteuren schreibe ich Sendepläne, bestelle Grafiken, telefoniere nach Studiogästen, kaufe Reporter ein, erkunde Pegelstände, schneide Vorspänne, texte Trailer, setze Kamerateams ein, bestelle Live-Schalten, lasse mir die Schreibweise von Interviewpartnern buchstabieren, und recherchiere Spendenkonten. Ich gehöre schon zu den Trockenschwimmern, Bürohengsten, oder wie man Büroarbeiter sonst noch nennt. Ich stehe nicht mit Gummistiefeln im Modder, sondern im guten Jacket in der Regie. Manchmal bedauere ich das, aber ich tröste mich damit, daß diese Organisationsarbeit auch nicht jedem liegt. Mir liegt sie, der Streß ist groß, die Mannschaft ist schnell und effektiv, wenn etwas nicht klappt, können wir reden, und wir haben uns auch im größten Zeitdruck nicht ein einziges Mal in der Redaktion angebrüllt. Wir arbeiten jeder für drei und werden trotzdem nicht müde. Eine Art Euphorie scheint alle Reserven frei zu setzen, ich kann tags fast doppelt schnell arbeiten und nachts doppelt schnell schlafen, so daß ich mit wenigen Stunden auskomme. Und ich bin auf eine atemlose Art glücklich.

Meine Kinder hole ich aus dem Ferienlager, als das Schlimmste überstanden ist. Die Zahl, die am Pegelhäuschen in Ratzdorf die Höhe der Flut anzeigt, wird kleiner. Es folgen die Berichte über Aufräumarbeiten und Spenden. Unsere Ü-Wagen sind wieder in Potsdam, und einige Reporter mußten erst einmal nach Hause zum Schlafen geschickt werden. Der normale Redaktionsalltag kehrt langsam zurück. Aber es vergehen noch mehrere Wochen, ehe die erste Nachrichtensendung ohne ein Bild oder ein Wort vom Hochwasser ausgestrahlt wird.

Wenige Monate später geht der ORB auf Satellit. Unser Programm ist nun auch in den anderen Bundesländern zu sehen. Manche im Westen haben erst durch die Flut erfahren, daß es uns gibt. Unsere Quoten machen einen ordentlichen Sprung nach oben.

Ich treffe mich zum Frühstück mit meinem Papa. Es ist ein Herbsttag, aber die Luft ist warm. Ich suche einen hellen Platz am Fenster, Papa ist noch nicht da. Ich sehe auf den Kollwitzplatz, auf die vielen Cafés und Kneipen, die hier in den letzten Jahren wie Unkraut aus dem Trottoir wuchsen, auf den Spielplatz, der um diese Zeit noch leer ist.

Mein Vater verspätet sich um fünf Minuten. Er bringt mir eine Rose mit, tiefrot, mit einem langen Stiel. Die Kellnerin holt eine Vase, und ich erinnere mich an frühere Treffen, die wir uns zwischendurch manchmal gegönnt hatten wie kleine Feiertage. Wir verabredeten uns zum Mittag, und mein Vater führte mich in die Ministerkantine aus, ein kleines, verstecktes Restaurant abseits der Otto-Grotewohl-Straße, zwei Fußminuten vom Haus der Ministerien entfernt. Nur ein kleiner Kreis von Leuten durfte hier essen gehen. Papa hatte immer einen knapp geplanten Arbeitstag, deshalb erwartete er von mir, daß ich pünktlich kam. Einmal hatte ich mich verspätet, weil ich beim Lesen meine Station zum Umsteigen verpaßt hatte. Da stand er schon oben am Treppenende des U-Bahn-Ausgangs Thälmannplatz, der Blick streng, die schmale Aktentasche an das Jacket gepreßt. Ich lief die Stufen nach oben auf ihn zu, und ich wußte, es würde dauern, bis sein Ärger verging. Er hatte sich Zeit genommen für mich und ich? Ich ging damit so achtlos um. Er schwieg, ich schwieg vorsichtshalber auch. Und während wir zum Restaurant liefen, konnte ich sehen, wie er seine Gefühle gegen mich bezwang. Als wir den Gastraum betraten, war sein Gesicht wieder freundlich, nur eine kleine Länge zwischen Wangenknochen und Mundwinkel verriet noch etwas Gespanntheit. Ganz Papa wurde er sowieso nie, wenn wir hierher gingen. Die Arbeit hatte er im Magen immer dabei, und manchmal mußte ich etwas zweimal erzählen, weil er gerade an etwas anderes gedacht hatte.

Vielleicht 15 Tische gab es in diesem Gastraum und immer freie Plätze, natürlich wurde man nicht plaziert. Das Restaurant wirkte einladend, Tischtücher, Servietten, Stuhlbezüge und die Vorhänge waren farblich aufeinander abgestimmt. Auf jedem Tisch stand eine kleine Blumenvase und es roch stets angenehm nach Boullion mit zarten Gemüsestreifchen. Die Serviererinnen waren zurückhaltend, aber aufmerksam. Sie sahen genau, wann ein Gast sein Essen gewählt hatte und bestellen wollte, wenn noch etwas Sauce oder ein Aschenbecher gebraucht wurde. „Unsere Betriebskantine“, sagte mein Vater immer, denn die Preise hier waren staatlich gestützt wie in den anderen Kantinen überall im Land. Natürlich wußte er, daß dieses Restaurant nicht zu vergleichen war mit den normalen Speisesälen. Selbst im Verlag Neues Deutschland bestand die Ausstattung aus Aluminiumbesteck, Sprelakart-Tischen. Dort stand man zum Mittag in einer Schlange an, die Küchenfrauen kellten die Rationen auf die dreigeteilten Hartplaste-Teller und fragten beim Auftun „So?“ und dann konnte man „nicht so viel“ oder „etwas mehr bitte“ sagen. Dann saß man dichtgedrängt an Zwölfertischen, und später kippte man die Essenreste in einen Schweineeimer. Man fischte den Lappen aus einer Schüssel mit Seifenwasser, um die Reste von Kartoffelbrei oder Krautsalat vom Tisch zu wischen.

Hier in der Ministerkantine waren die Gäste mit Namen bekannt, auch mein Vater. Er wurde freundlich begrüßt, und wir setzten uns ans Fenster. Gegenüber an der anderen Wand saß manchmal Margot Honecker. Zweimal habe ich sie hier essen sehen. Sie war eine dünne Frau ohne Falten, und sie hatte wirklich lila Haar. Ihr Gesicht kam mir klein vor. Die Frau, die ich aus dem Fernsehen kannte, hatte nichts Kämpferisches. Sie löffelte rhythmisch ihre Suppe und sah aus wie eine gealterte Schülerin. Immerhin war sie die Bildungsministerin der DDR, aber am meisten war sie für mich die Frau von Erich Honecker. Ich sah sie mit einem Kollegen reden und stellte mir vor, wie sie Sonntagabend die Füße auf einen Polsterhocker legte und möglicherweise den Tatort einschaltete. Und ich fragte mich, ob sie sich vorher die Erdnußflips selbst vom Küchenregal holte oder ob es dafür Personal gab. Das war irgendwie wichtig. Vielleicht mußte gar Erich Honecker die Tüte vom Schrank hangeln, weil er doch etwas größer war als seine Frau.

An den Wochenenden gingen wir manchmal mit der ganzen Familie hier essen. Die Portionen waren für mich immer zu groß, und manchmal wurde mir schlecht. Aber das lag einfach daran, daß es immer so gut schmeckte und ich nicht aufhören konnte.

Heute sitze ich mit meinem Vater in einem viel schöneren Restaurant als damals. Hier schimmern die Wände ockerfarben, und es riecht nach Zimt und Milchkaffee. Am Nebentisch frühstückt ein blonder Mann mit seinem kleinen Sohn, eine Weintraube kullert vom Teller und der Junge kichert. Durch die gardinenlosen Fenster gelangt viel Licht auf die alten Holztische und der Raum ist weich von Musik. Die Serviererin empfiehlt uns das amerikanische Frühstück, sie hat ein weißes Tuch um die Hüfte gebunden, ihre Haare sind rot. Diesmal ist alles anders herum. Ich habe ein Jacket an, auf dem Stuhl neben mir steht die Aktentasche, und spätestens um zwölf will ich los, um halb zwei beginnt meine Arbeit in Potsdam. Ich bin Chefin vom Dienst für die Spätsendung von „Brandenburg aktuell“. Zu Hause habe ich schon zwei Zeitungen gelesen, und auf der Fahrt hierher lief im Auto der Nachrichtensender. Mein Vater sitzt im Pullover da, er ist mit der Bahn gekommen, und wir reden über die Fahrpreise in Berlin. Sie werden schon wieder steigen, die Jahreskarte kostet dann mehr als 1.000 Mark. „Das können wir uns nicht mehr leisten“, sagt mein Vater, „wir sind schließlich Rentner.“ Ich lache ein bißchen, zum einen weil meine Eltern eigentlich immer genug Geld hatten und zum anderen, weil sie mit ihrem Rentnerstatus immer ein bißchen kokettieren. Worte wie Ruhestand, Lebensabend oder Altenteil passen nicht zu meinen Eltern. Niemals könnten mein Vater und meine Mutter es als bloße Rentner zu Hause aushalten. Vor allem meine Mutter würde eher das ganze Haus noch einmal hoch und runter renovieren, als gemütlich auf der Gartenbank zu sitzen und über Krankheiten zu reden. Seit drei, vier Jahren rennt sie nun wieder regelmäßig zu den Marzahner PDS-Versammlungen, kümmert sich um Gewerbeansiedlungen, Ausbildungsplätze und erforscht Unternehmersorgen. Sogar wenn sie schniefend krank ist oder wenn ein Enkel zu Besuch kommt, läßt sie ihre Fraktion nicht im Stich, ihre blöde Fraktion, wie ich manchmal hinter ihrem Rücken zu Anja sage. Wenn ich meine Kinder in den Ferien eine Woche bei meinen Eltern unterbringen will, muß ich das rechtzeitig anmelden. Und außerhalb der parlamentarischen Sommerpause wird es schwierig. Ich weiß nicht, ob sie glaubt, es ginge nicht ohne sie, oder ob es tatsächlich nicht ohne sie geht. Einerseits kritisiere ich sie deswegen, weil ich beruflich ziemlich eingespannt bin und sie jetzt als Oma häufiger bräuchte. Aber ich bin auch froh, daß sie nicht nur den alten Zeiten nachtrauert, wie manche ihrer früheren Freunde, die sich im Märtyrerjäckchen ganz schick finden. Vielleicht macht sie jetzt das, was sie schon immer machen wollte und wegen meines dauerabwesenden Vaters nicht machen konnte. Vielleicht hat sie nun mit Anfang 60 die ökonomische Theorie hinter sich gelassen und erprobt die Praxis. Wahrscheinlich aber will sie sich einfach nicht mit der großen Kritik, die ihrem Arbeitsleben nachhängt, zur Ruhe setzen und noch mal was schaffen.

Manchmal kommt sie verärgert nach Hause, regt sich auf, wie früher nach der Parteiversammlung, manchmal ist sie völlig aufgekratzt, wenn jemand eine gute Idee hatte, wenn sie etwas Vernünftiges durchsetzen konnte oder wenn sie gelobt wurde. Die Richtungsstreits in der Partei sind in ihren Augen rufschädigende Kopfgeburten. Sie, die sich an der Basis um echte Probleme streitet, will am liebsten, daß jetzt alle an einem Strang ziehen, daß die PDS als eine große Einheit dasteht, damit sie in der Politik etwas erreicht. Doch erst einmal müssen die Genossen ausdiskutieren, was sie überhaupt erreichen wollen. Diese Demokratie ist ausgesprochen langwierig und anstrengend, vor allem für Leute wie meine Eltern, die früher meist mit zu den Entscheidern gehört haben.

Untätig abwarten wollte auch mein Vater seine letzten Jahre doch nicht. Das hätte meine Mutter sowieso nicht zugelassen. Mit Mühe und Not brachte er den Computerkurs und den Englischkurs hinter sich, arbeitete mit an den Marktanalysen für das Autohaus und an den Auftragsbewerbungen für die Galeries Lafayette, versuchte, mit Hilfe seiner alten russischen Kontakte, ein Geschäft aufzubauen und begann, für einen Marburger Anwalt Geldforderungen für Konkursverfahren aufzulisten. Ich finde es unheimlich, daß so ein optimistische Bau-auf-Typ wie mein Vater nun davon lebt, Betriebe zu liquidieren. Von einem Forschungsinstitut kam später ein dicker Auftrag, er soll eine Arbeit über das Preissystem der DDR schreiben. Seit Monaten sitzt er nun an diesem Werk und schreibt über seine geliebten Preise. Er klappert die alten Kollegen ab und kramt in irgendwelchen Archiven nach Gesetzestexten, Umrechnungsschlüssseln und Sitzungsprotokollen. Er versucht, die damaligen Entscheidungsabläufe zu rekonstruieren. Er entschlüsselt ehemalige Abkürzungen oder Worterfindungen, die es nur im Sozialismus gab, wie SPK für Staatliche Plankommission. Und er erklärt, wie teure Autos und billige Butter miteinander verrechnet werden sollten, und daß das am Ende vorn und hinten nicht mehr aufging. Mama muß das Ganze dauernd gegenlesen, ich beneide sie nicht darum. „Der Abgabetermin rückt langsam näher“, sagt mein Vater, „ich lese jetzt alles noch einmal durch, und mir fallen dabei noch so viele Sachen ein, die ich aufschreiben müßte. Es gibt vielleicht nur diese eine umfassende Niederschrift zu diesem Thema, und ich denke manchmal beim Schreiben, wenn ich etwas weglasse, wird es ganz und gar verloren sein. Ich sitze da oben in meinem Zimmerchen mit Birnbaumblick und entscheide darüber, was Geschichte wird und was nicht. Das erschreckt mich." – „Das ist sicher komisch, wenn man das heute aufschreibt", sage ich, „heute kann man sich ja fast nicht mehr vorstellen, daß für jede Schraube der Preis festgelegt wurde." Und ich will wissen, ob er seine Arbeit rückblickend etwas belächelt. Aber das tut mein Vater nicht. „Nein, ich habe meine Arbeit so gut gemacht, wie ich konnte. Es war doch nichts Schlechtes, der Versuch, den DDR-Bürgern ein Minimum an sozialer Sicherheit zu geben, sie mit stabilen Preisen vor der Inflation zu schützen. Denn es waren immer die kleinen Leute, die dann alles verloren. Eigentlich war meine Arbeit verdienstvoll." Ich wundere mich und frage, ob er auch heute keine Bedenken hat, wenn er über die Preispolitik nachdenkt, es gab zwar keine Inflation, aber am Ende bekam man für sein Geld kaum noch etwas zu kaufen, und das ist ja auch so etwas ähnliches wie eine Inflation, halte ich ihm vor. „Wir wollten das ja ändern", sagt er. „Aber wir sind bei Honekker nicht durchgekommen. Der wollte einfach nicht verstehen, und mir ist schon klar, daß die Preispolitik mit Schuld ist am Untergang der DDR. Aber – ein schlechtes Gewissen habe ich nicht." Er überlegt einen Moment und sagt: „Ein reines Gewissen habe ich aber auch nicht. Ich würde dir gerne sagen, daß ich wenigstens mutig war, und manchmal war ich das auch, aber nicht konsequent genug."

Ich bin ein wenig benommen, wir haben ein Glas Sekt geleert, und eigentlich ist es dafür noch zu früh. Aber ich frage meinen Vater jetzt, ob er andere, die mutiger waren, ausgebremst hat. Doch darauf bekomme ich keine richtige Antwort. „Ich fürchte Jana, ich war nicht so ein Guter, wie du ihn dir als Vater immer wünschst. Natürlich haben wir uns im Preisamt auseinandergesetzt und gestritten. Aber an bestimmten Stellen war ich an die staatliche Disziplin, auch an die Parteidisziplin gebunden. Wenn man mit dem eigenen Gewissen in Konflikt kommt, muß man sich entweder auflehnen oder den Job aufgeben. Heute denke ich, das hätte ich spätestens Mitte der 80er machen sollen. Da wurde deutlich, daß unsere Preispolitik der DDR schadet. Aber ich habe es nicht getan, damit muß ich leben." – „Du hast aber doch deswegen niemanden angezinkt oder fertig gemacht, Papa. Ich meine, dein Standpunkt hatte doch für Zweifler oder Kritiker keine Folgen, und darauf kommt es doch an. Daß man sozusagen menschlich ein gutes Gewissen hat." – „Ich weiß es nicht genau", antwortet mir mein Vater ohne mich anzusehen. Doch dann versteht er: „Ach das meinst du, ob ich Informationen über Kollegen an die Staatssicherheit weitergegeben habe?“ Ich nicke, und mein Hals ist trocken. Ich hatte mich nicht getraut, das direkt zu fragen, obwohl ich doch in meinem Beruf als Journalistin nichts lieber mache, als immer wieder nachzuhaken, bis ich eine richtige Antwort habe. Ich überlege, was jetzt im Augenblick wichtiger ist, die Wahrheit oder unser Vater-Tochter-Verhältnis, das ich hier strapaziere. Denn ich rechne mit jeder Antwort. Mein Vater war immerhin direkt vom Zentralkomitee der Partei eingesetzt, auf dieser Ebene mußte er doch mit der Stasi zu tun gehabt haben. Es wäre sozusagen ein Wunder, wenn er mit Mielkes Leuten nie Kontakt gehabt hätte. Ich habe nur nie darüber geredet, weil es mir wahrscheinlich erschien, daß die Stasi ihn verpflichtet hatte. Und weil ich das nicht hören wollte, habe ich lieber nie gefragt. „Es ist nicht so einfach, zu erklären“, fängt mein Vater an. „Denn da, wo ich gearbeitet habe, da hörte die Macht der Staatssicherheit auf, da mündete sie in die Macht der Parteiführung.“ Ich nehme mir eine Zigarette, obwohl es auch dafür noch viel zu früh ist. Aber so muß ich ihn nicht direkt angucken. „Ich habe nie eine Verpflichtungserklärung unterschrieben und nie einen Bericht verfaßt, das willst du doch wissen?“ Ich nicke. „Es gab niemanden“, sagt er, „der mich zum Berichteschreiben hätte auffordern können. Auch wenn es heute so aussieht, als wäre die Stasi überall gewesen, und das war sie vielleicht. Bei mir auf Arbeit gab es garantiert Leute, die Berichte geschrieben haben, und das mußte auch so sein, bei dem politischen Gewicht, das die Preispolitik hatte. Ich selbst hatte wissentlich nichts mit der Staatssicherheit zu tun, sie interessierte mich auch nicht. Über mir war nur das Zentralkomitee der SED, Mielkes Leute hatten mir nichts zu sagen. Ich überlege, ob das jetzt besser oder schlechter ist.“ – „Mußtest du denn nie über irgend jemand Auskunft geben?“ frage ich. „Wem denn?“ fragt er zurück. „Ich habe doch in der Zentrale gearbeitet, die irgendwann die Staatssicherheit ins Leben gerufen hatte. Ich gucke ungläubig, „dann konntest du also auf die Erkenntnisse der Stasi zugreifen?“ frage ich. „Ich nicht, aber mein Minister ..., nehme ich an“, sagt er. „Aber die Stasi war doch überall, vielleicht haben die dich ja auch überwacht?“ – „Kann schon sein“, sagt er, „aber das hat mir nichts ausgemacht. Vielleicht gibt es über mich eine Akte, aber glaub mir, eine andere Akte mit Berichten von mir kann es nicht geben.“

Ich bin ein bißchen durcheinander. Die Vorstellung, daß es von meinem Vater eine Opferakte geben könnte, finde ich irgendwie absurd. Es ist zwölf Uhr, ich muß zur Arbeit. Mein kleiner Rausch ist längst verflogen. Mit meiner Rose in der Hand gehe ich zum Auto. Auf der Fahrt höre ich die Nachrichten. Im Sender angekommen, fragt mich eine Kollegin, woher ich die schöne Rose habe. „Die hat mir mein Vater mitgebracht, ich war gerade mit ihm frühstücken." „Du hast ja einen tollen Vater", meint sie.

VATER Niemand soll sich wundern, wenn seinen Wünschen entsprochen wird. Mein Bedürfnis nach nützlichem Tätigsein hat sich in jüngster Zeit in übervollem Maße erfüllt. Seit langem schreibe ich weiter an der Geschichte der DDR-Preispolitik. – Neben, vor und hinter mir lagern Statistische Jahrbücher, Bücher und Dokumente aus Archiven und aus meinem Keller, DDR-Lehrbücher über Finanzen, Landwirtschaft, Außenhandel und Banken, Lexika und Wörterbücher, Broschüren von Parteitagen und ZK-Tagungen der SED, Reden von Honecker, Stoph, Mittag und Krenz, von DDR-Gesetzen, ein Stapel Notizbücher mit meinen persönlichen Aufzeichnungen aus 20 Jahren, im Regal stehen fast zwei Meter lang rote Buchrücken, in denen Jahrzehnte Vorträge des DDR-Preisministers von seiner Protokollfrau Marianne Köpp säuberlich abgeheftet sind.

Aus diesem Wirrwarr ragen nunmehr zwei weiße Ordner mit dem Ergebnis von mehr als zwei Jahren Arbeit „Zur Preispolitik und Preisbildung der DDR" hervor. Sie werde ich in das Auto laden und meinem Auftraggeber überreichen. Dann ist der Blick aus dem Zimmer wieder frei für die Natur, für Birnbäume, Fichten und Birken in meinem und meiner Nachbarn Garten.

Die Studie umfaßt 310 Seiten und 86 Anlagen mit Originaldokumenten, Zahlen und Schemata. Dem Wunsch meines Vertragspartners, die DDR-Preislandschaft für den heutigen und künftigen Leser anschaulich und verständlich zu machen, habe ich entsprochen. Eine große Hilfe war mir das Bundesarchiv in Berlin-Lichterfelde, wo die Archive der DDR-Ministerien, der SED sowie der anderen DDR-Parteien und Massenorganisationen verwahrt werden. Auch von mir unterschriebene Protokolle finde ich dort wieder. Ehemalige Kollegen und der Leiter des DDR-Preisamtes haben mich unterstützt. Nun bitte ich, die Realisierung des Auftrages zu bestätigen und mir das vereinbarte Honorar zu überweisen.

Den mehr als zwei Jahren Arbeit gingen meine Bedenken voraus, ob ich in der Lage sein werde, eine solche Aufgabe zu bewältigen. Wie komme ich zu den Fakten für fast ein halbes Jahrhundert DDR-Preise? Ich war immer in der Zentrale tätig – woher sollte ich die Spezifika der Preisbildung für Wurst und Eisenbahnwaggons, für Socken und Zement, für Mieten und Schweine, für Damenunterwäsche und Dünger, für Möbel, Getreide, Fernseher, Schraubenzieher und Omnibusse wissen. Dafür gab es zu meiner Zeit Spezialisten – aber der Auftrag fordert mich gerade zur Konkretheit meiner Darstellungen auf. Man will wissen, wie das in der DDR mit den Preisen konkret funktioniert hat. Und schließlich die Frage, will ich mich überhaupt in Bücher vergraben, wenn das heutige Leben in Person meiner Kinder und Enkel nach ihrem Vater und Großvater fragt, will ich mich den Qualen aussetzen, wie ein Pathologe meine Vergangenheit zu sezieren?

Und heute, zwei Jahre später? Es war eine interessante Arbeit, ohne Zweifel auch nützlich, aber noch einmal möchte ich einen solchen Auftrag nicht übernehmen. Oder doch? Vergangenes wurde wieder lebendig. Die Arbeitstage aus 20 Jahren meines Lebens verbrachte ich in dem grau-braunen Haus in der Leipziger Straße. Das Haus der Ministerien, das jetzt den Namen des in der Nacht zum 2. April 1991 in seinem Wohnhaus im Düsseldorfer Stadtteil Oberkassel ermordeten Chefs der Treuhandanstalt Detlev Karsten Rohwedder trägt, und in dem ich von 1969 bis 1990 Richtiges und Falsches auf preispolitischem Terrain tat, habe ich danach nie wieder betreten. Nur meine Gedanken waren manchmal dort; sie folgten den Spuren des Theo Wuttke alias Fonty aus Günter Grass „Ein weites Feld". Das Lesen fiel mir schwer, wegen des Gewichts der 780 Seiten und wegen Grass anspruchsvoller Schreibweise. Der Romanheld gehörte als Aktenbote schon zu Görings und dann zu DDR-Zeiten zum Inventar des Hauses. Der Ort des Handelns gibt Grass mit Blick auf die Treuhandanstalt Gelegenheit zu Auslassungen, für deren Klugheit und Weitsicht ich ihn bewundere:

„Auf Verlangen des Runden Tisches sollte sie das Volkseigentum schützen. Doch nun – und seitdem des Volkes Eigentum zur

Chimäre erklärt worden war – sah sich die Treuhand vor neue Aufgaben gestellt. Abwickeln sollte sie. Das gesamte Beitrittsgebiet sollte als Anschlußmasse erfaßt werden, ... war als Altlast aufzulisten."

In einem jüngst geführten Fernsehgespräch bedauert Grass, daß aus der großen Chance nur eine vergrößerte BRD und nicht ein Bund deutscher Länder wurde. Noch heute greift das Tun der Treuhandanstalt tief in meine Freundschaften ein. Wenige, sehr wenige meiner Bekannten und Freunde wurden von der Präsidentin Frau Breuel übernommen, um den Auftrag der Treuhand, die DDR-Wirtschaft zu privatisieren, zu erfüllen. Leute, die früher in der DDR-Wirtschaft tätig waren, hatten nun die Aufgabe, Unternehmen abzuwickeln. Sie hatten Beschäftigte, die jetzt Arbeitnehmer hießen, obwohl doch sie es sind, die ihre Arbeit dem Unternehmer geben, zu entlassen; mit vielen von ihnen war ich durch Jahre gemeinsamen Arbeitens verbunden. Ich glaube meinen Freunden und Bekannten, daß Sie alle Wechselbäder der Gefühle durchlaufen. In Unterhaltungen lassen sie das Innere nur dosiert nach außen. Schmerz äußert Helmut, der für die Schließung des Unternehmens zuständig ist, für das er früher sein Herzblut verlor und dem er noch vor wenigen Jahren zu Devisen verhalf, um moderne Technik zu importieren.

Mit Stolz redet Christian über sein gutes Verhältnis zu den Westmanagern im Unternehmensvorstand, wie unentbehrlich er ihnen sei, und er beruft sich auf sie mit dem Hinweis, daß die DDR-Unternehmen marode seien und – natürlich – entweder die Privatisierung oder die Liquidierung erfolgen müsse. Von Schrott müsse man sich befreien.

Die Rechtfertigung vor sich selbst vernehme ich bei Dietmar, der sagt, was er für die Treuhandanstalt tun muß. Es sei nicht viel anders, als wenn er zu DDR-Zeiten bei den Unternehmen die Planerfüllung einfordern mußte, auch wenn die Voraussetzungen fehlten. Die Umstände sind halt so – Brecht.

Mit der Forschungsarbeit hat mich nun, 1996/97, die Vergangenheit erneut eingeholt. Mehr als zwei Jahre ging ich dem in der DDR geltenden Konzept und den Praktiken der Preispolitik, meinem eigenen Leben, nach. Jede der zehntausend Zeilen dieser Studie berührt ein Stück des Menschen Wilfried Maier, der in der DDR lebte und dem dies etwas ganz Normales schien. 30 Jahre meines Lebens war ich mit der Wirtschaft der DDR befaßt. Waren das verlorene Jahre? Darf ich noch aufrecht gehen, wenn ich meine Ansichten, meine Haltungen, mein Tun Revue passieren lasse? Muß ich mich entschuldigen? Wenn ja, wofür? Und vor allem, vor wem?

Vom „Unrechtsstaat DDR“ sprechen die charmante Sabine Christiansen im ARD und die sympathische Tatjana Jury im ORB, lese ich in der „Berliner Zeitung“, sagen mir der CDU-Generalsekretär Hintze, die Malerin mit dem traurigen Blick Frau Bohley, und die von den Grünen zur CDU gewechselte Bürgerrechtlerin Lengsfeld, was mir suggerieren soll, daß ich ein Leben lang Unrecht getan oder zumindest Unrecht geduldet habe.

Bei diesen Vorwürfen kommt mir die Frage, habe ich Erich Honecker in Bonn über den roten Teppich geführt oder war das mein bereits 1987 regierender Bundeskanzler Dr. Helmut Kohl? War ich Gast des Generalsekretärs des ZK der SED Erich Honecker oder war das Herr Schäuble, Vorsitzender der CDU/CSU-Fraktion im Bundestag und durch Herrn Kohl designierter Kronprinz? Habe ich der DDR den Milliarden-DM-Kredit besorgt oder war das der bayerische Ministerpräsident Franz Josef Strauß aus München? Aber die Bundesrepublik Deutschland hat sich entschieden, läßt solche Fragen nicht zu, gibt dem Wort vom Unrechtsstaat Nachdruck. Sie bedient sich dazu der Behörde des Pfarrers Gauck und tut das per Rentenrecht, indem sie mir für die 20 Jahre meiner Arbeit beim Preisamt eine Rente zahlt, die deutlich unter der einer Sekretärin und eines Kraftfahrers liegt. Vom Bundespräsidenten Herzog kommt mir Hoffnung auf Einsicht. Er sagte in Prag, jeder denkende Mensch wisse doch, daß Schuld nur individuell möglich ist. So nehme ich mir ein Herz und schreibe ihm einen Brief:

„Sehr geehrter Herr Bundespräsident!

In Ihrer Rede in Prag kommen Sie zu dem Schluß, ‚daß Schuld nur individuell möglich ist‘.

In dem von Ihnen präsidierten Land erhalten viele als Kollektivstrafe weniger Rente, nur weil sie zu DDR-Zeiten in einem bestimmten Amt gearbeitet oder eine bestimmte Lohnhöhe überschritten haben; Angestellte, Ärzte, Wissenschaftler, Lehrer. Zehntausende werden so ohne Prüfung, ob sie juristisch individuell schuldig geworden sind, moralisch und materiell zu Bürgern zweiter Klasse degradiert. Ich war nach meinem 1958 beendeten Ökonomie-Studium wissenschaftlich tätig – als Assistent, Oberassistent und

Dozent. 1963 habe ich zum Thema Weltmarkt promoviert, 1965 auf dem Gebiet Außenhandel habilitiert. 1969, mit 37 Jahren, wurde ich zum Hochschulprofessor berufen. Ausdrücklich aufgrund der bis dahin geleisteten theoretischen Arbeit und meiner Lehrtätigkeit wurde ich Ende 1969 zum Amt für Preise der DDR berufen, und zwar als Stellvertreter des Leiters. Ich war danach 20 Jahre in analogen Verantwortlichkeiten tätig und habe 1990 unter der Regierung de Maiziére die Preisfragen der Währungsreform mit vorbereitet und durchgeführt. Heute erhalte ich für diese Jahre verantwortlicher Facharbeit weniger Rente als eine Sekretärin in diesem Amt. Eine Schuld wurde mir nicht nachgewiesen und – so meine ich – wird auch nicht nachweisbar sein. Wilfried Maier“

Die Antwort auf meinen Brief an das Staatsoberhaupt, in dem ich Gleichbehandlung als Bürger dieses Landes einfordere, bringt mich wieder auf die Erde zurück:

„Auch für die Zukunft halte ich eine Änderung in dem von Ihnen angesprochenen Rechtsbereich für unwahrscheinlich. Der Bundespräsident hat kein Gesetzesinitiativrecht.

Unterschrift: Dr. Hans-Jürgen Wolff“

Als Student und später als Forscher studierte ich Karl Marx, John Stuart Mill, Friedrich Engels und P. A. Samuelson und Gunther Kohlmey bei der Suche nach den Grundlagen der Preise. Durfte ich das?

Als Hochschullehrer habe ich vor Studenten den nach dem Ende des Zweiten Weltkrieges geltenden Preisstopp gerechtfertigt, der verhängt wurde, damit für den einfachen Menschen zu Hunger, Kälte und Wohnungsnot nicht noch der Betrug von Schiebern und Preisspekulanten hinzukommen möge. War das rechtens?

In Artikeln begründete ich die schrittweise Beseitigung der Rationierung von Butter, Brot, Schuhen, Hemden und Fleisch und in der Folge die Schaffung einheitlicher staatlicher Preise in den 50er Jahren. War das legitim?

Als angehender Wissenschaftler erarbeitete ich Vorschläge, wie die Preise im Handel zwischen sozialistischen Ländern für Erdöl, Traktoren, Walzwerksausrüstungen, Ikarus-Busse, Reisezugwagen, Aluminium, Schuhe, Anzüge, und „Wartburgs“ zu gestalten seien. War das strafbar?

Fast ein Jahrzehnt war es mein Auftrag, zu gewährleisten, daß sich die Preise für all das, was der DDR-Bürger zum täglichen Leben braucht, nicht verteuern. War das strafwürdig?

Des Leser fragt nach den Preisen für die Exquisit-Schuhe, nach den vierzehntausend Mark für den „Trabant“ und zum DDR-Ende die dreiunddreißgtausend Mark für den „Wartburg“. Sollte die der liebe Gott bestimmt haben? Die Frage wird zu recht gestellt – das fiel auch in mein Ressort.

Zu allem bekenne ich mich. Ich weiß und wußte, daß das gut Gewollte dieser Preispolitik die DDR wirtschaftlich überfordert, daß die Lust und der Zwang, gut zu arbeiten, immer geringer wurden, weil die Preise immer weniger den Markterfordernissen entsprachen, weil man für sein Geld vieles nicht bekam. Heute, im geeinten Deutschland, können sich Erikas Bruder und Schwägerin, Peter und Angelika, für ihren Lohn ein Haus kaufen, erhalten von der Bank Kredit, sind veranlaßt, das halbe Leben fleißig zu arbeiten, um Zins und Kredittilgung zu zahlen. Sie sind an guter Arbeit interessiert, was wiederum dem Reichtum der Gesellschaft zugute kommt. Das fehlte der DDR, auch wegen der irrigen Preise. Erich Honecker meinte damals, er könne die Probleme aussitzen; er irrte. Die Tatenlosigkeit wurde durch den Ruf „Wir sind das Volk“ beendet.

Aber woraus leitet die Bundesrepublik Deutschland meine Strafwürdigkeit ab?

Die Studie über die DDR-Preise führte mein Leben wie im Kaleidoskop vor. Die Beschäftigung mit meinem Leben ließ mich rascher in diesem Land Bundesrepublik Deutschland ankommen. Niemals annehmen, die Politiker werden mein, meiner Kinder und meiner Enkel Leben schon regeln. Der Liedtext, „um uns selber müssen wir uns selber kümmern“, hat nichts an Wahrheit verloren. Gerade diese – aus dem Untergang der DDR gewonnene – Lebenserkenntnis veranlaßt mich, noch immer jeden Tag zwei Zeitungen zu lesen. In die Friedrichstraße zu fahren, um mich dem Protest der Belegschaft gegen die Schließung des Marzahner Unternehmens Berlin-Kosmetik anzuschließen. Mit Hanna, unserer neun Jahre jungen Enkeltochter nach Hellersdorf zu einer Demo gegen den keimenden Faschismus zu gehen.

Auf einen Marzahner Buchhändler wurde geschossen. Klaus Baltruschat ist ein guter Bekannter von uns. Er leitet mit Käthe, seiner

Frau, den „Kleinen Buchladen“, eine links orientierte Buchhandlung, die sich im gleichen Haus wie des Vorsitzenden der PDS-Bundestagsfraktion Gregor Gysi Wahlkreisbüro befindet. Der Mann macht am Morgen des 19. Februar so wie jeden Tag seinen Buchladen auf und wird aus kurzer Distanz in seinem Büro mit einem Gewehr angeschossen. Der rechte Unterarm und an der linken Hand zwei Finger mußten amputiert werden. Vielleicht sehe ich das Ereignis zu gradlinig, aber das ist die Saat der Arbeitslosigkeit und der Hätschelung rechter Leute durch die herrschende Politik. Wenn der Berliner Innensenator, General in Ruhe Schönbohm, die PDS als gefährlich und überwachungsbedürftig hinstellt, dann kann es für den jungen Rechtsextremisten Diesner fast ehrenvoll erscheinen, jemanden, der aus dem Haus des Marzahner PDS-Vorstandes kommt, aufs Korn zu nehmen. Der Schütze wollte nach eigener Aussage die PDS bestrafen.

Mit meinem Freund Arthur verbinden mich seit vielen Jahren gleiche Interessen. Nun höre ich seit Monaten nichts mehr aus seinem Exil. Tag für Tag, so auch an diesem späten Freitagvormittag öffne ich den Briefkasten, der vor unserem Haus fest an den Gartenzaun angeschweißt ist. Das Muster des Eisenzaunes ist von zeitloser Ästhetik, man findet es in Biesdorf an jedem dritten Grundstück. Der hier beheimatete Haus- und Hof-Schlosser fertigte übrigens auch den Fahnenhalter, der am 1. Mai die rote und am 7. Oktober die DDR-Fahne aufnahm. Dieses gute Stück wurde 1987 zum Zankobjekt, als der Maurermeister Hartmann unser Haus neu verputzte. Er lehnte es ab, den Fahnenhalter wieder anzubringen. Ich protestierte: „Herr Hartmann, ich will die Fahne raushängen, wie soll ich das ohne Fahnenhalter anstellen?“ Er, auf dem Gerüst, die Kelle in der Hand: „Herr Maier, hier darf kein Fahnenhalter angebracht werden, wenn der neue Putz unbeschädigt bleiben soll.“ Dabei blieb es. Ich fand eine Ersatzlösung, indem ich den Fahnenhalter an unserem Balkongitter befestigte. Aber der wurde das letzte Mal am 7. Oktober 1989 genutzt.

Gegen zwölf Uhr, wenn die Briefträgerin da war, löse ich das briefmarkengroße, verwitterte Vorhängeschlößchen vom Briefkasten, aber kein Brief von meinem Freund Arthur. Statt dessen ein Brief vom Bayerischen Münzkontor, das mir, speziell nur mir persönlich, eine von 9.999 Erstausgaben des EURO in Gold reserviert, von Firmen die mir hohe Gewinne versprechen, wenn ich das bei-

Jana Göbel 1990 an der Journalistenschule in München

Jana Göbel an der Technik

Jana Göbel bei der Arbeit an einer Reportage über das demontierte Stahl- und Walzwerk 1996

Der Personalausweis für Bürger der DDR. Jana Göbel

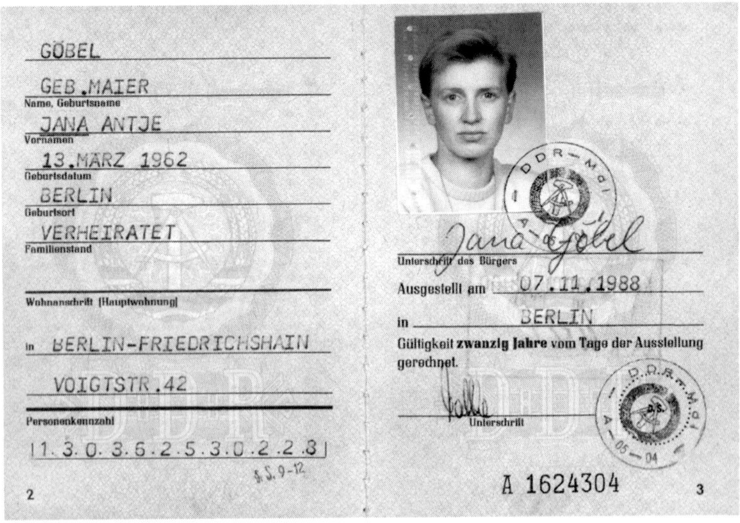

GÖBEL

GEB.MAIER

Name, Geburtsname

JANA ANTJE

Vornamen

13.MÄRZ 1962

Geburtsdatum

BERLIN

Geburtsort

VERHEIRATET

Familienstand

Wohnanschrift (Hauptwohnung)

in BERLIN-FRIEDRICHSHAIN

VOIGTSTR.42

Personenkennzahl

1 1 . 3 0 . 3 6 . 2 5 . 3 0 . 2 . 2 . 8

2

DDR – MdI

Jana Göbel

Unterschrift des Bürgers

Ausgestellt am 07.11.1988

in BERLIN

Gültigkeit zwanzig Jahre vom Tage der Ausstellung gerechnet.

Unterschrift

D.D.R. – MdI

A 1624304

3

gefügte Blatt unterschreibe und sofort zurücksende, von der Sparkasse, vom Bezirksamt, aber kein Brief von Arthur. Wir beide lernten uns durch die Arbeit kennen, ich der Preismann, und er, der Mode- und Textilfachmann. Bei vielerlei gleichen Idealen hatten wir unterschiedliche Lebenswege. Ich ging als 40jähriger aus der Theorie in die Praxis. Ihm war es gelungen, neben seiner Arbeit in der Wirtschaft weiterhin theoretisch zu arbeiten und Studenten auszubilden – eine ideale Synchronisation. Sein Erscheinungsbild war stets das eines Künstlers; leger in schwarzem Anzug, schwarzem Hemd, ohne Krawatte, neidheischendes volles weißes Haar, das ihm – im Unterschied zu mir – Hut oder Mütze erübrigte. Immer ein Arbeitsprogramm das für einen 24-Stunden-Tag ausgelegt war; aufmerksam im Gespräch, nicht so wie meine 4jährige Enkelin Wanda, die sich kürzlich, ihre Mutter nachahmend, von mir abwandte und sagte, „sprich ruhig weiter, Opa, ich höre dir zu".

Die Farbe Schwarz spielt im Leben des Modemannes eine Rolle. Schon als junger Assistent empfand er den Reichtum, den Schwarz und der Schwarzweiß-Kontrast in der Mode bietet. Mit dieser Überzeugung gestaltete er in den 50er Jahren seine erste Kollektion, die Chance seines Lebens. Aber die Begutachter verwarfen die Ideale des jungen Designers: „Schwarz ist die Farbe der Trauer – unseren Menschen im Sozialismus soll die Mode Freude und Zuversicht vermitteln; das kann man nicht mit schwarzer Kleidung." Trotz dieser Niederlage blieb er bis heute seinen Farb-Idolen treu; schwarz in der Mode und rot in der Politik. Arthur blieb auch der Fähigkeit, zu genießen, über alle Wendungen des Lebens treu. So wie ich bei stundenlangen Wanderungen am Strand der Ostsee in den Schönheiten der Ostsee schwelge, so ergeht er sich in kulinarischen Genüssen. Wenn er redet oder schreibt, kann man das Wohlgefühl nachempfinden. Seine Zeilen erzählen von einem Landgasthof nahe Basel, von dem er auch noch in zehn Jahren schwärmen werde – das Fleisch, außen krokant, im Inneren noch mit rotem Lebenssaft, frischer Salat frisch gepflückt und soeben zubereitet ohne ein welkes Blatt, dazu einen roten Bordeaux von bestem Kalkstein mit dem unverwechselbaren Geschmack. Arthur schreibt mir vom Heiligabend im Baskenland, an dem sie um Mitternacht in eine alte baskische Dorfkirche zur Messe gingen:

Herrlich die baskischen Chöre. Nach klassischer Tradition aßen wir zu Abend „Meeresfrüchte" – Austern, Krabben, Krebse, kleine

Langusten und verschiedene Schnecken. Dazu trockenen Weißwein. Am 25. gab es dann die berühmt/berüchtigte Gänseleber, mit einem reichlichen Schluck Eiswein (Sauterne), als Hauptgericht mit Kastanien gefüllter Truthahn, dazu Steinpilze mit Knoblauch und Petersilie, danach Käse bzw. warmer Apfelkuchen und danach Schokoladen-Trüffel mit konzentriertem Kaffee. Der Rotwein war ein guter St. Emilion, Grand Orn, wie er eben nur zu ganz bestimmten Festtagen gereicht wird. Im Restaurant wäre so etwas unbezahlbar. In der Familie sind alle daran beteiligt. Schon die Beschaffung und Vorbereitung gehören zur Zeremonie. Der Truthahn wurde von der Farm, der Wein vom Weinbauern, das Brot aus dem Nachbardorf geholt.

Uns beide führten zu DDR-Zeiten meist jene Situationen zusammen, da Mode und Preis auf extreme Weise kollidierten, und zu prüfen war, in welchem Maße der Konflikt zu Lasten der Mode, zu Lasten der Ökonomie oder als Kompromiß gelöst werden sollte. Ich erinnere mich an ein Modell italienischer Damenschuhe, deren Kalkulation einen Preis von 420 Mark ergab und wo zu entscheiden war, ob wir den Aufschrei der DDR-Frauen in Kauf nehmen, Haushaltszuschüsse erwirken oder den Import ablehnen. Das waren die Gelegenheiten, wo wir uns bei ihm, meist nach Feierabend, trafen.

Die Wende trennte unsere Wege. Aber schließlich nahm ich seine Fährte auf, erfuhr, daß er Berlin und Deutschland verlassen hat, und fand ihn. In einem der ersten Briefe schrieb er mir, nicht vielen Erdenbürgern sei es möglich, während eines kurzen Lebens Hoffnung und Niederlage in so kompletter Form zu erleben – wir haben dieses Fegefeuer auszuhalten, jeder auf seine Weise. Und dann:

Eine Unterhaltung mit Dir wäre mir viel wert – ein brieflicher Monolog erschöpft sich zu schnell. Ich habe eine neue Tätigkeit in einem großen Textilkonzern aufgenommen, die mich zwischen vielen Orten arbeiten und reisen läßt. Hier, in meiner neuen Heimat ist es angenehm warm, die Kamelienbäume und Mimosensträucher blühen, auch die japanischen Kirschbäume. Leider kann ich das nur temporär genießen, um nicht dem Sozialamt zur Last zu fallen. Den guten Wein, den es hier in Hülle und Fülle gibt, möchte ich mir selbst verdienen.

Es sei nicht einfach, so später, mit Ende Fünfzig, eine neue Existenz zu gründen, aber er habe Grund anzunehmen, daß seine Pläne realistisch sind und er sogar einigen gut ausgebildeten jungen Leuten aus der ehemaligen DDR bei einem neuen Start behilflich sein kann. Zumindest für die nächsten zwei Jahre bedeute das für ihn an stets wechselnden Orten zu arbeiten.

Ich schreibe ihm, daß ich vorige Woche in meinem Garten Obst geerntet habe. Ernten gehöre zu meinen Lieblingsbeschäftigungen. Auch da sei ich ehrgeizig, möchte die Birne am äußersten Ast und im höchsten Wipfel noch erwischen, sehr zum Kummer meiner Frau. Aber diese Früchte haben die meiste Sonne genossen, sind die besten.

Auch Jakob, den neunjährigen Sohn meiner Tochter Jana habe ich schon angelernt. Mit ihm gemeinsam stieg ich auf die Leiter. Das Pflücken überließ ich Jakob. Aber der Mensch denkt, und Gott lenkt. Indem Jakob sich nach rechts beugt und nach der Frucht greift, neigt sich die Leiter. Ganz langsam. Zentimeter um Zentimeter konnten wir beide die Angst auskosten, ohne eine Chance, die Leiter anzuhalten. Jakob fiel in eine Hecke und erlitt Abschürfungen. Für mich mußte Erika in der Nacht den Notarzt rufen, weil ich mir in dem Bemühen, den Fall der Leiter aufzuhalten, die Hüfte gezerrt habe. Seitdem enthalte ich mich beim Obsternten gefährlicher Escapaden.

Meine an Arthur gerichteten Zeilen schwenken wieder ab auf Wichtigeres. Ich rede von den Unterschieden der Tätigkeiten in unser beider Leben. Die Resultate meiner beruflichen Tätigkeiten waren nie zum Anfassen. An der Hochschule waren es Reden und Publikationen, die vielen Jahre im Preisamt prägte das „Preisemachen“. Mit Ausnahme von Preisvorschriften, Konzeptionen, Reden und Preiskarteiblättern war auch da nichts zum Anfassen.

Im Unterschied dazu führten Deine Intuitionen, Ideen, Vorschläge und Energien stets zu etwas, das mit den Augen zu sehen, mit den Händen zu fühlen und mit dem Geist zu empfinden ist. Ich werde sentimental, wenn ich an die gemeinsamen Stunden denke. Außenstehende mögen gemeint haben, unsere Tagesordnung war Zweckargument für meine Besuche bei Dir. Vielleicht war diese Vermutung nicht immer falsch. Aber all unser Reden über die Welt vermochte nicht, den Lauf der Dinge aufzuhalten. So erleben wir heute die Folgen dessen, was wir miterlebt, vorausgesehen, befürchtet, nicht verhindert haben. Immer wieder stelle ich mir die Frage, was ich hätte anders machen sollen. Ich denke über die Lebensfähigkeit sozialer Gesellschaftsordnungen nach. Demokratie, Volk, Macht und Staat sind Dinge, worüber die Menschheit seit

Jahrtausenden grübelt. Warum sollte der Untergang der DDR die letzte Weisheit sein?

Als Antwort schreibt mir Arthur, daß er seine Lebensziele neu überdenke. Er ordne und räume, notiere und schreibe und rechne ein wenig mit seinem bisherigen Berufsleben ab. Wenn es ihm gelingen sollte, seine Gedanken zu realisieren, sollten die Jahre, wo er Kapitalismus pur miterleben und mitgestalten mußte, die letzten in diesem Metier gewesen sein. Er könne seinem Tun keinen Sinn mehr abgewinnen. Die Oberflächlichkeit der Arbeit habe ihn schließlich ins Abseits gezwungen.

Heute Abend werden wir inmitten unseres blühenden Gartens Gäste haben. Für die Soljanka schneiden Erika und ich Hammel- und Schweinfleisch, Kaßler, saure Gurken, Tomaten; dazu Sauerkraut, Kapern, Zitrone, Knoblauch und Smetana – saure Sahne. Eine ordentliche Rinderbrühe braucht zwei-drei Stunden bis sie fertig ist. Knoblauch darf nicht fehlen. Bei den Getränken fallen mir Wodka und Bier ein, aber das Alter der Besucher hat die Trinkgewohnheiten verändert – Juice und Selters haben an Stellenwert gewonnen. Gäste sind jene Leute, mit denen ich 1974 fast ein Jahr in Moskau war. Damals alles Männer in leitenden Funktionen der Wirtschaft, in Ministerien, in Kreisleitungen der SED; Diplomaten und auf kulturellem Gebiet Tätige. Eine einzige Frau gehörte zu uns, damals Generaldirektor in einem großen Industriekombinat. Sie lehnt unser heutiges Treffen ab. Zur Begründung sagte sie mir am Telefon, man habe sie in den Zeiten der Wende allein gelassen. Dem Aufenthalt in Moskau ging ein Halbjahreslehrgang in Schleife, einem Ort nahe der polnischen Grenze bei Bad Muskau, zum Erlernen der russischen Sprache voraus. An der Parteihochschule wurden Philosophie, Wirtschaft und Internationale Politik gelehrt und Vorträge zur Geschichte der Kommunistischen Partei der Sowjetunion und zur Organisation der Partei gehalten. In Moskau hatten wir – in Fortsetzung des Lehrganges in Schleife – wöchentlich mehrere Stunden Russisch-Unterricht, was mir aber zu wenig war. Ich wollte die Gelegenheit nutzen, die russische Sprache ordentlich zu lernen. Einer der Teilnehmer, aus dem diplomatischen Bereich, besaß Verbindungen zu Moskauer DDR-Diplomaten, die uns zusätzlichen Sprachunterricht mit russischen Lehrern vermittelten.

Das Schöne an diesem Jahr war, Moskau und andere Städte kennenzulernen, die Sauna-Besuche, die Aufführungen im Moskauer Kreml-Palast und im Bolschoj-Theater und an erster Stelle die guten Freundschaften zwischen den Kursanten. Von sowjetischer Seite war der Unterricht offiziell sehr schulmäßig angelegt, aber beide Seiten, Professoren und Hörer, schufen sich Freiräume. Ich war als Starosta – der Älteste – eingesetzt, und Ulli, ein parteierfahrener Mann, prägte als Verhaltenkodex für unser Leben an der Parteihochschule den Ausspruch: „Weißt du Wilfried, wir machen hier eine ordentliche Politik der linken Mitte." Zu dieser linken Mitte gehörte es, die zwischen KPdSU und SED getroffene Vereinbarung zu umgehen, wonach wir nur ein einziges Mal, nämlich über Weihnachten-Neujahr, nach Hause fahren durften. Ordentlich gesteuert, kamen nacheinander unsere Familien zu Besuch und gab es Gründe, die für jeden von uns mehrere Heimfahrten unaufschiebbar machten.

Zu den bleibenden Moskau-Erlebnissen gehört der 96prozentige Wodka, den mir der aus Samarkand stammende Zimmernachbar bei seiner Geburtstagsfeier anbot. Nie hätte ich geglaubt, daß man Schnaps so rein trinken könne. Aber es geht – man darf ihn nur nicht im Mund behalten sondern muß ihn sofort runterschlucken.

Mit Ulli verbindet mich noch heute eine gute Freundschaft. Inzwischen, so wie ich über die sechzig, betätigt er sich im Immobiliengeschäft. Sein echt Berliner Mundwerk täuscht über seine Ernsthaftigkeit und sein hervorragendes Denkvermögen hinweg. Er ist kein Theoretiker, aber ein rationaler Denker, ein guter Politikkenner – auch heute noch – und ein guter Organisator. Auch wenn ich diesen oder jenen meiner Moskauer Kollegen beleidige – Ulli war vom ersten Tag an der Vater der Truppe.

Wir Moskauer trafen uns nach 1975 jedes Jahr, immer woanders – in Dresden, Rostock, Potsdam, Halle, Torgau, Leinefelde, Eisleben, Löbau und Nordhausen. Aber am häufigsten fanden die Treffen in Berlin, in unserem Garten statt, mit von Erika gefertigtem russischen Plow, mit Soljanka und einem ordentlichen Wodka namens Stolitschnaja-Hauptstadt. Die meisten der „Moskauer" hatten sich nach 1990 aus den Augen verloren. Es war nicht einfach, sie wieder zusammenzusuchen. Ich kannte von vielen nur die Arbeitsanschrift. So war es erfreulich, daß sich von 30 mehr als 20 wiederfanden. Bis auf sechs der Anwesenden verloren alle mit dem Jahr 1990 ihre Arbeit. Die Älteren sind auf dem Wege des Altersübergangsgeldes „entsorgt" worden. Hinter den Vorwürfen an konkrete Personen verbirgt sich meist die Auseinandersetzung mit sozialistischen Ideen. Wenn man Ideen nicht verbrennen kann wie altes Holz, sollen wenigstens deren Träger diskreditiert werden.

Janas neueste Idee ist der Kauf und die Renovierung eines Hauses, zusätzlich zum schon vorhandenen, in Jahren mit viel Liebe, Geld und Mühe geschaffenen. Wesentliche Koordinaten sind bereits gesetzt. Das Grundstück, sehr renovierungsbedürftig mit schönem Garten drum herum, liegt eine Autostunde vom jetzigen Domizil der Familie Göbel. Jana spricht davon an dem Tag, da ihre Mutter den 61. feiert.

Ein Foto des Hauses wird herumgereicht. Betretenes Schweigen herrscht. Allen geht durch den Kopf, wie Jana das bewältigen will. Aber keiner möchte Janas Optimismus zertreten; so ist das in dieser Familie. Ersatzfragen werden gestellt: nach dem Dach, ob der Keller trocken sei, nach den Fenstern, nach Strom, Wasser und Abwasser. Ob das Haus ausreichend abgesperrt sei, denn Eigentum verpflichtet. Aber gemeint ist – wie will Jana aus dem, was nur äußerlich wie ein Haus aussieht, ein nutzbares Gebäude machen?

Du sollst ein Haus bauen, einen Baum pflanzen und ein Kind zeugen. So lautet ein Sprichwort. Aber Jana hat sich diesen Traum bereits erfüllt. Ihr schmuckes Haus steht in einem großen Dorf oder einer kleinen Stadt nördlich von Berlin, die man auf der Bundesstraße B 96 von Nord nach Süd durchfährt. Von Zittau, wo die Leute ein eigenes R rollen, bis zu den Stralsundern mit ihrem gänzlich anderen R des Nordländers, reicht diese B 96. Jana hat einen Apfelbaum, der ihr im Sommer Schatten spendet. Jana hat nicht einem Kind, sondern zwei Kindern das Leben geschenkt; am Zeugen war ihr Mann Harry beteiligt. Jana sorgt sich um das Leben in der Familie, um die Schule, um Jeans und Anoraks. Jakob, der Büchernarr und Computerfreak, ist nun schon zehn, Anton, der Autofan und Judoka, ist neun. Harry ist in der Familie derjenige, der für den Ausgleich der Zeit-Salden zuständig ist. Ich bewundere Harrys Gleichmut, wenn Jana erst nachts um elf auf den Hof fährt, wenn sie ihn anruft um zu sagen, daß sie heute mit Martina ausgeht, wenn Anton zum Judo muß, wenn Husten und Schnupfen der Kinder den Arztbesuch notwendig machen, wenn der Schornsteinfeger kommt, wenn der Gaszähler abzulesen ist oder das Auto weggebracht werden muß. Kann Jana nicht einfach ihr Leben im Schatten des bereits gewachsenen Baumes genießen? In dieser Frau steckt eine ständige Unruhe, die Zeit reicht nicht aus für die in ihr sprießenden Ideen. Zu Wendezeiten war Janas heutiges Heim in Bergfelde die Karikatur eines Hauses. Wer heute, nachdem er die 30 Meter den leicht geschwungenen Pflasterweg zum Domizil der Familie Göbel zurückgelegt hat, das Angenehme der Bodenheizung in den Zimmern genießt, und dort, wo früher rüde Dachbalken, dunkle Spinnweben und morsche Dachziegel waren, die Geruhsamkeit eines Atelierraumes auf sich wirken läßt, vermag nicht die zehntausend großen und kleinen Aktivitäten von Jana und Harry nachzuvollziehen. Warum auch! Aber nun will Jana eine Neuauflage dieser Tortur. Was motiviert sie, diese zarte Frau mit einem stets übervollen Programm zu solchem Vorhaben? „Ich will etwas alleine schaffen", sagt sie, während Bruder, Schwester, Schwägerin, Vater und Mutter zu wissen glauben, daß sie das nicht zu bewältigen vermag und ihr Mann Harry sagt, daß er dagegen sei. Aber Jana ist hartnäckig – sie bleibt bei ihrem Vorsatz. Ich richte es deshalb so ein, daß ich Jana bei der Abschiedsumarmung allein erwische. „Du darfst das Haus auf keinen Fall gegen Harrys Willen kaufen. Gute Vorsätze reichen nicht. Ich möchte, daß du meine Meinung kennst." Jana antwortet nicht. Wenn Jana schweigt, beharrt sie auf ihrem Willen. Diese Hartnäckigkeit hat sie sich von klein auf bewahrt, so, als sich das zweijährige Mädchen weigerte, zu schlafen. Das zarte Kind, oben im Doppelstockbett zornig im Nachthemd, protestierte und drohte, „ich springe – ich springe". Augen und Haltung verhießen die Gewißheit, sie würde das tun, wissend, daß ihr das große Schmerzen bringt. So mußten wir das Kind wie einen Pfirsich abpflücken, um ihr Harakiri zu vermeiden. Mit Blick auf den beabsichtigten Hauskauf ist das heute nicht mehr so einfach.

1998

TOCHTER In diesem Jahr wird es für mich die zweite politische Wende in meinem Leben geben. Mir war fast schon ein bißchen langweilig geworden, nach dem großen Knall hat sich nun jeder irgendwie eingerichtet und ein Plätzchen gefunden. Das Leben läuft wieder in ruhigeren und übersichtlichen Bahnen, man weiß in etwa, was man von den nächsten ein, zwei Jahren zu erwarten hat. Gut, man kann nicht mehr so weitreichende Lebenskonzepte machen. Wenn man eine Stelle hat, dann ist es eher unwahrscheinlich, daß man sie ein Leben lang behält. Wenn man einen Beruf lernt, dann kann man davon ausgehen, daß noch zwei oder drei andere Ausbildungen folgen, vielleicht auf einem ganz anderen Gebiet. Und wenn es einem finanziell gut geht, dann muß man damit rechnen, daß irgendwann mal dünne Jahre kommen, und dafür muß man selbst vorsorgen. Ich finde diesen Stil zu leben nicht unsympathisch, und ich glaube, daß er mir mehr entspricht, als das geradlinige Entwicklungsprogramm, das mich in der DDR erwartet hätte, vorausgesetzt, sie hätte weiter existiert. Was wäre aus mir geworden? Eine Redakteurin in einer Landwirtschaftszeitung, deren Texte solange auf Linie gebracht werden bis sie endlich begreift, was sie schreiben darf und was nicht? Oder hätte ich weiter um die wichtigsten Sätze gestritten, und wäre vielleicht manches, das mir anfangs wichtig war, später nicht mehr so wichtig gewesen? Wie lange hätte ich das ausgehalten? Ewig? Oder wäre ich womöglich eines Tages aus der Partei ausgetreten? Ich weiß es nicht, ich weiß nur, ich wäre bestimmt nicht ausgereist. Aber auch das ist nur Theorie, zum Glück.

Die letzten zehn Jahre waren unerhört aufregend, sie haben mein ganzes Leben durcheinandergewirbelt. Es ist ein Wunder, daß ich noch denselben Mann und dieselben Kinder habe, denn sonst ist alles anders: die Arbeit, das Land, der Paß, die Währung, unser Haus, die Gesetze, sogar die Postleitzahl und viele Straßennamen. Statt des Generalsekretärs habe ich jetzt einen Kanzler, statt SERO den schlechteren Grünen Punkt, und statt Club-Zigaretten die besseren Gauloises. Und eigentlich kann man sich so viel Bewegung im Leben nur wünschen, vorausgesetzt, man kommt hinterher wieder auf die Füße. Alle Veränderungen, die nun noch kommen, werden weniger gravierend sein, und diese Aussicht ist nicht nur schön.

Wenn man zehn Jahre im Sturm gelebt hat, dann muß man sich erst einmal wieder an die Windstille gewöhnen. Die Ereignisse hasteten in einem Tempo durch meinen Alltag, daß ich mich nun verwundert frage: „Und was kommt jetzt?“

Martina, die schon seit einer Weile Chefredakteurin vom „Magazin“ ist, und das Blatt mit einem guten Konzept und viel Liebe über die wechselvolle Zeit gerettet hat, Martina meint, daß wir uns unsere Herausforderungen nun wohl selbst organisieren müssen. Sie stellt sich auf den Kopf für ihr geliebtes Blatt, organisiert Leserstammtische und Kurse für Hobbyfotografen. Sie telefoniert Anzeigenkunden hinterher, plant Sonderhefte und reist mit der Ausstellung „Die nackte Republik“ durchs Land. Sie kümmert sich um den Soli-Basar, der nun wieder jeden Sommer auf dem Alexanderplatz stattfindet. Sie tritt in Talk-Shows auf, um das Blatt bekannter zu machen und fahndet nach neuen Autoren. Immer hat sie ein paar „Magazine“ in der Handtasche, um vielleicht einen neuen Abonnenten zu werben. Trotzdem hat es dieses kleine aufgeweckte Heft nach wie vor schwer. Die Leser sind zum größten Teil aus dem Osten, viele Anzeigenkunden halten es allein deshalb nicht für attraktiv genug. Dabei ist die Zeitschrift in den letzten Jahren immer besser geworden. Mit der Mischung aus Kultur, Fotografie, Erotik und Reportagen ist es wunderbar für den Sonntagnachmittag geeignet. Wenn ich mit Martina abends unterwegs bin, redet sie viel über ihr „Magazin“, fast so viel wie über Oskar, der jetzt laufen kann und Dinge mit Eiern malt, die Autos sein sollen.

Wir sind jetzt beide 36, wir wissen, was wir können, und das was wir nicht können, haben wir beide noch nicht gefunden. Irgendwie ist immer alles glatt gelaufen, wenn wir etwas probieren wollten, dann haben wir es probiert. Meistens hatten wir Erfolg, und wenn nicht, dann haben wir es eben noch einmal anders versucht. Leuten wie uns geht es gut, solange der Weg nach vorne offen ist. Was ist hinter der Kurve, schaffe ich diesen Berg? Jetzt aber scheint der Horizont nah, die Veränderungen und Wechsel im Leben sind geringfügiger und weniger einschneidend. Wer sagt, daß es hinterm Horizont weiter geht, der hat zwar recht, aber der verschweigt, daß die Erde rund ist und wir deshalb irgendwann anfangen im Kreis zu laufen.

Manchmal beneide ich diejenigen, die sich eines schönen Tages am Wegrand niederlassen, auf die gewanderten Kilometer zurückblicken und zu sich selber sagen: „So, das reicht jetzt. Hier gefällt es mir, hier will ich bleiben. Ich bin genug gelaufen, vielleicht gehe ich später noch ein Stück." Dann sitzen sie gemütlich am Rand, genießen die Aussicht und belächeln die armen Ruhelosen.

Martina ist auch so eine Ruhelose. Vor nicht einmal drei Jahren ist sie in eine große Altbauwohnung gezogen, hat die Dielen abgeschleift, die Zimmerwände kunstvoll gestaltet, Gardinen nähen lassen und Möbel ausgewählt. Kaum kehrt so etwas wie Ruhe und Gemütlichkeit ein, plant sie ein Haus. Ein Besonderes soll es sein; eines, zu dem vielleicht die Architekturstudenten pilgern. Und das Haus wird in meinem Ort stehen, nur zehn Fahrradminuten von mir entfernt. Der Garten ist mit Moos und Efeu zugewuchert, an den Rändern wächst Farn und in der Mitte steht ein alter zotteliger Buchsbaum. Martina wird versuchen, ihn umzupflanzen, aber wahrscheinlich wird er hinterher eingehen. Sie wird gemeinsam mit ihrem Mann in den nächsten Monaten Baupläne ansehen, Genehmigungen beantragen, Bauzinsen berechnen. Sie wird lange Telefonate mit ihrem Architekten führen, sie wird nachts schlecht schlafen, weil sie sich bei den Fenstern nicht entscheiden kann, und sie wird tags von Oskars neuem Kinderzimmer träumen. Ich beneide sie!

Und ich überlege, ob ich vielleicht noch ein Kind kriegen sollte, oder ob ich für ein paar Monate in England arbeiten könnte, um endlich die Weltsprache zu lernen, ob ich ein kaputtes Bauernhaus kaufen und sanieren sollte, ob ich mich in der Lokalpolitik engagiere oder vielleicht doch lieber anfange, ein Buch zu schreiben. Ein paar Sachen mache ich schon neben meiner Arbeit, ich streiche die Klassenzimmer mit bei Jakob und Anton, gehe demonstrieren, weil ein Stück Wald für den zigsten Gartenmarkt abgeholzt werden soll, kümmere mich gelegentlich um ein Heimkind aus unserem Ort und fahre als Betreuerin jedes Jahr mit zur Klassenfahrt. Aber das reicht mir nicht.

Auch meine alte Ehe kommt auf den Prüfstand, sie hat jetzt bald zehn Jahre gehalten und ist ein bißchen abgewirtschaftet. Harry ist auch so ein ruhiger, der sich an den Wegrand gesetzt hat, weil er mit dem zufrieden ist, was er hat. Ich habe immer sehr gut damit gelebt, seine Bodenständigkeit ermöglichte es mir, trotz der Kinder große

Kreise zu ziehen. Ich muß abends nicht auf die Uhr achten, wie andere Mütter, sondern kann streßfrei arbeiten oder später noch weggehen. Aber ich bin ihm nicht dankbar dafür, er mußte für mich auf nichts verzichten, und er hat mich nicht wirklich vermißt, wenn ich mal länger beruflich weg war. Er lebt sein optimales Leben, weil er es sich so ausgesucht hat: ohne Chef, ohne feste Arbeitszeit, ohne Krawattenzwang. Er trennt nicht zwischen Arbeit und Privatem, bis in die Nacht sitzt er an seinem Schreibtisch unter der Dachschräge und tippt winzige Zeichen in den Computer. Er erledigt alles, was zu erledigen ist: einkaufen, die Kinder zum Sport bringen, bei meinem Vater erste Hilfe am Computer leisten, zum Steuerberater gehen, das Auto aus der Werkstatt holen. Unsere gemeinsame Freizeit ist knapp. Und wir haben unterschiedliche Vorstellungen darüber, wie wir sie verbringen. Ich möchte gerne spazieren gehen, Freunde besuchen oder zusammen mit ihm und den Kindern zum Kino oder in die Schwimmhalle fahren. Harry möchte lieber entspannen. Manchmal kommt er irgendwohin mit, aber nur meinetwegen. Seine alten Freunde melden sich seltener, selbst Thorsten sehen wir kaum noch.

Auch ich bleibe an den Abenden immer länger weg, weil es ein bißchen langweilig ist zu Hause, und weil ein Mann, der wenig erlebt, auch wenig erzählen kann. Doch plötzlich kommt Bewegung in die Sache, denn Harry entdeckt sein altes Hobby wieder, das Joggen. Er war früher einmal ein guter Langstreckenläufer, schaffte es zum Jugend-DDR-Meister. Wegen einer Verletzung nahm seine Karriere im Leistungssport ein vorzeitiges Ende. Jetzt, als er die 40 überschritt und mit dem Rauchen aufhörte, mußte er sich entweder für die nächste Konfektionsgröße entscheiden oder aber wieder Sport treiben. Er behielt seine Garderobe und entschied sich fürs Laufen. Anfangs war er dauernd krank deswegen, hier schmerzte ein Muskel, da spannte eine Sehne, dort drückte ein Knochen. Manchmal ging er mit Kühlakkus an den Füßen ins Bett. Eines Tages stand in der Zeitung, daß in der Kreisstadt im Schloßpark jeden Sonntagmorgen Lauftreff ist. Er ist dort hingefahren und mitgelaufen, und er war nicht schlecht. Bald darauf folgten die ersten Wettkämpfe, und nun ist er fast jedes Wochenende irgendwo in Brandenburg unterwegs und rennt mit anderen älteren Herren um die Wette. Er kauft sich Laufanzüge und ständig neue teure Schuhe, er futtert Traubenzucker und Vitamine, er hat die „LaufZeit“ abbonniert, das Journal für Laufen, Triathlon und Fitneß, er bringt Urkunden mit, und er hat eine Handvoll neuer Freunde. Zwar unternimmt Harry nun noch weniger mit der Familie, aber wenn er dann irgendwann völlig geschafft nach Hause kommt, kann er wenigstens etwas erzählen.

Ich weiß nicht, warum Männer immer solche Sachen machen müssen. Mein Vater rennt endlose Kilometer in jeder Woche, und auch mein Bruder joggt oft morgens, bevor er in seine Kanzlei fährt, zusammen mit seinem gescheckten Dalmatiner. Auf der Arbeit gibt es ebenfalls ein paar Sportbesessene, es sind alles Männer. Vielleicht macht diese Rennerei die Männer ja glücklich. Im Sommer jedenfalls werden wir zu unserem 10. Hochzeitstag eine Woche lang ohne Kinder wegfahren. Ich mußte Harry diesmal nicht sehr überreden, und ich glaube, es wird ganz schön.

Auch in der Politik bewegt sich nach langer Zeit etwas. Wir haben Wahlen in diesem Jahr, und hier im Osten sind so viele Bundespolitiker unterwegs, daß sie sich beinahe umrennen. Vier Jahre wollten sie von uns nichts wissen. Als wir im Sender unsere Arbeitslosensendungen vorbereitet haben, hatten wir sie immer wieder eingeladen. Die Pressesprecher wimmelten uns jedesmal ab und vertrösteten uns auf später. Arbeitsminister Blühm, Wirtschaftsminister Rexrodt, Forschungsminister Rüttgers, alle haben wir sie angefragt. Auch Kanzler Kohl, der sich immer für die Ost-Förderung stark gemacht hatte, selbst er kam lieber nur, wenn er sich von der besten Seite präsentieren konnte: als EKO-Stahl die neue Warmwalzanlage bekam, als BASF Schwarzheide in Betrieb ging, als das Braunkohlekraftwerk der VEAG eingeweiht wurde und um gegenüber den Hochwasser-Geschädigten seine Solidarität zu bekunden. Mit den unangenehmen Dingen wie der Arbeitslosigkeit wollte er nicht so gerne in Verbindung gebracht werden. In Brandenburg war die Zahl der Erwerbstätigen seit 1990 von 1,4 Millionen auf 995.000 gesunken, also um fast 30 Prozent. Nun aber, da der Wahltermin näher rückt, faxen uns die Büros der Politiker lange Terminlisten, die Minister touren überall durch Brandenburg und halten Reden über die Zukunft. Aber nicht nur das, auch mehr Geld wird in den Osten gepumpt, die Ausgaben für Arbeitsförderung und Weiterbildung verdoppeln sich binnen weniger Monate. Die sogenannten Kanzler-ABM entlasten den Arbeitsmarkt sofort spürbar, kurz vor der Wahl sackt die Arbeitslosenquote um mehrere Prozent. Die Wirtschaftsinstitute überschlagen sich mit ihren Prognosen, denn von den Aussichten hängt auch das Wahlergebnis ab. Wird ein positiver Trend vorausgesagt, stärkt das die bestehende Regierung, so wie bei der letzten Wahl 1994. Sieht die Zukunft trübe aus, wählen die Leute im Herbst den Wechsel.

Aber noch ist Sommer. Es regnet viel in diesem Jahr, die Zucchinipflanzen im Garten explodieren förmlich aus der feuchten warmen Erde und überwuchern mit ihren großen Blätterschirmen bald den Dill, den Salat und die Möhren. Jeden Tag schieben sich neue Früchte aus den Stengeln, zuerst zeigt sich die gelbe eingedrehte Blüte, dann wächst auch schon die grüne Bombe mit den weißen Tupfen heran. Ich komme mit der Verarbeitung schon nicht mehr nach. Alles wird nun aus Zucchini gemacht, Salat, Auflauf, Suppen, sogar Pasteten und Kuchen. Wir können alle bald keine Zucchini mehr sehen, und so verschenke ich die grünen Monster, an Martina, an Anja, an meine Freundin Henrike, meine Freundin Simone und an Arbeitskollegen.

Auch heute habe ich wieder zwei Riesenzucchini im Kofferraum, die beiden Kollegen aus dem Kassettenarchiv haben sie fürs bevorstehende Wochenende bei mir bestellt. Als ich im Sender ankomme, ist es erst kurz vor acht Uhr, das Archiv ist noch zu, und so hänge ich den Beutel an die Türklinke. Dann mache ich mich auf die Suche nach dem Kamerateam. Der Kleinbus steht schon vor der Kantine, ich setze mich auf die Rückbank und sage „Morgen“. Der Assistent hat die Karte auf den Knien und fragt, „Wohin soll's gehen?“ „Zum DIW nach Berlin“, sage ich, „wieder eine Konjunkturprognose“, und schon rollen wir vom Hof.

Das Deutsche Institut für Wirtschaftsforschung ist eines der großen im Land. Für unseren Sender ist es wichtig, weil es eine spezielle Abteilung hat, in der Brandenburger Wirtschaftsdaten erfaßt und ausgewertet werden. Deshalb hatte ich hier schon oft zu tun.

Konjunkturprognosen gibt es jedes Jahr wie Sand am Meer. Jedes Wirtschaftsinstitut, das etwas auf sich hält, veröffentlicht mindestens zwei pro Jahr. Und das besondere ist: Jedes Institut schätzt was anderes. Wenn man die Ausrichtung der Institute kennt, kann man sich allerdings seinen Reim drauf machen und die Zahlen einigermaßen einordnen. Das DIW gilt als Kritiker der Kohl-Politik, es ist bekannt für seine pessimistischen Vorhersagen.

Wir parken auf einer kleinen Stellfläche hinter dem Institut. Der Assistent packt die Technik aus, und während ich die Tontasche umhänge, winke ich zu den Journalisten von den anderen Medien hinüber. Wir laufen uns dauernd auf Pressekonferenzen über den Weg, beim Verband der Bauindustrie, beim Wirtschaftsminister, auf der Grünen Woche, bei der Handwerkskammer, im Arbeitsamt. Im Konferenzraum sind schon einige Kameras aufgebaut. Ich bin froh, daß wir rechtzeitig von Potsdam losgefahren sind, denn die Plätze für die sperrigen Stative sind knapp. Wer seine Kamera am Rand plazieren muß, weil er zu spät kommt, hat die Redner dann alle im Profil, und das sieht doof aus. Heute, im Vorfeld der Wahl, ist das Gedränge groß.

Die Pressekonferenz beginnt. Zuerst gibt es eine Einschätzung der wirtschaftlichen Lage. Die Asienkrise mache inzwischen auch den Deutschen zu schaffen, sagt der Redner, so daß die Exporte zurückgingen. Da man also auf den Export derzeit nicht bauen könne, müsse man sich mehr auf die Inlandsnachfrage konzentrieren. Der ermüdete deutsche Markt käme jedoch erst in Schwung, wenn die seit langem stagnierenden Löhne endlich stiegen. Hätten die Leute mehr Geld in der Tasche, würde auch die Konjunktur wieder anspringen.

Ich kenne diese Theorie, und ich weiß nicht, ob sie stimmt. Ich weiß nur, daß die Berliner Forscher vom DIW das seit Jahren sagen, und daß seit Jahren keiner auf sie hört. Die Prognosen, welche sie in den zurückliegenden Jahren für Deutschland abgaben, waren immer schlecht. Leider haben sie oft gestimmt. Diesmal aber ist die Prognose für 98/99 unterirdisch: 2,1 Prozent Wachstum und 19,4 Prozent Arbeitslosigkeit in den neuen Ländern, 2,7 Prozent Wachstum und 11 Prozent Arbeitslosigkeit in den alten Ländern. Der Aufholprozeß ist zum Stillstand gekommen, trotz des Milliardentransfers. Wenn der Trend so anhält, werden wir im Osten nie den Anschluß schaffen.

Es ist abends halb acht. Ich werfe das Kassettenhäufchen und die Mappe mit den Papieren auf meinen Schreibtisch im Großraumbüro. In wenigen Minuten wird mein Stück über die Konjunktur weggesendet sein, für immer im Fernsehhimmel. Ich tippe unsere Nummer ins Telefon und sage Harry, daß ich jetzt losfahre. Beim Rausgehen treffe ich den Kollegen vom Archiv. Er gibt mir die leere Tasche, in der die Zucchini waren, in die Hand und wünscht mir einen schönen

Feierabend. Ich schalte das Handy aus. In einer Stunde werde ich zu Hause sein. Ich bin ein bißchen k.o., aber nicht müde.

Anton hat einen Ipon, einen Sieg, geschafft. Ich springe am Rand der Oranienburger Judohalle mit beiden Beinen in die Luft und quieke vor Glück. Es ist mir egal, ob das cool ist oder nicht, ich kann es einfach nicht fassen. Seit zwei Jahren geht Anton zum Judotraining, doch während die anderen seines Alters schon mehrere Gewichtsklassen zugelegt haben, ist er mit seinen neun Jahren bei 22 Kilo stehengeblieben. Wir haben Prämien für das Aufessen der Schulstullen ausgesetzt. Wir haben ihm Steaks gebraten, wann immer er wollte, weil er die mag und deshalb etwas mehr ißt als sonst. Wir haben Riesen-Joghurt-Becher gekauft, denn Joghurt kann er sogar dann noch essen, wenn er eigentlich schon satt ist. Es hat alles nichts genützt, und ich möchte nicht wissen, was der Kerl auf die Wage bringen würde, wenn wir diesen ganzen Zauber nicht veranstaltet hätten. Im Sportunterricht hält er sich mit einer drei, die für uns natürlich wie eine Eins plus zählt. Auch beim Judotraining, zu dem Harry zweimal pro Woche mit ihm fährt, macht er tapfer mit. Technisch ist er gar nicht so schlecht, und bisher hat er alle Gürtelprüfungen bestanden. Aber die Kraft will einfach nicht reichen. Seine Freunde aus der Gruppe fahren schon zu Turnieren und bringen Medaillen mit, aber Anton wird nie zu Wettkämpfen eingeladen.

Heute aber ist das interne Samura-Turnier, und daran beteiligen sich alle Kinder aus dem Club. Ich sitze mit Anja und Tommi auf der Bank am Hallenrand, ihre Tochter Hanna hat gleich nach dem Umzug auch mit dem Judotraining hier angefangen. Es ist eine faire Sportart, und außerdem, finden wir, kann es nicht schaden, wenn man sich selbst verteidigen kann. Bald hat Hanna ihre erste Gürtelprüfung.

Wanda sitzt auf meinen Knien, mit ihrer hohen Stimme fragt sie, ob ich Trinkpäckchen mitgebracht habe. Früher sagte sie immer Trinkkäppchen, jetzt spricht sie das schwierige Wort natürlich fehlerlos aus. „Willst du Vanille oder Banane“, frage ich und kann mir einfach nicht vorstellen, daß sie in einem Jahr schon zur Schule gehen soll. Die Judokas machen sich indessen warm. Die ganze Halle ist voller weißer Anzüge, ein Trainer zeigt vorne irgendwelche gymnastischen Übungen, und die Kinder machen ihm alles nach.

Hanna und Anton hopsen in der ersten Reihe. Manchmal gucken sie sich an und grinsen, ich glaube, Anton ist ein bißchen stolz auf seine Cousine. Sie ist der Typ Mädchen, der auch mal zornig werden kann, ohne dabei gleich zu keifen. Aus Hanna ist ein wunderbar unbescheidenes Mädchen geworden, das zeigen kann, wie es ist, und deutlich sagen kann, was es will. Als sie auf der Matte, der Tatami, gegen dieses drahtige dunkelhaarige Mädchen kämpft, ahne ich, wieviel Willen in ihr steckt. Sie macht ganz genau das, was sie im Training gelernt hat, sie hält sich an die Regeln. Aber sie macht es mit einer Wucht, daß man ihr dennoch nicht in die Quere kommen möchte. Ihr Gesicht wird dunkelrot unter dem hellblonden Pony, und immer wieder greift sie an, scheitert und versucht es wieder. Anja sitzt gespannt und mit geradem Rücken am Mattenrand und hält sich an Tommis Arm fest. Sie würde Hanna jetzt sofort helfen, wenn sie könnte. Noch nie hat sie ihr Kind so kämpfen sehen. Im Training, bei dem sie manchmal zugesehen hat, geht es wesentlich friedlicher zu. Hanna ist einfach beeindruckend. Trotzdem verliert sie diesen Kampf, danach weint sie kurz.

Anton klopft ihr auf die Schulter, er weiß, wie man sich in so einem Moment fühlt, er hat bisher immer verloren. Gleich ist auch er dran, „auf Matte drei bereitet sich vor“, hallt es laut durch den Sportsaal, „Anton Göbel“, und ein bißchen ist es wie beim Henry-Maske-Wettkampf.

Anton bindet den roten Gürtel um, er ist nötig, damit der Kampfrichter die beiden Kinder unterscheiden kann. Der Mann, im dunklen Jackett und mit Krawatte, hebt beide Arme und führt die flachen Handflächen in der Luft zusammen, die Jungs stellen sich einander gegenüber und verneigen sich. „Hajime“, ertönt das Signal und die beiden stürzen aufeinander los. Der andere Junge ist genauso groß wie Anton aber etwas kompakter. Dafür hat er erst den weiß-gelben Gürtel. Anton greift den Gegner sofort an der Judojacke und zieht ihn fest an sich heran. Nur so kann er den anderen über die Hüfte werfen. Aber der Junge dreht blitzschnell selbst den Körper ein und versucht, sein Bein vor Antons Knie zu schieben. Dabei verliert er einen Moment lang seine Standfestigkeit. Anton nutzt das, greift um die Schulter des Jungen herum, als wollte er ihn freundschaftlich umarmen, schiebt seine Hüfte vor und versucht einen Wurf. Dabei sieht er ganz ruhig aus, ganz konzentriert, sogar sein Mund ist geschlossen. Der Junge weicht jedoch rechtzeitig aus und Anton muß

„Maiers Erben" zu Besuch bei den Eltern in Biesdorf zum 37. Hochzeitstag von Wilfried und Erika Maier, v. l. n. r. Harry Göbel mit Anton Göbel, Jana Göbel, Till Maier, André Maier, Ulrike Maier, Josefine Maier, Erika Maier, Thomas Winkler mit Hanna Maier, Anja Maier mit Wanda Winkler, Wilfried Maier mit Jakob Göbel

Anton Göbel nach bestandener Gürtelprüfung im Judo in Oranienburg 1998

Vater und Tocher. Wilfried Maier und Jana Göbel, Sommer 1999

nachfassen, ehe der Abstand zu groß wird und er nicht mehr an den anderen herankommt. Dann, mit einem Ruck reißt er den Jungen ganz nah heran, der verliert eine Sekunde den Halt, Anton schiebt seine Schulter vor die Brust des Gegners, wirft sich nach vorn, und der Junge fliegt halb über Anton hinweg, halb an ihm vorbei und landet mit dem Rücken auf der Matte. Ipon, Sieg!

Damit ist der Kampf entschieden. Der Richter stellt sich zwischen die Kinder, und weist mit dem ausgestreckten Arm auf Anton. Diesen Moment werde ich nie vergessen.

Später sitze ich noch bei Anja und Tommi und trinke einen Kaffee. Die Kinder spielen oben am Computer, und wir quatschen noch ein bißchen. Seit Anja so nah bei mir wohnt, sehen wir uns noch öfter. Manchmal treffen wir uns nach der Arbeit in Berlin und gehen zusammen ins Kino, in die Volksbühne oder essen. Danach bringt eine die andere mit dem Auto nach Hause. Wir besuchen uns abends, wenn wir keine Lust zum richtig Weggehen haben, aber auch nicht in der Wohnung hocken wollen. Manchmal ist es so wie damals, als wir uns gegenseitig aus unseren Tagebüchern vorgelesen haben. Manchmal tauschen wir Klamotten, aber häufiger tauschen wir kleine Kohlrabipflanzen und Samentütchen. An den Wochenenden, bei schönem Wetter, treffen wir uns zu Familienspaziergängen. Wenn einer krank ist, übernimmt der andere auch ohne Probleme ein oder beide Kinder.

Anja ist kein Gast für mich. Sie weiß, in welchem Schrank der Vanillezucker ist, wo die Handtücher liegen und wo der Briefkastenschlüssel. Sie nimmt sich einen Pullover, wenn ihr kalt ist, sie kennt mein Lieblingsparfum und sie sieht sofort, wenn ich schlechte Laune habe. Ich glaube, sie kennt mich besser als Harry, und wenn sie verreist, fehlt sie mir schon am dritten Tag.

An ihrem neuen Wohnort hat sie wieder schnell Freunde gefunden. Das spitze Haus mit der Sonne vorne drauf ist viel besucht, häufig stehen neben dem Honda, den Anja nach dem Umzug von meinen Eltern bekam, ein oder zwei weitere Autos vor der Tür. Die Kreisstadt vor den Toren Berlins ist jetzt das neue Zuhause. Anja und Tommi fangen an, in dieser Stadt zu leben und an ihr teilzunehmen. Sie finden schnell den einzigen Ökoladen im Ort, beteiligen sich an einer Bürgerinitiative gegen den Schwerlastverkehr, gehen zu Lesungen und zu Wahlveranstaltungen mit den Politikern, die in ihrem Kreis kandidieren. Sie gründen den Kita-Verein mit, abonnieren die Lokalzeitung, schreiben Leserbriefe, weil sich die Stadt nicht genug mit den rechten Jugendlichen auseinandersetzt.

„Diese Szene“, sagt Anja, „ist der einzige Grund, warum ich den Umzug hierher manchmal bereue. Die Glatzen stehen vor dem Bahnhof rum, wenn ich morgens zur Arbeit fahre, am Spielplatz, wenn ich Wanda abhole und am Sonntag an der Tankstelle. Büchsenbier und blondierte Freundinnen mit ausrasiertem Nacken, du weißt schon. Gestern bin ich hingegangen zu diesem Tankstellenverkäufer und habe ihn gefragt, ob er nicht mal was unternehmen will gegen diese Typen. Du steigst aus deinem Auto aus, und wenn du reingehst, mußt du an denen vorbei. Die gucken dich stumm an, gucken dir richtig in die Augen, als ob sie überlegen, was sie mit dir machen, wenn du wieder rauskommst. Weißt du, was der Verkäufer gesagt hat? Lassen sie die Jungs doch, irgendwo müssen die ja stehen. Dann komme ich aber nicht mehr zu Ihnen tanken, habe ich gesagt. Und das mache ich auch nicht mehr.“

Auch bei uns im Ort gibt es so eine Szene, alles brave Kinder. Aber eines Nachts haben sie beim Döner-Imbiß die Scheibe eingeworfen, ein andermal lauerten sie abends der Verkäuferin vom Konsum auf, um sie zu verprügeln. Einmal war früh ein Hakenkreuz an die Schulwand gemalt. Und Anton und Jakob erzählten, einige von den Großen begrüßten sich morgens mit dem Hitlergruß, Worte wie Kannaken oder Fidjis gehören zum Sprachgebrauch.

Im vorigen Jahr gab es mehr als 500 rechtsextreme Straftaten in Brandenburg, und das sind nur die erfaßten Vorfälle. Die Forscher streiten über die Ursachen dieses Hasses gegen alles Fremde. Die fehlenden Lehrstellen werden angeführt, mangelnde Freizeitangebote und der Verlust von Idealen bei der Elterngeneration. Diese Elterngeneration sind wir, das ist meine Generation. Wir haben auf Pioniernachmittagen über die Judenverfolgung gesprochen, wir haben Klassenfahrten zum Konzentrationslager gemacht, das Thema Faschismus und Neofaschismus wurde in Geschichte und Staatsbürgerkunde ausführlich behandelt. Was ist schief gelaufen, frage ich Anja, daß trotz dieser jahrelangen Bildung heute wieder so viele sagen, Ausländer nehmen uns die Arbeit weg? Der Ausländeranteil in Brandenburg liegt unter zwei Prozent, die Arbeitslosigkeit liegt bei 20 Prozent, wie soll das eine also die Begründung für das andere sein?

In Jakobs Klasse wurde das Thema noch nicht mal angerissen. Und der kommt jetzt in die fünfte, in diesem Alter fängt das an. Sollte man vielleicht jemanden einladen, der mit den Kindern über diese Thema spricht? Hat man dann nicht auch wieder einen Pioniernachmittag? Sollte man lieber gar nicht über diese Dinge reden, damit sich nicht die alten Fehler wiederholen? Vielleicht ist meine Generation überfüttert worden mit diesen Faschismus-Themen, vielleicht haben es sich unsere Lehrer mit dem schlichten Gut-Böse-Muster oft zu einfach gemacht, vielleicht haben sie aber auch selbst nicht wirklich geglaubt, was sie uns Kindern da erzählen sollten?

Wir nehmen uns vor, in den Elternversammlungen darüber zu reden. Es ist höchste Zeit.

Meine Jungs sind inzwischen so groß, daß ich beim Wäsche aufhängen schon manchmal die Jeans verwechsele. Meine Hosen haben allerdings den breiteren Hintern. Wenn Jakobs T-shirts auf dem Wäscheständer hängen, reichen sie fast bis zur Erde. Und seine Strümpfe, wären sie schwarz, könnte ich nicht mehr von meinen unterscheiden. Zum Glück sind sie gemustert. So langsam sortiere ich die letzten Bärchen-Handtücher und die Clown-Schals aus, Wanda wird sich darüber freuen. Letzte Woche schenkte Anton ihr seine Benjamin-Blümchen-Kassetten. Es ist noch gar nicht solange her, da konnte er nicht einschlafen ohne das Töröööö dieses Tonband-Elefanten. Jetzt also weg damit. Die große Lego-Kiste ist mit einer Staubschicht überzogen, Zeugnis einer abgelegten Leidenschaft. Wir werden die bunten Bausteine wohl noch zwei Jahre zwischenlagern, ehe sie in Wandas Besitz wechseln. Soll sich Anja mit diesen hundertausend Rädchen, Steinchen, Segeln, Fenstern, Kurbeln, Köpfen und Armen aus Plaste rumärgern. Ich glaube, wenn ein Junge seine Lego-Kiste verschenkt, ist er fast erwachsen. Aber ganz so weit ist es noch nicht. Zwar riecht es bei Jakob im Zimmer schon manchmal wie bei einem Jugendlichen, und wenn andere dabei sind, darf ich ihn nicht küssen. Dennoch erwartet er von mir selbstverständlich, daß ich zu seiner Klassenfahrt mitkomme. Und bei Anton muß ich klopfen, wenn ich in sein Zimmer will. Ich gehöre zwar zu dir, will er mir damit sagen, aber ich gehöre dir nicht. Und trotzdem meckert er, wenn ich abends zu spät von der Arbeit nach Hause komme oder noch mit Martina weggehe.

Er sieht fast jeden Abend „Brandenburg aktuell“, und manchmal liest er ein bißchen in der Zeitung. Er kennt die wichtigsten Politiker mit Namen und Funktion. Er weiß, was Ozon ist, warum die Türkei und Zypern sich streiten, weshalb der Potsdamer Bürgermeister abgewählt wurde, und er weiß ungefähr, wer Erich Honecker war. Anton führt jetzt gerne lange Gespräche mit uns über die DDR. Alles, was vor ihm war, ist DDR oder auch einfach Osten. Es war ganz nah an ihm dran, aber als er seine ersten Worte lernte, war es vorbei. Als er anfing zu denken, gab es nur noch Spuren von dieser DDR. Da steht im Küchenschrank noch unser robuster AKA-Elektrik-Mixer aus DDR-Zeiten, lange Zeit fahren noch die alten und lauten DDR-Busse über Land, in einem Urlauberhotel in Mecklenburg sieht es aus wie im Osten, „die Fliesen, der Klodeckel, die Gardinen, die Gläser, alles genauso wie früher“, sage ich enttäuscht zu meiner Freundin, als wir da ankommen und male damit wieder ein Stück an Antons DDR-Bild. „Der ist wohl noch aus DDR-Zeiten übriggeblieben“, sagt Harry empört zu mir, wenn uns ein launischer Kellner bedient, Anton sitzt mit dabei. „Das gab es früher in der DDR nicht“, sagen meine Eltern, wenn sie meine Kinder mit zur Arbeitslosendemo nehmen. „Nein, Computerspiele hatten wir als Kinder nicht“, sagt Harry, der 1965 so alt war wie Anton jetzt. „Weil's so was in der DDR nicht zu kaufen gab, stimmts?“ sagt Anton.

Wo fängt dieses tote Land in seinem Kopf an, wo hört es auf. Gehört die alte verschnörkelte Nähmaschine mit den gußeisernen Füßen mit in diese Zeit oder nicht? Ist der Bahnhof Alexanderplatz in der DDR gebaut worden, so wie der Fernsehturm? Ist der Trabi ein DDR-Auto oder ein richtiger Oldtimer?

War das nun ein gutes Land oder ein schlechtes? Meine Eltern, ich oder Kristin, jeder sagt was anderes, wenn Anton danach fragt. Aber wiederhaben will es keiner. „Und ich bin froh, daß du heute groß wirst und nicht in der DDR“, sage ich zu ihm. „Wegen Erich Honecker?“ fragt Anton. „Der wollte doch, daß alle hier bleiben, stimmt's? Und wegen dem konntest du dich nicht mit Kristin treffen. Dafür hatte er ja die Mauer gebaut.“ – „Er hat sie nicht gebaut, das war sein Vorgänger Ulbricht“, korrigiere ich, „und der war es auch nicht alleine.“ Anton, der Reiselustige, will wissen, wie wir das ausgehalten haben. Und Harry erzählt von seiner Schwester in Thüringen, die im Grenzgebiet wohnte. Harry mußte jedesmal einen

Passierschein beantragen, wenn er zu Inges Geburtstagsfeier wollte. „Wir fanden das damals eben normal“, sagt er. „Wir haben einfach diesen Schein beantragt und fertig.“

Ich erzähle von meinem Freund Micha, der die Grenze in seiner Armeezeit bewachte. „Der hatte immer Angst, daß jemand in den Westen flüchten könnte, wenn er Wache hält. Er sagte mir, dann würde er in die Luft schießen. Aber seinen Dienst hat er trotzdem geleistet. Und das fand ich auch normal.“ – „Andere Soldaten haben aber geschossen“, sagt Anton. „Ja“, sage ich und erzähle ihm die Geschichte von einer Kollegin, die im ORB arbeitet. „Ihr Sohn wurde an der Berliner Grenze erschossen. Das war nur wenige Wochen bevor du geboren wurdest. Ein dreiviertel Jahr später fiel die Mauer, die Minen wurden geräumt und der Stacheldraht abgerissen, die Grenzhunde fortgeschafft. Ich habe nicht viel mit dieser Kollegin zu tun, aber jedesmal, wenn ich sie sehe, muß ich daran denken, daß ihr Kind tot ist.“

Der Soldat, der damals geschossen hat, bekam zwei Jahre Haft auf Bewährung. Die Prozesse gegen die Mauerschützen, denen laut Berliner Staatsanwaltschaft 265 Flüchtlinge zum Opfer fielen, sind heute nach zehn Jahren weitestgehens abgeschlossen. Auch politisch Verantwortliche wurden verurteilt, so wie der Honecker-Nachfolger Egon Krenz. Er bekam sechseinhalb Jahre Gefängnis, die er allerdings wegen eines Widerspruchs bis heute nicht antrat.

Anton kann sich noch an die Mauerreste erinnern. Jedesmal, wenn wir mit dem Wartburg nach Westberlin in den Supermarkt fuhren, sah man rechts und links der Bundesstraße 96 diese Betonwand und die Postenstraße. Später wurden die Anlagen entfernt, übrig blieb ein aufgewühlter breiter Sandstreifen. Heute ist da nur noch ein grüner Pfad, der Wald hat sich das Stück, das ihm einst gehörte, schon fast zurückgeholt. In dem alten Wachturm, den man stehengelassen hatte, treffen sich heute die jungen Naturschützer.

Ein Sonntag im September, es ist ein besonderes Datum: der 27. September. Heute ist in Brandenburg Kommunalwahl, und es ist Bundestagswahl. Harry geht irgendwann gegen Mittag wieder zusammen mit den Kindern und mit den Nachbarn Kalle und Gabi zur Feuerwehr. Dort, gegenüber vom Friedhof, ist das Wahllokal, und zur Mittagszeit ist am wenigsten los.

Ich habe meine ausgefüllten Stimmzettel schon vor Wochen abgeschickt, denn ich bin heute Chefin vom Dienst für „Brandenburg aktuell". Seit Mitte des Jahres mache ich diese Arbeit: Themen für eine ganze Woche planen, Reporter aussuchen, die Sendung zusammenstellen, Beiträge und die Moderationstexte abnehmen.

Der heutige Tag wird mit Sicherheit nicht ruhig. Seit Monaten hat sich unsere Redaktion vorbereitet. Es gibt mehrere Sondersendungen, dazwischen die Regelsendung „Brandenburg aktuell", und morgen am Montag liefern wir dem Zuschauer eine umfassende Zusammenfassung mit den detaillierten Ergebnissen und mit politischen Reaktionen. Unser Übertragungswagen steht in Bonn, die Außenstudios sind zugeschaltet, ein Reporter fährt mit einer Live-Kamera über Land, und im Potsdamer Rathaus haben wir ein Sonderstudio mit Monitoren für die Hochrechnungen eingerichtet. Alle Mitarbeiter unserer Redaktion sind heute im Einsatz, mit den wichtigsten Politikern gibt es exakte Terminabsprachen für Live-Interviews und Gesprächsrunden. Eine Kiste Handys wurde an Aufnahmeleiter, Moderatoren, Reporter und Redakteure verteilt, dazu mehrseitige Telefonlisten. 1.000 Kleinigkeiten mußten im Vorfeld erledigt werden, vom Kasten Selters für die Studiogäste, über Sonderparkgenehmigungen für die Ü-Wagen bis hin zum ORB-Logo auf dem Mikrofon für unsere Schaltgespräche nach Bonn.

Gegen zehn bin ich im Sender, schon auf der Herfahrt habe ich lange Schlangen vor den Wahlbüros gesehen. Denn diese Wahl ist spannend. Seit 16 Jahren regiert derselbe Kanzler dieses Land, seit acht Jahren ist es auch mein Kanzler. Er hat viel bewegt in dieser Zeit, hat die Einheit halbwegs geschickt bewältigt, den Euro wesentlich gefördert, die Reform beim Ladenschluß mit ermöglicht. Doch wie immer, wenn eine Macht zu lange regiert, verfestigten sich auch in seinem Umfeld die Strukturen. Die Regierung wurde unbeweglich. Schon bei den letzten beiden Wahlen sollte Kohl seinen Platz räumen, beide Male schätzte man seine Chance auf Wiederwahl als nicht ausreichend ein. Doch 1990 hat der Osten aus Dankbarkeit das Ruder für Kohl herumgerissen, und 1994 konnte die SPD-Opposition keinen gescheiten Gegenkandidaten bieten. Kohl gewann erneut, wenn auch knapp. So wollte es das Volk.

Bis zu unserer Sendung sind noch eineinhalb Stunden Zeit. Der genaue Ablauf liegt auf meinem Schreibtisch, die Leitungen nach

Bonn, ins Rathaus und in die Region stehen, die Schrifteinblendungen für die Interviewpartner sind alle noch einmal überprüft, mit dem Regisseur ist jede Position besprochen, und die Moderatorin schreibt bereits an ihren Texten. Ich hole mir einen Marsriegel aus dem Automaten, mache mir eine Cola auf und gehe zum Redaktionsfernseher. Dort hat sich schon eine Traube von Kollegen versammelt. In wenigen Minuten kommen die ersten Hochrechnungen.

Ich sehe meinen Chef im Studio stehen, er berichtet über den bisherigen Wahlverlauf, die Beteiligung war auffallend hoch. Ein paar Bilder aus dem Land sind zu sehen, Wahlbüros, vor denen die Leute anstehen, Wahlkabinen, Zettel, die durch den Schlitz der Urne geschoben werden. Dann redet wieder mein Chef. Mitten im Satz blickt er zur Seite, von dort hat er ein Zeichen bekommen. Die Prognosen sind da, und er gibt das Wort an einen Kollegen, der neben ihm steht. Auf dem Bildschirm schieben sich die ersten Säulen in die Höhe, und auf meinem Nacken kribbelt es wie kurz vor Silvester. Ich brauche einen Augenblick, um mich zu orientieren. Als das Bild zur Ruhe kommt, ist es deutlich zu sehen: Die Prozente von SPD und Grünen reichen für einen Wechsel. Die alte Koalition geht auf die Oppositionsbank. Wir bekommen eine neue Regierung.

Eineinhalb Stunden später sitze ich in der Regie, „Brandenburg aktuell" läuft, die Moderatorin ruft jetzt die Kollegen im Wahlstudio. Noch einmal werden die bunten Säulendiagramme gezeigt. Seit eineinhalb Stunden laufen überall im Land die Auszählungen. Und die Prognose von 18 Uhr bestätigt sich.

Ich bin froh über den Wechsel. Über zu viele Dinge hatte ich mich in letzter Zeit immer häufiger geärgert, zum Beispiel über die ständige Förderung des Autoverkehrs und die Benachteiligung der Bahn, die mit immer weniger staatlicher Unterstützung schon lange nicht mehr konkurrenzfähig ist. Zum Beispiel über die Bevorzugung von Großverdienern, die sich jahrelang um die Steuern herummogeln können, während die Arbeitnehmer streng vom Finanzamt überwacht werden. Oder über die schlechten Bedingungen für Familien, die wegen der Kinder zum einen weit höhere Ausgaben haben und zum anderen in ihren Verdienstmöglichkeiten über lange Zeit eingeschränkt sind. Und über die scheinheilige Haltung der Regierung gegenüber Ausländern, denen man unterschwellig schon mal die hohe Arbeitslosigkeit in die Schuhe zu schieben versucht.

Mit meiner Stimme konnte ich mit über den Verbleib oder den Austausch dieser Regierung entscheiden. Das ist gut so und inzwischen schon beinahe selbstverständlich für mich. Ich weiß, als Journalistin muß ich in meiner Arbeit gegenüber politischen Dingen neutral sein. Aber als Privatmensch nehme ich an der Wahl teil. Heute kann ich mir kaum noch vorstellen, auf dieses Recht zu verzichten.

Viel wird von der neuen rot-grünen Regierung erwartet, sie hat ja auch viel versprochen. Sie will Familien finanziell besser stellen, Spekulationsgewinne aus Aktien höher besteuern, die Zuzahlung für Arzneimittel verringern, das Schlechtwettergeld für Bauarbeiter neu beschließen, die doppelte Staatsbürgerschaft einführen, das Benzingeld erhöhen und den Energieverbrauch verteuern. Sie will das Wohngeld anheben, Steuerflüchtlinge ins Land zurückholen, die Schwarzarbeit eindämmen und die hohen Sozialabgaben herunterfahren, so daß die Betriebe wieder mehr einstellen. Ich weiß nicht, wie die neue Regierung das alles schaffen will, schon wenn sie die Hälfte der Versprechen in den nächsten vier Jahren einlöst, ist sie gut. Wie mißtrauisch muß ich also sein, wenn ein Kanzler mit so einem Aufgabenpaket auch noch den Osten zur Chefsache erklärt?

Denn die Angleichung der beiden deutschen Teile geht langsam voran. Nach fast zehn Jahren Einheit gibt es noch zu viele Ungleichheiten. Ich meine dabei nicht die längere Arbeitszeit und den geringeren Verdienst, den das Statistische Bundesamt für dieses Jahr mit 73 Prozent des Westverdienstes beziffert. Dafür habe ich als Ökonomin Verständnis, obwohl es mich auch selbst betrifft, denn wir haben einiges nachzuholen. Es ist zwar komisch, daß noch heute in Brandenburg die aus dem Westen zugereisten Kabinettsmitglieder mehr verdienen als der Ministerpräsident, weil der aus dem Osten kommt. Aber das sind die konkret seltsamen Blüten, die solche Überangsregeln hervorbringen.

Ich meine vielmehr, daß die großen Betriebe im Land Brandenburg alle ihren Stammsitz im Westen haben, und demzufolge auch die Gewinne dorthin fließen. Nicht auszudenken, was passiert wäre, wenn die Westunternehmen hier nicht investiert hätten, aber wenn ich die dpa-Terminvorschauen durchsehe, gibt es keine einzige wichtige Unternehmens-Bilanz, die in Brandenburg stattfindet. Die Wirtschaft sitzt in Essen, Frankfurt, München, Hamburg, Hannover, aber nicht in Potsdam.

Auch die wichtigen Menschen in diesem Land, also die Chefs in Politik, Wissenschaft und Wirtschaft und Kultur sind fast alle nicht von hier. Ich merke das immer wieder bei Interviews: Jedesmal wenn eine wichtige Aussage zu machen oder ein bedeutendes Statement einzuholen ist, hatte ich einen Westler vor dem Mikrofon. Auch in Brandenburg kommen noch immer 12 von 13 Staatssekretären aus dem Westen. Natürlich tue ich denen Unrecht, die hier beim Neuanfang wirklich mitgeholfen haben, so wie meine Freundin Martina, ohne die es das Magazin vielleicht nicht mehr gäbe.

Ich ärgere mich auch darüber, daß die Masse der brandenburgischen Immobilien beinahe ausnahmslos und für immer an Westler verkauft – und übrigens auch von ihnen saniert – wurde, weil hier am Anfang keiner Geld hatte. Zwei Drittel der Mietwohnungen im Land sind inzwischen modernisiert, und das ist ohne Zweifel ein großes Glück. Viele Mieter hätten ihre eigene Wohnung für einen fairen Preis kaufen können. Laut Gesetz war das sogar ausdrücklich erwünscht. Aber sie haben es nicht getan, vielleicht weil sie erst einmal ein Auto wollten, vielleicht weil sie nicht wußten, wie es mit der Arbeit weiter geht, vielleicht weil sie noch kein rechtes Verhältnis zum Eigentum haben.

Ich meine, daß es so gut wie keine Filme gibt, die im Osten spielen, daß ich höchst selten Schauspieler von hier im Fernsehen sehe, daß die Musik aus meiner Jugend nicht mehr im Radio kommt, und daß nun ausgerechnet die Puhdys als Repräsentanten der Ostmusik gelten, ist ein Witz.

Für all diese Tatsachen gibt es immer einleuchtende Erklärungen, und jede einzelne kann ich bestimmt sogar nachvollziehen. Aber dennoch kommt da eine große Summe zusammen. Und in der Summe haben wir für eine Demokratie in unserem eignen Land noch nicht besonders viel zu melden. Da bleibt so ein Gefühl von kollektiver Benachteiligung.

Es ist Anfang Dezember, ein Dienstag. Der erste Schnee macht sich über die Straßen her, in diesem Jahr kommt er zeitig. Ich muß vorsichtig fahren und biege ganz langsam in die Straße meiner Eltern ein. Meine Mama hat heute Geburtstag, sie wird 62. Die Fahrbahn ist ein wenig rutschig, aber noch nicht wirklich glatt. Ich parke das Auto am Straßenrand, hole den Blumenstrauß vom Rücksitz. Dann gehe ich auf den Vorgarten meiner Eltern zu. Die kleine Kiefer, das

Beet und der Rasen, alles versinkt unter weißem Schnee. Ich drücke auf die Klingel.

Mama kommt zur Tür, ich gratuliere ihr, „Anja ist schon da", sagt sie, „und André kommt auch gleich, zusammen mit Ulrike. Er hat gerade angerufen." Sie nimmt mir den Blumenstrauß ab und läßt sich küssen und gratulieren. Ihre Wangen, auf denen Rouge schimmert, sind kühl. „Das ist ja schön, daß ihr heute alle hier seid!" sagt sie, während ich meine Schuhe ausziehe. Mein Vater kommt jetzt in den Flur. „Ach", ruft er und klatscht aufmunternd in die Hände, „komm rein. Deine Schwester ist auch schon da."

Als ich das Wohnzimmer betrete, ist es wie immer. Die alten Freunde meiner Eltern sind da, sie kommen zweimal im Jahr in dieser Runde zusammen, im Dezember zu Mamas Geburtstag, im Februar zu Papas Geburtstag. Dann setzen sie sich um den großen Tisch und essen und reden und trinken. Seit Jahrzehnten ist das so, es sind keine neuen Freunde dazugekommen, und es sind keine weggegangen. Auch 1989, als wir Papas 57. Geburtstag hier feierten, waren genau die gleichen hier. Da hatten sie noch alle Arbeit und sorgten sich um ihr Land, das irgendwie aus allen Nähten krachte. Zehn Jahre ist das bald her.

Ich habe diese Runde geliebt, sie war für mich wie eine kleine aber feine Sammlung von ehrlichen Kommunisten, die zusammenhielten, die sich gegenseitig um Rat fragten, die sich auch mal ausheulten, wenn sie am Ende waren, die sich Witze erzählten. So wie sie habe ich mir als Kind alle Genossen vorgestellt: laut, direkt, gesellig, im Inneren überzeugt, aber im Suchen nach Lösungen dennoch offen und phantasievoll. Wenn sie mir die Dinge erklärten, wurden sie einfach und überschaubar, sie haben meine Zweifel zugelassen und mit dazu beigetragen, daß ich sie besiege. So wollte ich auch werden. In all den launigen Phasen meiner Entwicklung hat diese Runde mich ernstgenommen, ob ich mir nun Herzen auf die Jeans nähte, kitschige Gedichte schrieb oder einen Lover mit fettigen Haaren anschleppte. Diese Leute kennen mich von klein auf. Einer von ihnen brachte mir mit fünf die Schleife bei, ein anderer zeigte mir später die ersten Griffe auf der Gitarre, eine Freundin von meiner Mutter brachte mir Pferdebilder aus Ungarn mit, und eine andere bürgte für mich, als ich in die SED eintrat. Man brauchte immer zwei Genossen als Bürgen. Hier, bei den Freunden meiner Eltern hatte ich reiche Auswahl.

Jetzt sind die meisten von ihnen PDS-wählende Rentner, wie meine Eltern. Die zwei, drei, die noch Arbeit haben, reden von sich aus nicht zu viel darüber, aus Rücksicht, als wollten sie nicht an eine Wunde rühren. Denn es schmerzt nicht allein der Verlust der Arbeit, es tut auch weh, wenn das Lebenswerk im nachhinein verurteilt und belächelt wird, ohne daß man noch etwas korrigieren kann. Heutzutage weiß ja schließlich jeder, daß das, was meine Eltern und ihre Freunde gemacht haben, nicht richtig war. Und sie selbst wissen es auch, aber sie wissen immer noch nicht, wie sie es besser hätten machen sollen. Keiner sagt es ihnen, weil es keiner weiß, und weil auch keiner Lust hat, mit ihnen darüber zu reden. Wenn sie zusammen sind, gibt es wenigstens eine gegenseitige Achtung, und das ist schon viel. Sie reden kaum noch von früher, sie reden über ihre Kinder, die Autos und den Urlaub. Und sie reden viel über das, was heute alles verquer läuft, über die Mängel der jetzigen Gesellschaft: Die Bürokratie ist noch schlimmer als in der DDR. Vor dem Gesetz sind zwar alle gleich, aber Recht bekommen die, die den besten Anwalt bezahlen können. Ausbildungsplätze für die Kinder gibt es oft nur über gute Beziehungen. Die Schulspeisung ist so teuer. Daß auch früher manche Kinder aus politischen Gründen kein Abitur machen konnten, daß die DDR-Schulspeisung nicht besonders lecker war, darüber reden sie nicht so, denn das lesen sie täglich in der Zeitung, das bekommen sie dauernd von Politikern gesagt. Das wollen sie hier, wo sie unter sich sind, wo ihnen keiner widerspricht, gerne mal weglassen.

Und irgendwie läuft es bei den Freunden meiner Eltern immer darauf hinaus, daß diese Gesellschaft ja auch sehr unvollkommen ist, so als würde es das Vergangene weniger falsch machen. So sitzen sie da und bestätigen sich in Abwesenheit von Andersdenkenden ihr Urteil über das neue System gegenseitig, bis sie glauben, es wäre die Wahrheit. Sie sammeln Fehler wie Steinchen für ein Mosaik, und das Bild, das dabei von diesem Land entsteht, ist etwas zu häßlich und etwas zu düster. Und je häßlicher all das Neue aussieht, um so schöner erscheint das Vergangene.

Ich höre die Freunde meiner Eltern reden, und ich sehe meinen Vater, der aufblüht inmitten Gleichgesinnter. Es tut ihm gut, in dieser Runde zu sitzen, verstanden zu werden, sich nicht verstellen zu müssen. Noch immer lebt er in diesem neuen Staat wie ein Fremder, der seine Heimat verlor und nicht richtig dazugehört. Er holt Wodka und gießt den Gästen ein. Er umarmt Mama und sagt meine Kleine zu ihr. Er taucht von einem Grüppchen ins nächste und möchte am liebsten bei allen Gesprächen zugleich dabeisein.

An Abenden wie diesen denke ich, daß mein Vater auch ein verbitterter alter Mann sein könnte, der seinen Haß genußvoll pflegt, um überhaupt noch irgendein Lebensgefühl zu haben. Ich bin froh, daß er sich nicht aufgegeben hat, auch wenn er mit einer gewissen Sturheit auf seinen alten Prinzipien beharrt. Ich wäre enttäuscht gewesen, hätte er ohne Bedauern alles Frühere einfach hinter sich geworfen und sich über Nacht in einen überzeugten Marktwirtschaftler verwandelt. Eine härtere Prüfung für seine Ehrlichkeit, als diesen politischen Wechsel, konnte es wirklich nicht geben. Und das ist für ein Kind auch sehr wichtig.

Mein Bruder André steht in der Wohnzimmertür, er füllt den Rahmen fast bis obenhin aus. Seinem kräftigen Körper sieht man den Dauerclinch zwischen der Liebe zum Essen und dem sportlichen Ehrgeiz nicht an. Nur wir in der Familie wissen, wieviel Energie André darauf verwendet, die Balance zu halten. Genau wie mein Vater achtet er sehr darauf, nicht in die Breite zu gehen, er joggt jede Woche und beobachtet mißtrauisch jedes überflüssige Gramm auf der Hüfte. Und so sieht er mit seinen 38 Jahren besser aus, als die meisten Männer in seinem Alter, stark und dennoch niemals bärig. Seine Ulrike wirkt neben ihm noch schlanker. Unter seinem korrekt geschnittenen und unverschämt vollen Haar hat er eine hohe faltenlose Stirn, der man die ihm eigene Durchsetzungsfähigkeit ansieht. Die vollen hellen Lippen jedoch verraten Weichheit. Sie nehmen dem Gesicht die Härte, lassen Sensibilität vermuten und eine gewisse Angreifbarkeit. Diesen Widerspruch trägt André nicht nur im Gesicht, den spüren wir Geschwister seit Jahren. Während Anja und ich eine eher stromgleich stärker werdende Beziehung pflegen, die schlichten Alltag, Traurigkeiten und unvergeßliche Glanzpunkte einschließt und uns zusammen über die Zeit trägt, ist die Beziehung zu unserem Bruder eine wechselhafte zackige Linie, die sich zwischen Nähe und Distanz auf und ab bewegt, unruhig und wenig zuverlässig. Zum einen stellt sich André vor uns und verteidigt uns, wenn uns, seinen Schwestern jemand Unrecht zufügt. Er hilft uns, sucht Telefonnummern raus, organisiert Kontakte, ist sofort da und faßt mit an, wenn wir in Schwierigkeiten geraten. Zum anderen ist er auf eine ungeduldige Art ärgerlich mit uns, wenn wir nach seiner Auffassung etwas falsch machen, so als wären wir noch die kleinen Mädchen, auf die er aufpassen muß, als hätte er eine Verantwortung für uns und unser Glück. Und da wir uns oft nicht so verhalten, wie er es für richtig hält, und weil er sieht, daß er dagegen nicht viel tun kann, rettet er sich in Distanz, in Überhebung, und teilweise in abschätziges Verhalten. Jetzt winkt er uns von der Tür aus zu, erfreut und mit ausladenden Bewegungen. Das Wohnzimmer ist überfüllt, es gibt keine Plätze mehr, und überall stehen Leute. Auch Ulrike winkt zu uns herüber, sagt denen, die in der Nähe stehen, guten Tag und zeigt dann in Richtung Veranda zum anderen Flurende. Kommt ihr? fragen ihre Mundbewegungen, denn es ist laut, und wir können sie nicht verstehen. Anja und ich nicken und zusammen mit Ulrike ziehen wir Geschwister uns zurück in die Veranda. Hier haben wir als Kinder unsere Milch getrunken, haben wir den Eltern unsere Hausaufgaben zur Kontrolle hingelegt, haben wir später die Grundrisse unserer Häuser ausgebreitet und diskutiert, und hier haben unsere Kinder als Babys kaum über die Tischkante gucken können und später kiloweise Opas Eierkuchen aufgegessen. Jetzt sind wir alle Ende 30, der alte abgeschrabte Tisch ist längst durch einen neuen ersetzt worden, weil er sich eines Tages nicht mehr ausklappen ließ. Wir holen uns eine Flasche Wein und wollen eigentlich bloß ein bißchen tratschen, doch das Gespräch nimmt eine eigenartige Wende. André bedauert zum ersten Mal offen, daß wir beiden Schwestern so viel zusammen sind, und daß er mit seiner Familie manchmal ausgeschlossen ist. Was soll ich dazu sagen, denke ich und versuche, das Gemeinsame in dem Verhältnis von Anja und mir zu erklären. Vielleicht kommen wir so darauf, was das Trennende zwischen André und uns ist, ohne es direkt auszusprechen. Wie oft hatte ich mit Anja, mit Tommi, mit Harry darüber nachgedacht. Mal fühle ich mich von André umarmt und geliebt, dann wieder habe ich das Gefühl nicht zu genügen, nicht seinen Erwartungen zu entsprechen. Infolge dieses Auf und Ab habe ich mir einen Gefühlsabstand zugelegt, der wirkt wie ein Sicherheitspuffer. Er läßt mich seine Herablassung weniger spüren, aber leider auch seine Zuwendung. Gleichgültigkeit hatte sich über unser Verhältnis gelegt, auch bei André und Ulrike. Aber jetzt, beim Reden, beim Worte suchen, merke ich, daß der Schutz wegplatzt, daß alles direkt aus mir herauskommt und genauso direkt bei André ankommt. Seit mehreren

Jahren haben wir nur Bruchteile unserer Vorwürfe herausgelassen, gerade so viel, daß wir nebeneinander zurechtkamen. Ein Mischmasch aus Schuldzuweisungen und Verletztheiten schwappt plötzlich auf den Tisch der elterlichen Veranda. Und wir trauen uns, Dinge auszusprechen, von denen wir wissen, daß sie weh tun. Ich werfe André vor, daß er besitzorientiert sei und andere nach der Größe des Hauses bewerte und nach dem Preis des Autos. André wirft mir vor, daß ich seine Hilfe immer selbstverständlich in Anspruch nehme, und mich vor lauter Stolz nicht einmal bedanken kann. Anja spricht von ihrem Gefühl der Mißachtung, das sie in der Nähe von André und Ulrike anweht, wohl weil sie nicht so leistungsorientiert ist. André vermutet, daß wir manchmal neidisch sind auf seinen Wohlstand. Ulrike beklagt sich, daß beim Umzug nicht einer von uns mit angefaßt hätte.

Es ist nicht so, daß wir Freude daran haben, mit Messern nacheinander zu werfen. Vor jedem Satz überlege ich, ob ich das jetzt auch noch sage, wenn wir schon mal dabei sind, oder ob dieser Satz alles auf immer zerstören könnte. Wir sind entsetzt, was wir all die Zeit übereinander gedacht haben, und jeder neue Vorwurf ist so ungeheuerlich, daß er nicht mehr zu überbieten zu sein scheint. Wir vergessen den Geburtstag meiner Mutter, vergessen die Freunde meiner Eltern, wir merken, daß wir jahrelang sprachlos waren und nun mehr Wahrheiten ertragen müssen, als wir auf einmal aushalten können. Warum haben wir nicht eher geredet?

Es ist drei Uhr in der Früh, unsere Stimmen sind kratzig und matt vom vielen Reden. Jeder von uns hat fast zwei Stunden gesprochen, mußte sich mehrfach unterbrechen lassen, mußte sich sein Wort zurückzuholen, mußte diesmal wirklich ausreden. Der Tisch ist voller leerer Flaschen, vor mir steht ein ekelhafter Aschenbecher mit Kippen, es sind meine Kippen. Ich habe kalte Füße und einen leeren Kopf. Unsere Worte sind alle. Wir können nicht mehr reden, es gibt keine neuen Gedanken mehr.

Die Freunde meiner Eltern sind längst nach Hause gefahren, meine Eltern schlafen bereits. Zwei- oder dreimal schauten sie abwechselnd bei uns herein, aber wir haben sie jedesmal weggeschickt. In den Augen meines Vaters sah ich ein Vertrauen, das ich selbst zu diesem Zeitpunkt überhaupt nicht gerechtfertigt fand. Er wußte genau, unser Streit war überfällig, aber er konnte nicht wissen, wie er ausgehen würde. Sein Blick hatte nichts von toi, toi, toi und nichts von, ihr schafft das schon. Er sagte vielmehr, es hat keinen Sinn zu schlichten. Entweder wir würden unsere Probleme selbst lösen oder niemand würde es tun.

Als wir uns entschließen, nach Hause zu fahren, gibt es keine Umarmungen, keine Küsse, nur einen Abschied. Im Flur finden wir den Zettel unserer Eltern: „Geht es Euch gut? Wir telefonieren morgen. W. + E.“

VATER

Alt wie ein Baum möchte ich werden
Genau wie der Dichter es beschreibt.
Alt wie ein Baum, mit einer Krone
die weit, weit, weit,
die weit über Felder zeigt.

Alt wie ein Baum möchte ich werden,
mit Wurzeln die nie ein Sturm bezwingt.
Alt wie ein Baum, der alle Jahre
Weit, weit, weit,
kühle Schatten bringt

Alle meine Träume fang ich damit ein.
Alle meine Träume,
zwischen Himmel und Erde zu sein.

„Lieber Wilfried, happy birthday. Doch schon 66. Kaum zu glauben!

André und Ulrike“

Es wird mir warm ums Herz, wenn ich das Fax von meinem Ältesten und seiner Frau Ulrike lese. Eine CD mit dem Song der Puhdys wird nachgereicht, der vom Wunsch des Altwerdens erzählt.

Ich bin heute 66. Was tut ein Mann diesen Alters an solchem Tag? Er verwirft als erstes den guten Vorsatz, am morgen eine halbe Stunde zu joggen. Was soll Erika denken, wenn sie aufwacht und mein Bett ist leer! Nicht einmal gratulieren könnte sie mir. Gestern, Sonntag, haben wir schon drei Stunden in der Küche verbracht. Für das Häckerle mußte ich ein Kilo Salzheringe häuten, entgräten, in kleine Würfel schneiden; Zwiebeln schälen und saure Gurken würfeln. Maiers berühmte Käsesuppe mit zarten grünen Bohnen soll es geben, ein großer Eintopf aus Red Kidney Beans wird vorbereitet und eine riesige Curry-Pfanne mit Putenfleisch, Zwiebeln und Champignons und viel Knoblauch. Wenn Sie möchten, ich schicke Ihnen die Rezepte meiner Frau, obwohl sie nicht Alfred, nicht Christiane und nicht Hannelore heißt. Nach ofenfrischen Brötchen gehe ich. Meine kleine schwarzhaarige Bäckersfreundin, Lehrling im zweiten Jahr, hat sich von ihrem Verlobten mit dem Auto zur Arbeit bringen lassen, „bei der Kälte". Das Schiebefenster an ihrem Imbißwagen ist nur einen Spalt breit geöffnet, es reicht gerade für Ware und Geld. Mit der Blase, das sei wieder besser, „ich muß jetzt nicht mehr so oft", aber sie habe es stark auf den Bronchien. „Deshalb ziehe ich die dicke Steppjacke an ...", von der die Figur des hübschen Mädchens vermummt wird. Dafür schauen die lustigen Augen aus dem jungen Gesicht um so freundlicher hervor. Die Haare müßte sie sich mal wieder färben, sage ich ihr; am Scheitel schimmere das Helle durch. Ja, ihre Freundin sei Friseuse, „aber zu oft waschen versaut die Haare". Ob sie nicht die Erkältung auskurieren müsse, frage ich sie. „Nein, das kann ich mir nicht leisten – da sehe ich schon, wie die Chefin guckt." Schade – sie weiß nicht, daß ich heute Geburtstag habe.

Anton, mein Enkel und Autonarr, ruft an. Auch von Jakob, Mama und Papa solle er mir gratulieren. Die Eltern kämen heute Abend noch auf einen Sprung vorbei. Anton macht gerne einen Plausch am Telefon. Jana ist schon auf der vollen Stadtautobahn in Richtung Babelsberg, ihrem Sender. Ich bedauere sie manchmal ob des mühsamen Weges zur Arbeit, aber alles Gute ist nie beisammen. Für den interessanten Job beim Fernsehen nimmt sie zu Recht einiges auf sich. Ihr Mann Harry hält ihr zu Hause den Rücken frei, das weiß sie. Drei-, viermal schon blieb sie mit ihrem Gefährt, wahrscheinlich ein Montags-Auto, nachts auf der Autobahn liegen. Ich sehe diese zarte Frau mutterseelenallein am Fahrbandrand stehen, frierend, die Tasche unter den Arm geklemmt, die vorbeihuschenden Autofahrer haben keinen Blick für den blauen Opel Astra, sie zieht es selbst nach Hause. Janas Bruder André, der einen BMW sein eigen nennt, empfiehlt seiner Schwester, sich ein ordentliches Auto zu kaufen, „das kostet natürlich einiges". Solche Äußerung ist der geschwisterlichen Harmonie nicht unbedingt förderlich. Harry, Janas liebevoller Mann, hat ihr ein Handy geschenkt, damit sie in ihrer Not wenigstens Hilfe herbeirufen kann und von dem ihr Schwager Thomas meint, es versaue die Umwelt.

„Happy birthday to you ...“ höre ich per Telefon von Hanna, meiner neunjährigen Enkeltochter, direkt aus dem Zillertal. Ein Gedicht für mich sei schon auf dem Postweg. Es genießt wegen seiner Herzlichkeit Vertrauensschutz, deshalb übernehme ich es nicht in diesen Text. Hanna ist mit den anderen Großeltern in Österreich zum Schifahren. Das Kind ist erkältet, „aber das macht mir nichts aus“. Es hat eine hinreißende Art, ihrem Opa zu gratulieren, mit Kuß durchs Telefon. Meine Gedanken führen ein paar Jahre weiter, wenn sich ihre Interessen den Jungs zuwenden werden – und denke an meine Tochter Anja, Hannas Mutter, in diesem Alter.

Anja, meine Jüngste, die halb im Ernst, halb im Spaß darunter leidet, daß sie als Dritte in der Runde „eigentlich kein Wunschkind“ war, gibt Zeichen. Die Grüße seien nur präventiv gedacht; sie komme mit Wanda, ihrer Jüngsten, und mit Thomas, heute Abend zum Umarmen. Ich sage ihr, daß ihr Bruder André zur Party erst später kommen wird. Anja ist ein bißchen ärgerlich, denn er hat das gemeinsame Geburtstagsgeschenk. Ein Vater merkt die Verstimmung. Ich versuche das Problem herunterzuspielen, aber – das Ärgernis steht im Raum. Sie weicht aus, ich höre ihre Stimme: „Na, ich sage ja nichts.“

„Opa, ich gratuliere Dir zum Geburtstag“ – Till, die Sportskanone unter den Enkeln. Er geht regelmäßig zum Fußballtraining, und ich bestaune seine Ballbeherrschung. Neuerdings ist er sogar Mannschaftskapitän. Immer wenn er hier in Biesdorf ist, muß ich in Ermangelung eines geeigneten Fußballplatzes mit ihm Basketball spielen. Auch das kann er sehr geschickt; er lehrt mich den richtigen Wurf. Ich lese in seinen Augen, daß er dabei an Michael Jordan und Dennis Rodman, die Großen des Basketballspiels, denkt. Seit einigen Wochen orientiert sich Till mehr auf Tischtennis. Schläger unter 60 Mark sind nicht des Redens wert. Marke und Preis des Tischtennisschlägers gehören unter den Kumpels zum Statussymbol. Erika und ich werden ihm zum Geburtstag den Besuch eines großen Tischtennis-Turniers schenken. Tills Stimme klingt erregt, wenn er von seinem drei Jahre älteren Halbbruder aus Andrés erster Ehe, Konrad, schwärmt: „Der Konni hat Schuhgröße 47 und der kann 200 Kniebeugen machen.“ Ich weiß zwar nicht was an Schuhgröße 47 Tolles sein soll, aber es wird wohl eine Symbolkraft besitzen. Konrad ist mit 14 Jahren einen Meter 87 und spielt aktiv Volleyball. Ich nahm an einem Turnier um den Berliner Meister teil, in dem Konrad spielte. Mich faszinierte, mit welchem Ernst diese 14- und 15jährigen agierten. Ich sehe noch Konrads Konzentration in Augen und Mimik bei der Aufgabe mit dem weißen Volleyball. Zu selten, aber doch ab und an, kommt Konrad zu unserem Donnerstag-Sport. Ich bitte ihn auf die Stammspieler doppelten, drei- oder vierfachen Alters Rücksicht zu nehmen, wenn bei ihm die Pferde durchgehen. Manchmal gelingt ihm das. Er übernachtet dann in Biesdorf. Es gibt Unterhaltungen „unter Männern“. Ich erzähle ihm von meinen Jugendlieben, den wechselnden Chancen bei Mädchen, wie meine Liaison mit Erika zustande kam und wie das mit seinem leiblichen Vater André war als er Konrads Alter hatte. An diesem Punkt zeige ich ihm die Vorhängekette an ehemals Andrés Zimmer. Er, Konrad, antwortet auf meine Gegenfragen. „Ja, da gibt es ein Mädchen. Aber die raucht. Das mag ich nicht. In der Parallelklasse ist eine, die gefällt mir, aber die ist mit meinem Freund zusammen. Dem das Mädchen ausspannen – sowas mache ich nicht.“

Lutz gratuliert – ehemals Professor für Weltwirtschaft; sein Institut wurde, so wie Erikas Hochschule, gleich nach der Wende aufgelöst. Vor zwei Jahren mußte er mit seiner Familie die 4-Raum-Wohnung wegen zu hoher Miete aufgeben. Lutz bekommt, ebenso wie ich, Strafrente. Er zog in eine winzige 2 ½ -Raum-Wohnung im Berliner Stadtbezirk Hellersdorf und verbirgt mit Freundlichkeit seinen Schmerz, weil er dort nur noch einen kleinen Teil seiner Buchbestände unterbringen kann. Der Antiquar, dem er mit einem 24bändigen Lexikon aus der Jahrhundertwende seine Bestände schmackhaft machen wollte, lehnte trotzdem ab. Solche Angebote wie seines gebe es in Ostberlin viel. Selbst das Lexikon könne ihn nicht umstimmen. Bücher wegwerfen, meint Lutz, das sei, als werde einem die Haut streifenweise abgezogen.

Siegfried reagiert auf Wilfried Maiers Geburtstag, ein langjähriger Arbeitskollege aus meiner Zeit im Amt für Preise. Als wir beide noch arbeiteten, war unser Verhältnis sachlich, freundschaftlich würde ich es nicht nennen. Ich hatte wohl eine vorgefaßte Meinung, die dieses Empfinden in mir prägte. Seit 1990 fanden wir mehr Gemeisames, stellten gleiche Lebensauffassungen fest und sind freundschaftlich verbunden. Überall sucht Siegfried nach Betätigung. Ich würdige seine Aktivitäten für den Seniorenverein des Amtes für Preise. „Ich kann nicht nichts machen“, sagt er und erzählt von der Hilfe für seinen Sohn, von seinen Vorhaben mit den Enkeln, von dem Zirkel für Modelleisenbahnbau, den er jeden Mittwoch Nachmittag in einer sechsten Klasse der Schule leitet, in die vor 30 Jahren seine drei Söhne gingen. Manchmal ärgere er sich über das geringe Interesse der Kinder, will den Kram hinschmeißen, „aber im neuen Schuljahr fange ich doch wieder an“.

Helmut telefoniert aus dem Krankenhaus – ihm steht noch diese Woche eine Herzoperation bevor. Er war Personalchef des Preisamtes, nach der Wende fand er in einer Dienststelle des Finanzbereichs Arbeit. Seine Frau Rosl empfindet das Alleinsein während Helmuts Krankenhausaufenthalt als Unglück. Gerade haben sie sich am Rande Berlins eine Gartenlaube als bescheidenes Wohnhaus ausgebaut, nun hat sie so allein Angst. „Nachts höre ich Schritte, gehe raus, aber da ist natürlich niemand.“ An Helmut läßt sich die Wirkung der Lebensumstände auf die Gesundheit ablesen. Seit einer vor 25 Jahren vorgenommenen Herzbehandlung hat ihn die Krankheit nie wieder beschäftigt. Nun, da er nur wenige Monate in Pension ist, wird er krank. Zum Jahreswechsel 1999 wird er mir berichten, daß er soeben erneut eine Herzoperation überstanden hat.

Die Festigkeit der Stimme hat kaum nachgelassen, erst recht nicht der Geist. Meine Schwiegermutter aus Dresden: „Mein lieber Schwiegersohn, ich gratuliere dir zum Geburtstag,“ Sie ist selbst vom Leben hart rangenommen, geht mit sich und anderen nicht immer zartfühlend um. So ergänzt sie: „Nun wirst du auch langsam alt“, und macht mir schonungslos mein immer wieder tapfer verdrängtes Altsein bewußt. Aber diese 88jährige, muntere, selbstbewußte, fordernde Frau hat das Recht dazu. Sie ist erst vor vier Wochen aus ihrer gewohnten Umgebung in Dresden, in der sie Kinder geboren, Bombennächte durchwacht, Post ausgetragen und die schwere Krankheit ihres Mannes durchlebt hat, ausgezogen. Peter, 17 Jahre nach seiner größeren Schwester Erika geboren, ist ihr Leben, ihr Glück. Er und Angelika, Sohn und Schwiegertochter, haben sie in ihr nahe Dresden neu gebautes Haus aufgenommen. Der Auszug aus der vertrauten Wohnung war für die alte Dame eine Qual. Sie litt, wenn das 30 Jahre alte Sofa, der über die Jahrzehnte dünngetretene Bettvorleger und die verstaubte Vase in den Müll sollten.

Um das Vertiko, das sie sich als junge Eheleute schwer ersparten und dem man sein würdiges Alter ansieht, hat sie gekämpft und am Ende gewonnen, auch wenn es sie in dem neuen Wohnzimmer fast erschlägt. Nur widerwillig habe ich Tisch und Stühle aus dem Wohnzimmer auf meinem neuen Auto von Dresden nach Oranienburg transportiert. Vom Tischler aufgearbeitet, sind sie nun eine Zierde in Anjas Wohnung und verschaffen der Großmutter Zufriedenheit.Zum Fünfundachtzigsten war Erika mit ihrer Mutter in Prag, 1999, zum Neunzigsten, fahren beide nach Paris.

Kerstin – eine kluge, ehrgeizige Frau, Doktor der Ökonomie, der ich große Achtung zolle. Ob sie mir auch, vermag ich nicht zu sagen. Aber sie meldet sich, gratuliert. Würde sie das tun, wenn dem nicht so wäre? Kerstin ist groß, elegant, für meine Begriffe sehr schlank. Ihr ganzer Habitus strömt Selbstbewußtsein aus. Sie ist eine erfolgreiche Bankauffrau. Wie sollte es auch anders sein; fachliche, organisatorische und charakterliche Qualitäten waren in der DDR Vorausetzung für verantwortliche Aufgaben, und Kerstin war für „Höheres“ vorgesehen mit den dafür typischen Nominierungen: Studium, Promotion, Persönliche Mitarbeiterin des Ministers, Stellvertreterin eines Abteilungsleiters, befristete Delegierung in den Apparat der Regierung. Nach wissenschaftlicher Qualifikation lernte sie das Handwerk staatlicher Arbeit „von der Pieke auf“. Das sei eine gute Schule gewesen, davon zehre sie auch heute noch, das werde auch in der freien Marktwirtschaft gewürdigt – sagt sie mir. Es tut mir gut, ihre Glückwünsche zu hören.

Janas größer werdende Jungs, Jakob und Anton, haben Sommerferien und leben für einige Tage bei den Großeltern. Davor liegen Konsultationen mit Jakob und Anton, ob überhaupt, und wenn ja, wann. Mittwoch bis Freitag wäre nicht schlecht. Übernachtungen bei Oma und Opa sind beliebt. Erst danach folgt die Absegnung durch die Eltern. Besonders Anton drängt darauf, daß ein Donnerstag dabei ist, denn da gehen die Großeltern zum Sport, und Anton möchte endlich mal dabeisein. Schmächtig wie er ist, liebt er trotzdem den harten Basketball, und er will mitspielen. Ballbeherrschung beim Laufen und Korbwürfe aus dem Stand sind seine Stärken. Mein bisher verbreiteter Optimismus spielt mir einen Streich – wie soll ich Anton klarmachen, daß es schwierig sein wird, wenn er zwischen rennenden Beinen, stoppenden Füßen, drehenden Rücken, schwitzenden Bäuchen, ballfangenden, tippenden und abgebenden Armen der Erwachsenen herumwuselt. Ich gehe das Problem vorsichtig an, rede von meinen Bedenken, ob es klug sei, bei den Erwachsenen mitzuspielen. Aber Anton reagiert nicht. Er ignoriert meine Bedenken, er will mich nicht verstehen. Hat er das von seiner Mutter Jana? Erika versucht es eine Nummer kleiner: „Klar Anton, du machst das Warmlaufen mit, die Gymnastik, und dann noch zehn Minuten Spiel.“ Schweigen. So bleibt mir nichts anderes übrig; ich rufe unsere Sport-Chefin Sigrid an und bitte sie um ihr Einverständnis, daß Anton mitspielt. Sie kennt ihn schon als er vor zwei Jahren auf der Bank am Rande der Turnhalle saß. Sigrid macht es mir leicht, „was denkst du, Wilfried, natürlich kann Anton mitspielen. Alles kann er mitmachen, und wir werden schon aufpassen, daß ihm nichts passiert.“ Warmlaufen, Gymnastik, eine Stunde Rennen und ein Korb – er schwitzt, das Gesicht ist rot –, Anton ist mit sich und der Welt zufrieden.

So zufrieden wie an diesem Abend war Anton auch, als er mit Ulrike, seiner Tante, in den neuen Mercedes der A-Klasse steigen durfte. Eine Fahrt mit dem populären Auto war Ulrikes Geschenk zu Antons Geburtstag. Der Autopilot, selbst für mich schwer nachvollziehbar, faszinierte ihn. Einmal seien sie mit Absicht falsch gefahren, da habe sie der Autopilot im Kreis wieder zu dem Ausgangspunkt geführt, wo das Fehlverhalten begann. Auf abgeschlossenem Gelände durfte er selbst lenken, über 60 sei er gefahren, erzählt er mir.

Erika und ich wollten an diesem Donnerstag an einer Arbeitslosendemo teilnehmen. Wir wußten nicht, ob die Eltern einverstanden sind, daß – Anton und Jakob uns begleiten. Aber Vater Harry hatte keine Einwände. So trägt uns vier am Donnerstagmorgen die legendäre Berliner U-Bahnlinie 1, die seit 1961 nur noch durch Westberlin fuhr und neuerdings mit dem Bahnhof „Warschauer Straße“ wieder Ostanbindung hat, zur Demo. Über lange Strecken führt uns dieser gelbe, Untergrundbahn genannte Zug in luftiger Höhe auf Stelzen, an den Gardinen der 1. Etagen typisch Berliner Häuser vorbei. Jede Station repräsentiert ein Stück Heimatgeschichte. Hinter dem Bahnhof „Warschauer Straße“ verlief bis vor neun Jahren die Mauer, jetzt fährt da wieder die U-Bahn, die Brücke über die Spree ist wieder begehbar. Die Stationen „Schlesisches Tor“, „Kottbuser Tor“ und „Hallesches Tor“ sagen etwas über Berlins alte Ausfallstraßen nach Ost, Südost und Süd aus, als die Stadt noch keine Millionenstadt war. Wir überqueren die Spree und später den Landwehrkanal, in dem die 1919 von Reichswehrleuten ermordete Rosa Luxemburg gefunden wurde. Die „Linie 1" durchquert den Bezirk Kreuzberg, in dem türkisch zu sprechen, einzukaufen, zu essen, zu trinken, zu heiraten und Kinder zu kriegen etwas ganz Normales ist. Frauen und Mädchen mit Kopftüchern fallen dort nicht auf.

Für zehn Uhr ist die Demo angesagt – wir sind rechtzeitig da. Schritt um Schritt wird das Vorwärtskommen schwieriger, so daß jeder von uns beiden einen Jungen fest an die Hand nimmt, ich den Anton und Erika den Jakob. Der Deutsche Gewerkschaftsbund hatte bei der Polizei eine Veranstaltung mit 50 bis 100 Personen gemeldet, aber er irrte. Vor uns Leute mit Stöcken, einen Kohlkopf aufgesteckt; mit Plakaten: „Ich will Arbeit". Jakob, der Lesesüchtige, vermag nicht zu entziffern, was die Frau vor ihm auf das Plakat geschrieben hat; ich kann es auch nicht deuten. Ich berühre die Schulter dieser Frau und deute fragend auf den Plakattext: „Ras-le-bol, das ist französisch und heißt, Schnauze voll," erläutert sie mir. Tausende rufen im Takt „Kohl muß weg". Ich rufe nicht, weil ich solche Aussprüche nicht mag. Auch weil ich weiß, daß für fünf Millionen Arbeitslose nicht der Kanzler, sondern die Politik geändert werden muß. Das ist die Lebenserfahrung eines Mannes, der einst glaubte, man müsse nur Honecker auswechseln, dann würde in der DDR alles gut. Als Honecker weg war, war es zu spät. Aber dann rufe auch ich im Chor mit den anderen 3.999 „Kohl muß weg – Kohl muß weg ...", weil heute Helmut Kohl der Exponent dieser Politik ist und weil man Inhalte faßbar machen muß.

Nach einer Stunde höre ich vor mir Stimmen, die das Arbeitsamt stürmen wollen. Wir nehmen unsere Enkel unter den Arm, verlassen das Terrain und wollen die Friedrichstraße entlang in Richtung Unter den Linden, vorbei am französchen Kaufhaus Galleries Lafayette. Nicht weit von hier arbeitet meine Tochter Anja, Janas kleinere Schwester, bei der unabhängigen Zeitung „taz"; an der Kochstraße lassen wir deshalb das Ampelgrün ungenutzt und wenden uns drei Häuser nach rechts bis zu dem gutbürgerlichen Haus, wo außen das „taz"-Logo angebracht ist. Noch nie in meinem Leben sah ich das Innere einer Zeitungsredaktion. Unsere ratlosen Blicke veranlassen eine junge Frau in Anjas Alter, uns zu geleiten. „Zu Anja Maier? Ich arbeite auch in der Korrektur", und steigt vor uns die zwei Etagen hoch. Ich bin richtig gerührt, mein Kind hier zu sehen. Auch Anton und Jakob sind das erste Mal bei „ihrer Tante“ auf Arbeit. Ob sie nicht ein paar Minuten Zeit habe auf einen Kaffe, frage ich Anja. „Nein, keine Zeit, ich bin im Streß.“ An einem anderen Terminal, ganz hinten rechts, sieht man erst nur Frisur, dann ein Gesicht, und ich höre Worte: „Anja, das ist deine Mutter? Ich glaubte im Ernst, dort steht deine Schwester Jana in der Tür – die Mimik, die Gestik, der Gang, die Stimme – wie Jana.“ Meine Erika ist verlegen, aber welche Frau mag nicht das Lob, mit ihrer schönen Tochter verwechselt zu werden? Auch der Mann dieser Frau liebt das natürlich!

Die Korrektorin da hinten meint dann: „Geh mal mit deinen Eltern und Janas Jungs ins Café, ich mache deine Sache fertig“. Das Café, gleich neben der „taz“ ist ein vornehm-lässiges – die Lage, die Serviererin, die Preise und das Interieur. Der Tisch ist so klein, daß kaum die vier Tassen auf ihm Platz finden. Auf unbequemen, aber sicher wertvollen Stühlen sitzen wir direkt am Fenster, und als die Demo an der Riesenglasscheibe vorbeizieht mahnt mich Anja, meinen Hang zu Euphorie kennend, „nicht winken, die könnten das mißverstehen“.

Unser Bummel durch die Friedrichstraße und zur „Galleries Lafayette“ scheitert, weil die Straße von Menschen überfüllt ist. Jakob ist ängstlich, und wir hatten den Eltern versprochen nichts zu tun, was für die Kinder riskant sein könnte. Am nächsten Tag lese ich, daß einige der Demonstranten das Nobel-Hotel Adlon besetzen wollten.

Janas 36. Geburtstag steht ins Haus. Mutter und Tochter besprechen die gegenseitige Hilfe. Jana: „Wenn Du Hackfleischklößchen machen könntest?“ Erika: „Für wieviel Leute?“ Jana: „Ich weiß nicht, wie viele kommen, vielleicht 15, oder 25 ...“ Nach diesem Telefondialog machen Erika und ich lange Gesichter. Wenn von Hackfleischklößchen die Rede ist, denken wir an eine Schüssel voll walnußgroßer, aus Hackfleisch, Semmelbrösel und Ei hergestellter, braun gebratener Knödel. Sie gehörten in der DDR viele Jahre zum Standard auf dem Tisch aller möglichen Festivitäten aller sozialen Schichten. Aber heute? „Ein bißchen fantasielos, wenn Jana das ihrer Geburtstagsrunde anbieten will“, sagt Erika, „wir müßten uns etwas anderes einfallen lassen.“

36 mal 365 Tage ist es her, daß die kleine Jana in Berlin, im Kaulsdorfer Krankenhaus begann, die Luft dieser Welt zu schnuppern. Unsere Familie lebte damals noch im Berliner Ortsteil Karlshorst; in einem Zweifamilienhaus, unten wir, oben Erikas Cousine Gertraude, die bei der Bank arbeitete, mit ihrem Mann Achim, dem Oberleutnant der Volksarmee. In der Nacht zum 13. März 1962 waren die Wolken schneegeschwängert, die Luft windstill, hundekalt. Wir waren im Kinderkriegen nicht unerfahren. André war bereits zwei Jahre alt. Und nun stand das Zweite bevor. Erika hatte ihr Bündel schon geschnürt – Bademantel, Wäsche, Hausschuhe, Waschzeug ... Meine Verantwortung bestand darin für den Transport fit zu sein, „wenn es so weit ist“. Sollte ich Schneeketten auflegen? Nein, meinten meine wenigen Auto fahrenden Freunde, das sei nicht nötig. „Das wichtigste ist, daß er anspringt“, unser Trabant 500 mit seinen 18 PS. Ihn hatten wir bereits nach zweijähriger Anmeldung bekommen, was uns damals in finanzielle Kalamitäten brachte. Nun, in dieser Nacht hatte er sich zu bewähren, der Trabant, der damals noch nicht Trabi hieß. Ich baute die Batterie aus und stellte sie in die warme Küche. Wenn es ernst wird, sollte sie die nötige Kraft haben. Mein Plan sah vor, daß ich sie nicht zu zeitig wieder einbaue, um jegliches Risiko zu vermeiden.

Ich mache nur mal ein Nickerchen, sage ich zu meiner Erika, und schlafe prompt ein. Bis ich aus weiten Fernen höre: „Ich glaube, es ist so weit, wir müssen jetzt los.“ Das Relais macht klick, Schuhe an, Mantel an, Schal um, Handschuhe an, Schapka auf, und mit der Batterie zum Auto. Motorhaube auf, vorn rechts war die Befestigung für die Batterie. Aufgeregt, leicht verschlafen, bei klirrendem Frost, mit Handschuhen und angelaufener Brille versuche ich, Kabel und Halterungen an der Batterie zu befestigen, über dem allem den Verantwortungsdruck der Geburt? Ich schwor, nie wieder würde ich in solcher Situation die Autobatterie ausbauen; dann lieber in das Auto setzen und auf das Startzeichen warten. Wir kamen noch rechtzeitig zum Krankenhaus! Ich war empört, daß uns die Leute so gelassen empfingen, obwohl doch die Geburt unseres Kindes etwas Einmaliges darstellte. Aber – es war höchste Eisenbahn. Eine halbe Stunde später, als ich von der Anmeldung zurückkam, war das Kind Jana schon geputzt und gewickelt.

Und nun, 36 Jahre später, soll uns für dieses Kind nichts Besseres einfallen als Hackfleischklößchen. Wir entscheiden uns, wie schon an meinem Geburtstag, für Curry-Huhn. Zwei Kilo Putenfleisch, ein halbes Kilo Zwiebeln, ein Kilo frische Champignons, und ... zehn Zehen Knoblauch. Mit ausreichend Knoblauch kann schon nichts mehr schiefgehen! Das alles transportierten wir, gut verschnürt, nach Bergfelde.

Mit halbem Ohr lausche ich der Unterhaltung zwischen einem von Janas jungen Journalisten-Kollegen und meiner weniger jungen Frau Erika. Er kommt aus dem Württembergischen und arbeitet jetzt im Osten. Von ihm erfahre ich die wenige Stunden alte Information, wer im Prenzlauer Berg als PDS-Spitzenkandidat für den Bundestag im Herbst 1998 kandidiert. Elmar Schmähling heißt der Kandidat, früher beim BND tätig, dort ausgeschieden und jetzt politisch links aktiv. Der Vorschlag erwies sich als schnellschüssig, die Parteibasis zeigte sich störrisch. Vor vier Jahren war es der integre Dichter Stefan Heym, der im Prenzlauer Berg für die PDS überlegen siegte und dann als Alterspräsident den Bundestag eröffnete. Der junge Journalist läßt sich zu Prognosen verleiten – gegen Thierse hat der nichts zu bestellen, in Marzahn wird es die PDS auch nicht mehr so leicht haben, ich glaube nicht, daß die PDS noch einmal drei Direktmandate erhält. Das läßt eine Erika Maier nicht schweigen. Daß sie selbst Abgeordnete im Bezirksparlament Marzahn sei, Vorsitzende des Wirtschaftsausschusses gibt sie kund, „wegen der besseren Diskussionsbasis", sagt sie mir hinterher. Die Erwägungen über die Wahlaussichten der Berliner Parteien an diesem räumlich und geistig auseinander fließenden Geburtstagstisch werden so genährt, manch einer findet es offenbar ganz interessant, an eine Frau von der PDS geraten zu sein.

Spätabends wandert der nun leere Topf vom Curry-Huhn wieder von Bergfelde nach Biesdorf, der in Bergfelde erörterte PDS-Kandidat Elmar Schmähling wird später durch die junge, rothaarige Petra Pau ersetzt, und sie wird am 27. September 1998 im Szene-Bezirk Prenzlauer Berg mehr Stimmen als der bärtige SPD-Kandidat und spätere Präsident des Deutschen Bundestages, Wolfgang Thierse, bekommen.

Am 12. Mai bin ich zu einem Forum, bei dem sich die Direktkandidaten für die 1998er Bundestagwahlen vorstellen. Eingeladen hat die „Berliner Zeitung". Der Saal ist knackevoll, die Hälfte der Leute muß stehen. Der Moderator benennt die Kandidaten. Hinten, überhöht stehend, meldet sich ein gepflegt aussehender junger Mann. Eigentlich stört er das Ritual der Eröffnung des Podiumsgesprächs, aber er ist hartnäckig. Er bekommt das Wort: „Hier vorn sitzen fünf Direktkandidaten, in Marzahn kandidieren aber sechs Parteien – ich bin der Kandidat der DVU!“ Was ich bisher nur aus der Zeitung kenne, erlebe ich hier live. Der Zeitungsmann tut das ab, er sei der Veranstalter, er habe nur fünf Parteien eingeladen. Große Zustimmung im Saal – bis auf die 30 Rechten. Die Veranstaltung läuft. Ich bin nur durch Zuhören, Nicken, Bedenklichkeit und mal Applaudieren beteiligt. Zunehmend wird der PDS-Kandidat Dr. Gysi vor allem von Mitgliedern der CDU angegriffen: „IM Notar“, „PDS ist verkappte SED“, „Die PDS muß erst mal ihre Vergangenheit aufarbeiten.“ Aggressivität herrscht und Gysis Stimme ist nicht zu vernehmen. Ich versetze mich in seine Lage!

Neben mir stehen zwei junge Männer. Einer sagt zum anderen in moderater Lautstärke: „Die müssen alle weg, alle liquidieren.“ Freundlich nickend verständigen sie sich so. „Verzeihen Sie“, sage ich leise, „was wollen Sie denn mit den Leuten machen?“ „Na weg müssen die, liquidieren.“ Nach einer Weile, die mir wie Stunden scheint, beuge ich mich noch einmal zu ihnen vor: „Ich komme auch aus der DDR, was würden Sie denn mit mir machen?“ „Na Sie auch, beseitigen, was denn sonst. Wir haben schon gemerkt, was sie für einer sind.“

Ich bleibe noch eine Weile stehen. Gehe ich erst nach Ende der Veranstaltung um im Gewühl unterzutauchen oder gehe ich gleich? In aller Stille verkrümele ich mich dann in Richtung Ausgang, verlasse den Raum, mein Fahrrad steht nahe dem Eingang, ich fahre mit großem Tempo nach Hause. Die abendliche Frische vermag meine Angst nicht abzukühlen.

Für unseren Vierzigsten Hochzeitstag benötigen wir ein durchdachtes Konzept. Immer wieder zähle ich die Stühle – 11, 12, 13 ... Es werden nicht mehr und die erwarteten Gäste nicht weniger. Unsere Nachbarin, Frau Benkert, sieht mir von ihrer Terrasse aus zu, wie ich zum x-ten Mal zähle. Sie bietet mir vier Stühle an – jetzt sind wir bei 17. Ich kalkuliere ein, daß mal jemand auf Toilette muß und daß die Kinder sowieso nicht mit den Alten am Tisch sitzen wollen. Am Abend kommen mehr Gäste als erwartet. Am Tag darauf frage ich mich, wo mögen sie wohl alle gesessen haben?

Conny ist eine von der PDS nominierte Frau im Bezirksamt. So um die vierzig, nicht klein, nicht groß, immer alternativ gekleidet – heute in schwarz, jede Faser an ihr ist voll Aktivität. Wenn sie erzählt, faßt sie sich an ihr Kinn, so, als sei dort das Nervenzentrum, als könne sie dort Halt und Rat finden. Irgend jemand hat sie vor zwei Jahren aus Kreuzberg hierher in den Osten gebracht, damit sie für die PDS kandidiere. Ich bewundere ihr Stehvermögen bei diesen tagtäglichen, nicht nachlassenden, eher mehr werdenden Querelen. Drei von fünf Stadträten haben PDS-Mandat, aber zwischen ihnen knistert es ständig. Conny, die eingefleischte Feministin, die mit dem Blick auf das „... In“ am Ende von Bürger meint, „so viel Zeit muß sein“, regt sich zusätzlich darüber auf, wie die eigenen Genossen mit ihr als Frau umgehen. „Mit anderen kann ich besser als mit den eigenen Leuten. Man muß sich nicht lieben, aber wir haben doch eine gemeinsame Verantwortung gegenüber den PDS-Wählern.“ Sie lebt seit 20 Jahren im Berliner Bezirk Kreuzberg, nur wer es weiß, hört die schwäbische Herkunft in der raschen Rede. Manchmal will Conny aufgeben, aber heute sagt sie, nein, das haben sie nicht verdient. „Zwei Jahre bis zu den Neuwahlen ist noch eine lange Zeit, aber ich werde nicht zurücktreten.“ So schüttet sie vor uns, eigentlich mehr vor Erika, ihr Herz aus. Auch wenn nach dieser Stunde des Redens alles ist wie vorher – man merkt, daß es ihr gut tut. Im Gleichmaß wie sie spricht, tankt sie neues Selbstbewußtsein. „Mia und Anja und Ivette kommen auch noch vorbei“, sagt sie rasch durch die herunter geleierte Scheibe ihres roten pflege- und shampoobedürftigen VW Golf.

Es könnte für Veronika Ferres sein, das Blumen-Bukett, mit dem uns bald danach Mia, Anja und Yvette im Namen der PDS-Fraktion gratulieren. Die befreundeten Frauen waren zusammen in Marokko, haben Sonne und anderes genossen. Alle drei hielten es bislang mit ihren Angetrauten oder sonstwie Verbundenen nicht aus, oder umgekehrt. Ich frage sie nach den afrikanischen Männern, dubiose, spaßige, zweideutige Antworten erwartend. Ja, höre ich, da war schon was; im September fahre ich wieder hin. Wie es weiter geht weiß ich noch nicht. Vielleicht ... Die Tochter, erzählt sie, hatte nach der Rückkehr ihrer Mutter mit einem Schuß Sarkasmus bemerkt: „Weißt du, Mutti, einen Afrikaner hatten wir jedenfalls bis jetzt noch nicht.“

Die PDS-Frauen sind noch präsent, als die ersten Maier-Erben einfliegen. Der Kreis von Stühlen um den kleinen Tisch wird größer und größer. Immer weiter muß man sich vorbeugen, um das Glas zu erreichen. Von PDS, Marokko, Fraktion, Fingernägeln, Wahlen, Frisuren, Jobs, Stadträten, Schuhen, Computern, Kindern, ORB und Ohrringen ist die Rede. Bis die drei Frauen aufbrechen, sie wollen in die Sauna, wie jeden Sonntagabend.

Am Tag darauf bringen wir meine selbstbewußte Schwiegermutter wieder nach Hause, nicht mehr nach Dresden sondern nach Hermsdorf, nordöstlich von Dresden an der Straße nach Bautzen gelegen. „Wilfried, du fährst zu schnell", höre ich eine Stimme hinter mir. Ich schweige. Darauf etwas deutlicher: „Ich habe es gesehen, die Nadel stand auf 130, als du nur 120 fahren durftest." Ich erkläre meiner bald 90jährigen Schwiegermutter, daß die zehn Stundenkilometer Toleranz zulässig seien; außerdem sei ich doch immer sehr diszipliniert gefahren. Sie erwidert nichts – wie Jana, wenn sie entgegen anderen Ratschlägen an ihrem Hausprojekt festhält. Je nach Stimmung und Sympathie nenne ich sie Oma, Mutti, Großmutter, Schwiegermutter oder, an die Adresse meiner Frau, deine Mutter. Meine Haltung zu ihr bewegt sich zwischen Liebe, großer Achtung vor ihrer Aktivität und Selbstdisziplin, Distanz, wenn Aktivität und Selbstdisziplin in Härte umschlagen. Mein Schlüsselerlebnis rührt aus den Tagen, als ich meinen potentiellen Schwiegereltern vorgestellt wurde – das war 1956. Ich saß entspannt in der guten Stube auf dem Sofa. Die sowieso mäßige Anspannung des Beschnupperns ließ nach. Ich wußte, daß Erikas und mein Schicksal nicht von diesem Besuch bei den Braut-Eltern in Dresdens Hechtviertel abhängt – dafür waren wir beide zu aufgeklärt, selbständig und selbstbewußt. Beide studierten wir in Berlin und gingen unsere eigenen Wege. So auf dem Sofa sitzend, sagt die Brautmutter: „Lehn mal nicht deinen Kopp so nach hinten, das gibt Fettflecke auf der Tapete."

Das ist der Ton, mit dem ich mir 40 Jahre später auch die Kritik wegen der Überschreitung der zugelassenen Geschwindigkeit einhandle. Die Stille der Autofahrt veranlaßt sie zum Reden über ihr Leben. Sie erzählt die Geschichte von Erika, die mit 17 zum Studium nach Berlin wollte. Bislang, und das sind immerhin 40 Jahre, glaubte ich, das sei nur eine Meinungsverschiedenheit zwischen Vater und Tochter gewesen. Nein, sagt meine Schwiegermutter, der Vater war nicht nur dagegen, er hat Erika ausdrücklich verboten, zu studieren. „Er wollte, daß Erika Geld verdient und davon ein gut

Teil zu Hause abliefert – damit er noch mehr in die Kneipe schleppen kann. Der Vati hat mir nie gesagt, was er in seiner Druckerei verdient. Aber ich wußte es natürlich – so um die 600 Mark. Prämien hat er immer vollständig behalten. Ich bekam von ihm 50 Mark die Woche. Davon mußte ich die Familie ernähren und kleiden, die Miete und die Versicherung bezahlen. Ein paar Mark brachte es mir, wenn ich nach dem Krieg für die Nachbarn genäht und gestrickt habe. Das war nicht viel, aber es rechnete. Später, als die Leute mehr verdienten, kauften sie das Zeug im Laden, benötigten mein Nähen und Stricken nicht mehr. Als ich zur Post gegangen bin, als Briefträgerin, war er dagegen: Du mußt nicht arbeiten gehen, das ist was für arme Leute. Du wolltest die Kinder, jetzt mußt du dich auch drum kümmern, hat er zu mir gesagt. Die Jahre als Briefträgerin bei der Post waren die schönsten in meinem Leben. Ich hatte mit Leuten zu tun, hatte Verantwortung, war geachtet und ... hatte eigenes Geld. Wenn ich Erikas Vater nach dem Geld fragte, sagte er, er spart es – er hatte tatsächlich ein Sparbuch. Aber so wie es am Geldtag draufkam, hat er es wieder abgehoben und in die Kneipe geschafft," und, an meine Frau Erika gewandt: „Sogar von deinem Sparbuch hat er sich Geld geborgt."

Sie spricht sich den Kummer ihres Lebens vom Herzen. In solcher Situation verzeihe ich ihr, wenn sie mich wegen meines Kopfes an der Tapete mahnte und toleriere ihre Kritik ob der zehn Kilometer zu viel am Tacho.

Sie erzählt von Erikas Kleinheit. Im Krieg mußten sie Nacht für Nacht in den Luftschutzkeller. Wenn die Sirenen heulten, hieß es aufstehen, Erika wecken, ohne Zeit ihr Haar zu kämmen, die Rolle auf dem Köpfchen zu drehen und die Zöpfchen zu flechten. Das Luftschutzgepäck stand immer bereit. Zwischen den Häusern waren in die Kellerwände Löcher gehackt, damit man, wenn das eigene Haus zerbombt würde, im Notfall über den Keller des Nachbarhauses ins Freie kann. Sie wohnten direkt an der Eisenbahnstrecke Berlin-Dresden-Prag, die Ziel der englischen und amerikanischen Flugzeuge war, redet Oma. Als eine Bombe das Nachbarhaus in einenTrümmerhaufen verwandelte und der Keller bebte, drückte die Erika ihre Puppe Ingelore fest an sich. Erika hatte mit ihren 8 Jahren der Puppe eine warme Jacke und einen Schal gestrickt, einen Rucksack genäht und eine Schlafdecke gehäkelt, damit auch Ingelore immer das Nötigste bei sich habe. Die Puppe sollte keine Angst haben – so wie es die Mutter ihr vor machte. Wenn ich das schreibe, habe ich den Wunsch, meine Frau, meine Erika, stets liebevoll zu behandeln, ihr niemals wieder etwas Böses zu sagen, niemals ihr Kummer zu bereiten,

Das Elend der Luftschutzkeller fiel mir wieder ein, als ich im Dezember 1998 in der „Berliner Zeitung“ eine Bildunterschrift lese: „Matrosen an Bord des Flugzeugträgers Enterprice säubern am Sonntag ihr Schiff, nachdem die Angriffe gegen Irak eingestellt wurden“. Das klingt etwa so, „die Geburtstagsparty ist zu Ende, wir mußten mal wieder Staubsaugen“. Ich frage mich nach der humanistischen Haltung des Journalisten, der das schrieb. Ist es nur gedankenlos oder ist es Denkweise? Ich bin mir gewiß, daß meine Tochter Jana in ihrem Beruf anders denkt und handelt. Wichtiger noch ist, wer dem Präsidenten der USA das Recht gibt, Strafexekutionen an beliebigen Stellen der Welt zu befehlen, Raketen gegen Bagdads Männer, Frauen und Kinder abzufeuern?

Was unternehme ich? Gemeinsam mit meiner Frau schreibe ich an den vor zwei Monaten neu berufenen Außenminister meines Landes, Herrn Fischer.

Sehr geehrter Herr Minister!

Wir vermissen Ihren Protest gegen die willkürliche militärische Aktion der USA und Englands gegen Irak. Gegen den Massenmord der USA in Vietnam haben Sie noch protestiert, wo bleibt heute Ihr Veto?

Bei der konservativen Regierung des Herrn Dr. Kohl hätte uns die Zustimmung zur Tötung irakischer Menschen nicht verwundert. Von einer Schröder-Fischer-Regierung erwarten wir Distanzierung und Protest. Wo bleiben sie?

Erika + Wilfried Maier / 18.11.1998

Der Brief ist abgeschickt, eine Antwort kommt nicht.

Nach den NATO-Bomben auf Jugoslawien im Frühjahr 1999 begreife ich, daß Herr Fischer ohnehin eine ungeeignete Adresse war.

Am 10. Januar 1999 wandere ich, wie jedes Jahr, nach Friedrichsfelde im Osten Berlins, zu Rosa Luxemburg und Karl Liebknecht. Warum gehe ich dahin? Verbinde ich damit Illusionen von einer märchenhaften Zukunft der Menschheit, ist es der Haß auf die Mörder der beiden, Trauer über die DDR? Mit meinen 66 Jahren sind es vor allem Gleichnisse mit dem Heute. Müssen mich die Todesschüsse auf Liebknecht und Luxemburg nicht an die Schüsse auf den Buchhändler Klaus Baltruschat erinnern? Die Drohungen von Bayerns Staatskanzlei-Chef Erwin Huber, den Ostländern die Finanzen zu kürzen, wenn sie mit der PDS kooperieren – wo unterscheidet sich dies von dem Kommunistenhaß, der 1919 linke Leute umbringen ließ?

DIE TOTEN MAHNEN ist in den Gedenkstein in Friedrichsfelde graviert. Mangelnde Demokratie und fehlende Effizienz der Wirtschaft ließen die DDR untergehen. Die Bundesrepublik bietet von beidem viel. Ich will wach bleiben und niemals wieder glauben, andere werden die Dinge für mich richten – so bin ich in gesunder Opposition im geeinten Deutschland angekommen und lege meine Nelke zu den anderen zehntausend.

Gisela Karau

Weibergeschichten

200 Seiten mit 10 Fotos, Broschur, 24,80 DM
ISBN 3-320-01973-2

Die zehn Berlinerinnen, deren Lebensgeschichte Gisela Karau festhält, sind alle aus dem Osten. Niemand kann es sich aussuchen, wo er zur Welt kommt, aber jeder entscheidet, wo er leben möchte, ob er in eine andere Stadt, in ein anderes Land geht oder bleibt. Sie sind geblieben. Hinter der Mauer. Zu Hause. Haben gelernt, gearbeitet, geliebt, gehaßt, gestritten, gelitten, gelacht, geheult, gesungen ... Sie erfuhren Lob und Kritik, Recht und Unrecht, wurden krank und gesund, sind gereist und heimgekehrt, waren glücklich und unglücklich, eitel und selbstlos.

Es ist erfrischend zu lesen, wie aufrichtig sie zu ihrer Biographie stehen, was sie daran kritisch bewerten, was sie mit neuen Erkenntnissen anders machen würden und auch was sie ganz entschieden verteidigen. Es sind keine Klageweiber, sondern starke Frauen, die sich früher nicht die Butter vom Brot nehmen ließen und es heute auch nicht tun.

edition reiher im
Karl Dietz Verlag Berlin
Weydingerstraße 14-16, 10178 Berlin